KB111087

서울大學校東洋史學科創立20周年紀念

講座 中國史 V

―中華帝國의 動搖―

집필자 소개

表敎烈 : 한림대교수
金誠贊 : 인제대교수
朴赫凉 : 목포대교수
崔熙在 : 단국대교수

講座 中國史 Ⅴ - 中華帝國의 動搖

초판 제 1쇄 발행 1989. 11. 10.
초판 제28쇄 발행 2020. 5. 4.

지은이   서울大學校東洋史研究室
펴낸이   김 경 희
펴낸곳   (주)지식산업사
　　　　본사 ● 10881, 경기도 파주시 광인사길 53(문발동)
　　　　　　　전화 (031) 955-4226~7 팩스 (031) 955-4228
　　　　서울사무소 ● 03044, 서울시 종로구 자하문로6길 18-7(통의동)
　　　　　　　전화 (02) 734-1978 팩스 (02) 720-7900
　　　　영문문패 www.jisik.co.kr
　　　　전자우편 jsp@jisik.co.kr
　　　　등록번호 1-363
　　　　등록날짜 1969. 5. 8.

책값은 뒤표지에 있습니다.

이 책에 대한 문의는
지식산업사 전자우편으로 해 주시길 바랍니다.

目　　次　　————中華帝國의 動搖

講座 中國史 V

總 目 次

第1・2次 中英戰爭

表　敎　烈

머 리 말

중국근대사의 기점을 제1차 중영전쟁[1]으로 잡는 것은 중국인학자나 서양인학자 사이에서 대체로 일치되어 온 견해라 할 수 있다. 그러나 특히 최근에 이르러 일부 논자들 사이에서는 그것을 명말(16세기 후반) 혹은 명청교체기(明淸交替期; 17세기)로까지 거슬러 올라가 잡아야 한다는 시각도 강하게 대두되고 있다. 문제는 '획기'로 삼을 수 있는 기준을 어떻게 잡을 것이

---

1) '아편전쟁'과 '중영전쟁'이라는 용어가 함축하는 의미에 대하여는 井上裕正, 1975, pp. 121~123 참조. 단 '1·2차 아편전쟁'이란 칭호가 자본주의의 침략성을 '重視'한 것이라 할 수 있겠지만, '1·2차 중영전쟁'이라 해서 자본주의의 침략성을 '輕視'한 것이라 볼 수는 없을 것이다. "아편이야말로 중영 경제관계의 모순을 단적으로 표현한 것"이라 해도 나중에는 아편문제가 중심문제가 된 것은 아니며, '침략성'을 포괄한 표현이라 볼 수도 없다. 특히 제2차 중영전쟁(아편전쟁)의 경우는 그 결과 아편무역이 합법화되었다 해도 본질적 문제는 아편이 아니라 시장의 확보에 있었다.

며, 중국근대사의 내용과 특질을 무엇으로 보느냐 하는 인식과 관련된다. 따라서 기점을 같이하는 경우에도 당연히 그 논거가 다를 수 있다.

제 1 차 중영전쟁을 기점으로 삼는 경우, 대부분의 서양인학자들은 이 '서구의 충격'으로 '전통적' 중국은 비로소 정체상태에서 깨어나 새로운 변화의 시기가 시작되었으며, 국제적 고립상태가 종식되었다는 인식을 보이는 한편,[2] 중국인 사학자들의 경우에는 이때부터 제국주의 침략사가 시작되며, 따라서 이후의 중국사회는 '반식민지·반봉건사회'로 전락했다고 본다.[3] 이들은 1차 중영전쟁을 획기로 보는 점에서는 일치하되 외인(外因; '서구의 충격')의 역할에 대해서는 그 평가가 서로 상반되고 있다.

16세기 후반, 혹은 17세기의 명청교체기를 근대사의 기점으로 잡는 경우, 혹자는 이 시기에 이미 '자본주의맹아'가 나타나고 있다는 점을 중시하여 그 논거로 삼기도 하고,[4] 혹자는 이 시기가 내부적으로는 만주족이 흥기하여 청조가 성립되었으며, 외부적으로는 지리상의 발견으로 인해 서양인이 도래함으로써 서양학문이 처음으로 소개되었다는 점을 중시한다. 따라서 19세기에 서양의 충격과 효과가 특별했다 하더라도 그것은 이미 1·2세기 전에 진행되기 시작한 변화과정이 확대, 강화된 것일 뿐이라 한다.[5] 비슷한 논리이지만 외인(外因)보다는 내인(內因)을 훨씬 중요하게 보면서 명말부터 이미 시작된 근본적 변화는 청대, 혹은 20세기 초반까지 지속되므로 명청은 하나의 시기로 보아야 하며, 따라서 1차 중영전쟁은 이러한 중국사회의 변화를 설명하기에 부족하다는 것이다.[6]

이렇게 보면 중국근대사의 기점문제는 명말청초 이래의 (주로) 내인에 의한 변화를 '획기적'이라 할 수 있는가, 아니면 1840년의 외인('서양의 충격')

2) Paul A. Cohen, 1984, pp. 9~55에 소개된 서양학자들 및 Immanuel C. Y. Hsu, 1983, p. 4 참조.
3) 이러한 시각은 范文瀾, 1947 이후 중국의 기본적 입장이라 볼 수 있다. 서양인 학자의 경우도 Edward Friedman, Earnest Young, Joseph Esherick 등은 제국주의의 영향을 중시한다(Cohen, pp. 187~188 참조).
4) 中國人民大學中國歷史敎硏室 編, 1957, 尙鉞의 序言. 이에 대한 반론으로는 黎澍, 1959 및 劉大年, 1959, 1987, pp. 225~231 참조. 田中正俊, 1973, 배손근 역, 1983, pp. 104~105도 참조.
5) 蕭一山, 1963; 李守孔, 1961; Hsu, 1983, pp. 4~5 참조.
6) F. Wakeman, Jr., 1975, p. 2; Ranon Myers, 1974, p. 274, 1979, pp. 107~109; Joseph Fletcher, 1978, p. 35; Hilary J. Beattie, 1979; Lynn A. Struve, 1979 등 참조.

으로 인한 변화를 '획기적'이라 할 수 있는가 하는 사실인식상(史實認識上)의 문제이자, 한편으로는 '중국사'를 연구할 때 내인과 외인의 어느 쪽을 중시할 것인가 하는 관점상의 문제이며, 외인을 중시할 경우 그 외인의 성격과 그로 인한 변화의 성격을 어떻게 규정할 것인가 하는 문제이기도 하다. 최근 내인에 의한 변화를 중시하는 논자들의 논지는 이러한 문제들을 포괄적으로 제시하고 있어 주목할 만하다. 그들에 의하면 종래 중국의 근대는 '서양의 충격'에 대한 '중국의 대응' 여하, 구미 각국과의 관계 여하에 따라 그 내용이 결정되고 평가되어 왔는데, 중국의 근대는 '서양의 충격'에 의해 시작된 것도 아니고 서양의 추종도, 서양의 극복과정도 아닌 중국 나름의 독자적 역사를 전개해 왔기 때문에 그 흐름을 독자적으로 파악해야 한다는 것이다. 따라서 그들에게 제 1 차 중영전쟁의 중요성은 그 의미를 상실하게 되며, 그 대신 명말 이래의 도시화·상업화·화폐경제화 경향이라든가 신사(紳士)의 증가, 영토와 인구의 증가 등의 여러 현상이 보다 근본적 변화로서 인식된다. 제 1 차 중영전쟁은 사회 전체의 진보와 관계되는 것이 아니라 외교사·무역사, 광동이나 연해지방의 사회경제사·지방정치사와 관련되는 한 사건에 불과하다는 것이다.[7]

사실 중국근대사 연구는 20세기초 서양측 자료에만 의존한 외교관계사에 집중되었고,[8] '1950·60년대에는 '서구의 충격'과 '중국의 대응'이 주제였으며,[9] 1960년대 이후에는 서구를 모범으로 '성공적인 근대화'를 이룬 일본과 대비하며 중국의 낙후를 논하는 '근대화(近代化)'론이 주류를 이루고 있었다.[10] 이러한 '충격과 반응', '근대화'론에 입각한 연구추세는 동일한 이론적 전제 위에 서서 맥락을 같이 해 왔다고 볼 수 있다. 가령 대부분의 서구

---

7) 溝口雄三, 1980~1981, 閔斗基 編, 1983, pp. 281~293 및 溝口, 1980 ; Cohen, 1984, pp. 149~198 ; Susan Mann Jones and Philip A. Kuhn, 1978, p. 160 ; Wakeman. Jr. 1970, pp. 1~27 및 주 6). 특히 Cohen 은 미국학계의 '충격과 대응', '근대화' 및 '제국주의'론을 비판적으로 검토하고 새로운 이론적 모색을 제시하고 있다.

8) 대표적 연구는 H. B. Morse, 1910~18 ; Henri Cordier, 1901~1902이다. 이들 연구에 대한 평가는 A. Feuerwerker ed., 1967, pp. 1~4 참조.

9) 대표적인 예가 Teng, Ssu-yu and John K. Fairbank, 1954 ; Paul H. Clyde and Burton F. Beers, 1966 등이다. '충격과 반응'이라는 시각에 대한 소개와 비판은 Cohen, 1984, pp. 9~55 참조.

10) 대표적인 예는 ライシャワ(E. O. Reischauer), 1965이다. 근대화론에 대한 소개와 비판은 Cohen, 1984, pp. 57~96 참조.

학자들은 중국은 '서구의 충격'이 없었다면 계속 정체하고 있었거나 기껏해야 '전통 안에서의 변화(change)'만 가능했지 '변혁(transformation)'은 불가능했을 것이라 하여 '서구의 충격'을 중국의 구질서를 파괴하고 새로운 질서를 형성하는 데 주된 역할을 한 것으로 보아왔다. 따라서 중국사는 서구의 충격과 반응으로만 파악되고 이와 관련이 없는 것은 중요한 발전이라도 사소한 것으로 간주되어 왔다. '근대화'론에서도 그것이 한편으로는 당시 자본주의체제를 옹호하기 위한 반혁명적(反革命的) 이데올로기로서의 측면을 갖는다든가, 전후 미국의 아시아에서의 정치·군사·경제적 간섭을 정당화하기 위한 이론이라는 비판도 받아온 터이지만, 한편으로는 산업화·공업화라는 '몰가치적'이고 '기술적'인 개념을 기반으로 하여, 변화가 없이 휴면상태에 빠져 있는 '전통적' 중국사회를 생동적인 서구의 '근대적' 생명력으로 해방시켰다고 봄으로서, 중국에서의 중요한 역사적 변화란 서구 자신이 걸어온 '근대성'을 향한 과정이라고 규정하는 것으로 비판을 받아왔다. 따라서 서구를 전제로 하지 않은 '근대화'의 변화를 상정한다거나, '근대화'의 변화가 아닌 다른 변화가 역사적으로 중요하다고 생각할 수 없게 된다. '충격과 반응'론이건 '근대화'론이건 서구를 절대선으로 전제한 서구중심적 이론이고, 이에 바탕을 두고 중국사를 왜곡해 온 것이다.[11]

제 1 차 중영전쟁의 '충격'을 이들 서구인들과는 달리 제국주의 침략의 개시로 보는 시각도 내인(內因)중시론자들의 눈으로 보면 비판의 대상이 된다. 전자의 시각에 의하면, '서구의 충격'은 산업혁명을 완수한 영국의 산업자본이 대량생산에 돌입함에 따른 해외시장 획득의 필요성 때문에 빚어진 것으로, 중국이 근대자본주의의 본래적 모순을 전가받아 상품판매 및 원료획득 시장으로서 세계경제의 순환구조 속에 강제적으로 편입되고 나아가서는 '반식민지(半植民地)·반봉건사회(半封建社會)'로 전락하는 계기임을 의미한다. 따라서 '서구의 충격'은 선진자본주의의 '시혜(施惠)'로서가 아니라 오히려 싸워야만 하는 질곡으로서 작용한 것이다. 그러기에 중국근대사

11) 松本三之介, 1977, pp. 301~305 및 Cohen, 1984, pp. 151~152 참조. '近代化'의 개념은 최근에는 산업화·공업화와 동일시하는 경향을 거부하고 포괄적 개념을 지향하고 있으며(松本, p. 304 ; G. Rozman ed., 1981, pp. 3~5 참조), '자본주의 근대화', '사회주의 근대화'라는 용어까지 등장하고 있는데(馬家駿·湯重南, 1988, pp. 2~3 참조), Cohen은 근대화론의 포기를 요구한다(pp. 95~96).

의 과제를 민중의 반제(反帝)·반봉건(反封建)투쟁으로 보는 것이다. [12] 그러나 내인중시론자들에 의하면 이러한 접근방식도 '충격과 반응', '근대화'론과 마찬가지로, '산업화'라는 말로써 '근대화'를 적극적 선으로 묘사한다는 점, 중국사회를 스스로가 산업혁명을 만들어낼 수 있는 역사적 필요조건이 결여되어 있고, 따라서 이러한 조건을 제공하는 서구의 침입에 직간접적으로 의존하는 사회로 보는 점에서 편견을 벗어날 수 없다고 한다. 제국주의가 경제적 측면에서 중국에 미친 영향은 개항장 등 일부 지역에 한정된 것으로서, 중국사 전반을 규정하는 힘으로서의 '제국주의'는 '신화'에 불과하다고까지 한다. [13] 말하자면 내인을 부당하게 과소평가했다는 것이고 중국사의 발전 방향을 서구에서 찾고 있다(자본주의로의 길 상정)는 비판이기도 할 것이다.

이상에서 중국근대사의 기점과 관련하여 내인과 외인이라는 측면에서 몇 가지 문제점을 살펴보았다. 중국근대사의 독자적 흐름을 파악하기 위해 내인을 중시하는 시각은, 제국주의 역할의 축소 경향과 관련하여 결국은 자신(서양인)을 위한 새로운 형태의 교묘한 지적 위장이라는 비판을 받을 수 있고 새로운 편견 속으로 타락할 가능성도 있지만, [14] 기존의 왜곡된 시각을 바로잡아 줄 수 있는 새로운 시도임에 틀림없다. [15] 이 경향을 따른다면 제 1 차 중영전쟁으로 말미암은 '충격'은 이미 그 이전에 시작되고 있는 변화의 흐름을 가속화시킨 계기에 불과할지 모른다. 어쩌면 그 흐름은 '서구의 충격'과는 관련이 없을지도 모르고, 있어도 주변적 관계에 불과할지도 모른다. 그렇다면 그 이전의 변화란 어떠한 내용의 것이었는지, 청조 사회의 변화 추세를 주의깊게 살펴볼 필요가 있을 것이다.

그렇다고 하여 제 1 차 중영전쟁이 마땅히 받아야 할 평가와 의미가 축소

---

12) 田中正俊, 1978, pp. 1~8 및 曾景忠, 1986, pp. 1~13; Rozman ed., 1981, pp. 11~14 참조. '半植民地·半封建社會'의 개념 및 양자의 관계에 대해서는 田中正俊, 1973, 배손근 역, 1983, p. 104; 小谷汪之, 1977, 장시원 편역, 1984, pp. 333~352; 김대환, 1988 등 참조. 중국에서도 '半封建'에 대한 개념은 논자에 따라 다양하여 아직 확실한 개념이 정립되어 있지 않은 듯하다. 曾景忠, 1986, pp. 1~13에 나온 논자들의 규정 및 閔斗基, 1989, p. 29 참조.
13) Cohen, 1984, pp. 146~147, 152 참조.
14) Cohen, 1984, p. 195 참조.
15) 이런 방향의 구체적 연구성과에 대해서는 Cohen, 1984, 제 4 장 참조.

될 수는 없다. 내인과의 위상관계의 정립을 위해서도 그러하며 특히 '반제 (반봉건)'라는 중국근대사의 '과제'와 관련하여 제1차 중영전쟁이 중국을 '반식민지'(반봉건) 상태로 전락시킨 질곡으로서 기능한 측면을 보다 명확히 할 필요가 있기 때문이다. 그럼으로써 제1차 중영전쟁이 획기로서의 의미가 있는지 없는지 확인될 것이다.

'내인은 변화의 근거'이며 '외인은 변화의 조건'이라 규정할 수 없을지라도 청조사회의 내적 변화추세와 이 '서구의 충격'을 아울러 살피는 것은 그 '획기'성을 분명히 하는 데서뿐만 아니라 중국근대사의 성격을 파악하는 데 관건이 된다 하겠다. 다만 본고에서는 기존 연구성과에 따라 중영전쟁에 중점이 주어질 것이며, 청조의 내부변화는 배경적 고찰로서만 간단히 언급하기로 한다. 아울러 제2차 중영전쟁은 1차전쟁의 보완으로서의 연속적 성격을 지니므로[16] 마땅히 함께 고찰되어야 한다.

I. 제1차 中英戰爭

1. 背 景

1) 淸朝社會의 變化

청조가 정치적으로나 제도적으로 안정을 찾고 정통성을 구축한 강희(康熙 ; 1661~1722)대부터 옹정(雍正 ; 1723~1735), 건륭(乾隆 ; 1735~1795)대까지의 '태평성세(太平盛世)'가 정치적·사회적으로 이완현상을 보이는 것은 건륭 중기 이후부터였다. 그러한 현상은 다음 몇 가지 사항에서 뚜렷하게 드러난다.

첫째, 행정체계(行政體系)의 침체현상이다. 이것은 황제에게 권력이 너무 집중되어서 관료의 창의성이 억제되며 그 역할이 침체되었을 뿐만 아니라, 관료들 자체도 과거시험으로 인해 연령이 노년화되었던 점에서 기인된다 볼 수 있다. 그들은 현실미봉책에 급급하고 무사안일주의만을 지향하였으니, 청조 행정체계의 비능률·침체현상은 곧 제도에서 기인한다고 볼 수 있다.

---

16) 中國社會科學院近代史硏究所, 1978-1, p. 187.

건륭대에 청(淸)나라를 여행한 조선인의 기록에 "거리에는 황제에 대한 비방이 가득하고, 정신(廷臣)들은 모두 목전(目前)의 미봉책을 상책으로 여겼다"는 말은[17] 바로 이 시기의 사회적 분위기와 행정체계의 이완현상을 단적으로 보여준다. 당시 시인적인 감각으로 시대의 변화를 민감하게 포착했던 공자진(龔自珍)이 당시의 중국을, 옴[疥癬]에 걸린 사람을 근본적으로 치유하려 하지는 않고 긁지 못하게 하기 위하여 침상에 묶어놓은 격으로 표현한 것은[18] 소름끼칠 정도로 정확한 표현이었다.

둘째, 사치풍조와 부패의 만연 현상이다. 사치풍조는 특히 청조의 재력이 풍부했던 건륭시기에 극성을 부렸는데, 황제 자신은 물론 왕공귀족(王公貴族)에서부터 문무백관(文武百官), 대지주(大地主), 대상인(大商人)에 이르기까지 만연되어 있었다. 특히 건륭 후기에 이르러서는 풍기(風氣)가 날로 파괴되고 빈부격차가 날로 첨예화되었다.[19]

귀족관료들의 이러한 사치생활과 더불어 관료계에서는 부패상이 날로 심해져 뇌물이 공공연히 행해졌다. 이러한 현상도 청조의 제도에서 기인한다고 볼 수 있는데, 청조의 봉록(俸祿)제도는 관리들의 봉록이 너무 낮아 가속의 생활을 유지해 나가기 어렵게 되어 있었다.[20] 게다가 실무능력이 전혀 부족한 지방관들은 많으면 10여 명에 이르는 막우(幕友)도 고용해야 했는데,[21] 이들에 드는 비용도 지방관이 담당해야 했다. 국가재정이 곤란할 때는 감봉(減俸)되거나 연봉(捐俸)되었으며, 지방의 판공비용(辦公費用)도 지출해야 했다. 관리들의 인민에 대한 수탈은 불가피했고, 제도적으로 보장되어 있었던 셈이다. 그것이 옹정(雍正)대에 제도적으로 인정된 '화모(火耗;耗羨)의 징수였다. 본래 부세(賦稅)를 징수하거나 전량(錢糧)을 받을 때 결손분을 보충하기 위해 은량(銀兩) 당 2~3분(分) 정도 증수(增收)하는 부가세였는데, 실제로는 1전(錢;10分)에서 4,5전, 심하면 정액(正額)의 수배를 징수하여 그 폐단이 극심하였다. 이에 옹정제(雍正帝)는 '매량가모오분(每兩加

17) 閔斗基, 1973-1, p.58 참조.
18) 龔自珍, 〈明良論四〉, 1814, 閔斗基 外編, 1981, p.178.
19) 戴逸, 1984, pp.362~369 참조.
20) 가령 知縣의 경우 年俸銀이 45兩에 불과했으며 總督이나 巡撫의 경우는 150~180兩이었다. 戴逸, 1984, p.370.
21) 幕友의 性格과 폐단 등에 대해서는 閔斗基, 1973-2 ; Folsom, 1968 참조.

耗五分)'으로 규정하고 정부의 정상 세수(稅收)로 하여 통일적으로 징수하는 한편 이것으로 정봉(正俸)보다 훨씬 많은 '양렴은(養廉銀)'을 관리에 지급한 것이다.

이 조치는 인민의 부담을 줄이고 관리의 착취를 줄이는 데 일정한 역할을 하였는데, 이는 일시적일 뿐 건륭 이후에는 착취가 더욱 심해졌다. 그 대표적인 예가 건륭제의 총애를 받아 군기대신(軍機大臣)을 24년이나 지내며 전횡과 탐오로 이름이 높았던 화신(和珅)이었다. 건륭제 사후 몰수된 그의 가산(家產)의 추정액은 8억 량 이상으로 당시 정부의 세입이 7천만 량임을 고려하면, 그가 군기대신으로 있던 24년의 반에 해당하는 12년 가량의 세입액에 해당한다.[22] 이런 상황에서 상하 관리들의 부패풍조가 어떠했는지는 가령 "아무리 청렴결백한 지부(知府)라도 3년이 지나면 눈과 같이 흰 은이 10만 량이 쌓인다"는 속언에 잘 나타나 있듯이[23] 충분히 짐작할 수 있다. 부패 관료에 대한 처벌이 없었던 것도 아니다. 그러나 처벌이 많으면 많을수록 탐풍(貪風)은 더욱 심해졌으니, 백성의 핍박은 변란으로 이어질 수밖에 없는 상황이었다.[24]

셋째로, 백성의 궁핍을 촉진시킨 또다른 요인 중의 하나는 인구의 폭발적 증가였다. 가령 1741년(건륭 6)에 1억 4천만이었던 청조의 인구가, 1799년(가경 4)에는 3억으로 50년 사이에 2배가 늘고 있으며, 1850년(도광 30)에는 4억 3천만에 이르고 있어 백여 년 사이에 약 3배가 증가하고 있다.[25] 증가율 자체만 보면 과거와 큰 차이가 없다 하더라도, 문제는 홍량길(洪亮吉)이 지적하고 있듯이[26] 인구증가율에 경지면적 증가율이 훨씬 못미치고 있다는 점에 있었다. 순치말에서 건륭말까지의 약 140년간에 경지면적은 5억 무(畝)에서 9억 무로 증가되고 있는데,[27] 이러한 추세는 인구증가 추세에 훨씬 못미치는 것이었다. 인구가 약 3억에 이르던 건륭말(18세기말)의 경우 일인당 경지

22) 蕭一山, 1963(二), p. 267 참조.
23) "三年淸知府, 十萬雪花銀", 胡繩, 1982, p. 13.
24) 이상에 대해서는 戴逸, 1984, pp. 369~378; 蕭一山, 1963(二), pp. 209~227, 260~270; David S. Nivison, 1959, pp. 209~243 참조.
25) Ho, Ping-ti, 1959, pp. 64, 278, 282; 趙文林・謝淑君, 1988, pp. 380~383 참조.
26) 洪은 '治平', '生計'("意言")에서 戶口는 30년 전에 비해 5배, 60년 전에 비해 10배, 100년, 백수십 년 전에 비해 20배 증가하였으나, 田屋은 많아야 3~5배에 불과하다고 하고 있다. 戴逸, 1984, pp. 351~352 참조.
27) 戴逸, 1984, p. 344.

면적은 3무가 되는데, 4억으로 증가한 도광(道光)대에는 경지면적의 증가가
거의 없어 일인당 평균 경지면적은 2.25무로 감소하고 있다.[28] 당시 1인당
최저생활을 유지하기 위한 경지를 전국 평균 약 4무라 볼 때, 건륭말에 이미
경지가 부족한 상태였고 도광시에는 더욱 악화되어 적어도 전인구의 1/3이
기아 혹은 반기아 상태에 놓이게 된 셈이다.[29] 당시의 생산력으로는 인구를
도저히 부양할 수 없었으니 무언가 새로운 변화가 필요했다. 더욱이 건가
(乾嘉) 이후 토지겸병 추세가 보편화됨에 따라 인민의 궁핍화는 더욱 촉진되
었다.[30] "겸병지가(兼幷之家)는 1인이 백인(百人)의 옥(屋)에서 살며, 1호(戶)
가 100호의 전(田)을 점유하고 있으니, 풍우상로(風雨霜露)를 만나 기한으로
쓰러져 죽는 자가 즐비한 것이 어찌 괴이하랴"는 홍량길의 탄식 속에 "심가
려자(甚可慮者)"의 근본원인이 있었다.[31] 식솔을 줄이기 위해 낙태를 하고
자식을 팔기까지 한 백성들은 삶을 찾아 변경지방으로 이동해갔으나 이미
포화상태에 이르고 있었다.[32] 소비물자의 수요증대와 유통화폐량의 증가에
따른 물가의 상승[33]도 백성의 곤궁을 부채질했다. 사인(士人)들도 정치경제
적 체제가 그들을 수용할 수 있는 한계에 달했기 때문에 경쟁이 치열했
다.[34] 이처럼 인구증가와 토지겸병에 따른 경지부족, 인민의 궁핍화라는 청
중엽의 상황 속에 바로 19세기초의 위기의 뿌리가 존재하고 있었던 것이
다.[35]

넷째로 청조의 쇠퇴를 단적으로 입증해주는 반란풍조를 들 수 있다. 18세
기 후기에는 신강의 조십(鳥什), 산동(山東)의 왕윤(王倫), 감숙(甘肅)의 회
족(回族) 및 호남·귀주(貴州)의 묘민(苗民) 등 소수민족, 그리고 대만의 임

---

28) 위와 같음.
29) 위와 같음, pp. 347~349 참조.
30) 토지겸병의 省別 사례는 위와 같음, pp. 327~344 참조.
31) 洪의 '治平'·'生計'("意言"), 위와 같음, pp. 351~352.
32) 四川省의 경우 康熙 年間의 이민장려책이 雍正 연간에는 통제책으로 전환되고 있다.
　　鈴木中正, 1974, pp. 155~160 참조.
33) 예컨대 강희 연간(건륭초)에 쌀 1말이 錢6~7文하던 것이 약 80년 후인 건륭말에는
　　30~40文으로 약 5배 상승하고 있다. 땅값도 강희 연간에 4·5兩 하던 것이 가경 20년에
　　는 50여 兩으로 10배 상승하고 있다. 衛藤瀋吉, 1968, pp. 3~5; 戴逸, 1984, p. 350.
34) Jones & Kuhn, 1978, pp. 110~113 참조.
35) 인구증가와 사회문제를 논한 것으로는 鈴木中正, 1952, 王文治, 1987, 洪亮吉의 人口
　　論에 대해서는 鈴木中正, 1949 참조.

상문(林爽文) 등이 일으킨 대규모 반란이 빈발하고 있는데,[36] 그중에서도 5 개성에 걸쳐 9년 반 동안 일어났던 백련교란(白蓮敎亂 ; 1796~1804)은 이 시기가 청조가 쇠퇴하기 시작하는 전기(轉機)임을 가장 잘 입증해주는 사례이다.[37] 이 시기의 반란들의 기본성격이 그러하듯이 백련교 반란도 '관핍민반(官逼民反)'의 성격을 갖고 있었다. 따라서 미륵불이 구세주로 나타난다는 미륵불신앙의 백련교는 실업유민(失業游民), 실업수부(失業水夫) 및 사염(私塩)판매자, 전호(佃戶) 등 절대빈민들의 현실의 괴로움을 벗어나기 위한 정신적 지주가 된 것이다. 가경 원년(1796) 유지협(劉之協)을 중심으로 각지에서 들고 일어난 교도군(敎徒軍)들은 약탈품을 균분(均分)하고 간음을 금지하는 등의 조직으로서 강화해가는 몇 가지 특징도 보이고 있지만, 기본적으로 분산적이고 지휘체계가 없었다. 또한 수십만을 동원했으면서도 명확하고 뚜렷한 정치적 강령이나 구호도 결여되어 있었다. 일부에서 '홍한멸만(興漢滅滿)'의 구호를 내세워 '관핍민반'보다 진일보한 인식을 보이고 있지만,[38] 이것도 민족의식의 발로라기보다는 '관핍민반'의 연장선상에서 파악될 성격의 것으로 보인다. 이러한 조직상의 분립성, 주밀한 전략의 결핍, 통일적 지휘의 결핍, 연합작전의 결핍, 그리고 단순히 유동작전에만 의존하고 안정된 근거지를 확보하지 못한 점 등은 이 반란의 성격의 일면을 드러내줌과 동시에 실패의 요인으로 꼽히는 점이다.

이러한 약점에도 불구하고 이 반란이 10년간 지속되었다는 것은 당시 청조의 몰락상을 웅변해 주는 것이기도 한데, 그 진압도 지방의 지주나 신사(紳士)들의 무장조직인 향용(鄕勇)・단련(團練)에 의한 것이었던 만큼 국가로서는 치명적 약점을 노출시킨 것이었다. 그들은 각 지방에 견고한 성채를 지어 해자를 두르고 여기에 식량과 재화를 옮겨 약탈품을 없게 하는 '견벽청야(堅壁淸野)'정책을 써서 큰 효과를 보았다.[39] 사실 백련교란이 일어났을 때 팔기군(八旗軍)과, 한인(漢人)으로 구성된 녹영(綠營)은 이미 전투력을 상실하고 있었기 때문에 부득이 임시 고용군인 향용과 단련을 이용할 수밖에

---

36) 戴逸, 1984, pp. 382~407 참조.
37) 白蓮敎亂에 대해서는 崔震奎, 1988; 戴逸, 1984, pp. 407~459; 蕭一山, 1963(二), pp. 294~335; Jones & Kuhn, 1978, pp. 136~144 등 참조.
38) 戴逸, 1984, p. 425.
39) 戴逸, 1984, p. 436, pp. 444~446; Kuhn, 1970, pp. 37~50.

없었다.[40] 모든 만주인들은 병(兵)이나 관(官) 이외에 농공상(農工商)이 되지 못했기 때문에 정부에서 지급하는 향은(餉銀)으로 살아가는 '기생생활(寄生生活)'을 하던 터에 사치풍조에 젖어 경제적으로 곤궁을 겪고 있었다.[41] 따라서 팔기(八旗)의 약체화는 필연적이었다. 토벌군의 장수들은 군비를 착복하고 반란군의 진압보다는 민중의 재물약탈에 관심이 있었기 때문에 민중들은 반란군보다 관병(官兵)을 두려워할 정도였다. 어쨌든 진압은 되었으나 청조는 3,4년간의 재정수입에 해당하는 2억 량을 소모하여[42] 심한 타격을 입었을 뿐만 아니라 이 반란을 계기로 청조의 부패하고 허약한 모습이 그대로 드러나 성세(盛世)에서 쇠락(衰落)에 이르는 분기점을 이룬 것이었다.

1813년 이문성(李文成)·임청(林淸)·풍극선(馮克善) 등을 중심으로 일어난 천리교(天理敎)의 난(亂)[43]은 실패로 끝났지만 서리(胥吏; 林淸)가 동조하고 환관(宦官)이 동조하여 반란군이 북경에 진입하고 궁중(宮中)에 난입(亂入)할 수 있었다는 사실은, 황제 주변에까지 당시의 반란풍조가 만연되었음을 보여주는 상징적 의미를 띠는 사건이었다.

19세기 초두에 복건·절강의 해상에서 10여 년간 해적활동과 반청(反淸) 활동을 해온 채견(蔡牽) 집단도[44] 참여자가 연해의 실업(失業)·무업자(無業者), 억울한 일을 당한 자, 빈고(貧苦)하고 압박을 받는 어민·뱃사람이었다는 점에서 기본적으로 '관핍민반'의 성격을 띠고 있었다. 또한 '아비는 해도(海盜)가 되고 자식은 수사(水師)가 되었다'는 사실에서 상징적으로 나타나듯이 당시 연해의 수사들은 적과 내통하여 무기를 판매하거나 군사기밀을 알려주고 있어, 해상에서도 청군의 부패상이 확인되는 것이다. 이런 점에서 이들 해적의 활동에서도 앞서 본 여러 반란의 성격과 같이 청조의 쇠퇴현상을 단적으로 보여주는 것이라 하겠다.

이렇듯 청조는 19세기에 들어서자 정치적인 통제력과 사회적인 안정성을 상실하면서 이완되고 있었는데, 이 체제이완 현상을 민감하게 받아들여 변

---

40) 戴逸, 1984, pp. 378～381 참조.
41) 胡繩, 1982, pp. 2～3 참조.
42) 胡繩, 1982, p. 17; 戴逸, 1984, p. 458.
43) 蕭一山, 1963(二), pp. 343～351; 戴逸, 1984, pp. 467～475 참조.
44) 蕭一山, 1963(二), pp. 335～343; 戴逸, 1984, pp. 460～466 참조.

화를 지향하는 일군의 지식인들이 있었다는 사실은 주목할 만하다. 건륭·
가경대의 주도적 학문은 경전 고증이나 훈고(訓詁)를 통해 개별적 문제와 사
례의 정확한 해석을 중심과제로 삼고 있었다. 그러나 이러한 한학(漢學)은
운동과 발전·변화의 관점으로 사물의 상호관련 속에서 그 발전추세를 분석
하지는 못했다. 특히 중요한 역사의 변화에 대해 설명할 수가 없었다. 전적
의 정리에 일정한 성과를 거두었으나 계통적 사상체계를 제공하지 못한 채
한학은 쇠락해갔다. 45)

경전(經典)의 장구(章句)와 문자에 속박되지 않고 문자 밖에 있는 '미언대
의(微言大義)'를 탐색하는, 특히 '개제(改制)'와 관련하여 보다 활발하고 자
의적인 해석의 경향을·띠는 금문학(今文學)은 사회가 급격히 변화해가는 시
기에 '대일통(大一統)'·'장삼세(張三世)'·'통삼통(通三統)'·'수명개제(受
命改制)'론 등을 빌려 경세(經世)와 변혁(變革)을 주장하기에 적합한 변혁의
사상이었다. 46) 가령 금문학의 맥을 이은 건륭대의 장존여(莊存與; 1719~
1788)의 외손(外孫) 유봉록(劉逢祿; 1776~1829)은 '대일통'사상을 설명하면서
만이(蠻夷)를 물리치려면 먼저 제하(諸夏)를 바로잡아야 하고, 제하를 바로
잡으려면 먼저 천자(天子)와 경사(京師)를 바로잡아야 한다고 함으로써 위로
부터의 개혁을 주장했던 것이다. 위원(魏源; 1794~1856)과 공자진(龔自珍;
1792~1841)은 바로 이 유봉록으로부터 영향을 받았다.

이렇듯 한학이 쇠퇴하고 금문학이 흥기함에 따라 지식계의 사상기풍도 뚜
렷이 변화하였다. 일군의 선진 지식분자들은 우선 현상을 개변(改變)하고자
변혁과 개혁의 필요성을 역사를 들어 논증했다. 위원은 세제(稅制)의 역사
적 변천과정을 들면서 "고(古)를 변하면 변할수록 백성은 더욱 편해진다"고
했으며, 공자진도 "옛부터 지금까지 고치지 않는 법은 없으며, 쌓이지 않는
세(勢)란 없고, 변천(變遷)하지 않는 사례(事例)란 없으며, 변하지 않는 풍기
(風氣)란 없다"고 하여 통치자로 하여금 스스로 개혁할 것을 촉구하고 있다.
위원은 또한 팔고과거(八股科擧)를 들어 "천하(天下)의 인재(人才)를 모두 무
용지도(無用之途)로만 나아가게 하고 있다"고 비판한다. 이들은 현실을 직시

---

45) 戴逸, 1984, p. 488.
46) 同上, pp. 491~493 참조. 古文學과 今文學의 차이에 대해서는 侯外盧, 1956, pp. 627
~633 참조.

하고 실제문제를 연구하고자 하였으며 경세치용(經世致用)을 제창하고 시(時)를 바로잡고 나라를 구한다는 학풍(學風)을 지향하고 있었다. 특히 그들은 '국계민생(國計民生)'·'흥리제폐(興利除弊)'에 논거를 두고 조운(漕運)·염과(塩課)·치하(治河) 등의 개혁을 중시했다. 이들이 서양의 위협을 인식하지 못한 것은 아니었다. 그들은 서방국가의 역사지리에 관심을 갖고 그들의 아시아에 대한 팽창을 논하였으며, 그들의 허실을 앎으로써 제이지책(制夷之策)을 강구하기도 했다. 그러나 그것보다 더욱 절실한 인식은 청조 내부의 정치·사회문제였던 것이다.[47]

이들의 개혁론은 바로 체제가 이완되어 가고 있는 현실에 대한 날카로운 비판 위에 성립하고 있었다. 특히 공자진의 경우, 양계초(梁啓超)가 (新學家들이) 그의 문집을 처음 읽을 때 짜릿한 전기가 옴을 느꼈다고 평한 것처럼 중영전쟁 전야의 현실에 대한 위기감과 울분을 그토록 민감하게 표현하면서 부조리를 폭로한 사람도 없었다. 그가 지적한 사회경제적 불평등의 심화, 정치적 전횡과 부패, 인재의 부족 현상은 곧 청조의 '해가 저무는〔昏時〕' 징후였던 것이다.[48] 그들의 노력이 개혁을 위한 당파를 형성한다든가 하여 현실적 세력으로 작용하지 못한 한계를 가질 수밖에 없었다 해도,[49] 이제까지 없었던 현실비판이 변해야 한다는 개혁론과 더불어 나타나기 시작한 것이다. 그러한 개혁의 기운은 한편으로는 그동안 진행되어 온 상업화·화폐경제화 현상 등과 같은 사회경제적 변화[50]의 반영이기도 했지만, 이제는 어쩔 수 없이 정치·사회·경제 등 전분야가 변하지 않으면 안되는 상황이었다. 바로 이러한 시기에 서양의 침입을 맞았던 것이다.

---

47) Cohen, 1984, p. 155 참조.
48) 이상 魏源에 대해서는 成惠英, 1985; 戴逸, 1984, pp. 493~498, 502~506; 侯外盧, 1956, pp. 633~640; 李華興, 1988, pp. 46~61; Jones and Kuhn, 1978, pp. 148~156; Jane Kate Leonard, 1972, pp. 151~174 및 邱遠猷, 1985, pp. 32~33; 龔書鋒 外, 1984, p. 160 등 참조.
　　龔自珍에 대해서는 엄영식, 1972; 戴逸, pp. 498~502; 侯外盧, pp. 649~689; 李華興, pp. 29~38; Dorothy V. Borei, 1975, pp. 50~60 및 龔書鋒 外, pp. 161~162; 邱遠猷, pp. 31~32 등 참조.
　　이들의 西洋認識에 대해서는 辛勝夏, 1985, pp. 28~44 참조. 士林風氣의 변화에 대해서는 李侃, 1978 및 Jones and Kuhn. pp. 144~148도 참조.
49) Jones & Kuhn, 1978, p. 161.
50) Jones & Kuhn, 1978, pp. 161~162 참조.

2) 英國東印度會社의 活動

제 1 차 중영전쟁의 중요한 요인 중의 하나가 아편의 유입과 그에 따른 은의 유출이라 할 때, 그 주도자는 인도와 중국과의 무역을 독점해온 영국동인도회사였다. 인도의 식민지화에 주역을 담당한 동인도회사가 중국의 반식민지화의 길을 닦는 데서도 전위대 역할을 맡은 것이다.

1600년 엘리자베스 여왕의 특허장에 의해 희망봉에서 마젤란해협에 이르는 지역에 대해 15년간의 무역독점권을 얻고 출발한 동인도회사(東印度會社)[51]는 인도네시아 등 동인도 제도(諸島)의 후추나 향료(香料)를 수입하고, 그 대신 영국의 모직물제품을 판매하는 것이 그 목적이었다. 그러나 포르투갈과 네델란드동인도회사와의 경쟁 속에서 영국동인도회사는 동인도 제도(諸島)에서뿐만이 아니라 인도에서도 모직물에 대한 수요가 적었기 때문에 그 목적을 달성하지 못했다. 오히려 인도의 값싼 견직물과 면포(綿布)를 수입하여 국내시장이 잠식됨으로써 은(銀)이 대량 유출되었다. 따라서 동인도회사는 신흥 직물산업자본의 비판의 표적이 되었으며, 1701년 하원(下院)에서는 인도와 중국산(產) 견직물(絹織物) 등에 대한 제재조치가 취해졌다. 아울러 1693년 모직물업 자본의 요구를 반영하여 하원이 동인도회사에 대한 특허장에 연 10만 파운드의 모직물 수출 의무를 부과하고, 1701년 동인도회사의 수출품 중 배 한 척당 최소한 1/10은 모직물, 기타 영국 상품이어야 한다는 것이 특허장에 의해 의무화되었다. 18세기말까지 '수입초과'무역을 통해 막대한 이윤을 올린 동인도회사에 모직물 등 영국 상품의 판로를 개척해야 하는 임무가 주어진 것이다. 1600년 설립 당시부터 확보해야 할 시장의 하나로 지목되던 중국이 이 단계에 와서 보다 확실한 대상으로 등장했다.

회사 자체의 영리추구와 모직물 시장개척 임무를 띤 동인도회사의 선박이 1635년 회사선을 처음으로 중국에 파견한 이래 18세기초부터는 그 진출이 현저히 증가하기 시작했다. 그리하여 1780년대부터는 영국동인도회사가 광동무역에서 포르투갈 등 타국보다 절대적 우위를 차지하면서 관화인위원회(管貨人委員會 ; Select Committee of Supercargoes)를 설치하고 회사 화물의 선

---

51) 田中正俊, 1971, pp. 28~33 ; 西村孝夫, 1960 ; Fairbank, 1953, pp. 57~60 ; 本山美彦, 1973 ; 陳傳金, 1987 등 참조.

적과 거래의 책임을 맡았다. 1786년의 경우 여타국의 선적이 17척인데 비해, 중국무역에 가담하고 있던 영국의 선적은 62척이었다.

영국동인도회사의 무역형태에는 3가지가 있었다. 회사 자체의 무역과 회사 직원이 배의 일부를 빌어 자신의 화물이나 위탁받은 화물을 싣고 사리를 추구하는 사무역(私貿易 ; Private Trade), 그리고 회사와 관계없는 일반상인이 동인도회사의 허가를 받아 인도나 동남아시아 연안을 경유하여 광동에 와서 회사와는 완전히 독립된 무역을 하는 지방무역(Country Trade ; 港脚商人 은 이의 음역)이 그것인데, 이들 형태 중 가장 문제가 된 것은 지방무역이었다. 지방무역상인들이 아편무역에 종사했기 때문이다. 그들은 회사가 가장 주력하고 있는 유럽과의 무역에는 종사하지 못하고 중국이나 동남아제국과 무역을 하였는데, 따라서 동인도회사의 최대 이윤품목인 차(茶)무역은 원칙적으로 금지되어 있었다. 그들은 인도 봄베이로부터는 면화를 비롯해 백단(白檀)·호박(琥珀)·상아·향료 등을 싣고 광동에 오고, 캘커타로부터는 면직물이나 아편을 싣고 동남아 각지에 기항하여 쌀·상아·주석·후추 등을 얻어 광동에서 판매했는데, 대신 중국으로부터는 사탕·생사(生絲)·견직물·도자기 등을 싣고 인도로 향하였다. 수입품목 중 아편이 압도적 비중을 차지하고 면화가 그 다음이었다. 지방무역은 영국동인도회사와 기능적으로 밀접한 관련을 맺으면서 급속히 성장, 1775~1776년 광동에서의 영국인 무역 총액의 40%를 점하기에 이르렀다.[52]

동인도회사의 중국에서의 무역량은 1764년의 경우 유럽에서부터 중국이 수입한 총량의 63.3%, 중국으로부터 수출량의 46.7%를 차지했고, 18세기 말에는 각각 90%와 70%를 점하고 있었다. 이렇듯 독점무역으로 막대한 이윤을 올리던 동인도회사의 무역은 영국내의 신흥산업자본가 및 지방무역상인의 압력과 자유무역론에 의해 1813년에는 인도무역의 독점이 폐지되고, 1833년에는(이듬 해부터) 중국무역의 독점권이 폐지되기에 이르렀다. 이때부터 무역의 주도권은 아편무역에 종사해온 지방무역상인에게 넘어갔다.

---

52) 동인도회사와 청조와의 무역구조에 대해서는 衛藤瀋吉, 1968, pp. 110~137 참조. 지방무역상인의 기능 및 동인도회사와의 관계에 대해서는 衛藤, pp. 73~92, 137~155 ; Fairbank, 1953, pp. 59~60 참조. 지방무역상의 대표적 예가 怡和洋行(Jardine Matheson and Co.)이다. 지방무역상인, 특히 怡和洋行의 아편무역에 대해서는 Greenberg, 1951 및 Edward Le Fevour, 1968, pp. 6~30 ; 衛藤, 1968, pp. 156~166 참조.

2백여 년에 걸친 동인도회사의 대중무역에서 한 가지 지적해둬야 할 것은 18세기 후반부터의 아편무역은 회사가 직접 거래한 것이 아니고 지방무역상인에 의한 것이었지만, 후술하듯이 회사는 아편의 재배에서부터 제조·판매에 이르기까지 전매권을 가지고 독점하며 감독해 왔다는 점이다. 아편이 중국정부로부터 금지된 상품이라는 것을 익히 알고 있었음에도 동인도회사는 공공연히 불법적인 무역을 독려해 온 것이다.

3) 廣東貿易體制와 中英交涉

상품 판매시장을 중국에서 찾으려는 영국에게 가장 큰 장애는 이른바 '광동무역체제'였다. 1757년(건륭 22) 대외무역이 광주(廣州) 한 항구에 국한되면서부터[53] 남경조약이 체결될 때까지 약 1세기 동안, 이곳에서 구축된 무역체제는 영국 산업자본의 침략성과 '지대물박(地大物博)'한 중국 중화사상과의 갈등구조를 집약적으로 드러내는 것이었다. 중국으로서는 이 '폐관정책(閉關政策)'이 자립자족(自立自足)의 경제체제였기 때문에 가능한 것이었지만, 한편으로는 기본적으로 16세기 이래 서방국가들의 연안에서의 잦은 약탈·침략활동에 기인하는 것이었기 때문에 당연한 자위수단이기도 했다.[54]

광동무역체제의 핵심적 내용은 '공행(公行)'과 밀접히 관련되어 있다. 광주성(廣州城) 남서쪽 교외의 주강(珠江)연안에는 명대(明代)부터 각지의 중개상들이 모여들었는데 양화(洋貨)만을 취급하는 양(화)행이 설립된 것은 청초에 해금(解禁)이 되고 월해관(粤海關)이 건립된 이듬해(1686년)인 듯하다.[55] 공행(公行)이란 이들 양행(洋行)의 상인들이 상호경쟁을 피하기 위해

---

53) 康熙 24년(1684)에 海禁이 풀리면서 통상항구에 제한이 없었으나, 18세기 중엽 James Flint 가 寧波에서 무역을 하면서 장기적 상업거점을 건립하려 하자 청조는 寧波의 來船을 금지하고 통상을 廣州에만 국한시켰다. Flint 는 天津에까지 와서 寧波의 개방을 황제에게 요구, 허락받지 못하고 오히려 廣州에서 3년형을 선고받고 복역 후 귀국했다. 張德昌, 1935, 中華文化復興運動推行委員會 主編, 1986, pp. 62~79; 戴逸, 1984, p. 517; F. Wakeman, Jr., 1975, 김의경 역, 1987, pp. 137~138 참조. 임칙서가 모든 외국인은 중국법을 따라야 한다는 논리를 전개할 때 Flint 의 사례를 들고 있다. Chang Hsin-pao, 1964, p. 140.

54) 閉關政策에 대한 평가는 당연한 자위수단이었지만 통치자가 이를 사회경제적 발전과 결합시키지 못했다는 긍정적 평가(胡繩, 1982, pp. 19~27)와 봉건주의적, 맹목배외적, 몽매주의적 성격을 띤 것으로서 경제발전과 과학문화의 진보를 저해했다는 부정적 평가(苑書義 外, 1981, pp. 36~42; 戴逸, 1984, pp. 521~523)로 나뉜다. 龔書鐸 外, 1984, pp. 156~157도 참조.

55) 彭澤益, 1957 및 1981 참조. 洋行의 성립시기 및 廣東十三行의 유래에 대해서는 이밖

1720년(康熙 59)에 조직된 독점적 성격의 상인길드를 말하는데, 공행의 상인〔行商〕이 되기 위해서는 정부의 허가를 얻어야 되었다. 공행에게는 무역독점의 특권과 함께 관(官)을 대신하여 일정한 책임과 의무사항이 부여되었기 때문이다.

공행은 우선 수출품으로서 차와 견을, 수입품으로서 면화와 모직물 등을 독점하였고 칠기나 자기 등의 통제가 아닌 품목은 산상(散商;外商)이 맡았다. 이들 공행은 따라서 상당한 부(富)를 축적하여 호화스런 생활을 누릴 수 있었던 반면, 그런 만큼 관료의 주구 대상이 되어 외국상인에게 결제를 하지 못하고 파산에 이르는 경우도 많았다. 예컨대 행상 오호관(伍浩官; Howqua)의 경우 1834년에 자산이 2,600만 달러로 세계에서 최대의 부상(富商)으로 추정되기도 했으며,[56] 한편으로 가령 관세의 징수와 호부(戶部)에의 송금 책임을 맡고 있던 월해관감독(粤海關監督)은 3년 임기 내내 북경에 뇌물을 바쳐야 했는데, 그 비용은 행상(行商)에게서 갹출되는 것이었다. 뇌물의 상납 외에 공행은 각종 기부금에 시달려야 했다.[57] 그렇기 때문에 행상은 영국상인들로부터 얻은 빚을 갚지 못하는 경우가 많았는데, 이 때문에 1779년에는 영국인도정부의 함대가 파견되기까지 하였다.[58]

무역의 독점권과 함께 공행은 감독당국을 대리하여 관세(關稅)를 징수하는 책임을 맡고 있었다. 이는 관이 서양인을 직접 대할 수 없다는 중화의식(中華意識)의 소산이었다. 관세는 배의 크기에 따라 징수하는 선초(船鈔)와 상품세인 화세(貨稅)로 구성되어 있는데, 화세는 세율〔正稅〕이 물건값

에 梁嘉彬, 1937; 郭廷以, 1941; 汪杼庵, 1957; 徐新吾·張簡, 1981; 章文欽, 1984-1·2; 戴逸, 1984, p. 519 등 참조. 13行은 보통 洋行을 의미한다거나(梁澎, 戴逸 등) 점포건물이나 그 거리 자체를 지칭한다(張德昌, 1935, 1986, p. 66)고 하는데 대해 徐新吾·張簡은 13行을 行商이 지어 夷商에게 제공한 13개의 夷館을 의미하는 것으로 夷館과 교역업무에 종사하는 行商도 13行이라 한다고 한다.

56) Morse, 1910, p. 86.

57) Morse, 1910, p. 34; Fairbank, 1953, pp. 51~53. 1773~1832년 사이에 갹출된 액수는 400만 량에 이르며(Hsü, 1983, p. 146) 1834년의 경우 45만 6천 량에 이르고 있다(Chang Hsin-Pao, 1964, p. 14). 海關監督(Hoppo)에 대해서는 Fairbank, 1953, pp. 49~50 참조.

58) 역대 行商의 부채에 대해서는 戴逸, 1984, p. 529 참조. 行商들은 파산할 경우 연대책임하에 분담하게 되었다. 아편전쟁 발발시 行商의 채무는 300만 원으로 남경조약 때 배상금에 포함되었다.

의 2% 정도로서 당시 유럽에 비해 낮았다. [59] 문제는 관례적 부가세(수수료)를 의미하는 누규(陋規)의 자의적 부과에 있었다. 이는 보통 물건값의 6% 정도였지만 경우에 따라 한도가 없고 차이도 많아 정세(正稅)의 몇 배에 이르렀다. 예컨대 수입면화의 경우 정세가 매담당(每擔當) 2전(錢)이었는 데 비해 실제 징수액은 1량 5전으로서 7.5배에 달했고, 수출 차의 경우는 4배에 달했다. [60] 이러한 부가세의 번다(繁多), 세칙(稅則)의 불명확, 세제의 문란, 그리고 이로 인한 온갖 비위와 탐오 현상은 곧 청조의 부패구조의 한 현상이었다. 외국인들은 청조로부터 어떤 확정적인 관세세칙을 얻어내지 못한 것을 광주무역제도 중 가장 현저한 폐단의 하나로 보았다. [61]

공행의 또 한 가지 의무는 이상(夷商)의 모든 행동을 관을 대신하여 감독하며 책임을 지는 것이었다. 그러한 행상을 보상(保商)이라 하는데, 보상은 이상의 출입항 사무에서부터, 세금절차, 상품판매, 물품조달, 통역 및 고용인 조달에 이르기까지 책임을 져야 했다. 특히 이관(夷館; factory)에 대한 통제는 엄격하여 1759년부터 '방범외이장정(防範外夷章程)'이 수차례 반포되었는데, 그 내용은 무역철에만 이관에 머물 수 있고 부근의 유람이나 산보도 통제를 받으며, 무기를 휴대한다거나 여인을 데리고 들어올 수 없다든가 중국어를 배워서도 중국책을 사서도 안되며, 가마를 타서도 안된다는 둥둥의 엄격한 규정이었다. 관청에 진정할 일이 있을 때는 '품(禀)'이라는 서식을 이용하되 이것도 역시 행상을 통하도록 되어 있었다. 물론 이러한 규제가 실제로 행상에 의해 감시되고 강요된 것은 아니어서 여인이 들어와서 생활한다든가 무기가 다반사로 반입된다든가 하여 왕왕 규정이 형해화되는 경우가 많았지만, 동인도회사의 관화인(管貨人)들의 일관된 요구 중의 하나는 바로 이 보상을 폐지하라는 항목이었다. [62]

---

59) 법정 세율이 국제기준보다 훨씬 낮은 까닭은 무역은 '施惠'라는 관념 때문이었다. 戴逸, 1984, p. 524.

60) 戴逸, 1984, p. 525. 부과세에는 외국상품의 3~6%씩 부과하는 行用銀(Consoo Fund)도 포함된다. 行用銀은 公行이 관료의 기부금 강요와 상납에 충당하기 위하여 이익금의 1/10씩 적립하기로 한 비밀자본인데, 이것이 수십만 兩에 이를 정도의 부가세로 변하고 있다. Morse, 1910, p. 87; Wakeman. Jr., 1978, p. 165; 戴逸, 1984, p. 526; 佐々木正哉, 1952 참조.

61) 戴逸, 1984, p. 526.

62) Morse, 1910, p. 64, pp. 86~88; Fairbank, 1953, p. 51; Chang Hsin-pao, 1964, p. 4;

광동무역체제는 이상에서 알 수 있는 바와 같이 무역항의 한정, 부가세의 자의적 부과, 보상을 통한 무역과 행동의 제한 등 영국으로서는 무역신장에 큰 장애였다. 18세기말부터 전쟁에 이르기까지 수차례 파견된 사신들의 목적 중 하나가 광동무역체제의 타파였음은 당연했다. 1793년 중국에 도착한 매카트니(George Macartney, Earl)사절단이 열하에까지 가 '삼궤구구례(三跪九叩禮)'도 강요받지 않고 건륭제(乾隆帝)를 알현한 후 북경에서 제시한 요구는, 영파(寧波)·주산(舟山)·천진(天津) 등을 개항할 것, 주산 부근의 섬 하나를 할양하여 경찰권·사법권을 영국이 행사할 수 있도록 할 것, 상주외교사절(常駐外交使節)을 교환할 것, 그리고 일정한 세율(稅率)을 공시(公示)하고 그밖의 부가세를 징수하지 말 것 등의 내용이었다. 여기에서 남경조약의 원형을 볼 수 있는데, 이는 이미 이 시기에 그러한 준비가 이뤄지고 있음을 말해 주는 것이다.[63] 1816년 '삼궤구구례'의 거부로 가경제(嘉慶帝)를 알현하지도 못한 채 되돌아간 아머스트(Lord William Amherst)사절단의 경우도 무역확대 요구를 위한 것이었다.[64] 이 두 사절단은 영국의 공식 사절단이긴 하였으나 비용이나 수행원의 다수가 동인도회사에서 제공되고 파견되고 있어 실제로는 동인도회사의 사절단이라는 성격이 강한 것이었다.[65]

1833년 동인도회사의 중국무역독점이 폐지됨으로써 관화인위원회(管貨人委員會)가 폐지되자 파머스터 외상은 영국인 및 상업활동을 보호·감독하기 위해서뿐만 아니라 외교관계를 타개하기 위해서도 무역감독관(貿易監督官)을 파견하였다. 1834년 7월 마카오에 도착한 수석무역감독관 네이피어(Lord Napier)가 영국정부로부터 받은 훈령(訓令)도 매카트니가 중국에 타진한 내용과 무역근거지 확보 및 무역 확대 방안강구라는 측면에서는 동일한데, 보

Peter Ward Fay, 1975, p. 34 ; Hsü, 1983, pp. 150~152 ; 戴逸, 1984, p. 519 등 참조. 保商制는 1754년에 제정되었다. 13개 夷館의 구조 및 그곳에서의 생활 등에 대해서는 Fay, pp. 19~24, 34~36 참조.

63) Pritchard, 1936, pp. 272~384 ; Fairbank, 1953, p. 59 ; Hsü, 1983, pp. 154~163 ; 戴逸, 1984, pp. 529~533 ; 蔣廷黻, 1934, 1986, pp. 22~27 등 참조. 파견의 직접적 계기는 Lady Hughes號 사건을 계기로 한 형사재판권 문제였다. Chang, Hsin-pao, pp. 12~13 ; Costin, 1937, pp. 4~6 ; Fay, 1975, pp. 171~172 ; Morse, 1910, pp. 102~103 등 참조. 1784년 예포 발사시 중국인 1명이 사망하자, 포수가 중국의 요구로 인도되어 교수형을 당한 사건이다.

64) Hsü, 1983, pp. 163~166 ; 戴逸, 1984, pp. 533~534 참조.

65) 胡繩, 1982, p. 30.

상을 통하지 않고 서한을 통해 직접 총독에 도착을 알리라는 점이 두드러진
점이다. 이는 관과 직접적인 교섭을 시도함으로써 지금까지의 관례를 깨려
는 의도였다. 훈령에 충실한 네이피어는 곧바로 광동에 가서 품(稟)이 아닌
대등한 형식의 서신으로 서기관을 통해 직접 총독과의 면담을 요구하였다.
이는 입국허가증(紅牌)을 기다리지 않고 광동에 들어갔고, 품의 형식을 취
하지 않았으며, 그것도 행상을 통하지 않고 직접 전달함으로써 구래의 관습
에 정면 도전한 것이었다. 이러한 태도는 광주부(廣州府) 지부(知府) 등 하급
관리와의 회담에 앞서 의자의 배열을 놓고 중간에 자리잡아야 된다는 다툼
에서도 견지되어 끝내 회담은 성과를 거두지 못했다. 9월에 들어서 총독 노
곤(盧坤)이 무역을 정지하고 이관(夷館)을 봉쇄하자 네이피어도 군함 2척을
불러 무력으로 대항했지만, 군사력이 뒷받침되지 못했던 터에 끝내는 병이
들어 마카오로 철수한 후 병사하였다. 이른바 포함정책(砲艦政策)이 실패로
돌아간 것이다. 이 강경정책은 무역확대를 위해서는 무력을 사용할 필요가
있다는 당시의 영국내의 분위기에 기반을 두고 있었다고 할 수 있다. 특히
중국 연해에서 장기간 체류하며 70여 명이 정보를 수집하던 아머스트(Lord
Amherst)호의 한 탑승원 린제이(Huyh Hamilton Lindsay)는 1832년 무력을 사용
하면 단시간내에 중국을 제압할 수 있다는 건의를 파머스톤에게 하고 있어,
이때 이미 무력 사용의 준비가 이뤄지고 있었음을 알 수 있다. 66)

네이피어의 실패 이후 차례로 수석무역감독관에 임명된 데이비스(Sir John
Francis Davis)와 로빈슨(Sir George Best Robinson)의 침묵정책은 현지의 영국
상인들의 반발을 샀다. 이들은 새로운 전권대사가 군함을 이끌고 북경에 가
서 북방의 여러 항구의 개방과 공행의 독점 폐지를 요구할 것을 연명으로 국
왕에 청원하는 한편, 쟈아딘 등이 본국의 상공업자들에 호소, 그들의 지지
를 얻었다. 1836년 차석(次席)무역감독관이었던 엘리어트(Captain Charles
Elliot)가 수석무역감독관이 된 것은 이들의 적극정책을 지지하여 외상(外相)
파머스톤에게 건의했기 때문이다. 그러나 엘리어트는 네이피어와 달리 일

---

66) Morse, 1910, pp. 118~144; Costin, 1937, pp. 21~25; Fairbank, 1953, pp. 78~79;
Fay, 1975, pp. 67~79; Chang, 1964, pp. 51~62; Wakeman, Jr., 1978, pp. 175~178;
Hsü, 1983, pp. 173~176; 戴逸, 1984, pp. 537~539; 張德昌, 1932; Hsü, 1954; 衛藤藩
吉, 1968, pp. 191~213 등 참조.

단 품을 올려 자신의 부임을 알린 뒤 광동에 들어옴으로써, 총독으로부터의 명령을 공행이 아닌 관인(官人)을 경유하도록 하는 데 성공하였다. 이후 엘리어트는 군함의 파견을 요청하여 아편무역이 단절될 때를 대비하면서 적극 정책으로 나아갔다.[67] 이때는 바로 아편무역 엄금론이 대두되는 시기였다.

이들 영국 사신들의 요구는 광동무역체제의 타파로 상징되는 무역제한의 철폐와 대등한 외교교섭의 추구로 볼 수 있다. 넓은 의미로 본다면 제 1 차 중영전쟁은 두 문화간의 충돌이라고 볼 수 있다. 그러나 이는 분쟁의 궁극적 기반이 문화적 차이인 것처럼 오도하기 쉽다. 보다 궁극적 요소는 영국의 상업·제국주의적 팽창에 있었다. 외교·법률상의 분쟁은 이러한 팽창과 봉쇄의 기본적 문제를 나타내는 징후일 뿐이었다. 아편무역은 이 팽창을 촉진하는 불가결한 수단이었다.[68]

2. 中英貿易의 展開와 淸朝의 鴉片對策

1) 中英貿易의 展開

18세기 이래 중국의 영국에 대한 최대의 수출품은 차(茶)였다. 이것은 1689년 최초로 하문(廈門)에서 직접 구입해 간 이후 노동자계급을 포함한 영국민들의 음다(飮茶)풍속이 보편화되어 감에 따른 추세였다. 1718년부터 생사(生絲)를 능가하여 중국으로부터의 수입품 중 최대품목이 되더니 1785년 이후부터 1833년까지는 90% 전후까지 차지했다. 18세기말 매년 평균 수입액은 400만 량 전후로서 이 한 품목만으로도 당시 영국상인이 중국에 수출한 3 대상품(모직물·금속·면화)을 상쇄할 정도였다. 당시 영국은 1770년대 수차례의 대외전쟁에 따른 재정부담으로 차에 대해 고율의 관세를 부과하였는데, 1784년의 경우 119%에 이르고 있었다. 이런 까닭과, 수요의 증가에 따른 공급의 부족으로 밀수입이 성행하였다. 이에 따라 영국정부는 1784년 경

---

67) Chang Hsin-pao, 1964, pp. 62~81 ; Costin, 1937, pp. 25~40 ; Wakeman, Jr., 1978, pp. 77~78 등 참조. 중국무역과 관련 있는 영국 산업자본가 집단이 1836년 런던에 설립한 'India and China Association'은 현지로부터의 정보를 본국정부에 제공하여 파머스톤의 침략계획에 구체적 기반이 되고 있었다.

68) 문화적 갈등론의 대표적 예가 朝貢關係와 근대적 국제관계의 충돌로 보는 Fairbank, 1953이다. 제 1 차 중영전쟁의 문화적 갈등론에 대한 비판은 Tan Chung, 1977 및 Chang Hsin-pao, 1964, p. 15 참조.

감법(輕減法; Commutation Act)을 제정하여 세율을 12.5%로 대폭 인하하였는데, 이 조치로 밀수가 격감되고 음다습관이 더욱 보편화되어 차의 수입량도 격증하였다. 가령 1820년대의 경우 연평균 3,000파운드의 차를 수입하였는데, 이는 어린이를 포함한 전영국인에게 2파운드의 차가 돌아갈 수 있는 양이었다. 중국 차(茶)의 총생산량 가운데 7·80%가 영국으로 수출되고 있었고, 중국의 총수출량 중 차의 수출이 차지하는 비중은 1817~1832년의 경우 약 60~70% 정도였다.[69]

중국의 영국에 대한 다른 수출품으로는 생사와 남경목면(南京木棉)이 있는데 차에 비하면 미미한 양이었다. 동인도회사가 처음에 확실한 상품으로 택했던 견직물(絹織物)은 1701년 영국의 금수조처로 생사로 대체되었다. 이에 따라 중국의 생사가격이 앙등되어 수출이 금지되기도 했는데, 1770년대 후반에 피크를 이루어 총수출액의 37.7%를 차지한 것을 고비로 점차 감소, 1820~1824년에는 3.1%에 불과하여 양국의 주도적 상품에서 물러섰다. 여기에는 인도·일본 등의 나라에서도 생산된 까닭도 있었다.[70] 남경대포(大布; 土布)는 강소성 송강부(松江府)를 중심으로 한 양자강 하류에서 생산되는 고급 수직면포(手織綿布)로서 영국과 미국의 시장에서 환영을 받았다. 이 품목의 수입은 영국이 미국보다 적었는데 동인도회사에 의한 중국으로부터의 총수입액 중 가장 높은 경우가 1817~1819년 사이의 2.4%에 불과하고 나머지 해는 1%에도 못미쳤다. 그것도 1830년대초 영국의 면업이 근대 산업 자본으로 확립되어감에 따라 농가가내공업에 의한 전통적 수직면업(手織棉業)의 우월적 지위는 상실되고 입초(入超)로 전환되었다.[71]

한편 영국으로부터 중국이 수입한 품목 중 가장 중요한 것은 모직물이었다. 모직물 제조업은 18세기초 영국의 가장 중요한 공업이었던 만큼 동인도회사에 수출 의무가 부과되었던 것이고, 따라서 동인도회사의 대중국 무역 확대 의도도 모직물 수출에 있었다. 모직물 수출은 동인도회사에 의무가 부과된 후 점차 증가했으나 경감법이 채택된 1780년대 후반부터 차의 급격한

---

69) 이상에 대하여는 田中正俊, 1971, pp.40~46; 戴逸, 1984, p.512; Fay, 1975, pp.16~18; Morse, 1926-1, p.9; 嚴中平 外, 1955, pp.14~16 및 p.12 表 9 참조.
70) 田中正俊, 1971, pp.35~38; 戴逸, 1984, p.512; Li, Lillian M., 1981, pp.62~72; 嚴中平, 1955, p.14 참조.
71) 田中正俊, 1971, pp.38~40; 嚴中平, 1955, p.14 및 p.13 참조.

수입증가와 더불어 수출도 급격히 증가하였다. 그리하여 1785~1789년에는 1780~1784년의 수출량의 2배, 1790~1794년에는 4.2배, 1820~1824년에는 5.4배(200만 량)로 증가세를 보였는데, 1775~1795년 사이의 모직물 총수출량 1,520만 량은 영국 본토로부터의 총수출량의 84.5%나 차지하여 최대의 수출품목이 되고 있었다.[72]

그러나 모직물 수출의 증가는 인위적이었다는 점을 간과할 수 없다. 모직물은 중국인에게는 사치품에 속했기 때문에 부유한 사람만이 입을 수 있었는데, 부유한 사람이라 해도 추운 지역에서조차 실크와 털옷을 입었기 때문에 보급되기가 어려웠다. 여기에서 동인도회사는 차 구입을 위해 행상에게 익년도 거래 계약가격의 50%의 자금을 전대(前貸) 형식으로 미리 주고, 그 대가로 모직물을 일정한 가격으로 넘기는 방식을 택했다. 행상은 다시 이 모직물을 다장(茶莊)에게 전대 형식으로 차값 대신에 지불하였는데, 이 모직물을 다장은 영세한 산호(山戶)에게 넘기지 못하고 광주(廣州) 직물상에 헐값으로 팖으로써 동인도회사의 손실이 다장에 전가된 것이다. 이 방법은 동인도회사로서는 일정한 품질과 양의 차를 싼 값에 확보할 수가 있고 수출의무가 있는 모직물을 판매할 수가 있어서 일거양득인 셈이었다. 그러나 이 방법으로는 한계가 있었고 타국과의 경쟁도 있어서 모직물을 덤핑으로 팔아야 했기 때문에 그 자체로서는 매년 10만~20만 량의 결손을 볼 수밖에 없었다. 모직물 수출의 증가는 허장성세였던 것이다.[73]

중국의 또 하나의 수입품으로서 인도면화가 있다. 인도면화도 1780년대 후반에 비약적으로 수출이 증가하여(전반의 7.3배) 광동의 수입상품 중에서 모직물을 누르고 수위를 차지하고 있었다. 이 품목은 지방 무역상이 담당했는데, 이는 차 구입 자금의 부족으로 시달리고 있던 동인도회사에 의해 자금조달 방안으로 유도된 것이었다. 동인도회사는 지방무역상인들의 면화 판매대금에 대해 런던지불 환어음을 발행해 주고 그 현금으로 차를 구매한 것이다. 인도면화는 동인도회사가 유럽으로부터 은을 받지 않고 광동에서 차 구매자금을 얻고자 고안해낸 상품이었다. 아편도 바로 그러한 상품의 하

72) 田中正俊, 1971, pp.46~48 및 嚴中平, 1955, p.11 표 8 참조.
73) 田中正俊, 1971, pp.48~49; 波多野善大, 1961, pp.119~128; Pritchard, 1936, pp.154~157; Morse, 1926-2, pp.197~198; Fay, 1975, p.54 등 참조.

나였다.[74]

이렇게 보면 중영무역의 대종은 중국의 차와 영국의 모직물 대신 들어선 인도면화라 할 수 있겠는데, 1817~1819년에 인도면화의 중국으로의 수출액이 같은 기간, 차의 동인도회사로의 수출액을 약간 웃도는 것을 제외하고는 차의 수출액이 1785년 이후 1833년까지 항상 150~300만 량 가량 웃돌았다.[75] 동인도회사 무역뿐만 아니라 사무역 및 지방무역까지 포함해도 중영무역수지는 1800~1806년을 제외하면 항상 중국이 출초(出超)를 기록하고 있는데(1820~1833년 사이는 300만 량 전후), 합법무역(合法貿易)만 따진다면 출초가 1817년에서 1833년까지 매년 평균 570만 량이 되었다.[76] 영국은 이제 은의 지불 없이 차를 수입하는 방안을 모색하게 되었고 다른 대체 수출품을 찾은 것이다.

2) 鴉片問題와 淸朝의 鴉片對策

중국에서 아편흡식의 습관이 생기게 된 것은 17세기초 네델란드인이 대만에 들여오면서부터인 듯한데,[77] 1729년(옹정 9)에 아편흡식에 대한 최초의 금령이 내려진 것을 보면 1세기 안에 흡식 풍조가 널리 퍼졌음을 알 수 있다. 이후 1839년까지 판매금지, 수입금지, 양귀비의 국내재배 금지, 흡식기구의 제조금지 등 아편과 관련된 상유(上諭)가 40여 차례나 나오고 있는데,[78] 금령이 잦은 만큼이나 효과가 없어 밀수와 흡식이 더욱 성행하였다. 아편흡식은 지역적으로는 주로 광동·복건지방의 해안지대에 유포되었는데 점차 확산되어 전쟁 직전에는 심양(瀋陽)에까지 퍼져 있었다. 계층별로 보면 처음에는 주로 유한 상류계층, 부유한 상인계층 및 그 자제들이 피웠지만 점차 환관, 북경의 황족,쿨리나 농민 등의 빈민층, 심지어 부녀자와 승려에게까지 미쳤다. 1830년대 후반에 전국적인 아편중독자 수는 최소한 200만 정도로 추산되는데[79] 특히 국가로서 우려할 만한 사태는 모든 성의 문무관

---

74) 田中正俊, 1971, pp. 49~51 참조.
75) 嚴中平, p. 11 表 8 및 p. 14 表 12 참조.
76) 嚴中平, p. 3 表 1, p. 21, 表 17 및 p. 36 表 29 참조.
77) Spence, 1975, pp. 147~148.
78) Chang, 1964, pp. 219~221, Appendix A; Spence, 1975, pp. 154~161; 井上裕正, 1977, 1981, 1982; 于恩德, 1934 등 참조.
79) 흡식자의 추정치에 대해서는 Chang, 1964, pp. 34~35; Wakeman Jr., 1978, p. 178 참

료, 병사들에게까지 아편흡식 풍조가 만연되고 있었다는 점이었다. 혹자는 중앙관료의 10~20%, 지방관료의 20~30%, 막우(幕友)의 50~60%, 기타 서리(胥吏) 등 하층관료들의 부지기수가 흡식자인 것으로 추정했다. 임칙서 (林則徐)도 하층관료들의 8~9할을 중독자로 보았다.[80] 병사들의 흡식은 전 투능력을 상실시켰다. 가령 1832년 요족(傜族)의 반란군에 양광총독(兩廣總督) 이홍빈(李鴻賓)의 6,000 군대가 패배했는데, 그 요인 중의 하나가 병사들의 아편흡연에 있었다.[81] 관료와 군대의 아편중독은 곧 국가의 기능마비를 의미하는 것이었다.

빈민층에 아편이 침투한 것은 농촌경제의 파탄을 의미했으며, 구매력의 상실을 가져왔다. 특히 중국의 아편은 아편액을 다른 잎과 섞어 만든 인도나 유럽의 순한 아편(몰핀량 0.2%)과 달리 순수하게 아편만을 정제하여 만들었기 때문에(몰핀량 9~10%)[82] 독의 양도 차이가 나지만 값도 비쌌다. 임칙서에 의하면 빈민의 하루 생계비가 4~5분(分) 정도인데, 아편의 하루 필요량은 1전(錢; 10分)이 소요된다고 한다.[83] 생계비의 2배를 아편흡식에 투자하는 셈이다. 상류층은 사회에 대한 욕구불만과 무력감에서 아편으로 도피했지만, 이들 빈민층은 절대빈곤이 아편을 피우게 했으니 빈곤의 악순환이었다.[84] 더욱이 농민의 부담을 가중시킨 것은 아편수입량이 증가하여 은유출(銀流出)이 커짐에 따른 '은귀전천(銀貴錢賤)' 현상이었다. 예컨대 19세기 초까지 은 1량에 동전(銅錢) 1,000문(文) 정도이던 것이 1839년에 이르면 1,679문으로 올랐고, 지역에 따라서는 가령 산동성(山東省)이나 직예성(直隷省)의 경우 1828년에 2,500~2,600문이나 되었다. 이에 따른 농민의 생활곤궁은 나아가 조세의 미납과 연결되어 재정의 궁핍을 초래했다. 은전비가(銀錢比價)가 오르게 됨에 따라 나타난 또다른 중요한 현상은 은으로 염과(塩

조. 1820년대 包世臣은 蘇州城의 흡식자를 십여 만으로 잡고 있다(井上, 1982, pp. 72~73 참조).
80) Chang, 1964, pp. 34~36; 田中正美, 1978, pp. 47~56 참조.
81) Chang, 1964, p. 36; Spence, 1975, p. 150 참조.
82) Fay, 1975, pp. 7~8, 204~205; Spence, 1975, pp. 148~149 참조.
83) 林則徐, 1838(1965, p. 600). 아편은 벵갈, 봄베이, 마드래스, 터키 등 산지에 따라 가격의 차가 있었는데, 국내산도 있어 가장 쌌다. 빈민들은 싼 아편을 택했을 것이다.
(Spence, 1975, pp. 151~152; Chang, 1964, pp. 21~23; Fay, 1975, p. 375 참조)
84) 아편을 흡식하는 사회적 동기에 대해서는 Spence, 1975, pp. 144~146 참조.

課)를 납부해야 되는 염상(塩商)의 파산이었다. 염과(塩課) 세입이 줄어듦으로써 국가재정이 더욱 어려워진 것이다.[85]

은이 역류(逆流)되기 시작하는 것은 1820년대 후반부터인데 이것은 아편 수입량의 증가와 관련된다. 아편수입량은 1820년대까지는 평균 4·5천 상자 (1상자는 약 100근)였던 것이 1820년대 후반에 들어와서는 평균 1만 상자 전후를 오르내리면서, 1832년에는 2만 상자를, 1835년에 3만 상자, 1839년에 4만 상자를 넘어서고 있다. 이는 1830년대 전반의 경우 약 천만 량 전후의 액수에 해당한다(1839년의 경우는 2천5백만 량). 이 액수는 당시 국가의 총수입이 4천 8백여 만 량에 불과했던 점을 고려하면 그 양이 어느 정도인지 짐작할 수 있다. 이리하여 1837~1838년에 이르면 영국은 아편 밀수출액만으로도 중국으로부터의 차 등 전품목의 수입액을 충당하고도 남았다.[86]

아편의 유입량이 30년대에 급증하는 요인은 1834년부터 동인도회사의 중국무역 독점권이 폐지된 것과 관련되지만, 아편밀매량이 늘게 된 기본적 요인은, 아편의 재배에서부터 제조, 판매에 이르기까지 주관하고 막대한 이익을 남긴 동인도회사, 직접적으로 밀무역에 임해 역시 막대한 이익을 남겨 거부가 된 지방무역상인, 그리고 밀무역을 방임한 청조 관료계의 부패구조에서 함께 찾아야 한다.

동인도회사는 아편이 청조로부터 금지된 상품이란 것을 익히 알고 있었으며, 그 해독도 잘 인식하고 있어서 뼁갈 주지사 헤이스팅스(Hastings)도 아편은 유해한 사치품으로서 대외무역에서만 사용되어야 한다고 하고 있다.[87] 그럼에도 불구하고 동인도회사는 1773년 아편을 전매품으로 한 뒤 1780~1797년까지는 회사가 직접 무역을 독점하였고, 1797년에는 제조특권을 얻어 지방상인에게 제품을 경매시킴으로써 형식적으로는 이때부터 직거래에 나서지 않았지만 아편무역을 주도했다. 더구나 인도 농민들에게는 자금을 빌

85) 嚴中平, 1955, p.37, 表 30. 銀貴문제에 대해서는 魏建猷, 1986, pp.1~12; 湯象龍, 1930; 來新夏, 1956; 彭澤益, 1961; 佐々木正哉, 1954; 田中正美, 1978, pp.56~63; Chang, 1964, p.39 등 참조. 塩商의 파산과 관련해서는 張連生, 1987, pp.440~451 참조.

86) 嚴中平, 1955, p.22, 24, 36의 표 19, 21, 29; Morse, 1910, pp.209~210; Chang, 1964, pp.16~50 및 p.223의 Appendix B; 魏建猷, 1986, pp.4~5; 戴逸, 1984, p.545; Fay, 1975, p.55 등 참조.

87) 丁名楠 等, 1961, p.17.

려 주면서까지 양귀비의 재배를 유도하고 강요했으며——인도 농민은 이
수입으로 영국의 면방직제품을 구입했다——지방무역 상인들에게는 회사
제품[公班土]만 쓴다는 조건으로 허가증을 발급해 주기도 했다. 한편 회사는
아편이 경매에서 무려 원가의 8배나 되는 가격으로 팔려 막대한 이익을 남
겼으며——그중 약 40%는 인도정부에 아편세로 납부됨——상인들은 다
시 여기에 많은 이익을 붙여 중국에서 판매함으로써 많은 이익을 남겼다.[88]
더욱이 상인들이 중국에서 아편을 판 대금은 동인도회사에 의해 어음으로
교환되고 현은(現銀)은 차 수입에 사용되었다.[89] 이렇듯 동인도회사로서는
아편무역을 포기할 이유가 전혀 없었던 것이다. 인도정부로서도 뱅갈주 총
수입의 12% 정도를 아편세에서 얻고 있었기 때문에(1827~1828년의 경우) 아
편무역의 확대는 바람직했다.

한편 아편 판매상은 "아편은 금과 같아서 아무리 많아도 언제나 팔 수 있
다"며 아편무역을 '가장 안전하고 신사적인' 투기상업으로 여겼다.[90] 이러
한 말은 중국에서 아편 수요도를 반영하는 것이기도 하지만, 한 외국인이
"황제 이하 모든 관료가 아편 밀무역자"라[91] 악의적으로 왜곡하고 있는 데
서도 알 수 있듯이 관리의 부패도를 반영하는 것이기도 하다. 가령 마카오
의 주매관(朱梅官) 등 아편 밀매업자 6명을 체포했을 때 향산현(香山縣)의 관
리는 석방조건으로 8만 달러를 요구했다든가,[92] 1815년 마카오에 출입하는
배에 대한 검색이 강화되자 포르투갈 당국은 증회재원(贈賄財源)으로서 아
편 1상자당 40달러를 징수하여 액수가 연 10만 달러에 달했다든가,[93] 월해
관감독(粤海關監督)도 매년 10여 만 혹은 2·30여 만 량의 뇌물을 받았다는 한

---

88) 예컨대 1817년의 경우 동인도회사는 원가 222루피의 뱅갈아편을 캘커타에서 경매할
   때 경매가격이 1,785루피였으며, 연 수익 555여 만 루피 중 영령인도정부의 아편징수
   세는 237만 루피, 동인도회사의 순이익은 318만 루피였다. 위 아편이 중국에서 판매될
   때의 가격은 원가의 10배가 넘는 2,678루피로서 893루피의 이익을 남기고 있다. 戴逸,
   1984, p. 542 참조.
89) 영국의 면제품, 인도의 아편, 중국의 차 사이의 3각무역구조에 대해서는 浜下武志,
   1978, pp. 13~17 참조.
90) Greenberg, 1951, p. 18. 외국상인으로 아편무역과 관계하지 않은 회사는 Oliphant 회
   사 하나뿐이라 함(衛藤, 1968, p. 101；田中正美, 1955；Fay, 1975, pp. 121~122).
91) Fay, 1975, p. 46. 관료의 책임회피 문제에 대해서는 井上裕正, 1988 참조.
92) Morse, 1926-3, pp. 208~236；井上, 1988, pp. 60~61 참조.
93) Morse, 1926-3, p. 323；井上, 1988, p. 64.

어사(御史)의 고발[94]이라든가, 뇌물로 받은 아편을 몰수한 아편이라 하여 그 공적으로 승진한다든가[95] 하는 예들이다. 이렇듯 아편밀매업자들은 뇌물로 관리를 언제나 매수할 수 있었으니, 아편무역은 공공연한 자유무역이었던 셈이다.

이들이 아편을 판매한 근거지는 처음에는 마카오였으나 포르투갈 당국의 타국선(他國船) 아편의 진입 금지조처로 19세기초 황포(黃埔)까지 진출했었다가, 1821년 단속강화로 거룻배〔躉船〕가 주강(珠江) 하구 밖에 있는 영정도(伶仃島) 부근의 해상으로 옮겨졌다. 이 영정도에 항상 정박하고 있는 거룻배는 7~8척에서 20척 이상으로 증가했는데, 이 모선(母船)에서부터 아편은 밀매망에 의해 무장한 작은 쾌속정으로 운반되었다.[96] 이렇게 보면 중국연안에 이르기까지의 아편은 어디까지나 합법적 품목이었기 때문에 형식적으로 보면 아편을 밀수하는 자는 연해에서 아편을 위탁판매받는 중국인 대리인이지, 쟈아딘매디슨(Jardine, Matheson & Co.) · 러셀(Rusell & Co.) · 덴트(Dent & Co.)와 같은 상회는 아니었다. 그들 상회는 어디까지나 합법적 거래를 가장하고 있었다. 그러기에 쟈아딘이 1839년 영국으로 돌아갈 때의 환송연에서 밀수를 하고 그것을 조장하는 사람은 우리가 아니라 중국정부, 중국관료들이라 하여 좌중의 열렬한 박수를 받았던 것이다.[97] 자본주의 침략성과 기만성을 드러내주는 장면이다.

청조가 아편중독의 만연과 은의 유출로 인한 정치·사회·경제적 위기에 직면하게 되자 조정 내부에서는 이를 타개하기 위한 두 가지 아편대책이 제시되고 있었다. 하나는 태상시소경(太常寺少卿) 허내제(許乃濟)의 통제론(統制論; 公認論, 弛禁論)이고 다른 하나는 홍로사경(鴻臚寺卿) 황작자(黃爵滋)를 중심으로 한 엄금론(嚴禁論; 禁止論)이었다.

1836년 5월에 올린 상주문(上奏文)에서 허(許)는 아편의 해독을 인정하면

---

94) 井上, 1988, p. 68.
95) 예컨대 廣東 水師副將 韓肇慶의 경우를 보라(Chang, 1964, p. 47).
96) 郭廷以는 이 時期를 零丁洋時期라 한다(1941, p. 51). 이 영정양시기를 성립시킨 직접적 계기는 청조관헌에 뇌물의 중개 역할을 맡았던 葉恆澍 체포사건이었다(井上, 1988, pp. 65~71 참조). 영정해상 밀무역의 실상에 대해서는 Fay, 1975, pp. 41~42; Morse, 1910, pp. 178~183; Chang, 1964, pp. 32~33; Spence, 1975, pp. 162~164; 戴逸, 1984, p. 544 등 참조.
97) Fay, 1975, pp. 45~46, p. 138.

서도 현실적으로 하급관리와 무뢰한이 결탁하여 밀매의 금절이 불가능하고
금령이 엄할수록 밀수의 이익이 커져서 은유출이 더욱 많아지기 때문에, 차
라리 아편수입을 합법적으로 공인하여 징세할 것, 단 아편대금은 은으로 결
제하지 말고 물품으로 지급할 것, 아편흡식도 관리·사대부·병사에게만
금지하고 일반인들에게는 방임할 것, 또한 양귀비의 국내재배도 허락할 것
등을 건의했다. 이 방법만이 은의 유출을 막는 길이라는 것이다. 일반백성
이 아편을 흡식하면 조사(早死)할 것이지만 중국의 인구는 날로 증가하니 걱
정없다고 한다. 이 주장은 허(許)가 광동에서 안찰사(安察使)대리를 지낸 바
있어 현지실정에 밝은 연유도 있겠는데, 한편으로는 학해당(學海堂)이라는
완원(阮元)이 세운 서원을 중심으로 한 고위관리와 행상(行商) 등 광동 현지
의 의견을 대변한 것이기도 했다. 북경에서는 대학사 완원의 지지를 업고
있었다. 그들은 모두 아편무역과 이해를 갖는 사람들이기도 했다.

그러나 이 방안에는 몇 가지 문제점이 있었다. 그것은 아편이 갖는 도덕
적 가치를 무시하고 백성의 희생을 돌보지 않는 지배계급적 우민관(愚民觀)
과 인명(人命) 경시 태도가 깔려 있다는 점, 국내법의 존엄성을 경시하여 권
력 자체의 위신을 손상시키고 있다는 점 등의 근본적인 문제점과 함께, 현
실적으로 청조의 통제력으로 보아 일면 금지, 일면 허가가 불가능하며, 물
물교환의 보장책이 없다는 방법론상의 문제점도 내포하고 있었다. 더욱 우
려되는 것은 국내재배를 허락한다면 농업생산력이 파괴될 것이고 아편의 성
행이 촉진될 것이라는 점이었다.[98]

이 통제론은 양광총독(兩廣總督) 노곤(盧坤)과 그 후임 등정정(鄧廷楨) 등
현지관료들의 찬성으로 유력해졌지만 동년 9월 내각학사 겸 예부시랑(內閣
學士兼禮部侍郞) 주준(朱嶟), 병부급사중(兵部給事中) 허구(許球), 11월의 강
남도어사(江南道御史) 원옥린(袁玉麟)의 엄금론이[99] 제기됨으로써 대세는 엄
금론으로 선회하였다. 엄금론자 중 가장 강경한 자가 황작자(黃爵滋)였다.
1838년 6월에 올린 상주(上奏)에서 황(黃)은 종래 금연정책(禁煙政策)이 효과

---

98) 이상에 대해서는 李學魯, 1987; 田中正美, 1967, pp. 222~231; Chang. 1964, pp. 85~
89; Fay. 1975, pp. 117~118 등 참조.
99) 이에 대해서는 田汝康·李華興, 1978; 國岡妙子, 1961; 田中正美, 1967, pp. 232~
239, 1978, pp. 64~68; Chang. 1964, pp. 89~92 등 참조.

가 없었던 원인은 각급관청의 상하 관리가 부패했기 때문이라면서 이 이상 방치한다면 국고가 고갈되고 세원(稅源)이 없어져 국가재정이 위기에 처할 것이라 한다. 구체적 방법으로 황은 지금까지 중점을 두어왔고 또 단속의 효과를 거두기 힘든 거래자와 밀매자의 처벌보다는 흡음자를 엄격히 처벌하는 것이 은유출 방지의 궁극적 방법이라 하여, 우선 일년의 교정기간을 주고 그 기간내에 습관을 끊을 것이며, 그 기간을 넘기는 자는 사형에 처하자는 것이다. 이 상주문을 받은 도광제(道光帝)는 독무(督撫) 등 고위관료들에게 의견을 물었는데, 그 결과 29통의 회답 중 직예총독 기선(琦善)을 포함한 20통이 반대 의견을, 9통이 찬성을 표시해 왔다.[100] 반대 의견은 마지못해 한 답변이 많았는데 사형이 지나치다는 것과 흡식자보다는 밀매자와 거래자를 더 엄하게 다스려야 한다는 논리가 많았다. 이는 지배계층 상층부에 금연파가 약함을 보여주는 것이라 하겠으며, 엄금론자들의 의견은 당시 개혁론자들의 의견과 일치한다는 점을 볼 때 이들은 '체제변혁적 지향(體制變革的 志向)'의 소유자라 할 것이다.[101]

양광총독 임칙서는 바로 9명 중 하나였는데 그의 의견은 도광제(道光帝)의 뜻에 가장 맞는 것이었다. 임(林)의 상주는 외국상인에게 직접 압력을 가하는 방법은 피하고 금연을 돕는 구체적 방법을 제시하는 등 실현성 있는 내용의 것이었기 때문이었다. 그 해 10월 임을 불러들인 도광제는 19차례에 걸쳐 소견(召見)한 뒤 그 해 마지막 날 흠차대신(欽差大臣)으로 광동에 파견하여 아편문제를 처리토록 하였다.[102]

3. 林則徐의 强硬政策과 戰爭의 勃發

이미 호광총독(湖廣總督)으로 있을 때부터 아편의 철저한 단속으로 이름을 날리던 임칙서(1785~1850)는 아편금절에 대해 확고한 결의를 갖고 있었다. 그의 이러한 결의는 아편을 "이대로 방치한다면 수십년 후 중국에는 적

---

100) 田中正美, 1967, pp.248~249 참조.
101) 田中正美, 1966 참조.
102) 이상에 대해서는 李學魯, 1987 ; 來新夏, 1955, 1958 ; 田中正美, 1966, 1967, 1978 ; 黃大受, 1957 ; Chang, 1964, pp.92~94 등 참조. 范文瀾은 통치계급의 아편에 대한 태도를 기준으로, 妥協派(許子瀋)·抵抗派(林則徐)·投降派(穆彰阿)의 三派로 분류한다

에 대항할 만한 병사도 없게 되고 군대의 비용에 충당할 은(銀)도 없게 될 것"이라는 심각한 우려에 근거하고 있었다. 이러한 우려는 당시 변혁지향적 인사들에게 공통적으로 나타나는 현상인데, 이것은 공양학(公洋學)·경세치용(經世致用)의 사상에 기반을 둔 것이기도 했다. 그는 이미 수리시설의 개수, 재해구제 등 치적이 많아 전형적 경세가로 알려져 있었고, 광동으로 부임하기 전에 공자진(龔自珍)과 몇 차례 서신을 주고받으며 아편문제를 논의한 것도[103] 그의 사상적 기반을 설명해 주는 한 사례이다.[104]

임칙서의 아편단속 방침은 치밀하게 추진되었다. 그는 부임 도중에 미리 파악한 주요 아편거래자, 아편굴 소유자, 쾌해선 소유자를 체포하도록 지시했다. 그리하여 임이 도착하기도 전에 광동에서는 총독 등정정(鄧廷楨)을 중심으로 한 단속이 심해지고 있었다. 그 결과 12월 현재 감옥에는 2천 명 이상이 수감되어 있었는데, 그중에서 매일같이 3~4명이 아편을 못피워 죽었다고 한다.[105] 같은 달 한 중국인 아편판매인이 이관(夷館) 앞 광장에서 교수형에 처해지게 되었는데, 영미(英美)의 상인들이 장소를 옮길 것을 주장하며 방해하자 모여든 수천 명의 민중들이 이관을 포위한 사건이 발생했다.

(1953, pp. 14~16). 최근에는 弛禁派와 嚴禁派 2派로 나누는 것이 통례다. 전자는 아편 판매자와 아편무역으로 이득을 취하는 관리의 이익을 대표하고, 후자는 부패한 현실정치에 불만을 품고 개혁을 요구하는 지주계급 지식분자로 보며(中國社會科學院近代史研究所, 1978-1; 胡繩, 1982; 牟安世, 1982) 혹은 전자를 가장 부패한 大貴族·大官僚·大地主商人의 대표로, 후자를 일부 중소지주와 正當한 商人을 대표하는 것으로 보기도 한다(苑書義 外, 1981).

嘉慶 年間의 외국무역단절론을 둘러싼 包世臣·程含章의 아편 논의에 대해서는 大谷敏夫, 1969; 井上裕正, 1982; 沈雲龍, 1969 참조.

103) Chang, 1964, pp. 126~128, p. 140 참조.

104) 林에 대한 기본적 연구서 및 논문집으로서는 楊國楨, 1981; 來新夏, 1985; Chang, 1964 및 福建社會科學院歷史研究所 編, 1985; 陳勝燐, 1985가 있고, 林의 政治思想·經濟思想·禁烟策略 등에 대한 평가에 대해서는 龔書鋒 등, 1984, pp. 160~161; 邱遠猷, 1985, pp. 18~27; 林言椒·李喜所 主編, 1988, pp. 2~6에 나오는 연구경향 참조. 기타 엄영식, 1974; 李華興, 1988, pp. 38~46; 田中正美, 1979 등 참조. 林의 사상적 경향과 관련하여 그가 黃爵滋·龔自珍·魏源 등과 함께 經世之學을 제창하고 反帝에 목적을 둔 宣南詩社를 결성하였다는 설(魏應麒, 1935; 范文瀾, 1953)은 그것이 정치집단이 아니라 消寒을 일삼은 詩會에 불과하며 林도 가입시기가 반년도 안될 뿐더러, 黃·龔·魏 등은 가담한 적이 없었던 것으로 입증이 되어 부정되고 있다.(楊國楨, 1964, 1980; 射正光, 1968; 王俊義, 1979 등 참조). 林에 대한 자료소개에 대해서는 楊國楨, 1981, pp. 482~489; 來新夏, 1985, pp. 608~622; 林言椒·李喜所, 1988, pp. 7~10 참조.

105) Fay, 1975, p. 131.

결국 관군의 출동으로 해산되었지만, 이 사건은 임의 파견에 즈음하여 당시 광주 민중들의 아편판매 반대투쟁이 고조되었음을 의미한다.[106]

1839년 3월 광주에 도착한 후 임칙서가 취한 조치는 단호했다. 우선 중국인에 대해서는 5월 2일까지 1,600명을 체포하고 아편 28,800근을 압수하였으며 그 다음 7주 동안에는 192명이 처벌받는 등 16주 동안 임이 체포한 수는 등정정의 3년간 실적보다 5배가 많은 숫자였다.[107] 도착 8일 후인 3월 18일 임은 외국인에 대한 조치를 취하기 시작하였다. 임은 행상을 불러모아 외국인으로 하여금 3일내로 모든 아편을 제출토록 할 것, 앞으로는 아편을 소지하지 않겠으며 만약 이를 위반할 경우에는 아편몰수뿐만 아니라 처형도 감수하겠다는 서약서를 그들로부터 받아낼 것을 명령하였다. 외국상인들은 마감일인 3월 21일 기일연장을 요청하기도 하고 천여 상자를 제출하려 하기도 하였으나, 임(林)은 최대 아편거래자로 알려진 덴트의 출두를 요구하였다. 덴트가 안전 귀환을 요구하며 거부하자 3월 24일 무역을 정지하고 매판과 사용인을 이관에서 철수시키는 한편, 이관을 병력으로 봉쇄해버렸다. 엘리어트를 포함한 약 350명이 봉쇄된 상태에서 3월 28일 엘리어트는 영국상인의 아편을 거둬 제출하겠다고 통보하였는데, 그가 아편을 거둬들일 때는 상인들에게 영국정부가 책임지고 배상을 보증하겠다고 약속함으로써 그의 의중에는 이를 외교문제로 비화시켜 전쟁의 구실로 삼으려는 속셈이 있었던 것이다. 이는 그때까지 임이 어떻게든 외국과 전쟁으로까지 비화되지 않도록 신중한 태도를 취하고 있었던 것과 대비된다. 어쨌든 5월 21일까지 약속된 양보다 많은 21,306 상자(1,200여 톤) 가량이 제출되어[108] 6월 3일부터 20여 일간 호문(虎門)에서 전량 파기되었다. 강가에 세 개의 구덩이를 파고 아편을 부수어 넣은 다음 소금과 생석회를 투입하여 녹인 후 해류에 방류시킴으로써, 아편을 소각하지 못할 것이라는 당시 외국인들의 예측을 빗나가게

---

106) Fay, 1975, pp.133~134.
107) Chang, 1964, p.129. 林은 1839년 7월 과거응시자 6백여 명으로부터 무기명으로 아편창고, 밀매자, 금지방법 등에 관해 출제함으로써 자세한 정보를 얻기도 했다. 來新夏, 1985, p.246; Chang, 1964, p.130 참조.
108) 제출된 숫자는 약간씩 차이가 난다. 來新夏, 1985, p.232; Chang, p.171 및 Hsü, 1983, p.182 참조. 이중에서 쟈아딘 매디슨 상회의 명의로 제출된 것이 7,000상자로 제일 많았다(Fay, p.157). 이렇게 많은 양이 걷힌 것은 엄한 단속으로 아편이 수개월 동안 팔리지 않았던 터에 엘리어트가 배상을 보증했기 때문이었다.

했던 것이다.

남은 문제는 서약서 제출이었다. 미국과 포르투갈 상인들은 모두 서약서를 제출하였는데 엘리어트의 지시에 의해 영국상인들은 제출을 거부하였다. 일부 영국선박이 서약서를 제출하고 들어갈 때는 영국이 포격을 가하여 저지하기도 했지만, 일부 영국선박들은 미국기를 달고 들어가기도 했다. 5월 24일 이들은 마카오로 철수하여 다음 조치를 기다리고 있었다.[109]

이 소식이 본국에 전해지자 산업자본가들은 중국이 무역의 자유를 침해했으며 사유재산을 몰수했다고 비난하며 정부와 의회에 압력을 가하고, 엘리어트는 본국에 군대파견을 요구함으로써, 영국정부는 10월 원정군 파견을 결정하고 통보했다. 당시 영국정부는 재정난에 처해 있있는데 전쟁을 승리로 이끌면 배상금으로 비용을 충당할 수 있다고 본 것이다.[110]

이들의 논리대로라면 임칙서의 강경정책이 전쟁을 유발한 셈이다.[111] 그러나 임(林)의 기본적 사고는 중국인이 외국에 가면 그곳의 법을 따라야 하듯이 광동에 거주하고 있는 외국인은 내국인과 똑같이 중국의 법에 따라야 한다는 입장에 있었고 따라서 외국인도 중국인과 마찬가지로 아편몰수와 처벌은 당연한 것이었다. 임은 오히려 외국인에게는 신중한 태도를 유지해 왔었다. 아편이 영국과 인도에서 차지하는 비중과 역할을 임이 인식하지 못하고 있었다고 해서 임의 강경조치가 평가절하될 수도 없다.[112] 임은 빅토리아 여왕에게 2차례에 걸쳐 서신을 보내면서까지 아편무역의 금지를 요구함으로써 정상적인 통상을 추구한 바 있었다.[113] 몰수한 아편에 대해서도 비록 엘리어트에 의해 거절되긴 했지만, 임은 한 상자당 차 5근씩을 보상해 주고

109) 이상에 대해서는 Morse, 1910, pp.213~231; Chang, 1964, pp.124~131; Fay, 1975, pp.144~161; Hsü, 1983, pp.179~184 등 참조.
110) 아편이 몰수되고 상인들이 감금되어 학대를 받고 있다고 왜곡보도한 것은 8월 1일자 《Times》지였다. 그러나 정부가 엘리어트로부터 소식을 접한 것은 8월말과 9월 21일이었다. 그밖에 런던에 소식을 전한 통로로는 아편몰수 배상금지원의 탄원을 위해 온 봄베이·캘커타 상공회의소, 로비를 위해 파견된 광동의 아편상인들이 있었다(Fay, 1975, pp.187~193 참조).
111) 흡식자 단속에서부터 林維喜사건, 九龍海戰 후의 협상과정에 이르기까지 林이 지나치게 강경한 입장을 고수했다는 평(羅耀九·鄭劍順, 1983)과 이와 대립되는 적극적 평가(예컨대 陳勝燊, 1985-1) 참조.
112) 예컨대, Chang, 1964, pp.213~217 참조.
113) Chang, 1964, pp.134~138 참조.

자 했었다.[114] 전쟁은 엘리어트의 면밀한 의도와 영국의 식민주의적 침략성에 의해 유발되고 있었던 것이다.

1839년 7월 7일 임유희(林維喜)살해사건은 영국에게 또하나의 좋은 계기를 마련해 주었다. 구룡(九龍)의 첨사취(尖沙嘴)에서 술에 취한 수부(水夫)들이 지방민과 충돌하고 사원을 파손하였는데, 몽둥이로 구타당한 임(林)이라는 농부가 이튿날 죽은 것이다. 임칙서는 즉시 범인인도를 요구하고 나섰으니, 이는 1784년 레이디 휴즈(Lady Hughes)호 사건의 전례도 있어[115] 당연한 요구였다. 엘리어트는 영국신민에 대한 재판권은 감독관인 자신에게 있다고 하여 선상에서 상인을 배심원으로 한 채 신속히 판결을 내렸다. 그러나 6개월 감금과 3개월 감금·중노동 및 벌금형에 처해진 수부(水夫) 3명과 2명은 각각 영국으로 이송된 뒤 석방되었다.[116] 임칙서는 8월 16일 마카오를 무력으로 봉쇄하고 식량과 연료의 공급을 중단하는 한편 중국인 고용인을 철수시켰다. 이에 57가구의 영국인은 포르투갈의 압력으로 홍콩과 구룡 사이의 바다로 이주하게 되었다. 수천 명의 인원이 식량을 대지 못하고 우물에도 독약이 투입된 상황에서 9월 4일 첫 발포가 일어났다. 압박해제를 요구하러 구룡(九龍)에 갔던 엘리어트의 함대와 중국 해군 사이에 충돌이 빚어진 것이다.[117] 이어 11월 3일에는 엘리어트의 명령을 어기고 들어가는 로얄색슨호에 포격하는 영국함대와 이를 보호하려는 중국해군이 천비(川鼻)에서 전투를 벌였는데 중국의 참패로 끝났다. 선전포고는 없었지만 전쟁은 시작된 것이다. 12월 6일 임(林)은 영국과의 통상정지를 선포했다.[118]

이미 10월에 개전을 결정한 바 있던 영국정부는 1840년 2월 조지 엘리어트(George Elliot)를 전권대표로, 브리머(Bremer)를 사령관으로 하는 원정군을 파견하였다. 의회에서도 4월에 이 전쟁을 승인했는데, 여기에는 자본가집단

---

114) 4월 12일 청조에 건의하여 ("以獎其恭順畏法之心, 而堅其改悔自新之念.") 5월 2일 허락받았는데, 마카오로 철수한 뒤, 佛山同知 劉開域이 '給賞'을 위한 차 1,640상자를 가지고 갔으나 6월 5일 거절당했다. 來新夏, 1985, p.224, 229, 235 참조.

115) 이 사건은 바로 밑에 보트가 있는 줄 모르고 예포를 발사하여 1명 사망, 1명 중상을 입힌 사건으로, 포수의 인도 요구에 결국 영국이 승복하여 포수가 교수형을 당한 사건이다(Fay, 1975, p.37 ; Morse, 1910, pp.102~103). 여타 재판권을 둘러싼 문제들에 대해서는 Morse, 제5장을 참조.

116) Fay, pp.171~172 등 참조.

117) 1차 중영전쟁의 시작을 이때부터로 잡는 학자도 있다. 來新夏, 1985, p.252 참조.

118) 이상에 대해서는, Chang, 1964, pp.196~208 참조.

의 모임인 인중협회(印中協會 ; India and China Association)의 압력이 작용하고
있었다. [119] 하원에서는 야당인 토리(Tory)당이 제출한 반대동의안이 9표 차
로 부결되었는데, 30세에 불과한 토리당의 글래드스톤(Gladstone)은 중국이
아편을 금지시킬 정당한 권리를 가지고 있는데, 그것을 짓밟아버리고 외상
은 부정한 무역을 원조했으니, 그 기원이 이처럼 부당하고 영국을 영원한
불명예에 빠뜨리게 한 전쟁은 들어보지도 못했다고 공격했다. 영국국기가
악명높은 밀무역을 보호하기 위해 휘날리고 있음을 부끄러워한다면서 그는
중국인들이 우물에 독약을 넣은 것도 어쩔 수 없는 방법이었다고 하여 전쟁
을 반대했다. [120] 그러나 외상 파머스턴은 중국은 국내에서도 아편재배를 허
락하고 있으면서 은유출만을 이유로 수입을 금지하고 있다면서 중국인의 도
덕심을 유지시켜주기 위해 군대를 파견해야 한다고 강변했다. 아편은 술보
다 해독이 없다는 것이다. 이는 매디슨(Matheson)이 "아편은 중국사회의 상
류계층에서만 피우는 것으로 영국 상류계층이 브랜디나 샴페인을 마시는 것
과 같다"는 발상과 같고 보면 아편상인의 로비가 적중한 것이라 할 것이
다. [121] 상원에서도 웰링턴(Wellington) 공작이, 50년 공직생활에서 영국국기
가 광동에서 당한 것과 같은 손상을 일찍이 본 적이 없다고 하며 정신이 있
는 사람이라면 누구나 중국을 응징하는 길밖에 없을 것이라고 열렬히 지지
함으로써 통과되었다. [122] 사유재산(아편) 보호만을 강조하고 국가위신만을
내세워 아편무역을 정당화하고 보호하기 위한 침략전쟁임을 드러낸 것이
다.

원정군이 1840년 6월 마카오 해역에 도착하면서부터 정식으로 시작되는
제 1 차 중영전쟁은 대체로 3단계로 나눌 수 있다. 첫단계는 1841년 1월까지
로, 영군이 주산도(舟山島)에 상륙하여 정해(定海)를 점령하고 영파(寧波)와
양자강 하구를 봉쇄한 후 대고(大沽)까지 북상하여 직예총독 기선(琦善)과
협상하고 남하하여 천비(川鼻)에서 조약을 강요하며 홍콩을 강점하는 기간
이다. 이 기간에 우선 주목되는 것은 영국측이 대고에서 전달한 파머스턴의
국서 내용과 청조의 대응이다. 이 국서의 전반은 임칙서의 행동을 비난하는

119) 林增平 編, 1979, pp. 36~37 ; 范書義 外, 1981, pp. 78~80 참조.
120) Fay, 1975, p. 203 ; Wakeman, Jr., 1978, p. 195.
121) Fay, 1975, p. 191, pp. 194~195 참조.
122) Fay, 1975, p. 204.

42

내용이고, 후반은 몰수 아편에 대한 배상, 군비배상, 한두 개의 도서 할양, 공행 상인이 갚지 못한 부채의 상환, 양국 관료 사이의 대등한 교섭 등의 요구사항으로 되어 있다. 이 요구가 인정될 때까지 해구를 봉쇄하고 주산도를 점령할 것이라는 위협도 가해 왔다. 기선은 임칙서를 엄히 치죄(治罪)할 것이라는 답변 외에는 모호한 답변을 하면서 광동에 돌아가면 만족할 만한 해결을 볼 수 있을 것이라는 언질을 주었다. 실제로 10월 도광제(道光帝)는 임칙서와 등정정을 '오국병민(誤國病民)'·'미향로사(糜餉勞師)'·'관리불선(辦理不善)' 등의 이유로 면직하고 영국군의 철수에 공적을 세운 기선을 흠차대신 겸 양광총독서리로 임명했다. 이로써 금연정책(禁煙政策)은 실패로 끝났다고 볼 수 있는데, 황제의 이러한 조치는 화평파의 압력에 의한 것이기도 하지만 2년 전 임을 극찬한 것과는 대조를 이루는 장면이다.[123]

또하나 주목되는 것은 엘리어트(Captin Elliot)[124]가 무력을 사용하면서까지 기선에게 강요한 이른바 천비가조약(川鼻假條約) 문제이다. 엘리어트가 1840년 1월 20일 선포한 가조약의 내용은 홍콩의 할양, 아편배상금 600만 달러의 지급, 관헌 사이의 대등한 교섭, 10일 이내 광동무역 재개 및 영군의 주산(舟山)으로부터의 철수 등이었다. 그러나 이 조약의 선포는 엘리어트에 의한 일방적 선언이었다. 기선은 수차례에 걸친 엘리어트의 조인 압력에도 불구하고 날인을 거부하였다. 기선은 아편배상, 또다른 하나의 통상항구 개항에 동의한 바는 있지만 홍콩을 할양한다는 데에는 도광제의 절대불가 지시도 있던 터라 끝까지 반대한 것이다. 무력 위협에 기선은 섬 중 "기거(寄居)할 수 있는 한 곳"을 영국인에 급여(給予)하도록 상주하겠다는 답변만을 했을 뿐이었다. 영국군은 조인과 비준을 기다리지도 않고 1841년 1월 26일 홍콩을 강점하고 2월 1일에는 영령(英領)임을 선포했다.[125]

청조에서는 기선의 재산을 몰수하고 북경으로 압송하여 사형선고를 내리는 한편(流罪로 감형됨), 혁산(奕山)과 양방(楊芳) 등을 광동에 파견하여 전쟁에 돌입했는데, 이때부터 1841년 8월까지를 제2단계로 볼 수 있다. 영국정

123) 道光帝에 대한 평가에 대해서는, 邱遠猷, 1985, pp. 27~29 참조.
124) 수석전권대표 G. Elliot가 '질병'으로 사촌동생 C. Elliot로 교체된 것은 1840. 11. 29 일자이다. Hsü, 1983, p. 186.
125) 苑書義 外, 1981, pp. 91~94 ; 佐々木正哉, 1975, pp. 22~23, 1979, pp. 163~169 ; Hsü, 1983, p. 187 참조.

부로서도 천비조약의 내용은 아편배상금이 너무 적고 주산에서 너무 빨리 철수하며 홍콩은 불모지라는 등의 이유로 불만이었기 때문에 전권대신을 포틴저(Sir Henry Pottinger)로 교체했다. 파머스턴은 엘리어트가 자신의 지시를 휴지처럼 여겨 최소한의 성과만을 얻었다는 것이다. 한편 엘리어트는 중국의 결전소식을 듣고 선제공격을 감행하여 호문(虎門)포대 등 주강(珠江) 연안의 요새를 점령하고 광주성(廣州城)을 포위함으로써 새로운 정전조약인 광주화약(廣州和約)을 얻어냈다(5.27). 일주일내에 6백만 달러의 속성비(贖城費)를 영군에 지불하며, 6일내에 혁산군(奕山軍)은 광주성으로부터 60리 이상 철수하며, 영군은 호문으로부터 철수하고 홍콩문제는 연기한다는 등의 내용이었다. 5월 31일 6백만 달러를 받은 영군은 철수하기 시작했다. 이 단계는 영국이 홍콩을 강점('할양')함으로써 청조의 격분을 사 빚어진 전쟁시기였다.

셋째 단계는 1841년 8월 신임전권 포틴저가 도착하면서부터 남경조약에 이르는 시기이다. 포틴저는 곧바로 북상하여 정해(定海)를 재점령하고 양자강의 요지를 점령하며, 필요하면 백하(白河)로까지 진격하여 배상금 확보, 통상항 확대, 영국민의 안전확보, 홍콩의 즉각적인 할양을 요구하도록 지시받고 있었다. 그는 이 지시를 엄격히 수행하여 8월 하순부터 10월에 이르기까지 하문(廈門), 정해, 영파(寧波)를 점령하고 이듬해 6월에는 오송과 상해를, 7월에 양자강과 북경에로의 중요 수송루트인 대운하와의 교차점인 진강(鎭江)을 함락함으로써 대세를 판가름낸 것이다. 기영(耆英)과 이리포(伊里布)는 포화의 위협하에 8월 29일 콘월리스(Com Wallis)호 선상에서 영국의 요구를 그대로 받아들였다. 126)

이 전투과정에서 가령 절강순무(浙江巡撫) 유운가(劉韵珂)와 같이 기영 등에 영향을 준 주화파(主和派)도 적절히 평가되어야겠지만, 127) 양자강 유역의 사포(乍浦)나 진강(鎭江)에서의 팔기군의 처절한 투쟁도 주목되어야 한다. 기타 정해·진해·영파에서의 농민들의 유격전, 흑수당(黑水黨)의 활동, 대만과 강소성(江蘇省) 지방에서의 단련·의용(團練義勇)의 활동 등 인민의 반

---

126) 이상에 대해서는 苑書義, 1981, pp.80~99, 107~116; 胡繩, 1982, pp.49~58; Hsü, 1983, pp.184~189; Wakeman, Jr., 1978, pp.195~208 참조.
127) 茅海建, 1988, pp.97~107 참조. 耆英에 대한 평가는 王爾敏, 1966 참조.

침략투쟁이 광범하게 존재했다.[128] 삼원리 민중항쟁도 그중의 하나이다. 이렇게 보면 광동·복건·절강·강소성의 25만여 청군이 2만의 영국군에 패퇴한 요인으로 무기의 열세나 한간(漢奸)의 활동을 들 수 있으나, 청조의 화전(和戰)간의 전략방침이 일관되지 못하고 자주 동요되었다는 점도 중요하게 지적될 수 있다. 이는 사회의 부패구조와 관련된 것이었다.[129]

4. 不平等條約體制의 成立

제1차 중영전쟁의 결과는 '남경조약(南京條約)'과 이를 보완하기 위해 이듬해 맺어진 '중영오구통상장정(中英五口通商章程)' 및 '호문조약(虎門條約)', '오구통상부점선후조관(五口通商附粘善后條款)', 그리고 그 이듬해 미국·프랑스와 맺어진 '망하조약(望廈條約)', '황포조약(黃埔條約)'의 내용을 아울러 살펴야 한다.

서구인의 관점에서 보면 제1차 중영전쟁의 결과는 중국이 중화적 질서에서 벗어나 새로운 국제질서로 편입되었다는 점이 중시된다. 국가간의 평등한 주권을 인정하지 않는 '조공체제(朝貢體制)'에서 평등한 관계의 '조약체제'로 바뀌게 되었다는 것이다. 확실히 청조는 영국을 대등한 주권국가로서가 아니라 조공국의 하나로 대해 왔고, 대등한 관계의 설정은 영국이 일관되게 추구해온 목표 중의 하나였다. 남경조약 중에서 지금껏 외교역할까지 맡아온 공행제(公行制)의 폐지와 양국간의 대등한 문서격식의 규정은 그러한 평등관계의 실현이었다. 그러나 이는 제1차 중영전쟁의 결과 중 극히 일부에 지나지 않는다. 오히려 불평등한 관계의 설정이 압도적 비중을 차지하고 또한 본질적 측면이기도 하다. 분명히 조약체제란 말 자체는 평등관계를 함축하고 있다. 그러나 조공체제에 대립된 것이라 해서 평등한 것은 아니었다. 그들의 국제적 평등이란 서구의 기독교국에는 적용되었을지언정[130] 다른 세계에 대해서는 무력을 앞세운 착취관계를 합리화시켜 주는 구실로 작용하였을 뿐이다. 오히려 조공체제는 서구의 식민지관계처럼 착취관계

---

128) 苑書義, 1981, pp. 111~118 참조. 鎭江전투에 대해서는, 高鴻志, 1958 ; 駱承烈, 1978 참조.
129) 苑書義, 1981, pp. 119~123 ; 胡繩, 1982, pp. 59~65 ; 茅海建, 1983 참조.
130) Fairbank, 1968, p. 61.

위에 있지는 않았다.[131] 이 전쟁의 원인이 미대통령 아담스(John Quincy
Adams)가 말한 것처럼 “통상을 평등호혜의 조약에 의해서가 아니라 주종관
계의 모욕적인 형식에 의해 행하고 있는 중국의 오만”에 있었던 것은 아니
었다.[132]

　불평등관계는 관세자주권의 상실(협정관세), 영사재판권(領事裁判權), 최
혜국대우(最惠國待遇)를 핵심적 내용으로 한다. ‘남경조약’에는 수출입관세
의 결정은 반드시 영국과 공동으로 상의하도록 되어 있었는데, ‘망하조약’,
‘오구통상장정(五口通商章程)’에는 이를 보완하여 수입관세의 경우 수입가
격의 5%로 규정해 놓았다. 중국은 그것이 현행 2~4%보다 높았기 때문에
기꺼이 받아들였는데, 이 규정이 장차 보호관세를 배제한 것이라는 것을 인
식하지 못하였다. 중국에서의 모든 영국인의 범죄는 그 재판권이 영사에게
있다는 치외법권의 규정(‘오구통상장정’·‘망하조약’)은, 중국으로서는 언어
와 습관이 다른 외국인은 스스로 다스려야 한다는 편의적 생각으로 인정한
것이었다. 타국에 새로운 특권을 부여할 때는 곧바로 그 혜택을 똑같이 받
는다는 일방적 최혜국조관(‘호문조약’)의 경우도 천자는 외국인에게 동일한
시혜를 베푼다는 관념에서 인정(국가간의 상호견제라는 실질적 고려도 작용)한
것이었다. 중국으로서는 주권의 개념이나 국제법의 개념이 없었던 것이다.
이러한 불평등조약은 제국주의적 침략의 발판이 되었다. 이미 1841년 1월에
강점한 홍콩을 ‘남경조약’에서 정식으로 할양받은 것이나 5개항의 개항도
18세기 이래 추구해 온 중국에 대한 진출기반의 확보였으며, 통상항구에 군
함을 파견한다거나 순사할 수 있다고 규정함으로써(‘오구통상장정’·‘망하조
약’) 외국 병선(兵船)이 중국 영해에 자유로이 진입할 수 있게 된 것, 5개 항
구에 “땅을 빌려 집을 짓고 영원히 거주”할 수 있게 함으로써(‘호문조약’) 영
사재판권의 확보와 함께 조계(租界)제도의 기반을 만든 것[133] 등도 그러한
종류의 것이었다. 중국사회의 반식민지화의 기반이 마련된 것이다.

　개항장에서 자유로이 전교할 수 있다는 규정(‘황포조약’)도 자유로운 교회

131) Hsü, 1960, p.5. Fairbank는 조약체제를 胡漢體制와 같은 전통적 관행과 연결시킴으
　　로써 오히려 당연한 전통의 계승으로 보고 있으며(Fairbank, 1953, pp.4~8; 1968,
　　pp.257~275), 창조적 국면으로 보기도 한다(1978, p.214).
132) 田中正俊, 1973, 배손근 역, 1983, p.150.
133) 租界制度의 기원과 上海租界의 형성에 대해서는, 袁繼成, 1988, pp.1~61 참조.

설립 규정('망하조약')과 함께 제국주의 침략과 밀접한 관련을 갖는다. 무력에 의해 확보된 종교의 자유가 이후 제국주의의 '첨병' 역할을 하게 되는 기반을 이루었고, 반기독교운동으로 이어지기 때문이다. 1844년 11월 도광제는 1724년(옹정 1)에 내려진 천주교 금령을 아울러 해제했으며 1846년에는 지방관에 재차 천주교 보호를 명령하고 있다.

이들 조약 중에는 '망하조약(望廈條約)'에 아편무역을 금지한다는 조항이 들어 있을 뿐 남경조약은 물론 여타 조약에도 일체 언급이 없었는데 이 점은 아이러니였다. 물론 '망하조약'의 이 규정이 최혜국조관에 적용될 리는 만무했다. 영국측에서는 남경조약 체결시 아편무역의 합법화를 요구했지만 청조로서는 조약으로 합법성을 명문화할 수 없는 입장이었기 때문에 아편을 소지해도 검사하거나 어떠한 행동도 취하지 않을 것임을 포틴저에게 보증함으로써 아편무역을 공인한 셈이었다. 그리하여 아편무역은 곧 전전(戰前)의 번영을 회복했다.[134)]

제 1 차 중영전쟁의 결과 중 중요한 한 측면은 대내적으로 청조의 권위가 실추됐다는 사실이다. 청조가 전쟁에서 패배함으로써 청조보다 더 큰 권위가 존재한다는 엄연한 사실에 민중들은 충격을 받은 것이다. 이는 곧 청조의 절대권위에 대해 도전할 수 있는 가능성을 시사해 주는 것이라 할 수 있다. 가령 하섭(夏燮)은 태평천국란의 한 원인을 제 1 차 중영전쟁이 준 충격에서 찾으면서, 기선이 엘리어트와 교섭할 즈음 광동의 민요에는 "백성은 관을 두려워하고, 관은 양귀(洋鬼)를 두려워한다"는 구절이 있었는데, 삼원리(三元里)항쟁과 입성(入城) 반대운동을 거친 뒤의 민요에는 "관은 양귀를 두려워하고, 양귀는 백성을 두려워한다"는 내용으로 바뀌었다고 한다.[135)] 청조(淸朝)보다 강한 양귀가 백성을 두려워하니 백성은 언제나 청조에 반기를 들 수 있는 것이다. 1854년 상해 소도회(小刀會)에 호응하여 한때 수만 명으로 광주를 포위하고 1855년에는 심주부성(潯州府城)을 공격하여 대성국(大成國)을 수립했던 진개(陳開)도 자술에서 난을 일으킨 동기를 관신(官紳)의

---

134) 이상에 대해서는 苑書義, 1981, pp. 123~129 ; 胡繩, 1982, pp. 75~82 ; 丁名楠 等, 1979, pp. 178~184 ; 彭澤益, 1949 ; Hsü, 1983, pp. 190~193 ; Rozman, ed., 1981, pp. 33 ~34 등 참조. 最惠國待遇問題에 대해서는 坂野正高, 1970-1 참조.
135) 謝山居士(夏燮), 1869, 閔斗基 外 編, 1981, p. 186.

가렴주구와 압박 외에 '번귀(番鬼)'가 광동에 들어온 사실을 들고 있다.[136]
홍수전도 제 1 차 중영전쟁 결과 인정받게 된 기독교를 이용하여 반기를 든
것이다.[137]

II. 제 2 차 中英戰爭

1. 背　景

1) 排英運動의 激化

　제 1 차 중영전쟁 이후 광동을 중심으로 전개된 배영운동(排英運動)은 제
2 차 중영전쟁의 주요한 요인의 하나가 되고 있는데, 이 줄기찬 배영운동의
정신적 지주는 1차 전쟁중에 일어난 삼원리민중항쟁(三元里民衆抗爭)이었다.
이 사건은 광주화약(廣州和約)을 맺은 후 광주성 북쪽에 위치한 사방포대(四
方砲台)를 점령하고 있던 영국군이 1841년 5월 29일 북쪽의 삼원리에 침략하
여 한 여인을 능욕하자 민중들이 침략군 수명을 살해함으로써 시작된 사건
이다.[138] 영국군의 반격에 대비해 인근 촌락의 대표들은 연락방식, 작전 등
을 결정하고, 30일 수천명(7,500명?)이 사방포대로 전진하여 영군 1,000여
명을 북쪽 우란강(牛欄岡)으로 유인한 뒤 포위하였는데, 후퇴하던 영군의 1
개중대(60여 명)가 단절되어 고난 끝에 겨우 탈출하였다. 103개향(鄕)의 수만
명(2만 5천 명?)의 민중은 사방포대를 포위한 채 이튿날을 맞았는데, 영국의
장군 고우(Hough Gough)의 위협으로 광주지부(廣州知府) 여보순(余保純)이
신사들을 설득하여 해산시켰으며, 영국군은 이튿날인 6월 1일 호문(虎門)으
로 철수했다. 이것이 사건의 전말이다.

　접전도 그다지 많지 않았고, 영국측 사상자도 중국측 기록에는 사망 200
명으로까지 과장되어 전송(傳誦)된 것으로 보이는 기록도 있지만, 영국측

---

136) 西順藏 編, 1976, p.465.
137) 太平天國과의 관련에 대해서는 波多野善大, 1951, pp.32~42 참조.
138) 이 사건에 대해서는 Wakeman. Jr., 1966, pp.11~58이 자세하며, 자료로서 廣東省文
　史硏究館 編, 1978이 있다. 기타 申延澈, 1971; 趙矢元, 1962; 苑書義, 1981, pp.99~
　107; 陳原, 1979 등 참조. 이 투쟁의 領導者 문제에 대해서는 邱遠猷, 1985, pp.14~
　15. 私學의 역할과 성격에 대해서는 龔書鐸 등, 1984, pp.159~160에 나오는 연구경향
　을 참조.

기록에 의하면 일정하지는 않으나 사망 1~6명, 부상자는 10여 명에서 20여 명 정도로 나타난다.[139] 그러나 중요한 것은 규모가 아니라, 영도자 중 한 사람이었던 임복상(林福祥)의 말처럼[140] 여지껏 두려운 존재이기만 했던 이병(夷兵)을 이제는 두려워할 것이 없다는 자신감과 함께 당시 관군이 한번도 승리하지 못하고 패퇴만 하는 상황하에서 민중들이 격퇴했다는 점이었다. 물론 '사학(社學)'을 조직한 하층신사들이 영도를 하였지만 어디까지나 주체는 103개 향촌에서 자발적으로 참여한 압도적 다수의 농민과 수공업 공인(工人), 어민(漁民), 염민(鹽民) 등 하층군중들이었다. 그러기에 "관(官)은 양귀(洋鬼)를 두려워하고, 양귀는 백성(百姓)을 두려워한다"는 믿음이 생겼고 이것이 '신화화(神話化)'됨으로써 이후 중국근대사에서 배외운동·반제국주의운동의 정신적 지주가 된 것이다.

더욱 중요한 것은 백성들이 청조의 권위를 더욱 가볍게 여기게 되었다는 사실이다. 앞에 인용한 민요에서도 잘 나타나지만, 사건 얼마 후 광주에 나붙은 고시(告示)에는 관군은 '영이(英夷)와 동심동지(同心同志)'라든가 '구관군(狗官軍)'이라는 표현, "우리들은 목숨을 걸고 역이(逆夷)를 초멸했는데 너희들은 수수방관"했으니 너희들을 어디에 쓰겠느냐면서 "영원히 똥냄새가 난다"는 표현을 쓰고 있는 데에서도 잘 나타난다. 9월에 있었던 여보순(余保純)이 주재하는 고시(考試)에 문동(文童)들이 "불고여한간시(不考余漢奸試)"라 하여 시험을 거부한 사건은 그 단적인 표현이라 할 수 있다. 강소순무(江蘇巡撫) 양장거(梁章鉅)가 광동의 상황에서 '민변(民變)'을 예기했듯이, 삼원리민중항쟁으로 빚어진 반관의식(反官意識), 청조 권위의 실추는 태평천국(太平天國)으로 연결될 소지가 있었다.[141]

1차 전쟁이 마무리된 후 광주에서 벌어진 일련의 항영운동은 바로 이러한 삼원리의 전통을 이어받은 것이었다. 물론 배영운동에는 이방인에 대한 민족적 편견[142]에 기인하는 측면도 있을 것이다. 그러나 보다 직접적 요인으로서는 영국인들의 오만과 행패에 있었다. 전쟁이 끝나자 영국의 관원, 상인,

---

139) 사망자 수는 기록에 따라 차이가 난다. 廣東省文史硏究館 編, 1978, p. 368 및 p. 25, 27, 330, 333, 346, 371 ; 苑書義, 1981, p. 102 주 3) ; Wakeman. Jr., 1966, p. 20 등 참조.
140) 廣東省文史硏究館 編, 1978, p. 25.
141) 이상에 대해서는 苑書義, 1981, pp. 99~107 ; Wakeman, Jr., 1966, p. 21, 53, 58 참조.
142) Wakeman. Jr., 1966, pp. 55~56.

수부들은 정복자로서 행세하여 재물을 약탈하고 여인을 능욕하며, 총을 들고 촌에 들어가 참새를 잡는다면서 닭·개·돼지·소 등을 보면 잡고, 부인과 아이들을 보면 희롱하며, 이를 막는 자가 있으면 총으로 죽이는 만행을 자행했다.[143] 이에 민중들은 자위(自衛)투쟁에 나설 수밖에 없었던 것이다.

1842년 12월에는 대규모의 이관(夷館) 습격과 방화사건이 일어났는데, 그것은 한 영국해병이 과일을 사고 대금을 지불하지 않고 오히려 상인에 자상(刺傷)을 입힌 뒤 이관으로 도피, 건물 위에서 돌을 던짐으로써 비롯되었다. 이에 군중이 이관을 포위하자 발포하여 다수가 부상을 입었는데, 분노한 군중이 불을 지른 것이다. 양광총독 기공(祁塤)은 배상금을 지불하고 중국인 10명을 사형에 처했다.

1846년 7월에는 컴프턴(Compton)이라는 영국상인이 한 과일행상과 외국인과의 말다툼에 끼어들어 과일상인을 폭행하고 이관으로 끌고 들어가자, 주변의 상인과 노동자들이 몰려가서 석방을 요구했는데, 영국상인들이 이들 중 3명을 총격으로 살해한 사건이 일어났다. 범인 인도를 둘러싸고 긴장이 감도는 가운데 사건은 총독 기영(耆英)의 타협적 태도로 결국 컴프턴만 과일장수 및 사망자 가족에 보상하는 선에서 매듭지어졌다.

보다 대규모 사건은 1847년 12월 광주에서 3마일 상류에 있는 황죽기(黃竹岐)라는 마을에서 영국인 청년 6명이 살해당한 사건이다. 이들이 살해된 것은 이들이 권총을 휴대하고 이 마을에 들어가 촌민(村民) 1명을 살해하고 1명에게는 중상을 입혔기 때문이었다. 이에 촌민이 분노하여 이들을 타살하고 강에 버린 것이다. 기영은 즉각 출동하여 체포자 17명 중 즉각 참수(斬首) 4명을 포함한 6명을 사형에 처했다. 이는 영국공사 데이비스(Davis)가 함대를 이끌고 와 전원 처형을 요구하고 인근 2개 마을도 소탕하여 경계심을 심어주어야 한다는 요구에 호응한 것이었다. 이 사건은 광동인민의 격분을 사서 상층신사들도 광동인 모두가 공분(公憤)하여 영국인을 원수로 여긴다는 공계(公啓)를 보냈으며, 사학내(社學內)의 하층신사들도 기영은 역이(逆夷)의 죄는 묻지 않고 그들의 목숨을 보상하기 위해 양민(良民)만 처형했으니 어느 나라 신하인지 모르겠다면서 기영처럼 양심을 잃고 염치없는 '권

---

143) 佐々木正哉, 1964-2, p. 274.

간(欛奸)'은 일찍이 없었다고 비난했다. 아울러 영국에 대해서도 인근 마을을 공격한다면 이관을 불사르고 주륙하여 보복할 것임을 경고했다. 이듬해 3월, 기영이 황제로부터 문책을 받고 북경으로 불려올라간 것은 광주의 배외의식에 의한 것이었다.

영국인의 횡포에 기인하는 위의 사례 외에 광주지역에서는 1846~1847년 사이에 조지(租地) 반대투쟁도 있었다. 호문조약에 의하면(제7조) 5개 항구에서 건물이나 토지를 빌 때는 주인의 동의를 얻도록 규정되어 있는데, 그럼에도 불구하고 영국인들은 주인의 의사를 무시하고 강조(强租)하는 경우가 많았기 때문에 반조지투쟁(反租地鬪爭)을 유발한 것이다. 이관지역의 신두란(新豆欄)에서는 기영이 주인에게 압력을 가하여 양보토록 강박했는데, 광주의 거민(居民)과 숭문사학(崇文社學)·명륜당(明倫堂)의 신사들이 게첩(揭帖)을 붙여 영국인의 강점과 기영의 매국죄행(賣國罪行)을 폭로했다. "이러한 간신(奸臣)이 해국(害國)하니 황제가 스스로 망함을 택하는 것"이라는 강한 표현이 들어 있으며, 영국이 강제로 점유한다면 "먼저 기영을 죽이고, 후에 영역(英逆)을 초멸하겠다"는 것이었다.[144] 이듬해 5월 하남(河南)지방에서도 영국의 토지측량에 맞서 48개 향민(鄕民) 3천여 명이 이관에 모여 시위하고 "하남지방의 촌토(寸土)도 모두 민(民)의 혈산(血産)"이라는 항의서를 전달하면서 목숨 건 투쟁을 다짐함으로써 영국으로 하여금 포기시키고 있다.[145]

배영운동을 대표하면서 가장 오래 지속되고 규모가 가장 컸던 것은 광주입성(廣州入城)저지운동이었다. '남경조약'에 의하면 영국신민은 가속을 거느리고 5개 '항구'에 거주할 수 있고, 영사를 5개 '성읍(城邑)'에 파견할 수 있게 되어 있었는데, 영문조약에는 "cities and towns"로 되어 있었다. 영문조약을 정문(正文)으로 삼을 경우에는 성읍(城邑)에 거주할 수 있게 되는 셈인데, 중국측은 성읍에는 영사만 파견할 수 있다고 주장했다. 당시 광주의 민중들은 남경조약의 체결 소식을 듣자마자 시위를 벌이는 등 입성(入城)문

---

144) 佐々木, 1964-2, pp. 279~280.
145) 이상에 대해서는 苑書義, 1981, pp. 146~150; Wakeman, 1966, p. 74, pp. 81~84, 86 ~89; 李健民, 推行委, 1986, pp. 329~339; 林增平, 1979; 孫志芳, 1956; 寺廣映雄, 1954; 夏井春喜, 1978; Morse, 1910, pp. 367~375, 381~384, 390~391 등 참조.

제에 민감한 반응을 보이고 있었다. 그럼에도 불구하고 1844년 포틴저가 데이비스로 교체되면서 강력하게 입성권(入城權)을 주장한 것은, '남경조약' 이후에도 무역이 신장되지 않는 까닭은 현지 영국인 관리들이 입성을 주저하기 때문이라는 맨체스터 상인들의 압력에 기인한 것이었다. 데이비스는 입성을 불허(不許)하면 배상금 완불(1846.1)과 함께 주산(舟山)에서 철수하지 않겠다고 위협함으로써, 기영은 1846년 1월 영국인의 입성권을 인정하는 포고문을 붙이게 되었다. 그러자 민중들은 이튿날 성에 발을 들여놓는 즉시 살해될 것이라는 격렬한 내용의 격문을 붙이고, 그 다음날은 수천 명이 광주지부(廣州知府)를 습격하여 방화하고 지부의 조복(朝服)마저 거리에서 불살랐다. 이에 기영은 입성불허 포고문을 내걸었으며 영측도 사태가 호전될 때까지 연기한다고 발표했다. 입성 시도가 실패한 것이다.

이후에도 항영운동(抗英運動)은 계속되어 1847년 3월, 광주 부근의 불산진(佛山鎭)에서 영국인 6명이 투석(投石)을 당한 일이 일어났다. 이 기회를 이용하여 데이비스가 군함 4척으로 이관을 점령하자 기영은 3명의 공개처벌과 함께 2년 후의 입성을 인정하였다. 그러나 2년이 지난 1849년에도 기영의 후임 서광진(徐廣縉)은 이를 무시하였으며,[146] 데이비스의 후임 본햄(Bonham)도 결국 무리한 입성보다는 북상하여 돌파구를 찾는 것이 낫다고 보았다. 이듬해 영국외상 파머스턴은 북경의 외무장관 앞으로 입성문제에 대한 항의문을 전달하였는데, 북경정부는 대학사(大學士)가 양강총독(兩江總督), 상해도대(上海道台)를 통해 상해영사에게 간접적으로 전달하는 방식을 택했으며, 그것도 광주에 가서 양광총독과 상의하라는 내용의 것이었다. 외교상 접촉방식의 개선을 시도하였으나 다시 실패한 것이다. 여기에 영국은 다시 한번 중국을 무력으로 굴복시킬 필요가 있다고 생각하였다.[147]

2) 條約改正 問題

제1차 중영전쟁의 발발 요인이 본질적으로 중국시장의 개척에 있었다고 할 때, 전쟁의 결과 '불평등조약체제'의 출현에도 불구하고 무역이 신장되

---

146) 徐의 외교적 태도에 대해서는 Wakeman. Jr., 1966, pp. 90~105 참조.
147) 陸欽墀, 1986, pp. 461~472; Morse, 1910, pp. 376~381, 384~389, 395~398; Wakeman. Jr., 1966, pp. 71~80; Costin, 1937, pp. 149~150; Hsü, 1983, pp. 196~204 참조.

지 않는다고 한다면 영국은 또 한차례의 전쟁을 감행할 것이었다. 왜냐하면 아편전쟁 이전부터 영국의 산업자본가들뿐만 아니라 아담 스미스나 웨이크 필드를 비롯한 당시 대다수 영국인들은 전세계 인구의 1/3에 해당하는 3~4 억의 중국시장이 영국의 공업제품에 대해 무한한 수요를 갖고 있다는 '환상'을 갖고 있었기 때문이다. 가령 남경조약에 조인하고 귀국한 포틴저가 상공업자들에게 "랭카셔의 전 공장으로도 중국의 한 성에 대해 충분한 양말 재료를 제조할 수 없다"고 한[148] 말 속에는 중국시장에 대한 무한성(無限性)의 '신화(神話)'가 함축되어 있었다. 그럼에도 불구하고 무역이 신장되지 않는다면 그것은 중국의 제도상의 장애 때문이라는 결론이 유추될 것이 자명했다.

실제로 '남경조약'이 맺어진 수년간을 제외하고 1846년부터 약 10년간은 영국의 대중국 수출이 거의 정체되고 있었다. 1844년과 1845년에 영국의 중국으로의 공업제품 수출총액은 전쟁 전보다 4배 정도 증가해 2백3십만 파운드를 넘어서고 있는데, 이후 1857년까지는 1852년의 250만 파운드를 제외하고 이 수준을 넘는 해가 없이 100 내지 200만 파운드 정도의 수준에 머무르고 있다(면제품이 70% 정도 차지). 반면 같은 기간에 중국의 차 수출은 2~3배, 생사의 수출은 6~20여 배가 증가하고 있어 영국의 대중국 수입액이 수출액보다 대략 연 4백만 파운드에서 9백만 파운드까지의 초과를 보이고 있다.[149] 영국의 공업제품, 특히 면제품이 팔리지 않은 것이다. 그러나 1차 중영전쟁 이후 수년간 중국은 연 1천만 원 정도의 은이 유출되었는데, 이것은 더욱 증가된 아편무역 때문이었다.[150]

영국의 공업제품의 수출이 이렇듯 정체상태에 머물자 영국의 자본가들이, 이 방대한 국가가 개방되어 독점제도도 폐지된 지가 10년이 지났는데도 영국제품의 소비량이 화란의 1/2, 북미나 오스트레일리아 식민지의 1/2에도 못미치는 현상을 괴이하게 여긴 것은 당연했다. 그 원인은 마르크스(K. Marx)나 미첼(W. H. Mitchell)이 분석하고 있듯이[151] 우선 중국의 면포는 영세

---

148) 'Mr. Mitchell to Sir G. Bonham', *Parliamentary Papers*, 1859, p. 244.
149) 田中正俊, 1973, 배손근 역, 1983, p. 169 表 1; 彭澤益 編, 1962, pp. 489~490; 苑書義, 1981, pp. 131~132; 浜下武志, 1978, p. 19 표 4 참조.
150) 彭澤益, 1961 참조.
151) 이들의 분석, 특히 미첼의 보고서에 대해서는 田中正俊, 1973, 배손근 역, 1983,

농업과 가내공업의 결합으로 생산되어 싸고 질기기 때문에 도시의 일부 소비자만을 대상으로 하는 영국의 면포에 대해 강한 저항력을 갖는다는 점이다. 중국의 사회경제의 구조는 여전히 자급자족적 경제가 우위를 차지하고 있고 자본주의의 침투는 개항장 및 일부 주변 지역에만 국한되었지, 광대한 내지와 북쪽 지역은 미치지 못했다. 또 한 가지 요인은 아편무역이 증가함에 따라 은이 유출됨으로써 지불수단이 부족하게 되고 구매력이 상실된 점이다. 아편의 유입량은 1842~1849년에 연평균 39,000상자, 1850~1854년에는 53,500상자, 1855~1859년에는 68,500상자로 늘고 있는데, 1850년대 중반의 경우 연 4,5백만 파운드에서 6,7백만 파운드의 금액에 해당된다. 이는 영국의 공산품 수출액이 1,2백만 파운드에 불과한 것을 보면 정상무역의 5배에 해당되는 액수이다. 앞에서 보았던 민중의 항영투쟁도 시장확대의 장애요인이 되었다. 광주입성의 저지도 그러했지만 특히 태평천국이 남경을 장악한 이후에는 양자강 유역의 시장확보에 큰 영향을 받았다. 이렇게 본다면 상해영사 엘콕(Sir Rutherford Alcock)이 외무부에 건의하고 있듯이 우선은 무역확장을 위해서 화물이 깊숙한 내지 촌락에까지 진입할 수 있도록 자유로운 내지여행을 보장받아야 하고, 북쪽의 항구를 개방시킬 필요가 있었다.[152] 영국의 공산품이 팔리지 않는 요인은 우선 중국의 제도적 장애에 있다고 본 것이다.

이에 따라 영국은 어떠한 빌미를 잡아서라도 중국을 조약개정에 나서게 하려 했다. 원래 '남경조약'에는 이러한 규정이 없었고 미국 및 프랑스와의 '망하조약' 및 '황포조약'에 12년 후 개정할 수 있도록 규정되어 있었는데, 영국은 이 조항에 최혜국대우 조관을 적용한 것이다. 게다가 12년도 남경조약체결 연도에 적용하여 1854년에 조약개정 협상을 요구하였다. 원래 이 조항은 각 항구의 사정에 변화[變通]가 있을 때라는 단서를 붙여 가벼이 개정하지 못하게 하기 위한 개정방지 조항이었다.

첫번째 조약개정 활동은 1854년 4월 영·불·미의 공사 바우링·부르불롱(Bourboulon)·맥레인(McLane)이 함께 광주로 가서 총독 섭명침(葉名琛)에

<hr />

pp. 169~181; 衛藤瀋吉, 1968, pp. 215~233 및 Pelcovits, 1948 참조. 미첼보고서는 1852년 작성되었지만 1858년에야 외무부에 보내져 보고되고 있다.

152) 이상은 苑書義, 1981, pp. 353~357 참조.

조약개정을 요구하면서부터 시작된다. 그들의 요구는 대체로 모든 내지와 연해도시의 개방(아니면 강소·절강의 도시), 상선과 군함의 양자강 자유왕래, 아편무역의 합법화, 내지통관세 폐지, 외국사절의 북경상주 등으로, 이 내용은 4년 후 천진(天津)에서 모두 관철되는 것들이다. 섭(葉)의 답변을 못 들은 이들은 이후 양강총독 이량(怡良), 강소순무 길이항아(吉爾杭阿)를 통해 타진해 봤으나 청조는 이에 응할 의사가 없었다. 10월 바우링과 맥레인이 300명의 군사와 함께 대고로 가서 천진에서 '수약(修約)'할 것을 무력을 동원하겠다고 위협하면서까지 요구했으나 역시 고식적인 반응만을 얻을 뿐이었다. 이들은 무력사용의 불가피함을 새삼 인식했다. 다만 영·불은 크림전쟁으로 이를 시행하지 못하고 있었다.

두번째 조약개정교섭은 망하·황포조약 체결 후 12년째가 되는 1856년 5월 미국의 파커(Peter Parker) 공사에 의해서다. 광주에서 공사의 주경(駐京), 전역의 개방, 전교의 자유 등의 내용을 요구했지만 거부당했다. 청조(淸朝)로서는 12년 조항이 본래 상황의 변화를 전제한 것이고, 지금은 그러한 요건에 해당하지 않는다는 입장에 있었는데, 다만 이들을 달래기 위해서는 '대체(大體)'에 어긋나지 않는 사소한 한두 조항은 들어줄 수 있다는 태도를 취하고 있었다. 그러나 당시 청조는 태평천국이라는 치명적 약점을 지니고 있었기 때문에, 이들이 태평천국과 결합할 가능성에 대해 항상 우려하면서도 미봉책으로 일관하고 있었다. 이들이 청조의 이 약점을 놓칠 리 없었다. 이들이 태평천국과 청조와의 사이에서 '중립'을 표명하고 관망하는 태도는 그 자체가 청조에게는 큰 부담이었다. 지난번 길이항아에게 접근한 것도 그 일환이지만, 7월에 상해로 돌아온 파커도 조약개정에 호의적인 전 상해도대 오건창(吳健彰)을 통해 청조의 이 약점을 이용하여 조약개정을 실현하려 한 것이다.[153] 그는 오(吳)에게 조약개정의 대가로 영·불·미 3국이 청조를 지지할 것이라는 암시를 주면서, 아울러 만약 이 호의를 거절한다면 장래의 사태발전은 예측할 수 없으며 태평군이 조약을 체결하고자 한다면 받아들일 것이라고 위협했다. 함풍제(咸豊帝)의 반응은 이들의 태평군과의 결합을 두려워하면서도 광주에 가서 양광총독을 통해 주청(奏請)하라는 절차상의 문

---

153) 表教烈, 1987, pp. 70~78 참조.

제만을 언급하고 있다. 파커의 4개월에 걸친 활동도 성과를 거두지 못한 것이다.[154] 이제 이들은 무력을 사용할 빌미를 찾고 있었다. 애로우호사건이 터진 것은 바로 그해 10월이었다.

2. 애로우號事件

이 사건은 1856년 10월 8일 광주 앞 주강(珠江)에 정박하고 있던 범선 애로우호에 중국 관헌이 올라가서 중국인 승무원 12명을 해적혐의로 연행해 간 데서 비롯된 사건이다.[155] 애로우호는 중국인의 소유이고 선원도 중국인이었지만 선장이 영국인으로 선적(船籍)을 홍콩에 두고 있었다. 당시 광주영사였던 파아크스(H. Parkes)는 승무원을 즉각 송환하고 배에 걸려 있던 영국기를 함부로 내린 데 대해 공개사과할 것을 요구했다. 선적이 홍콩에 있으므로 영국배이며, '호문조약'(제 9조)에 의하면 영국선내로 도망간 중국인 범죄용의자는 영국측에 '조회(照會)'를 보내 영국측이 증거나 자백에 의한 죄가 인정될 때 인도하기로 되어 있는데, 이를 중국측이 무시했다는 것이었다. 이에 대해 양광총독 섭명침(葉名琛)은 당시 영국국기는 걸려 있지도 않았으며 애로우호는 중국인 소유이기 때문에 영국선적에 등록될 자격이 없다는 것이었다. 중국의 항구에서 중국인 소유의 배에 탄 중국인을 중국관헌이 체포했는데 왜 영국이 나서느냐는 것이다.

이 문제를 영국측은 의도적으로 사건화하여 전쟁의 빌미로 삼으려 했음이 분명하다. 왜냐하면 영국배라는 근거는 선적이 홍콩으로 되어 있다는 점에 있었는데, 이 배는 당시 선적등록 만기가 이미 11일이나 지나 있었기 때문에 영국배일 수가 없었던 것이다. 이 사실을 파아크스 자신도 뒤늦게 안 듯한데 중국측에는 계속 이 사실을 숨기고 교섭했다. 그렇기 때문에 야당인 토리당의 콥덴(Richard Cobden)이 이러한 사실을 두고 '극악무도'한 행위라 비난한 것이다. 국기문제에서도 그렇다. 이미 선적이 끝났어도 홍콩에 돌아올

---

154) 이상 조약개정 활동에 대해서는, Morse. 1910, pp. 414~418 ; Costin. 1937, pp. 180~205 ; 苑書義, 1981, pp. 358~364 ; 胡繩, 1982, pp. 181~188 ; 卿汝楫, 1952, p. 160 ; 坂野正高, 1970-1 등 참조.
155) 이 사건에 대해서는 Morse. 1910, pp. 422~429 ; Hurd. 1968 ; Wong. 1974 ; 中國近代史叢書編寫組, 1972 등 참조.

때까지는 영국기를 달 수 있고 보호받을 수 있다고는 하지만 실제로는 달려 있지 않았거나 달려 있었다 해도 끌어내리지 않았을 것이기 때문이다. 더구나 그 배는 해적행위를 했었고, 섭에 의하면 12명 중 1명은 악명높은 해적이라는 것이었다.[156] 10월 22일 섭은 이 속임수에 굴복하여 전원을 영사관에 보냈는데, 파아크스는 사단을 확대하려 접수를 거부하였다. 그리고 이튿날 돌연 광주를 공격하여 포대를 점령하고 총독아문에까지 침입하였다.[157] 제 2차 중영전쟁이 이로써 시작된 것이다. 수적인 열세와 민중의 항거로[158] 일단 철수한 파아크스는 원군을 기다렸다.

영국정부에서는 개전을 결정했다. 상원에서는 법률상으로나 도덕적 정의로나 부당하며 무고한 백성에게 유혈을 강요하는 것이라는 비난도 있었으나 탄핵결의안은 부결되었으며, 하원에서는 콥덴이 제출한 정부반대 동의안이 가결되었지만, 하원을 해산하고 실시한 총선거에서 파머스턴이 압승을 거뒀다. 유권자들은 파머스턴의 강경정책을 지지한 것이다.

전권대사로서 5천 명의 병력과 함께 1857년 5월에 출발한 엘긴(Elgin)은 프랑스의 전권대신 그로(Gros)와 함께 10월 홍콩에 도착하였다. 프랑스는 1856년 광서성(廣西省) 서림현(西林縣)에서 불법적으로 전교하고 있던 선교사 샵딜레느(Auguste Chapdelaine)가 지현(知縣)에 의해 처형된 사건을 명목상의 이유로 삼아 공동출병키로 한 것이다.[159] 미국과 러시아도 리드(W. Reed)와 푸티아틴(Putiatin)을 대표로 조약개정교섭에는 참가하기로 하였다. 세포이난(亂)으로 뒤늦게 홍콩에 도착한 영국군은 프랑스와 함께 12월 12일 광주입성(廣州入城), 조약개정 및 손해배상을 내용으로 하는 최후통첩을 섭(葉)에 보냈다. 섭이 거부하자 28일 공격을 개시, 이튿날 광주를 점령하고 1858년 1월 6일에는 섭을 포로로 잡아 캘커타로 이송하였다. 이때부터 3년여 동안 광주는 파아크스를 중심으로 한 3인의 연합군위원회가 투항한 광동순무(廣東巡撫) 백귀(柏貴)를 내세워 괴뢰정권을 세운 뒤 이를 이용하여 간접적으

---

156) Wakeman, Jr., 1978, p. 246 및 苑書義, p. 365 참조.
157) H. Parkes 의 포함외교 등에 대해서는 Wong, 1975 참조.
158) 12월에 들어서 광주 주변에는 맹렬한 排英運動이 일고 있었다. 촌민이 영국해병의 머리를 잘라 갖고 다닌다든가, 夷館을 방화한다거나, 우편선을 공격한다거나 (홍콩의) 중국인 빵집에서 빵에 비소가 검출된다거나 하는 것들이었다. Morse, 1910, pp. 435~437 참조.
159) 이에 대하여는 Cady, 1954 ; 陸欽墀, 1938, 推行委, 1986, pp. 486~488 참조.

로 점령행정을 실시하였는데, 청초는 백귀를 파면조치도 취하지 않고 관망
하는 태도를 취하고 있었다.[160] 전쟁이 발발하면서부터 괴뢰정권이 성립한
때까지를 제 2 차 중영전쟁의 1단계라 할 수 있는데, 이 단계는 입성권(入城
權)을 중심으로 한 오랫동안의 광주문제를 광주를 점령함으로써 일단의 매
듭을 지은 시기이다.

제 2 단계는 이때부터 1858년 7월 천진조약(天津條約) 및 11월 상해에서 해
관세칙(海關稅則)이 맺어질 때까지라 할 수 있다. 광주를 점령한 다음달, 4
국대표들은 공동협상을 거쳐 상해에서 공사의 북경주재, 개항장의 증가, 내
지의 자유로운 여행과 전교, 관세율 개정 등을 내용으로 하는 조약개정 교
섭을 요구하였다. 3월말까지 응하지 않으면 군사를 이끌고 북상하겠다는 위
협에도 불구하고 청조는 양강총독과 이번원(理藩院)을 통해 영불미는 양광
총독 황종한(黃宗漢)과 광주에서 교섭하고, 러시아는 흑룡강 유역으로 가서
교섭하라고 응답했다. 이에 영불연합군은 4월에 북상하여 대고(大沽)에서
직예총독 담정양(譚廷襄)과의 교섭이 결렬한 뒤 대고포대를 점령하고 계속
하여 천진으로 진격, 청조가 파견한 내각대학사(內閣大學士) 계량(桂良), 이
부상서(吏部尙書) 화사납(花沙納)과 천진조약을 맺었다.

'천진조약'은 러시아(6.13)를 필두로 미국(6.18), 영국(6.26), 프랑스(6.27)
순으로 각각 맺어졌는데, 주요내용은 외국공사(外國公使)의 북경주재, 양자
강 유역(漢口·九江·南京·鎭江)과 북부지역(牛莊·登州) 및 기타지역(台南·
淡水·潮州·瓊州)의 10개 항구 개항, 내지에서의 여행·통상 및 전교의 자
유, 영사재판권의 확대, 양자강 및 각 통상항에 군함의 진입권, 그리고 배
상금(영국 400만 량, 프랑스 200만 량) 등이었다. 지금까지의 요구사항을 모두
담은 셈이었다. 이중에서 엘긴이 가장 중요시했던 것은 공사의 북경주재 규
정이었다. 왜냐하면 외교사무를 관장해 온 광동의 흠차대신을 폐지하지 않
고는, 그리고 북경정부가 직접 외무를 담당하지 않고는 양국간의 평화로운
관계는 불가능하다고 보았기 때문이다. 레이(H. N. Lay)가 말하고 있듯이 무
슨 일이든 지방당국과 중앙정부는 서로 미뤄온 것이 사실이고 따라서 공사

---

160) 이에 대하여는 Wakeman, Jr., 1966, pp. 159~176 ; 陸欽墀, pp. 489~496 ; 苑書義,
    pp. 369~374 등 참조. 葉名琛에 대하여는 Wong, 1976 및 1977, Huang Yen-yü, 1941 참
    조.

가 직접 북경에 거주하여 북경당국과 교섭하지 않는다면 조약은 휴지조각에 불과하게 된다고 생각한 것이다.

중국으로서도 공사의 북경상주 조항을 가장 꺼렸다. 북경으로 진격하겠다는 위협에 계량(桂良)이 부득이 인정했고 북경정부도 받아들였지만, 천자에 궤배(跪拜)하지 않고 지위도 평등한 이인(夷人)이 입경(入京)한다는 것은 '체제(體制)'에 어긋나는 것이고 천고(千古)에 일찍이 없었던 '기문(奇聞)'이었다. 천조(天朝)의 존엄과 위신의 상해는 인민통치에 큰 영향을 주는 것일 뿐만 아니라, 이인들은 높은 집 위에서 망원경으로 황제의 거동을 살핌으로써 일체의 정령(政令)이 견제를 받는다는 것이었다. 이는 곧 '주액지변(肘腋之變)'의 가능성이 있는 것으로서 종사(宗社)의 안위(安危)에 관련된 것이었다. 그렇기 때문에 청조는 이 조항을 포함한 양자강의 개방, 외국인의 내지여행권(內地旅行權), 배상금완불 때까지의 광주 보장점령 등 4항목을, 그해 10월부터 상해에서 열린 관세율 개정을 위한 회의에서 취소시키려 시도하였다. 계량과 양강총독 하계청(何桂淸) 등 대표단에게 함풍제(咸豊帝)는 4개 항목 취소 대신 모든 관세를 면제시켜 준다는 대안을 제시하여 천진조약을 전면적으로 파기시키려 한 것이다. 그러나 이 무모한 시도는 계량 등이 관세의 징수는 일종의 조공이며 그것으로 배상금을 지불할 수 있을 뿐만 아니라 관세의 면제는 중국인 상인을 파산하게 할 것이라는 논리로 설득하여 포기되었다. 계량은 대신 영국으로부터 공사의 북경상주권을 행사하지 않겠다는 양해를 얻어냈다.

상해관세회의 결과 영불과 각각 맺은 '통상장정선후조약(通商章程善后條約) : 해관세칙(海關稅則)'은 첫째, 아편무역을 합법무역으로 승인하고 '양약(洋藥)'으로 개명한다. 둘째, 관세율은 시가의 5%로 하되 아편은 담당(擔當) 30량(시가의 7~8%에 해당), 차는 2.5량(15~20% 정도), 생사는 10량(5% 정도)으로 정하고 아울러 수출입되는 외국상품과 중국상품의 내지통과세는 2.5%의 '자구반세(子口半稅)' 외에는 일체 면제된다. 셋째, 해관(海關)의 세무(稅務)는 외국인을 초청하여 도움을 받는다는 내용으로 되어 있다. 특히 위 조항 중 외국상품에 대해서만 이금(釐金)이 면제됨으로써 중국상품의 경쟁력이 약화된 것은 외국상품의 유입확대와 민족경제의 발전장애를 초래하였다. 1854년 상해가 소도회(小刀會)에 의해 점령되었을 때 처음 시도된 외인세무사제도(外人稅務司制度)는 레이와 하트(R. Hart) 등 영국인이 관세를 장악하여 배상금 담보를 확보할 뿐만 아니라 정치적 고문 역할까지 맡는 기능을 하였다. [161]

러시아와의 관계는 특히 천진조약을 맺기 보름 전쯤에 체결된 애훈조약(愛琿條約)에서 흑룡강(黑龍江) 북안(北岸)에서 외흥안령(外興安嶺)에 이르는 60만km²의 영토를 러시아에 할양하고 우수리(烏蘇里)강의 우안(右岸)에서 바다에 이르는 지역은 양국이 공동관리한다고 규정하였는데, 청조는 이를 푸티아틴에게 영불과의 천진조약 교섭에 중재역할을 요청하면서 승인하였다. '중아천진조약(中俄天津條約)'에서는 미정인 국경을 양국이 조사하여 국경을 확정짓도록 노력한다는 규정이 특별히 들어 있어 위의 공동관리 지역도 러시아령으로 하려는 야심을 드러내고 있다. [162] 제 2 차 중영전쟁의 제 2 단계는 영불연합군이 천진을 점령하여 지금까지 추구해온 요구사항을 '천진조약'에 담음으로써 일단의 매듭을 맺은 시기이다. 1860년 북경조약은 이 천진조약을 기본적으로 재확인한 것에 불과하다. 연합국은 애로우호사건을 이용하여 천진조약에 규정된 제반 침탈적 특권을 앗는데 성공한 것이다.

3. 英佛聯合軍의 北京陷落과 그 衝激

1860년 북경의 함락은 천진조약의 비준서 교환문제에서 발단된 것이었다. 원래 천진조약(영·불·미)에는 일년내에 북경에서 비준한다는 조항이 명시되어 있었다. 1859년초에 새로이 특명전권대사로 임명되어 온 부르스(F. Bruce)도 북경에서 비준서를 교환하도록 지시받고 있었다. 그러나 외국사절의 입경을 꺼려 하는 청조는 상해에서 비준서를 교환하려 했다. 1859년초에는 외무교섭을 맡는 흠차대신을 양광총독에서 상해의 양강총독으로 변경하

---

161) 천진조약에 대해서는, 陳恭祿, 推行委, 1986, pp. 497∼516; Hsü, 1960, pp. 46∼70; Morse, 1910, pp. 525∼530. 상해관세회의에 대해서는, Hsü, 1960, pp. 71∼82; 1983, pp. 211∼212; Banno, 1964, pp. 27∼28; Tsiang, 1931, pp. 291∼299; Morse, 1910, pp. 532∼536. 外人稅務司制度에 대해서는 Gerson, 1973; 金城正篤, 1965; S. F. Wright, 1950; Fairbank, 1953. 아편무역의 합법화에 대해서는, 井上裕上, 1977 등 참조.

162) Banno, 1964, pp. 127∼169; 中國社會科學院近代史硏究所, 1978-2, 제2·3장; 佟佟主編, 1985, 제3·4장; 苑書義, 1981, pp. 430∼439; Hsü, 1960, pp. 103∼105, 1983, pp. 216∼218; Quested, 1968, 1970; 趙中浮, 1970 참조.

였다.

북경방문을 당연한 권리로 본 영불군은 조약체결 1년이 되는 1859년 6월 북경에서의 비준을 강행하려 북상하여, 북당(北塘)으로 상륙하라는 청조의 지시를 무시하고 대고 앞바다의 장애물을 제거하려다 대고 포대의 포격을 받아 대파당했다. 영국군함 10척이 침몰되거나 대파되었으며 호프(Hope) 함대사령관의 중상을 포함하여 89명이 사망하고 345명이 부상을 당한 것이다.

이 소식이 런던에 도착되자 신문에서는 중국이 조약을 파기했으니 정부는 보복해야 한다고 주장했다. 중국연해의 각지를 점령하고 북경을 점령하여 중국인이 영국인을 존중하고 영국인이 중국인보다 낫다는 것을 가르쳐 중국인의 주인이 되어야 한다고까지 하였다. 캘커타처럼 광주를 수중에 넣어야 한다고도 했다. 그러나 마르크스가 적절히 지적하고 있듯이 프랑스공사가 런던에 주재할 수 있는 권리가 있다고 하여 프랑스공사가 원정대를 이끌고 테임즈강에 침입할 권리가 있는 것은 아니었다. 천진조약에는 영불의 함대가 백하(白河)에 진입할 수 있는 권리가 부여되어 있지 않았다. 그렇다면 명백히 조약을 파기한 측은 중국이 아니라 영국이었던 것이다. 이는 외무장관 러셀이나 브루스 자신도 인정하는 바였다.[163] 미국은 워드(John Ward) 공사가 북당(北塘)으로 상륙하여 북경에서 미대통령의 친서를 전한 다음 북당에서 비준서를 교환했다.

1860년 2월 영불은 대고패전(大沽敗戰)을 복수하기 위해 엘긴과 그로를 재기용하여 2만 5천의 대군을 파견하였다. 7월말경 대고 앞바다에 도착한 연합군은 이그나티에프(Ignatiev)의 정보제공으로 방어시설이 없는 북당으로 상륙하여 대고포대를 후면에서 공격; 쉽사리 함락하였으며, 이어 천진과 통주(通州)에서의 협상이 무위로 끝나자 10월 13일 드디어 북경을 함락하고 북경조약을 맺었다. 여기에서는 천진조약의 유효함을 확인하면서 천진을 개항장으로 추가하고, 화공(華工)의 이민을 허가하며,[164] 구룡(九龍)반도 남쪽의 구룡사(九龍司)를 영국에 할양하며, 일찍이 몰수한 카톨릭교회당을 상환

---

163) 中國社會科學院近代史硏究所, 1978-1, p. 198.
164) 19세기 중엽 이후 캘리포니아·오스트레일리아의 금광 발견, 쿠바와 페루에서의 플란테이션 노동력의 필요 때문에 중국에서는 잔학한 '苦力貿易'이 행해지고 있었다. 苑書義, 1981, pp. 134~135 및 可兒弘明, 1979 참조.

하고 각성의 토지를 임대하거나 구매하여 교회를 건립할 수 있으며, 배상금을 영·불 각각 800만 량으로 증액하고 있다. 러시아와의 북경조약은 애훈조약을 확인하면서 이그나티에프의 '알선' 대가로 러시아는 다시 우수리강 동쪽을 할양받는 등의 특혜를 얻고 있다.[165]

북경의 함락은 중국인에게 커다란 충격을 주었다. 해국(海國)으로부터는 자고로 침범당한 적이 없는 경사(京師)의 함락은 개국 이래 일찍이 없었던 치욕이었고, '천하의 근본(根本)'인 경사의 함락은 곧 청조의 존망과 직결된다고 생각했기 때문이었다. 실제로 당시 연합군의 북경점령 과정에서 나타난 혼란상황은 '위급존망(危急存亡)'을 다투는 시기였다. 그것은 우선 연합군의 만행에서 찾아볼 수 있었다. 천진에서 북상하면서 북경에서 퇴각할 때까지 줄곧 약탈과 겁탈을 자행했는데, 특히 그 절정을 이룬 것이 원명원(圓明園)의 약탈과 방화, 삼산(三山)의 전각(殿閣) 방화였다. 바로크식이 가미되어 정교하고 서적이나 보물 등이 많았던 원명원은 10월 6일부터 장교와 사병으로 나누어 약탈을 감행하였는데 이들은 어느 것을 가질까 몰라 금을 갖기 위해 은을 버리고, 다시 주옥이 박힌 시계와 보석을 갖기 위해 금을 버리곤 했다. 도자기나 호로병은 너무 커서 운반할 수 없었으므로 박살을 내기도 했다. 수레를 동원하기도 하는 등 영·불군은 가질 수 있는 최대한을 약탈해 가 프랑스 병사들의 호주머니에는 2만 내지 4만, 심지어는 백만 프랑까지 있을 정도였다. 본국에서도 이들의 행위는 '강도'의 역사라 비난받기도 했는데, 여기에서 그치지 않고 이들은 원명원을 방화하여 3일간 북경의 전시가를 연기로 뒤덮었다. 이 방화는 프랑스의 반대가 있었지만, 통주(通州)에서 협상에 임하던 파아크스 일행 39명을 재원(載垣) 등이 체포해 가 일부가 사망한 데 대한 보복이기도 했고,[166] 자신들의 약탈행위의 흔적을 말살하기 위한 것이기도 했다.[167]

또다른 위기상황은 경사의 혼돈상태에서 절감할 수 있었다. 8월말경 천진이 함락되었다는 소식이 전해지면서부터 '유력지가(有力之家)'를 필두로 출

165) Ignatiev 는 연합군에 북경의 지도, 北塘에서 북경까지의 노선, 通州의 군사배치상황 등의 정보를 제공하고 있다. Ignatiev 에 대해서는 Mancall, 1956 참조.
166) 파아크스 拘禁事件에 대해서는 表敎烈, 1986 참조.
167) 원명원 등에 대한 약탈에 대해서는 苑書義, 1981, pp. 401~408 참조.

경(出京)하는 피난길이 끊임없었으며 겁탈과 도둑질이 공공연히 행해지고 있었다. 이후 상황이 급박해짐에 따라, 특히 함풍제가 열하(熱河)로 몰래 피난갔다는 소식이 전해짐에 따라 관민(官民)의 가족과 재물이 모두 빠져나가 내성(內城)은 텅비고 외성(外城)은 십중팔구가 피난했다. 팔리교패전(八里橋敗戰) 이후에는 성문이 닫혀 입성하지 못한 패잔병과 몽고병의 약탈행위가 극심했으며, 토비들의 약탈도 극성을 부려 내성에서는 백주에도 겁탈이 자행되고 있었고 외성의 경우는 한달 동안 백여 건의 절도사건이 있었다. '태평천국보다 백 배 이상 해로운' 위기상황이었다. [168] 사실 태평천국이 1853년 10월 천진으로 진격해 왔을 때 경사가 진동하여 대원(大員)을 필두로 관신상민(官紳商民)이 분분하게 피난하는 상황이라든가, 함풍제가 친정(親征)을 구실로 열하로 도피하려 한다는 소문을 듣고 고위 관료들부터 출성하려는 상황은 영불연합군의 북경진격 때와 비슷하다 할 것이다. [169] 그러나 그 당시는 태평군이 곧바로 퇴각하였기 때문에 영불연합군의 북경함락에 따른 혼란상황과는 비교가 되지 않았다.

이러한 변란은 당시 화전양론(和戰兩論) 사이에 '무정견(無定見)'했고, 파아크스를 쓸데없이 체포했으며, 순행(巡幸)을 주장하여 인심(人心)을 흐트리고 군기를 해이시켜 경사를 잃게 한 숙순(肅順)일파에게 책임을 물었다. 이후 이들 열하파(熱河派)와 북경에 남아 연합군과 북경조약을 맺어 이들을 철수시킨 공친왕(恭親王) 일행의 북경파(北京派)와의 암투 속에서, 안정을 희구한 민심(民心)은 후자 쪽을 택함으로써 공친왕과 서태후의 신유정변(辛酉政變)을 가능케 했다. [170] 경신년(庚申年)의 충격이 민심을 함풍제와 그 측근으로부터 이탈시킨 것이다.

맺음말

제1차 중영전쟁은 불평등조약체제의 확립과정이며, 제2차 중영전쟁은 그것의 확대·심화과정이었다. 정치적으로 보아 홍콩·구룡사(九龍司), 특

---

168) 表敎烈, 1985, pp.62~67 참조.
169) 中國社會科學院近代史硏究所近代史資料編輯室 編, 1984, p.545, pp.541~542, 547~548 참조.
170) 表敎烈, 1985 참조.

히 러시아에게는 흑룡강 유역의 방대한 영토가 할양되었을 뿐만 아니라, 공사관이 설립되고 조계(租界)의 설립이 확대되었으며 외국인세무사제도(外國人稅務司制度)가 성립되었다. 1861년에는 총리각국사무아문(總理各國事務衙門)이 설치되어 외교를 담당하게 되었다.[171] 이러한 기구들은 불평등조약체제를 운용해 가는데 중요한 역할을 하는 요소들이었다. 사회경제적 측면에서 보면 개항장이 도합 16개로 확대되고 내지여행권, 내해(內海)항행권이 보장되면서 중국은 서양의 상품시장, 원료시장화되었다. 특히 내지통관세가 경감되면서 중국의 민족경제는 큰 타격을 받았다. 1860년대 이후 1880·90년대가 되면 특히 면제품(綿製品)이 대량으로 들어와 토포(土布)나 토사(土絲)를 대신하여 중국면업에 큰 타격을 주게 되는 것이다. 아편무역과 쿨리무역〔苦力貿易〕이 합법화된 것도 아편수입의 증대를 가져왔을 뿐만 아니라 제국주의적 침략의 무자비함을 보여주는 단적인 표징이었다. 사상·문화적 측면에서도 외국선교사가 자유로이 교회를 설립하고 포교할 수 있게 되어 이후 제국주의 침략에 중요한 일익을 담당하면서 중국인의 반기독교운동을 유발하게 되었다. 또한 군사적으로는 연해 및 내하에까지 군함이 항행할 수 있게 되어 주권에 큰 위협을 가져왔다.

이렇게 보면 제1·2차 중영전쟁의 결과는 중국이 세계자본주의체제 속의 종속적 시장으로 편입되는, 이른바 '반식민지(半植民地)'화(化)의 길을 열었다고 할 수 있을 것이다. 제1·2차 중영전쟁의 의의도 여기에 있다고 할 수 있으며 따라서 이때부터 반제국주의 투쟁이 중국근대사의 주요과제로 등장했다고 할 수 있다. 말하자면 제1·2차 중영전쟁은 충분히 획기가 될 수 있는 사건인 것이다. 물론 '내인(內因)'이 중요하고 중시되어야 하지만 적어도 싸워서 극복해야만 되는 질곡으로서의 '외인(外因)'을 무시할 수 없다. 그것이 당시에는 주변적 의미밖에 가지지 못했을지라도 이후 근대사의 전개과정에서는 전면적 의미를 갖게 되기 때문이다.

한편으로 외인은 질곡으로서가 아니라 이미 여러 분야에서 개혁기운과 함께 시작된 변화를 가속화시킨 측면도 무시할 수 없을 것이다. 북경의 함락에서 받은 중국인의 충격은 민심을 청조에서 이반시킨 측면도 있지만 한편

---

171) 總理衙門에 대해서는 Banno, 1964 ; Meng, 1962 참조.

으로는 서양문물에 대한 관심을 제고시킨 측면도 있다. 제 2 차 중영전쟁의 영향 중 하나는 공친왕의 대외협조정책에서 나타나듯 양무운동의 시발점을 제공했다는 점일 것이다. 그것이 부정적 평가를 받든 긍정적 평가를 받든 적어도 '외인(外因)'을 '내인(內因)'과 함께 고찰할 필요가 있다. 내인과 외인의 관련성, 반제투쟁의 반청·반봉건투쟁과의 연계성 등을 밝힐 수 있는 당시의 사회경제적 상황이 보다 면밀히 검토되어야 할 것이다.

참고문헌

閔斗基 外編, 《東洋史硏究資料輯要》, 지식산업사, 1981.

辛勝夏, 《근대중국의 서양인식》, 고려원, 1985.

郭廷以, 《近代中國史》, 重慶, 1941.

卿汝楫, 《美國侵華史》, 卷1, 北京, 1952.

廣東省文史硏究舘 編, 《三元里人民抗英鬪爭史料》(修訂本), 北京, 1978.

來新夏, 《林則徐年譜》(增訂本), 上海, 1985.

戴 逸, 《簡明淸史》 第 2 册, 北京, 1984.

佟佟 主編, 《沙俄與東北》, 長春, 1985.

牟安世, 《鴉片戰爭》, 上海, 1982.

范文瀾, 《中國近代史》, 上編 第1分册, 北京, 1947, 1953 修訂版.

福建社會科學院歷史硏究所 編, 《林則徐與鴉片戰爭硏究論文集》, 福州, 1985.

上海社會科學院歷史硏究所 編, 《鴉片戰爭末期英軍在長江下游的侵略罪行》, 上海, 1964.

蕭一山, 《淸代通史》(一)(二), 臺北, 1963.

梁嘉彬, 《廣東十三行考》, 上海, 1937, 文星書店增校本, 1960.

楊國楨, 《林則徐傳》, 北京, 1981.

列島 編, 《鴉片戰爭史論文專集》, 三聯書店, 1958.

嚴中平 外編, 《中國近代經濟史統計資料選輯》, 北京, 1955.

于恩德, 《中國禁煙法令變遷史》, 中華書局, 1934.

袁繼成, 《近代中國租界史稿》, 北京, 1988.

苑書義 外, 《中國近代史新編》 上, 北京, 1981.

魏建猷, 《中國近代貨幣史》, 合肥, 1986.

魏應麒, 《林文忠公年譜》, 商務印書舘, 1935.

李華興, 《中國近代思想史》, 浙江人民, 1988.

李守孔, 《中國近代史》, 臺北, 1961.

林言椒·李喜所 主編, 《中國近代人物硏究信息》, 天津, 1988.

林增平 編,《中國近代史》, 上冊, 湖南人民, 1979.

林則徐,《林則徐集：奏稿(中)》, 北京, 1965.

丁名楠 等,《帝國主義侵華史》, 第 1 卷, 北京, 1961.

趙文林·謝淑君,《中國人口史》, 北京, 1988.

中國近代史叢書編寫組,《第二次鴉片戰爭》, 上海, 1972.

中國社會科學院近代史研究所,《中國近代史稿》, 第 1 冊, 北京, 1978-1.

─────,《沙俄侵華史》, 第二卷, 北京, 1978-2.

中國社會科學院近代史研究所近代史資料編輯室 主編,《太平軍北伐資料選編》, 濟南,
　　1984.

中國人民大學中國歷史敎硏室 編,《明淸社會經濟形態的研究》, 上海, 1957.

中華文化復興運動推行委員會 主編,《中國近代現代史論文集》1編, 臺北, 1986.

趙中孚,《淸季中俄東三省界務交涉》, 臺北, 1970.

陳勝粦,《林則徐與鴉片戰爭論稿》, 中文大學, 1985.

彭澤益 編,《中國近代手工業史資料(1840～1949)》第一卷, 北京, 1962.

厦門大學歷史系鴉片戰爭時期的林則徐編寫組,《鴉片戰爭時期的林則徐》, 福建人民,
　　1978.

胡 繩,《從鴉片戰爭到五四運動》上, 上海, 1982.

侯外廬,《中國思想通史》, 第五卷, 北京, 1956.

司兒弘明,《近代中國の苦力と豬花》, 東京, 1979.

溝口雄三,《中國前近代思想の掘折と展開》, 東京大, 1980.

ライシャワ,《日本近代の新しい見方》, 東京, 1965.

馬家駿·湯重南,《日中近代化の比較》, 東京, 1988.

西順藏 編,《原典中國近代思想史》第一冊, 東京, 1976.

西村孝夫,《イギリス東インド會社論》, 東京, 1960.

鈴木中正,《淸朝中期史研究》, 愛知大學國際問題研究所, 1952.

衛藤瀋吉,《近代中國政治史研究》, 東京大, 1968.

田中正俊,《中國近代經濟史研究序說》, 東京大, 1973, 배손근 역,《중국근대경제사연구
　　서설》, 인간사, 1983.

佐々木正哉 編,《鴉片戰爭の研究·史料編》, 東京大, 1964-1.

─────,《鴉片戰爭后の中英抗爭──資料篇稿》, 東京, 1964-2.

增井經夫,《中國の銀と商人》, 東京, 1986.

坂野正高,《近代中國外交史研究》, 東京, 1970.

Banno, Masadaka, *China and the West, 1858~1861 : the Origins of the Tsungli Yamen*,
　　Cambridge, Mass; Harvard Univ. Press, 1964.

Cady, John F., *The Roots of French Imperialism in Eastern Asia*, Ithaca, New York:
　　Cornell Univ. P., 1954.

66

Chang, Hsin-pao, *Commissioner Lin and the Opium War*, Camb. Mass: HUP., 1964.

Clyde, Paul H. and Beers, Burton F., *The Far East : a History of the Western Impacts and Eastern Responses, 1830~1973*, Englewood Cliffs, New Jersey : Prentice-Hall, 4th rev. ed, 1966.

Cohen, Paul A., *Discovering History in China : American Historical Writing on the Recent Chinese Past*, Columbia Univ. Press, New York, 1984.

Cordier, Henri, *Historie des relations de la Chine avec les Puissances Occidentales, 1860~1902*, 3vols, Paris, 1901~1902.

Costin, W. C., *Great Britain and China, 1833~1860*, Oxford, OUP., 1937.

Fairbank, J. K., Reischauer, Edwin O, and Craig, Albert M., *East Asia: The Modern Transformation*, Boston : Houghton Mifflin, 1965.

Fairbank, J. K., *Trade and Diplomacy on the China Coast : The Opening of the Treaty Ports, 1842~1854*, 2vols, Cambridge, 1953.

—— ed., *The Cambridge History of China*, vol 10, *Late Ch'ing, 1800~1911*, Part 1, Cambridge; CUP, 1978.

Fay, Peter Ward, *The Opium War, 1840~1842*, Chapell Hill : Univ. of North Carolina Press, 1975.

Feuerwerker, Albert ed., *Approaches to Modern Chinese History*, Berkeley: Univ. of California Press, 1967.

——, *State and Society in Eighteenth-century China : The C'hing Empire in Its Glory*, Ann Arbor: Center for Chinese Studies, Univ. of Michigan, 1976.

Fevour, Edward Le, *Western Enterprise in Late Ch'ing China : A Selective Survey of Jardine Matheson and Company's Operations, 1842~1895*, Cambridge, Mass, HUP, 1968.

Folsom, Kenneth E, *Friends, Guests, and Colleagues; The Mu-Fu System in the Late Ch'ing Period*, Univ. of California Press, 1968.

Gerson, Jack L., *Horatio Nelson Lay and Sino-British Relations, 1854~1864*, Camb. Mass : HUP, 1972.

Greenberg, Michael, *British Trade and the Opening of China, 1800~1842*, Camb. Eng.: CUP, 1951.

Gulick, Edward V., *Peter Parker and the Opening of China*, Camb. Mass : HUP., 1973.

Ho, Ping-ti, *Studies on the Populations of China, 1368~1953*, Camb. Mass : HUP, 1959.

Hsü, Immanuel C. Y., *China's Entrance into the Family of Nations : the Diplomatic Phase 1858~1880*, Camb. Mass : HUP, 1960.

——, *The Rise of Modern China*, New York, Oxford Univ. Press, 3rd edn, 1983.

Hurd, Douglas, *The Arrow War : An Anglo-Chinese Confusion, 1856~1860*, New York, 1968.

Meng, S. M., *The Tsungli Yamen : Its Organization and Functions*, Camb. Mass : HUP, 1962.

Kuhn, Philip A., *Rebellion and its Enemies in Late Imperial China: Militarization and Social Structure, 1796~1864*, Camb. Mass : HUP., 1970.

Li, Lillian M., *China's Silk Trade : Traditional Industry in the Modern World, 1842~1937*, Camb. Mass : HUP, 1981.

Morse, H.B., *The International Relations of the Chinese Empire*, vol 1, London, 1910.

――, *The Chronicles of the East India Company Trading to China, 1635~1834*, 5vols, Oxford, 1926(vol. 1~4), 1929(vol. 5)

Parliamentary Papers: Correspondence Relative to the Earl of Elgin's Special Mission to China and Japan, 1857~1859, London, 1859.

Pelcovits, Nathan A., *Old China Hand the Foreign Office*, New York, 1948.

Pritchard, E. H., *The Crucial Years of Early Anglo-Chinese Relations, 1750~1800*, Pullman, Washington : the State College of Washington, 1936.

Quested, R. K. I., *The Expansion of Russia in East Asia, 1857~1860*, Univ. of Malaya Press, 1966.

Rozman, Gilbert ed., *The Modernization of China*, New York, 1981.

Soza, George B., *The Survival of Empire : Portuguese Trade and Society in China and the South China Sea, 1630~1754*, Camb. Mass : CUP, 1986.

Teng, Ssu-yu and Fairbank, J. K., *China's Response to the West: A Documentary Survey 1839~1923*, Camb. Mass : HUP, 1954.

Wakeman, Frederic, Jr., *Strangers at the Gate : Social Disorder in South China, 1839~1861*, Berkeley : Univ. of California Press, 1966.

Wong, J. Y., *Yeh Ming-ch'en : Viceroy of Liang Kwang (1852~1858)*, Camb. : Camb. Univ. Press, 1976.

Wright, Stanley F., *Hart and the Chinese Customs*, Belfast, 1950.

김대환, 〈(半)植民地半封建社會論 : 사회구성체론인가 정세론인가〉, 김대환·백영서 편, 《중국사회성격논쟁》, 창작과 비평사, 1988.

閔斗基, 〈熱河日記에 비친 淸朝統治의 諸樣相〉, 《中國近代史硏究》, 일조각, 1973-1.

――, 〈淸代幕友制와 行政秩序의 特性 ―― 乾隆帝를 前后한 時期――〉, 《中國近代史硏究》, 일조각, 1973-2.

――, 〈辛亥革命論〉, 제32회 전국역사학대회 발표요지, 《歷史에서의 革命》, 1989.

成惠英, 〈위원의 경제사상과 경세책에 대한 일고〉, 《東亞硏究》 6, 1985.

68

申延黴, 〈淸末反英運動의 起源 —— 平英團事件을 中心으로 ——〉, 《成大論文集》 16, 1971

嚴永植, 〈龔自珍의 政論〉, 《慶熙史學》 3, 1972.

──, 〈林則徐의 對英對決〉, 《慶熙史學》 4, 1974.

李學魯, 〈淸道光年間의 阿片嚴禁論爭〉, 《大邱史學》 33, 1987.

崔震奎, 〈淸中期五省白蓮敎反亂의 宗敎的 계기 —— 口號와 儀式을 中心으로 ——〉, 《東洋史學硏究》 27, 1988. 5.

表敎烈, 〈西太后政權의 成立過程에 대하여 —— 辛酉政變의 再檢討 ——〉, 《東洋史學硏究》 21, 1985. 6.

──, 〈1860年 英佛聯合軍에 대한 淸朝의 對應 —— 파아크스 拘禁事件과 恭親王 ——〉, 《釜山史學》 10, 1986.

──, 〈太平天國時期 上海官紳의 '借兵助剿'論과 恭親王 —— 1860년을 중심으로 ——〉, 《蔚山史學》 創刊號, 1987.

高鴻志, 〈關於乍浦鎭江之役的旗軍〉, 《歷史硏究》, 1958-6.

龔書鐸·謝維·孫燕京, 〈建國三十五年來鴉片戰爭史硏究綜述〉, 《近代史硏究》, 1984-3, 官明 編, 《中國近代史硏究述評選》, 中國人民大學, 1986, 再錄.

邱遠猷, 〈第一次鴉片戰爭史硏究述評〉, 蘇双碧 主編, 《建國以來中國近代史若干問題討論繫要》, 成都, 1985.

羅耀九·鄭劍順, 〈林則徐在禁煙鬪爭中的策略得失〉, 《林則徐與鴉片戰爭論文集》, 福建人民, 1983.

駱承烈, 〈鴉片戰爭中鎭江抗英的史料〉, 《歷史硏究》 1978-4.

來新夏, 〈鴉片戰爭前淸政府的"禁煙問題"〉, 《南開大學學報(人文科學)》1, 1955. 列島 編, 《鴉片戰爭史論文專集》, 三聯書店, 1958 再錄.

──, 〈鴉片戰爭前後銀貴錢賤的情況和影響〉, 《歷史敎學》, 1956-9.

茅海建, 〈鴉片戰爭時期的中英兵力〉, 《歷史硏究》, 1983-5.

──, 〈論劉韵珂 —— 兼評鴉片戰爭時期的主和思想〉, 《近代史硏究》, 1988-4.

謝山居士(夏燮), 〈粤西起事〉(1869後序), 閔斗基 外 編, 《東洋史硏究資料輯要》, 지식산업사, 1981.

謝正光, 〈宣南詩社考〉, 《大陸雜誌》 36-4, 1968.

徐新吾·張簡, 〈"十三行"名稱由來考〉, 《學術月刊》, 1981-3.

孫志芳, 〈第一次鴉片戰爭時期中國人民的反英鬪爭〉, 《歷史敎學》, 1956-2.

沈雲龍, 〈包世臣與中英鴉片之役〉, 《東方雜誌》 復刊 第二卷 11期, 1969, 中華文化復興運動推行委員會 主編(이하 推行委로 略), 《中國近代現代史論文集》(이하 《近現論集》으로 略) 1編, 臺北, 1986 再錄.

梁嘉彬, 〈律勞卑事件新硏究〉, 《史學彙刊》 第9期, 1970, 推行委, 《近現論集》, 1986 所收.

楊國楨, 〈宣南詩社與林則徐〉, 《廈門大學學報》, 1964-2.

———, 〈再論宣南詩社與林則徐〉, 《中華文史叢論》, 1980-1.

嚴中平, 〈英國資產階級紡織利益集團與兩次鴉片戰爭史料〉, 《經濟研究》, 1955, 第1·2期.

黎 澍, 〈中國的近代始於何時?〉, 《歷史研究》, 1959-3.

王文治, 〈封建末期人口問題對社會經濟的影響〉, 《平准學刊》第3輯 上册, 1987.

王杅庵, 〈十三行與屈大均慶州竹枝詞〉, 《歷史研究》, 1957-6.

王爾敏, 〈耆英外交〉, 《大陸雜誌》, 30-9.10, 1966.

王俊義, 〈關於宣南詩社〉, 《文物》, 1979-9.

魏建猷, 〈清代外國銀圓之流入及其影響〉, 《東方雜誌》 41-18, 1945.

劉大年, 〈中國近代史研究中的幾個問題〉, 《歷史研究》, 1959-10, 《劉大年史學論文選集》, 北京, 1987 再錄.

陸欽墀, 〈英法聯軍佔據廣州始末〉, 《燕京大學史學年譜》2-5, 1938, 推行委, 《近現論集》1, 臺北, 1986.

李 侃, 〈鴉片戰爭前後'士林風氣'的變化〉, 《北京師範大學學報》, 1978-2.

李健民, 〈鴉片戰爭期間廣東民團的抗英運動〉, 《新時代》12-9, 推行委, 《近現論集》1, 臺北, 1986.

李伯祥·蔡永貴·鮑正廷, 〈關於十九世紀三十年代鴉片進口和白銀外流的數量〉, 《歷史研究》, 1980-5.

林增平, 〈廣州群衆 "反河南租地"事件年代辨誤〉, 《近代史研究》, 1979-2.

張德昌, 〈胡夏米貨船來華經過及其影響〉, 《中國近代經濟史研究集刊》1-1, 1932, 推行委, 《近現論集》, 臺北, 1986.

———, 〈清代鴉片戰爭前之中西沿海通商〉, 《清華學報》10-1, 1935, 推行委, 《近現論集》1, 臺北, 1986.

章文欽, 〈從封建官商到買辦商人 ── 清代廣東行商伍怡和家族剖析〉(上, 下), 《近代史研究》, 1984-3,4.

張連生, 〈清代揚州塩商的興衰與鴉片輸入〉, 陳然 等編, 《中國塩業史論叢》, 自貢, 1987.

張廷猷, 〈琦善與鴉片戰爭〉, 《清華學報》 6-3, 1931.

———, 〈中國與近代世界的大變局〉, 《清華學報》9-4, 1934, 推行委, 《近現論集》1, 臺北, 1986.

田汝康·李華興, 〈禁煙運動的思想先驅 ── 評介新發現的朱嶟·許球奏摺〉, 《復旦大學學報》, 1978-1.

田 用, 〈何玉成筆詞〉, 《史學月刊》, 1980-1.

丁名楠, 〈英國侵占香港地區的經過〉, 《近代史研究》, 1983-1.

──── 等, 〈第一次鴉片戰爭〉, 中國人民大學清史研究所編, 《中國近代史論文集》上, 北京, 1979.

趙矢元, 〈三元里抗英起義及其歷史意義〉, 《歷史教學》, 1962-6.

周育民, 〈1840~1849年的清朝財政〉, 《山西經濟學院學報》, 1982-2,3期.

曾景忠,〈中國近代史基本線索討論述評〉,官明 編,《中國近代史研究述評選》,中國人民
　大學, 1986.

陳勝粦,〈林則徐在粵功罪是非辦〉,《林則徐與鴉片戰爭論稿》,廣東, 中山大學, 1985-1.

陳 原,〈略論三元里反侵略鬪爭〉, 中國人民大學清史研究所 編,《中國近代史論文集》
　上, 北京, 1979.

陳傳金,〈英國東印度公司的興衰〉,《徐州師範學院學報：哲社版》, 1987.1, 中國人民大學
　書報資料中心,《復印報刊資料》F7, 經濟史, 1987.8.

湯象龍,〈道光時期的銀貴問題〉,《社會科學雜誌》1-3, 1930, 包遵彭 等編,《中國近代史
　論叢》第2輯 第3册, 臺北, 1958.

彭澤益,〈中英五口通商沿革考〉,《中國社會經濟史集刊》8-1, 1949, 包遵彭 等編,《中國
　近代史論叢》第2輯 第1册, 臺北, 1958.

―――,〈清代廣東洋行制度的起源〉,《歷史研究》, 1957-1

―――,〈鴉片戰後十年間銀貴錢賤波動下的中國經濟與階級關係〉,《歷史研究》, 1961-6.

―――,〈廣州十三行續探〉,《歷史研究》, 1981-4.

夏 鼐,〈鴉片戰爭中的天津談判〉,《外交月報》4-4・5, 1934, 包遵彭 等編,《中國近代史
　論叢》第1輯 3册, 臺北, 1958.

黃大受,〈黃爵滋奏疏研究〉,《大陸雜誌》24-5, 1957, 推行委,《近現論集》1, 1986.

溝口雄三,〈中國近代를 보는 시각〉,《UP》96-99, 1980. 11～1981. 12, 閔斗基 編,《中國
　現代史의 構造》, 청람, 1983.

國岡妙子,〈朱嶹・許球の禁煙奏議〉,《東洋學報》44-1, 1961.

金城正篤,〈1854年上海における「税務司」の創設〉,《東洋史研究》24-1, 1965.

大谷敏夫,〈包世臣の實學思想について〉,《東洋史研究》28-2・3, 1969.

本山美彦,〈イギリス資本主義の世界化とアジア―アヘンをめぐる東インド會社と廣東
　商社の角逐〉, 小野二郎 外編,《世界經濟と帝國主義》, 有斐閣, 1973.

濱下武志,〈近代中國における貿易金融の一考察―― 一九世紀前半の銀價騰貴と外國貿
　易構造の變化――〉,《東洋學報》57-3・4, 1976. 3.

―――,〈資本主義＝植民地體制の形成とアジア――1850年代イギリス銀行資本の中國
　進出過程――〉, 野澤豊 外編,《講座中國近現代史》1, 東京大, 1978.

―――,〈近代アジア貿易圏における銀流通――アジア經濟史像に關する一構想〉,《社
　會經濟史學》51-1, 1985. 6.

寺廣映雄,〈廣東における抗英運動〉,《大阪學藝大學紀要・人文科學》2, 1954,《中國革
　命の史的展開》, 東京, 1979.

小谷汪之,〈(半)植民地・半封建社會構成の概念規定〉,《歷史學研究》446, 1977, 장시원
　편역,《식민지반봉건사회론》, 한울, 1984.

小竹文夫,〈清代における銀錢比價の變動〉,《近世支那經濟史研究》, 東京, 1942.

松本三之介,〈傳統と近代の問題――アメリカにおける日本史研究を中心に――〉,《岩

波講座 日本歷史》24, 東京, 1977.

水原敏博, 〈アヘン戰爭後の廣東の民衆運動〉, 《史潮》110-111 合併, 1972.

鈴木中正, 〈近代中國における一人口論について〉, 《愛知大學文學論集》第 1 集, 1949.

─────, 〈清末攘外運動の起源〉, 《史學雜誌》62-10, 1953.

─────, 〈清嘉慶朝白蓮敎亂〉, 《中國史における革命と宗敎》, 東京大, 1974.

田中正美, 〈反アヘン論者の立場──キングと林則徐〉, 東京敎大東洋史研究室編, 《東
洋史學論集》第4, 東京, 1955-1.

─────, 〈林則徐の合理主義とその限界〉, 《歷史學研究》190號, 1955-2.

─────, 〈黃爵滋の阿片嚴禁論〉, 《東京敎育大學文學部紀要》第56號, 1966. 3.

─────, 〈アヘン戰爭時期における抵抗派の成立過程──アヘン對策をめぐって〉, 《東
アジア近代史の研究》, 東京, 1967.

─────, 〈危機意識・民族主義思想の展開──アヘン戰爭直前における──〉, 野澤豊・
田中正俊 編, 《講座中國近現代史》1, 東京大, 1978.

─────, 〈林則徐の對英抵抗政策とその思想〉, 《東洋史研究》38-3, 1979. 12.

田中正俊, 〈西歐資本主義と舊中國社會の解體〉, 《仁井田論文集》1, 1967, 《中國近代經
濟史研究序說》, 東京大, 1973.

─────, 〈中國社會の解體とアヘン戰爭〉, 《岩波講座 世界歷史》21, 1971.

─────, 〈總論──中國近代史と《ウェスタン・イムパクト》──〉, 野澤豊・田中正俊
編, 《講座中國近現代史》1, 東京大, 1978.

井上裕正, 〈近代中國外交史研究について〉, 《東洋史研究》34-1, 1975.

─────, 〈清代咸豊期のアヘン問題について──特に咸豊八年におけるアヘン貿易の合
法化をめぐって──〉, 《史林》60-3, 1977.

─────, 〈清代嘉慶期のアヘン問題について──嘉慶期前半のアヘン禁令を中心とし
て──〉, 《島根大學法文學部紀要文學科編》4-1, 1981.

─────, 〈清代嘉慶・道光期のアヘン問題について〉, 《東洋史研究》41-1, 1982.

─────, 〈清代道光期のアヘン問題について──「失察處分」問題を中心に──〉, 《東洋
史研究》46-4, 1988.

佐々木正哉, 〈粤海關の陋規〉, 《東洋學報》34-1・2・3 合併, 1952.

─────, 〈鴉片戰爭以前の通貨問題〉, 《東方學》8, 1954.

─────, 〈所謂川鼻條約草案について〉, 故村松祐次敎授追悼論文集, 《中國の政治と經
濟》, 東洋經濟新報社, 1975.

─────, 〈鴉片戰爭の研究──英軍の廣州進攻からエリオットの罷免まで(一)〉, 《近代
中國》第 5 卷, 1979. 4.

波多野善大, 〈太平天國に關する二三の問題について〉, 《歷史學研究》150, 1951. 3.

─────, 〈アヘン戰爭における對英强硬論の意味するもの〉, 野原四郎 編, 《講座近代アシ
ア思想史》Ⅰ, 中國編 1, 弘文堂, 1960.

――――, 〈中國輸出茶の生產構造 ―― アヘン戰爭前における〉, 《中國近代工業史研究》, 京都, 1961.

坂野正高, 〈アヘン戰爭後における最惠國待遇の問題〉, 《近代中國外交史研究》, 東京, 1970-1.

――――, 〈外交交涉における淸末官人の行動樣式〉, 《近代中國外交史研究》, 1970-2.

夏井春喜, 〈廣東抗英鬪爭 ―― アヘン戰爭期における〉, 野澤豊・田中正俊 編, 《講座中國近現代史》 1, 東京大, 1978.

Beattie, Hilary J., "The Alternative to Resistance : The Case of T'ung-ch'eng, Anhwei," Jonathan D. Spence and John E. Wills, Jr., eds., *From Ming to Ch'ing : Conquest, Religion and Continuity in 17th-century China*, New Heaven, Conn: Yale Univ. Press, 1979.

Borei, Dorothy V., "Eccentricity and Dissent : The Case of Kung Tzu-chen," *Ch'ing-shih wen-ti*, 1975. 12.

Chang, Te-ch'ang, "The Economic Role of the Imperial Household in the Ch'ing Dinasty", *JAS* 31-2, 1972. 2.

Fairbank, J. K. "Synarchy under the Treaties", Fairbank ed, *Chinese Thought and Institution*, Chicago, Univ. of Chicago Press, 1957.

――――, "The Early Treaty System in the Chinese World Order", Fairbank ed., *The Chinese World Order : Traditional China's Foreign Relations*, Camb. Mass : HUP, 1968.

――――, "The Creation of the Treaty System", Fairbank ed., *Cambridge History of China*, Vol. 10, *Late Ch'ing, 1800~1911*, Part I, Cambridge Univ. Press, 1978.

Fletcher, Joseph, "Ch'ing Inner Asia C. 1800", Fairbank ed., *Ibid*.

Hsü, I. C. Y., "The Secret Mission of the Lord Amherst on the Chinese Coast, 1832", *Harvard Journal of Asiatic Studies* 17, 1954.

Huang Yen-yü, "Viceroy Yeh Ming-Ch'en and the Canton Episode (1856~1861)" *HJAS*, 6-1, 1941.

Jones, Susan Mann and Kuhn, P. A., "Dynastic Decline and the Roots of Rebellion", Fairbank ed., *The Cambridge History of China*, Vol. 10, *Late Ch'ing, 1800~1911*, Part I, Cambridge Univ. Press, 1978.

Leonard, Jane Kate, "Chinese Overlordship and Western Penetration in Maritime Asia : A Late Ch'ing Reappraisal of Chinese Maritime Relations", *Modern Asian Studies*, 6(2), 1972. 4.

Mancall, Mark, "Major-General Ignatiev's Mission to Peking, 1859~1860," *Papers on China*, 10, Harvard Univ. Center for East Asian Studies, 1956.

Myers, Ramon H., "Transformation and Continuity in Chinese Economic and Social

History," *Journal of Asian Studies* 33-2, 1974. 2.

————, "On the Future of Ch'ing Studies," *Ch'ing-shih wen-t'i*, 4(1), 1979. 6.

Nivison, David S., "Ho-shen and His Accusers : Ideology and Political Behavior in the 18th Century," Nivison, D. S. and Wright, A. F., *Confucianism in Action*, Stanford Univ. Press, 1959.

Quested, R. K. I., "Further Light on the Expansion of Russia in East Asia : 1792~1860", *JAS*, 29-2, 1970. 2.

Spence, Jonathan, "Opium Smoking in Ch'ing China," F. Wakeman, Jr. and Carolyn Grant ed., *Conflict and Control in Late Imperial China*, Berkeley : Univ. of California Press, 1975.

Struve, Lynn A., "Ambivalence and Action: Some Frustrated Scholars of the K'ang-hsi Period", Spence and Willls, *From Ming To Ch'ing : Conquest, Region, and Continuity in Seventeenth-Century China*, Yale Univ. Press, 1979.

Tan Chung, "Interpretations of the Opium War(1840~1842) : A Critical Appraisal," *Ch'ing-shih wen-t'i* 3(Supp. 1), 1977. 12.

Tsiang, T. F., "The Secret Plan of 1858," *Chinese Social and Political Science Review* 15-2, 1931.

Wakeman, Frederick, Jr., "High Ch'ing : 1683~1839," James B. Crowley ed., *Modern East Asia : Essays in Interpretation*, New York, 1970.

————, "Introduction : the Evolution of Local Control in Late Imperial China," *Conflict and Control in Late Imperial China*, 1975.

————, "The Canton Trade and the Opium War," Fairbank ed., *The Cambridge History of China*, vol 10, *Late Ch'ing, 1800~1911*, Part I, 1978.

Wong, J. Y., "The Arrow Incident: a Reappraisal," *MAS* 8-3, 1974.

————, "Harry Parkes and the Arrow War in China," *MAS* 9-3, 1975.

————, "Lin Tse-hsü and Yeh Ming-ch'en : A Comparison of their Roles in the Two Opium Wars," *Ch'ing-shih wen-t'i*, 3-1, 1977.

太平天國과 捻軍

Ⅰ. 序　言

1864년 7월 19일(太平天國曆[1] 6월 6일, 음력 6월 16일) 서구열강의 원조하에서 청조(淸朝)체제의 수호자임을 자임하는 신사층(紳士層)의 대표 중국번(曾國藩)·국전(國筌) 형제의 군대가 태평천국의 수도 '천경(天京)'즉 남경(南京)을 함락하였다. 그러나 멸망의 씨앗은 아이러니컬하게도 태평천국이

---

1) 太平天國은 西洋曆을 수용하여 독자적인 天曆을 창안하였다. 첫 1년에는 舊曆을 그대로 사용하였으나 동년 추동간에 창제하여 익년인 태평천국 壬子 2년 정월 초1일(1852년 2월 3일, 함풍 원년 12월 14일)부터는 天曆을 반포, 사용하였다. 태평천국의 천력이론에서는 천력과 음양력간의 간지와 예배일이 일치하지만, 기독교가 일주 중 제1일(일요일)을 안식일로 삼은 것과는 달리 구약 십계가 제7일(토요일)을 안식일로 삼은 것을 준행하였기 때문에, 실제로는 천력일자의 간지, 日宿, 예배일(즉 기독교에서의 1주일 중 제6일=토요일)은 음양력보다 1일 빠르다(羅爾網, 1955, pp. 107~129). 따라서 청군은 예배일에 기습하려고 하였으나 이 사실을 간취하지 못하고 실패하였다고 한다. 천력의 내용과 특징, 창제시기 등에 대한 논의는 簡又文, 1958, pp. 303~375 ; 郭廷以, 1973 ; 董作濱, 1956 ; 榮孟源, 1983 - 3, 4 참조. 특히 곽의 연구서는 양력, 음력, 천력을 상호 대조하여 月曆을 제시하고 있어 유용하다.

전성기를 구가하던 1856년 천경에서 발생한 지도층간의 내분으로, 천왕(天王) 홍수전(洪秀全)을 제외한 초기 지도자들이 학살되거나 이탈함으로써 강력했던 중앙집권적 집단지도체제가 붕괴한 데서 이미 싹트고 있었다. 함락 직전 태평천국운동의 이념을 제시하여 운동의 결집력을 이루고 있던 홍수전도 병사하였다.[2] 파멸의 날, 유주(幼主)를 대동하고 탈출하여 훗날을 도모하려던 후기 태평천국의 군사지도자인 충왕(忠王) 이수성(李秀成)도 체포되었다. 그는 자신의 생애와 운동 주체측의 유일무이한 태평천국의 역사를 공술서(供述書)의 형식으로 남기고 처형당하였다.[3] 그리고 일부 잔여세력은 화북(華北)지역의 염군(捻軍)과 제휴하지만 이미 태평천국의 실체는 무너져 있었다.

이후 태평천국운동은 청조체제에 제기했던 충격이 심각하였던 것만큼 반체제반란으로서 장발적(長髮賊)이라 매도되면서 역사의 무대에서 완전히 망각되어야 했다. 다만 중국의 18개 성에 직·간접으로 영향을 끼쳤던 이미지는 민중 속으로 전설화되어 가는[4] 가운데, 그 일단은 후에 청조체제를 유지한 채 변법운동(變法運動)을 시도한 강유위(康有爲)에게서 소위 정통적(正統的)인 '장발적'의 상(像)으로 표출되기도 하지만,[5] 손문(孫文) 등 신해혁명(辛亥革命)과 국민혁명(國民革命)의 지도자들에 의해 재평가됨으로써[6] 20세기에 들어 역사의 무대에 부활하였다. 더욱이 반(反)제 반(反)봉건운동이라고 자임할 뿐만 아니라 20세기의 농민혁명운동이라고도 칭할 수 있는 중공정권하에서 그것은 전근대 중국농민운동의 최고형태를 띠면서 반제 반봉건을 지향한, 현대중국 탄생의 원류라고 높이 평가되면서 단순한 왕조말기의

---

2) 洪秀全의 사망 원인은 음독설(郭廷以, 1947, pp. 1074~1076), 병사설 등 분명하지 않다. 1960년대초에 발견된 忠王 李秀成의 供述書 원본에는 병사했다고 한다.
3) 체포된 이수성은 그 후 중국번의 요구로 방대한 공술서를 작성하였다. 매일 작성한 것을 제출하였는데 중국번이 이를 彙輯하면서 개찬했을 것이라는 점을 둘러싸고 그 진위에 대한 논의가 지금도 계속되고 있다. 羅爾綱의 치밀한 고증이 볼 만하며(1982) 그 외에 盧開宇, 1987; 張道貴, 1982; 王甸平, 1982; 錢遠鎔, 1981; 1982; 1983; 1985; 1986; 榮孟源, 1983-6; 1984; 賈福容, 1981; 柯文南(Curwen), 1981 등의 논의를 들 수 있다. 일본의 河鰭源治, 1979; 小島晉治, 1978-4; 內田義男, 1970 이 정리한 것이 있어 윤곽을 살피는 데 편리하다. 특히 Curwen, 1977 은 李秀成供을 영문으로 번역하였다.
4) 王慶成, 1984-17.
5) 李侃, 1983.
6) 趙矢元, 1981; 1982; 周衍發, 1986; 李侃, 1987; 簡又文, 1985-2.

반란이 아니라 아편전쟁과 함께 중국근대사의 기점으로서 제시되기도 하였
다.[7] 그 결과 연구의 질적인 면에서는 차치하더라도 양적인 면에서 50년대
이후 중국근대사의 어떤 주제에 못지않은 많은 관심과 연구성과가 축적된[8]
것은 당연한 현상이라 할 수 있을 것이다.

이와 같이 중국에서의 태평천국사연구는 현실정치 과정과 밀접한 연관을
맺으면서 폭과 깊이를 심화시켜 왔다. 더욱이 1979년 이후 중공정권이 4대
현대화 추진에 따라 실용주의 노선을 추구하는 정치적 변동의 추세에 맞추
어 태평천국사학계도 문화혁명기의 혼란을 극복하고자 마르크스주의 사관
을 전제로 하면서도 실사구시(實事求是)라는 실증의 측면을 강조하는 반성
적 입장을 제기하였다.[9] 이와 같은 새로운 분위기 속에서 자료의 공간, 50
년대 이후의 주요 논문의 정리 휘집(彙輯)[10]과 연구사적 검토,[11] 새로운 시
각의 제시, 독자적인 연구간행물의 공간[12] 등 의욕에 찬 새출발을 하고 있
지만, 한편으로는 50~60년대에 이미 다 제시되었던 논점이 다시 반복되기
도 하는 등 방법론적 궁핍을 노정시킴으로써 많은 연구편수에 비해 연구수
준의 향상에는 별로 도움이 되지 못하는 경우도 눈에 띈다.[13]

이처럼 중국에서의 활발한 연구가 정치적 현실과 밀접한 관련하에서 이루
어지고 있는 측면은 부정할 수 없지만, 이들 연구의 직·간접적인 토대를

---

7) 이것은 중공의 정통사관이라 할 수 있다. 이와 관련 모택동 사상과 태평천국의 금욕
　주의의 상관성을 논한 山口一郎, 1969의 연구도 있어 흥미롭다.
8) 1983년에 1853년부터 1981년까지 태평천국과 관련된 서술을 국내외적으로 휘집하여
　그 목록을 공간하였는데 총 578 페이지 중 中文으로 된 것이 418 페이지에 달한다(姜秉
　正 편, 1983).
9) 그 입장이 잘 드러난 것으로 王慶成, 1984-20; 1984-21; 孫祚民(日文, 1986)을 들 수
　있다. 중국에서의 연구 분위기를 정리해 본 것으로 閔斗基, 1984; 河鰭源治, 1984 참
　조.
10) 예컨대 北京太平天國歷史研究會 編, 1981; 廣西太平天國史研究會 編, 1981이 있다.
　한편 태평천국이 간행한 문건들에 대해서는 祁龍威, 1985-1; 1985-2; 1987; 羅爾綱,
　1985-2; 1985-3; 榮孟源, 1983-7; 王慶成, 1987 참조.
11) 林有能, 1986; 鄧嗣禹, 1987; 林言椒, 1981; 靳一舟, 1981; 茅家琦, 1986; 蘇雙碧,
　1985 등의 정리가 있어 주요 연구주제에 대한 분위기를 파악하는데 도움이 된다. 그런
　데 일본의 市古宙三은 문헌을 망라하면서 60년대 초반까지의 상황을 정리하고 있어
　참고가 된다(1977-5). 아울러 Teng Ssu-yü, 1950; 1962 참조.
12) 각기 1981년, 1983년부터 간행되고 있는 北京太平天國歷史研究會 編의 《太平天國史
　譯叢》과 《太平天國學刊》을 들 수 있다.
13) 閔斗基, 1984.

이룬 연구자로는 1930년대 이래 평생 동안 정력적인 자료의 발굴, 고증, 방대한 연구논저를 내는 등 태평천국사학사상 기념비적 업적을 쌓은 간우문(簡又文)과 나이강(羅爾綱)을 들 수 있으니, 그들은 태평천국운동의 핵심구성 분자를 형성했던 객가(客家)출신의 후예로서 실증적 연구를 중시하는 학풍을 공유하고 있었다. 그러나 1949년 중공정권이 대륙을 석권한 후 홍콩으로 거처를 옮긴 간(簡)은 마르크스주의 사관에 의한 태평천국사 연구를 강력하게 비판해 온 입장을 견지하여 태평천국운동을 민족·종교·정치적 혁명이라 평가해 왔다.[14] 한편 나(羅)는 중공에 잔류하여 청조 고증학적 전통의 효용성을 견지하면서도 새로이 마르크스주의 사관을 '학습' 수용하여 태평천국운동을 농민혁명운동이라 평가하면서 중공의 태평천국사학계를 주도해 왔다.[15] 나(羅)가 태평천국을 중국의 정통왕조에 비견하여 당시 '봉건'시 되고 있던 중국정사(中國正史)의 기전체(紀傳體) 형식에 마르크스주의 사관을 가미하여 태평천국 '정사(正史)'편찬을 시도한[16] 것은 태평천국사학사상 주목할 만한 업적이라 할 것이다. 이와 같은 학문적 전통이 오늘날 중국의 학계에 신기운을 일으키는 데 힘이 되고 있다고 여겨진다. 반면 대만에서의 연구는 상대적으로 매우 저조한 듯이 보이거니와 최근에 중화문화부흥운동추진위원회(中華文化復興運動推進委員會)에서 기왕의 연구논문을 일부 편집한[17] 것이 있어 대략적인 윤곽을 검토하는 데 편리하다.

한편 일본의 경우 중국사학계의 동향에 민감하게 반응하면서 여러 전문연구자들을 배출해 왔지만, 1945년 일본군국주의의 패전과 1949년 중국에서의 이른바 사회발전의 최고단계라 할 사회주의체제가 수립되는 상황에 조응(照應)한 일본적 사상풍토하에서 현실에 접근한 연구시각을 견지해온 나머지, 1979년 이후 중국에서의 격변을 바라보면서 당혹감 속에 시각교정을 논의하게 되는 연구사적 대전환을 경험하기도 하였다.[18]

---

14) 簡은 이 입장에 서서 방대한 통사(1962)와 분류사(1958)를 저술하였고 이를 축약하여 영문판을 출간하기도 하였다(1973).
15) 그는 10여 권에 이르는 논문집과 개설서(1937, 1955)를 저술하였는데(目錄參照) 1987년에는 그의 太平天國 연구 60주년을 기념하여 기념논문집이 간행되었다(茅家琦, 史式 등편, 1987).
16) 羅爾綱 著, 閔斗基 譯, 1985.
17) 中華文化復興運動推行委員會 主編, 1985.
18) 閔斗基, 1984. 한편 일본에서의 太平天國史 연구동향은 河鰭源治, 1977; 小島晉治,

구미(歐美)의 경우 태평천국운동 당시의 외교관, 선교사 등의 거록, 연구
의 전통과도 관련되겠지만 외교사, 종교사, 사상사 등에서 특장(特長)을 발
휘하면서 오늘날에는 태평천국 주체측의 자료를 망라적으로 휘집, 번역해
낸 토대 위에서[19] 개설서, 전문연구서가 간행되고 있을 뿐만 아니라 구문(歐
文) 자료목록을 망라적으로 수집하면서 자료를 공간하는[20] 등 새로운 연구
의 돌파구를 개척할 수 있는 분위기를 조성하고 있다.

끝으로 국내의 경우 전문연구자의 수, 연구의 시각이나 방법론의 정립문
제 등 아직은 초보적 수준에 머물러 있다고 해도 과언이 아니다. 해방 직후
이진영(李辰永) 씨가 당시의 상황에서는 특이하게도 태평천국운동을 주제로
삼아서 중국, 일본, 러시아의 몇 가지 개설서를 기초로 계급투쟁사관에 따
라 정리함으로써[21] 본격적인 전문연구의 출발점으로 삼을 수 있는 기회가
있었지만 본격적인 전문적 연구는 중단되었으며, 50년대초의 혼란되고 열악
한 사회상황과 연구조건 속에서 전해종(全海宗) 교수에 의해 초보적인 검토
가 시도된[22] 이후, 50년대말에 동학운동(東學運動)과의 비교사적 시론(試論)
도 문세(問世)되고 있기는 하지만[23] 대체로 70년대 중반까지의 연구는 외국
에서의 연구의 소개나 입문적인 시론이라 볼 수 있다. 현금(現今)의 연구상
황은 70년대 후반 이래 점차 전문적인 연구자가 배출되면서 운동이 조선왕
조에 미친 영향,[24] 농민운동과의 관련,[25] 정권의 확립과정과 초기 사상 및
정책과의 관련,[26] '천조전무제도(天朝田畝制度)'의 성격,[27] 홍인간(洪仁玕)의
퍼스낼리티,[28] 충왕 이수성에 대한 연구,[29] 상군(湘軍)의 성격,[30] 중국번의

　　1981(中國文)를 통해서 대략 파악할 수 있다.
19) F. Michael, Vol. Ⅱ 1966. 그런데 태평천국운동 당시 중국에서 활약했던 Brine,
　　1862 ; Lindley, 1866 ; Meadows, 1856의 저서들은 당시에 알려진 태평천국자료들도 소
　　개하는 등 오늘날도 유용하다.
20) 그 일환으로 이루어진 것이 P. Clarke 와 J. S. Gregory 가 공동으로 선교사, 외교관
　　등의 기록을 발췌하여 공간하고 있어(1982) 편리하다.
21) 李辰永, 단기 4280.
22) 全海宗, 1953.
23) 鄭容淑, 1959.
24) 河政植, 1985.
25) 朴基水, 1977.
26) 金誠贊, 1988.
27) 河政植, 1979. 河에게는 이외에 태평천국의 농민인식에 대한 연구도 있다(1988-2).
28) 金宜慶, 1988.

사상,[31] 청조측에 의한 서양군사력 차용론의 전개과정[32] 등 사료의 이용이
나 방법론상의 문제가 없지 않으나 본격적인 전론(專論)들이 드물게나마 제
시되는 시점에 서 있다고 할 수 있다 하겠다.[33]

그러면 중국 근대기의 출발점에서 서구자본주의 열강의 침략 못지않게 중
국의 전통적 질서를 재편성할 수 있을 뻔했던 태평천국운동이 왜 광서성(廣
西省)의 오지(奧地)에서 출발하였던가를 다음 장에서 그 배경을 살펴보고자
한다.

II. 背　景

순환적인 양상을 보인다고도 할 수 있을 만큼 전통적인 중국왕조의 부침
(浮沈)을 초래한 일반적인 배경으로는 대략 중앙·지방정부의 행정 이완,
관료와 군대의 부패와 타락, 지주제 등 경제적 모순의 심화, 자연재해의 빈
발 등과 이로 말미암은 보편적인 사회적 무질서현상을 들 수 있는데 19세기
중엽의 경우도 마찬가지였다. 건륭(乾隆) 중기 이후 정계와 지방행정의 부
패, 가경(嘉慶)초에 폭발한 백련교(白蓮敎)의 반란(1796~1804), 그로 인해 노
출된 청조 정규군인 팔기(八旗)와 녹영병(綠營兵)의 무능과 부패를 확인할
수 있고,[34] 향촌사회는 지주, 부상(富商), 고리대업자, 관료가 토지를 집적
한 결과,전체 4억 인구의 60~90%는 토지가 없는 전호(佃戶)였으며 일반 소
농민은 전체 가경(可耕)면적의 겨우 30%를 분점(分占)하고 있어, 생산액의
50% 이상을 지대(地代)로 납부해야 하는 전호와 자작농의 몰락은 사회불안
의 근원이 되었다.[35] 1840,50년대에 걸친 양자강의 범람, 황하의 수로변경,

29) 鄒桓施, 1985.
30) 全炯權, 1985.
31) 曹秉漢, 1978.
32) 表敎烈, 1987.
33) 국내에서도 中國太平天國史學界의 연구동향을 정리하고 있어 그 주요논점을 파악하
　　기가 쉬워졌다 하겠다(河政植, 1988-1). 중·일·구미의 시각을 살펴볼 수 있는 대표
　　적인 개설서 논문으로는 牟安世, 1979; 中國近代史編寫組, 1973; 梨本祐平, 1942; 小
　　島晉治, 1971; F. Michael, 1966; Jen Yu-wen, 1973; P. A. Knhn, 1978을 들 수 있다.
34) 행정체계의 이완현상에 대해서는 R. N. Weiss, 1980을, 八騎와 綠營兵의 무능에 대해
　　서는 楢木野 宣, 1975 및 羅爾綱, 1945 참조.
35) 蕭一山,1976, pp.38~39. 청대 토지, 조세제에 대해서는 Wang Yeh-chien, 1973 참조.

광서성의 기근은 향촌민을 비적과 천지회당(天地會黨) 등의 반란집단으로 쉽게 연계시켰다.

그러나 이와 같은 일반적인 왕조말기의 체제 이완과 사회불안이 청조하에서 보다 심각한 양상을 노정하게 된 근본적인 원인은 바로 강희(康熙), 건륭기(乾隆期)의 안정을 배경으로 한 인구의 급격한 증가에도 불구하고 경작면적의 증가는 거의 정체에 가까웠다고 하는 데 있다. 18세기 중엽의 1억 8천만 인구가 19세기 중엽에 4억 가까이로 증가하였지만 경작지는 7억 무(畝)에서 7억 3천 무로 거의 멈춰 있었다.[36] 더욱이 19세기초 이후 아편유입의 격증에 따른 은의 해외유출로 말미암아 은가가 등귀하였으며 따라서 납세수단으로 사용되는 은과 일반시장의 거래수단으로 사용되는 동전의 교환가치가 1:2에서 1:3으로 등귀함으로써 일반농민의 가계를 더욱 악화시키고 있었다. 18세기 이래 생존을 위한 대규모 이민, 사회적 불안, 향촌사회 내부의 갈등과 투쟁은 운명적이었다고 할 수 있다.

광서성은 이런 무대의 한 부분을 점하고 있었을 뿐만 아니라 지리적 특성으로 말미암은 종족적, 사회적, 경제적 복잡성은 문제를 더욱 악화시키고 있었다. 서구열강의 충격파가 심강(尋江;西江)을 통해 미치고 있었고, 산악지역에는 한인(漢人)에게 배척된 장족(壯族), 요족(瑤族) 등의 소수민족들이 탄압에 반격하고자 하였으며 광산노동자와 숯구이 등은 독자적인 무력집단을 형성하기도 하였다. 광주(廣州)델타의 해적들은 내지(內地)의 천지회(天地會)와 연계되고, 천지회 등 비밀결사들은 소금과 아편(鴉片)밀매업의 주요한 담당자였다. 그런데 아편전쟁의 패배로 상해가 개항되자 전통적으로 대외교역의 독점을 누리던 광동성의 성도(省都) 광주로부터 연결되는 교역루트는 갑자기 불황에 빠지고 운송업자는 실업하였다.[37] 전쟁 후 향용(鄕勇)은 해산되어 생계의 보장 없이 향촌에 방치되었다. 1840년대에 영국해군에게 광동과 광서의 내륙으로 쫓긴 해적들은 천지회의 지도하에 광서성내의 수로에서 정비(艇匪)가 됨으로써 사회불안을 악화시키고 있었다.[38]

---

36) 인구의 격증과 太平天國反亂의 폭발과의 관련에 대해서는 羅爾綱, 1958；藤原定, 1939；黎襄然・彭大雍・朱哲芳・鄧淸彰, 1984；陸仰淵, 1985-1；Ho Ping-ti, 1959, pp.270~275 참조.
37) 宮崎市定, 1965.
38) G. Fox, 1940；Laii Yi-faai, 1950；P. A. Kuhn, 1978.

광서성의 불온상은 반청복명(反淸復明)을 목표로 하는 정치적 비밀결사인 천지회당의 반란으로 더욱 심화되어 갔다. 1836년 호남성(湖南省) 남부에서 일어난 백련교도이고 요족인 남정준(藍正樽)의 반란, 1847년 호남, 광서성 교계(交界) 지역에서 백련교와 한인 천지회당과의 연계 위에 일어난 요족 뇌재호(賴再浩)의 난이 있었고 1849년에는 뇌(賴)의 잔여세력을 규합한 이원발(李沅發)이 호남, 광서, 귀주(貴州)성을 휩쓸었다. [39]

이런 상황 속에 독특한 방언과 관습을 보지하면서 장기간에 걸쳐 광동성으로부터 유입해 온 객가[40]와 선주(先住)한 한족 이주민의 자손인 본지인(本地人) 사이에 1840년대 중반 이후 집단적 분쟁이 점철되고 있었다. 객가들은 대부분 경제적으로 지주, 고리대자본에 예속된 전호였으며, 부업(副業)이나 전업(專業)으로 숯구이, 탄광노동, 남(藍), 제피 등의 작물생산에도 종사하거나 고용노동자가 되기도 하였다. [41] 향촌공동체에 기반한 본지인들은 신사를 중심으로 단련(團練)을 조직 무장하였지만, 객가는 해지(該地)의 한인사회에서 정치 사회 경제적으로 소외되어 있었을 뿐만 아니라 척박하고 분산된 지편(地片)에서 경작하고 있었던 관계로, 응집된 주거형태도 갖추지 못한 채 다만 객가어(客家語)라는 공통의 방언을 매개로 결집하여 본지인과 대응하고 있었다. [42] 어떤 이념적 조직적 대변세력도 갖지 못하였던 이들 한인소외 계층에게 침투하여 이들을 대변, 조직하고 정치운동세력으로까지 발전시킨 것은 단순히 그들이 처해 있던 열악한 경제적 상황이라고[43]하기보다 그들의 적대세력인 본지인들의 향촌공동체의 이념적 토대인 유교의 권위까

39) 賴再浩, 李沅發의 반란에 대해서는 蔡少卿, 1984；張山, 1986 참조. 會黨과 天地會에 관한 연구와 그에 대한 소개는 郭豫明, 1987；戴玄之, 1985；駱寶善, 1981；1982；蕭一山, 1985-1；陸仰淵, 1985-2；莊吉發, 1985；1988；魏建猷, 1984 와 中國會黨史硏究會 編, 1987 참조. 후자에는 周育民의 연구정리도 실려 있다. 당시 廣西省의 일반적인 상황과 배경에 대해서는 方之光・崔之淸, 1986；黎裵然, 郭浩彰・朱哲芳・彭大雍, 1982；王慶成, 1984-19；王榮川, 1985；鐘文典, 1981-1；西川喜久子, 1977 등의 정리가 도움이 되며 특히 중국 남서부의 오지에 위치한 광서성의 지리적 특성으로 말미암아 해지에 거주하는 소수민족과의 관련성이 주목된다(石鍾健・楊光楣, 1981；邢鳳麟, 1984-4；黃培奇, 1983；黃現璠, 1981).
40) 客家에 대한 고전적인 연구로는 羅香林, 1933이 있다. 이외에 M. L. Cohen, 1968；稻田淸一, 1986 참조.
41) 西川喜久子, 1977.
42) P. A. Kuhn, 1977；小島晉治, 1981.
43) 羅爾綱, 1956.

지 비판할 수 있게 한 이단적 사상인 홍수전(1814~1864)의 배상제교리(拜上帝敎理)였다.

Ⅲ. 拜上帝會의 成立과 發展

태평천국운동은 광서성의 토양의 산물임에는 틀림없지만 그 씨앗은 18세기에 광동성 동부로부터 광주의 북쪽 30킬로 떨어진 화현(花縣)에 이주한 객가의 중농 정도의 집안에서 출생한[44] 지식인인 홍수전의 개인적 생애와 좌절에서 배태되고 있었다. 그는 당시의 학인(學人)들처럼 과거시험에 응시하여, 1827년 14살 때 현시(縣試)에는 합격하지만 광주에서의 원시(院試)에는 낙방, 생원(生員)자격을 취득하지 못하였다. 1836년에도 실패하였다. 그런데 당시 광주의 거리에서 얻은[45] 《권세양언(勸世良言)》이라는 개신교 선교팜플렛을 대강 통독하고 나서 서가에 꽂아 두었는데 이때 입은 무의식적인 충격은 뇌리에 침윤되어 훗날 이단적 반란의 씨앗이 되었다.

이 팜플렛은 영국의 개신교 선교사인 모리슨(Robert Morrison)과 밀른(William Milne)의 영향으로 개종한 광주 출신의 양아발(梁阿發)[46]이 1832년에 중국인에 대한 선교용으로 간행한 것으로서, 홍수전 자신의 완강하고도 독자적인 기독교 교리의 이해에 결정적인 역할을 하였다. 즉 홍(洪)도 훗날 나름대로의 기독교 이해에 기초하여 선교에 나섰고, 선교를 위하여 1844~1846년경에 저술하였는데 1847년에 본격적인 기독교 교리를 학습하고자 광주에 가서 미국인 개신교 선교사 로버츠(Issachar J. Roberts)에게서 처음으로 성경을 접하였지만 이미 《권세양언》을 토대로 하여 형성된 그의 배상제교리에 어떤 영향도 주지 못하였던 것이다. 즉 어떤 의미에서 《권세양언》은 태평천국 사상의 원점임과 동시에 태평천국 문헌의 원전이라고도 할 수 있는

---

44) 洪秀全 가문의 내력에 대해서는 王慶成, 1984-18; 羅香林, 1956; 簡又文, 1962, 上, pp. 8~15 참조.
45) 그런데 洪秀全이 《勸世良言》을 얻은 시기에 대해서는 33년, 34년설 혹은 36년, 37년설 등 주장이 다양한데 양아발이 1833년 10월 직접 홍수전에게 배포하였다고 주장하는 林傅芳, 1982와 36년 미국선교사 Edwin Stevens 배포설을 주장하는 簡又文, 1958, 上, pp. 1590~1614에 이 문제가 자세히 논의되고 있다.
46) 梁阿發에 대해서는 G. H. McNeur, 1934 참조.

84

것이다. [47]

《권세양언》[48]은 양(梁)이 자신의 기독교 이해를 바탕으로 해설하거나 모리슨과 밀른의 성서 번역본인 《신천성서(神天聖書)》를 발췌·전재(轉載)한 9권으로 된 소책자로서, 구약의 창세기, 시편, 전도서, 이사야, 예레미야의 예언자서, 신약의 마태·요한복음서, 요한묵시록, 사도행전, 로마인에의 서한 등이 언급되고 있는데, 예수보다 여호바가 강조되고 특히 유일신의 전지전능성, 죄악과 우상숭배에 대한 비난, 구원과 파멸의 극단적 대비가 두드러지게 언급되고 있다. 외견상 개인의 기독교적 신앙과 인과응보를 극단적으로 강조한 복음적(福音的) 성격이 강하지만, 반복해서 중국이 이제 가장 심각한 도덕적 타락 때문에 파멸에 직면해 있다고 하는 경고는 과거의 왕조 변혁기 때마다 왕왕 있었던 예언적 현실비판처럼, 청조의 몰락을 암시하는 정치적 예언으로 받아들여질 수 있는 것이었으니, 구세주의 재림은 과거의 역사적 사실이었을 뿐만 아니라 미래에도 가능한 것으로 언급되고 있는 것이다. 더욱이 사후의 유토피아로서 천상의 왕국이어야 할 '천국'의 개념이 현세의 구체적인 실천의 장으로도 혼효되어 신자들의 지상의 집회와 지상왕국이라는 의미로서도 해석되고 있었다. [49] 그런데 백화문(白話文)으로 된 양아발의 해설은 독자의 이해를 도울 수 있는 것이었으나, 문어(文語)로 된 모리슨과 밀른의 번역본 부분은 지극히 난해하여 오해를 유발시킬 수 있는 것이었으니, 예컨대 홍수전은 삼위일체설을 완전히 오해한 결과 결국에 가서는 천부 상제(上帝), 천형(天兄) 예수, 천왕(天王) 홍수전이라는 새로운 삼위일체론을 창출해 내었던 것이다. [50]

그러나 《권세양언》이 이처럼 현실변혁에로의 새로운 이단적 세계관을 함

47) 林傳芳, 1981, p. 148.
48) 《勸世良言》의 내용 및 洪秀全의 '基督敎'的 사상의 수용, 태평천국운동과의 관련에 대해서는 林傳芳, 1981;吉田寅, 1963;1966;簡又文, 1958, 下, pp. 1664~1710;彭澤益, 1988;鄧嗣禹, 1985;鄭身城, 1984-1;戎笙, 1981-1;P. A. Kuhn, 1977 참조. 한편 당시 중국인 선교사로 중국에 개신교를 전파하기 위하여 독일 선교사 Gützlaff가 홍콩에 설립한 漢會의 중국인 회원과 Gützlaff가 번역한 성서가 洪秀全, 馮雲山 및 太平天國의 拜上帝敎理에 중대한 영향을 끼쳤으리라는 논의가 있지만(彼得·克拉克, P. Clarke, (1973)1981;E. P. Boardman, 1952, p. 43) 漢會회원과 洪, 馮간의 직접적인 상관성은 부정되고 있다(簡又文, 1978;茅家琦, 1983-2).
49) P. A. Kuhn, 1978, 1977;鄧嗣禹, 1985, p. 110.
50) 鄧嗣禹, 1985, p. 103.

축하고 있었음에도 불구하고 당시의 홍수전은 1년 후인 1837년에도 광주에서 실시된 과거에 다시 응시하였으며 그 실패한 좌절감 속에서 기이한 꿈을 꾸게 되었다. 자신이 승천하여 금빛수염의 근엄한 노인으로부터 진도(眞道)와 검(劍), 권능(權能)을 부여받고, 중년남성의 도움을 받아 천상(天上)의 요마(妖魔)를 구축하고 세계를 구하라는 명령을 실행한다는 내용이었다. 이몽(異夢)에서 깨어났을 때 그의 외모, 태도, 의식은 급변해 있었다고 한다. 그러나 그는 다시 6년 후인 1843년에도 과거에 미련을 버리지 않고 응시하였으니, 《권세양언》도 이몽도 아직은 그의 세계관을 현체제에 대한 긍정에서 부정으로 전환시키지는 못하고 있었다.

그러나 4번째의 좌절 이후 그는 다시 시험준비를 하려고 하지 않았다. 과거시험 실패 직후 좌절과 분노 속에 다시 《권세양언》을 정독하였을 때 그 내용이 예전의 이몽과 일치함을 발견하였다. 《권세양언》과 이몽에 보이는 상징적인 내용들은 당시 아편전쟁 패배 직후 광동성의 상황과 어우러지면서 구체성을 띠게 되었고, 이 재발견은 현실에 대한 인식에 대전환을 일으켰던 것이다. 이몽 속의 노인은 유일신 여호바=천부(天父)=상제(上帝)로, 중년남성은 천형(天兄)=예수로, 자신은 천부(天父)의 제 2 자, 크리스트의 동생으로 인식되었다. 상제로부터 현세의 요마를[51] 구축하고 현세를 상제신앙으로 개종시켜 구원하라는 사명이 부여된 것으로 파악되었다. 더욱이 당시는 아편전쟁 직후 '외이(外夷)' 영국에 패배한 청조를 비판 경멸하게 된 광동성민들이 일으킨 평영단(平英團)과 같은 격렬한 반영(反英)운동이 그의 고향에도 파급되고 있었으니 그에게서 아편전쟁과 같은 외침은 도덕적 '타락'이 절정에 달한 중국에 대하여 상제가 가한 응보로 비쳤을 것이며, 현상황을 타개하기 위해서는 상제신앙을 통한 개인의 종교적 구원과 함께, 결국에 가서는 사회정치적인 변혁으로서 신명(神命) 즉 상제의 위임을 받은 '신(神)의 이(吏)'가 통치하는 상제의 국가 즉 '신국(神國)', 태평'천국'체제를 지상에 수립하고, 상제와는 공존할 수 없는 '요마'인 청조를 타도해야 할 터였

---

51) 妖魔의 개념과 그 변화과정 및 태평천국운동으로의 연관은 王慶成, 1984-11; 沈茂駿, 1982; 陳貴宗, 1987; 高橋良政, 1977; 西川喜久子, 1967 참조. 타도의 대상은 개인의 윤리적 차원과 교리에 배치되는 우상숭배, 최후로는 反滿과 反淸의 정치적 차원으로 발전하였다.

다.[52]

그러나 당시 홍수전은 개인의 상제신앙을 통한 종교적 구원을 넘어 청조 타도라는 정치적 변혁운동으로까지 인식의 지평을 넓히지는 못하고 있었다. 당시 그가 파악한 현세의 요마는 유교, 불교, 도교의 신불(神佛)과 같은 우상 따위였다. 그는 배상제교의 선교사로서 변모하였던 것이다.[53]

그는 사촌 홍인간(洪仁玕)과, 친구이자 동향의 객가 독서인인 풍운산(馮雲山)을 개종시키고, 촌(村) 숙사(塾舍)의 공자패(孔子牌) 등은 우상이라 하여 철거하는 등, '불경(不敬)'한 행위로 말미암아 교사자리를 잃은 끝에 1844년 4월에는 풍운산과 함께 광서성 산간지방으로 선교편력을 시작하였다. 귀현(貴縣)의 객가 친척 등에게 선교하다가 9월에 홍수전은 광동으로 귀향하였다. 그는 주로 선교를 위한 저술에 힘썼다고 할 수 있다.

1844~1846년경에 저술된 《원도구세가(原道救世歌)》, 《원도성세훈(原道醒世訓)》이나 1847년 3월 광주에서 성경을 접한 후 저술한 첫으로 여겨지는[54] 《원도각세훈(原道覺世訓)》은 중국인의 정신적 구원과 해방을 위한 배상제교로의 개종이 주된 내용으로 되어 있으며, 지상에 어떤 정치체제를 수립하고자 하는 내용을 찾아볼 수 없다. 즉 유일신 상제의 경배(敬拜)와 유·불·도교 등 전통적 신앙과 관련된 우상의 부정, 살인, 절도, 간음에 대한 비난, 아편과 음주의 금지, 부모에의 효도와 정직한 태도를 강조하는 등 전통적 유교덕목과도 합치될 수 있는 기독교의(基督敎義)를 실천함으로써 구원이 가능하다고 하였다.

그런데 실질적인 민중의 선교와 조직화에 노력한 것은 풍운산이었다. 그는 1844년 9월 홍수전이 귀향해 버렸으나 광서성 남부의 산악지대인 계평현(桂平縣)의 자형산(紫荊山) 근처에서 1850년까지 본지인과의 투쟁으로 긴장이 고조되고 있던 수많은 객가들을 개종시켰다. 교도는 3천 명을 넘어서고 있었으며 그는 2년 만인 1846년에는 자형산에 총회를 두고 여러 주현(州縣)

---

52) P. A. Kuhn, 1977.

53) 이 시기에 洪秀全이 체제수용적 입장을 방기하고 배상제교, 배상제회를 창립하여 혁명의 길에 들어섰다는 설명도 있지만(羅爾綱·周 郇, 1981; 陳周棠, 1985; 1987) 이에 대한 반론으로는 王慶成, 1984-1 참조.

54) 《原道覺世訓》에는 광주에서 구독한 성경을 '番國舊遺詔書' 등으로 언급하고 있는 것이다. 沈元, 1972; 吳心伯, 1987 참조.

의 촌락에 분회를 가진 새로운 종교조직인 배상제회(拜上帝會)를 창설하는데[55] 이 조직은 본지인들의 단련에 대한 객가들의 유일한 대응조직이 될 수 있었던 것이다.

한편 귀향 후 저술에 전념하던 홍수전은 1847년 3월에 홍인간과 함께 광주로 가서 미국인 선교사 로버츠에게 정통기독교리를 접하면서, 처음으로 구츨라프(Karl Frederick Gützlaff)와 메드허스트(Walter Medhurst)가 번역한 구약성서와 신약성서를 구독할 수 있었다.[56] 그것은 훗날 태평천국이 1853년 간행한 《구유조성서(舊遺詔聖書)》와 《신유조성서(新遺詔聖書)》의 저본이 된 것으로서[57] 《권세양언》보다 내용이 체계적이고 또한 로버츠의 영향도 적지 않았지만, 그는 정식 세례도 받지 않고 '배상재교의 선교사'로서 광서성으로 떠나버렸다. 《권세양언》과 이몽을 통한 독자적인 기독교의 이해는 이미 그로 하여금 정통기독교리의 범위를 초월하게 하였던 것이다.[58]

1847년 8월 홍수전이 자형산에 도착하였을 때 풍운산이 홍수전의 교의에 따라 설립한 배상제회는 금전촌(金田村)을 본부로 한 수많은 지부와 신도를 가진 조직으로 성장해 있었다. 그러나 이윽고 1848년 1월 단련과 배상제회 원간의 갈등 속에서 풍운산은 단련지도자에게 체포되어 반란음모로 고발당하였지만 본적지 광동으로 추방당하는 데 그쳤다.[59] 지방관은 배상제회를 단

---

55) 簡又文, 1962, 上, pp. 71~74. 배상제교의 교리, 배상제회의 설립문제 등에 대해서는 段本洛, 1982; 王戎笙·貢嗣仁, 1984; 方之光·崔之淸, 1987-1; 徐緖典, 1981; 徐汝雷, 1981; 1982; 沈渭濱, 1980; 王慶成, 1984-2; 1984-7; 1984-8; 1984-9; 1984-10; 庄建平, 1982; 小島晉治, 1978-1; 1978-2 참조. 예컨대 배상제회는 설립된 적이 없으며 홍수전과 馮雲山은 단지 '拜上帝'만 선전하였을 따름이라고 하여 정설에 대담하게 문제를 제기하는 경우도 있다(茅家琦 등, 1980, p. 18).

56) 林傳芳, 1981, p. 140; E. P. Boardman, 1952, p. 44; 簡又文, 1958, 下, p. 1712; 茅家琦, 1981-2; Y. C. Teng, 1963.

57) 林傳芳, 1981, p. 140; E. P. Boardman, 1952, p. 43. 임은 메드허스트가 신약성서 번역을 1835년에 완성, 37년에 《新遺詔聖書》로 간행하고 구츨라프가 구약성서 번역을 38년에 완성, 간행하였으며, 그 후 구츨라프가 메드허스트의 신약에 삭필을 가하여 40년에 《救世主耶蘇新遺詔書》로 개제, 간행했는데 이 구츨라프 역 中文성서가 태평천국의 간행물의 저본이 되었다고 한다(1981, p. 140).

58) 洪秀全의 초기 종교사상에 대해서는 주 48), 55) 외에도 牟安世, 1986; 宋德華, 1985; 王育民, 1981; 黃澄河, 1981을 들 수 있다. 歐文으로는 Eugene P Boardman. 1952; V. Y. C. Shih, 1967 참조. 그런데 홍수전이 이렇게 완강하리만큼 독자적인 종교적 태도를 취하면서 후에는 철저하게 종교에 침잠하게 된 정신적 상태를 정신병리학적으로 설명하기도 한다(P. M. Yap, 1953).

59) 자형산의 숯구이들이 모금하여 관청에 뇌물을 바쳐 馮을 석방시킨 결과 후에 남경에

런과 마찬가지의 향촌자위집단으로만 간주하였던 것이다. 홍수전도 풍의
석방을 양광(兩廣)총독에게 탄원하기 위해 광동으로 떠났다. 결국 화현에서
재회하게 되었지만 7개월간 머물면서 1849년 여름까지 광서로 돌아오지 않
았다. 이 무렵에 저작되었을 《원도각세훈》에서 그는 우상을 숭배하고 '상
제'경배를 독점해 왔다는 이유로 진시황 이래의 황제들을 비난하기에 이르
렀다.

그런데 짧은 기간이었지만 광서성에서의 두 지도자의 공백은 새로운 지도
자들을 부상시킴으로써 태평천국사상 중대한 전환점을 이루었다. 숯구이로
시 교육받은 적이 없는 금전(金田) 부근의 신촌(新村) 출신인 양수청(楊秀淸)
은 자형산 근처의 배상제회에 가담한 숯구이, 광부집단의 지도자로 성장해
있었고, 그외에 무선현(武宣縣) 빈농출신의 소조귀(蕭朝貴), 금전의 지주 위
창휘(韋昌輝), 귀현(貴縣)의 부농출신으로서 교육을 받은 석달개(石達開)[60]
등이 등장하였다. 그들은 모두 홍, 풍과 달리 광서성 출신이었다.[61] 그들 중
가장 강력하고 조직적인 지도자로 등장하여 태평천국운동을 이끌게 되는 것
은 양수청이었다. 당시 두 지도자가 부재한 긴박한 정세 속에서 객가들은
광신적 분위기에 휩싸여 있었으며, 그것은 이들 새 지도자들이 독사적인 정
치적 권위를 형성할 수 있는 토양이 되었던 것이다.[62] 특히 양수청은 1848년
4월과 1849년 4월 2차에 걸쳐서 질병과 종교적 혼수상태 속에서 현세에 '하
범(下凡)' 즉 강림한 상제의 명령으로써 회원들에게 단결토록 하였다. 1848
년 10월 소조귀에게도 천형 예수가 강림하여 회원에게 명령하였다. 그것은
귀신이 부신(附身)하여 인귀(人鬼)간을 중계한다는 '강동(降僮)'의 미신이

서 이에 대한 '科炭'功을 追叙하였다는 傳聞과 청측 기록이 전해 오지만 전혀 허구이
며, 풍이 '상제경배는 (남경조약의 결과) 황제와 광주의 양광총독이 승인하고 있다'고
주장하는 등 합법적 투쟁에 의해 석방되었다고 한다(邢鳳麟, 1984-1).

60) 그는 고향인 貴縣의 화약을 사용하는 광산노동자를 조직, 전투에 참여하였는데 그들
은 성곽을 파괴, 점령하는 등 태평군의 역량에서 중요한 요소였다. 이에 대해서는 梁
任葆, 1981；鄭大發, 1986 참조.

61) 이들의 생애와 평가는 苑書義·林言椒, 1987에 실린 논문과 인물에 대한 연구동향과
蘇雙碧, 1981；鐘文典, 1984의 인물연구서, A. W. Hummel ed., 1943~1944 참조. 특히
韋昌輝는 훗날 天京내에서의 內訌과 관련, 천여 명의 친족구성원을 대동하여 배상제회
에 참여한 후 金田봉기 때 이미 권력을 찬탈하려 했던 지주출신으로서 監生 학위를 매
득하기도 했었다고 비난되기도 하지만, 지주라기보다 부농 정도의 수준이었다는 주장
도 있다(羅爾綱, 1981-2；李應川, 1985；蔡鴻源·孫必有, 1983).

62) P. A. Kuhn, 1978.

민간에 유포되어 있는 광서성에서 이 토착무속신앙과 홍수전의 이몽형식을 이용한 것이기에 종교적인 절대적 권위로 수용 관철되었다.[63] 1849년 여름 광서성으로 돌아온 홍수전도 이를 승인하였으며, 이제 양(楊)과 소(蕭)는 각기 필요할 때마다 상제와 천형 예수의 대행자라는 입지를 구축하였다. 배상제회는 이제 다수의 지도자들의 집단지도체제에 기초한 운동체로 전환하게 되는 계기를 갖추게 되었으니, 이들 지도자들은 홍수전의 종교적 권위에 의존하면서도 홍수전이 부재한 현장에서 어느 정도 독자적인 영향력을 구축하고 있었던 것이다. 그들은 결국 만인이 천부상제의 형제자매이지만 일반교도와는 달리 천부의 장자 예수 이하 홍, 풍, 양, 소, 위, 석의 나이 순으로 7형제집단을 형성하게 되었으며,[64] 이와 같은 새로운 지도자들의 등장은 이후 운동이 종교적 범위를 넘어서 정치적 성격을 띠면서 급속히 성장하는 데 중요한 내적 계기가 되었다.

이제 상황은 발전하여 배상제회원들은 향촌사회의 여러 세력들과 적극적으로 투쟁하는 단계로 접어들었다. 본질적으로 우상파괴와 향촌민의 개종은 본지인과의 충돌을 불가피하게 하는 것이었다. 향촌에 산재해 있던 배상제회 분회들은 무장조직화하기 시작하였고 1849, 50년의 기근 속에서 단순한 계투(械鬪)가 아니라 본지인의 단련과 배상제회원간에 무장충돌이 빈번하게 폭발하였다. 이제 광서성의 혼돈상황은 배상제회 지도자들이 자위투쟁만으로는 극복할 수 없을 만큼 악화되어 갔다.[65]

한편 이미 종교적 권위를 갖추고 있었던 양수청은 1850년 5월부터 11월까지 6개월 동안 다시 병을 앓았다. 그는 이후 타인의 병을 구하기 위해 병을 앓았다고 주장하고 2년 후에 그의 정식 호칭 속에 나타나기 시작하는 '속병주(贖病主)'가 되었다.[66] 그의 발병 직후 홍수전과 풍운산은 금전을 이탈하

63) 邢鳳麟, 1985-5, pp. 185~194 ; 榮孟源, 1983-2, pp. 77~79.
64) F. Michael. vol. 1, 1966, pp. 47~48 ; 王慶成, 1984-14, p. 391.
65) 土客간의 械鬪상황으로부터 金田團營, 반란에 이르게 되는 경과에 대해서는 張胤, 1982 ; 張益貴, 1981 ; 梁碧蘭, 1986 ; 朱哲芳·黎襄然, 1985 ; 陳仁華, 1983 ; 郭豫明, 1981-1 ; 羅爾綱, 1979-1 ; 1983 ; 邢鳳麟, 1984-3 등 참조.
66) 그의 정식 호칭은 勸慰師聖神風禾乃師贖病主 霜師東王이었다. 그의 독특한 지위는 예수처럼 타인의 병을 구하는 구세주로서 贖病主와 성령으로서의 성신풍에 잘 나타나 있다. 신·구약에 대한 홍수전의 주석에 의하면, 성신풍 즉 성령의 바람은 하느님의 바람이고, 바람은 동왕이며, 그것은 동왕으로서 내려오는 하느님과 같다고 하였다.

여 평남현(平南縣) 화주(花州)의 하급신사였던 호이황(胡以晄)의 집에 머물음으로써 1850년 결정적 위기의 시기에 금전에는 부재한 채 6월에는 광동 화현의 고향에 있는 가족들에게 광서로 합류토록 하였다.

마침내 1850년 7월 광서성 각지의 배상제회원들은 자형산 근처 금전촌으로 소집되었다. 화주의 홍수전이 명령하였을 것이다. 참가자들은 대부분 객가 출신의 농민, 폭파지식을 갖고 있는 광산노동자, 숯구이 등이었다. 그외에 본지인 개종자도 있었으며 요족, 장족 등의 소수민족도 있었다. 천지회 당도 11월에 참가하였지만 이윽고 태평군내에서 재화의 사유를 금지하는 배상제교의 교리와 엄격하고 금욕적인 규율을 수용할 수 있었던 나대강(羅大綱)부대 이외에는 1851년 1월에 이탈하였다. 이후에도 반만(反滿)이라는 공통점을 갖고 있는 두 집단간에 연대는 있었지만 그것은 본질적으로 전술적인 차원의 것이라 할 수 있으니, 양자간의 이질성은 통일적 운동체의 형성을 불가능하게 하였던 것이다.[67]

이제 1만여의 남녀회원들은 가옥과 재산을 처분하여 병영내의 '성고(聖庫)'에 귀속시켜 균등하게 지급받을 공동재산으로 삼았다.[68] 각 지역 분회 지도자들 밑에서 군사조직에 편성되어 있던 그들은 남성은 남영(男營), 여성은 여영(女營)으로 편성되었다. 분회 지도자들은 적절한 군사적 지위를 할당받았다. 변발을 자르고 머리를 길렀으므로 나중에 청조측은 그들을 '장발적'이라 불렀다. 당시 병력은 금전에서 양수청의 질병 중에 소조귀, 위창휘, 석달개 그리고 노동자 출신의 진일강(秦日綱)이 통제하는 부대와 화주의 홍수전, 풍운산, 호이황 휘하의 부대로 이분화되어 있었다.

이윽고 2만여의 강력한 무장집단을 형성하게 된 배상제회 지도자들은 필연적으로 신사층과 연계된 청조의 지방군대와 충돌해야만 하게 되었으며, 결국 11월에는 청군이 화주의 홍수전 등을 포위하기에 이르렀다. 바로 이때

---

67) 양자간의 관계는 羅爾綱, 1979-4 ; 芳之光 · 崔之淸, 1984 ; 黎襄然, 1987 ; 鐘文典, 1981-2 ; 彭大雍, 1987 ; C. A. Curwen, 1972 참조. 초기 태평천국운동에 천지회의 영향력이 컸다는 것을 상징하는 것으로서 배상제회의 모체를 배태했다는 전설상의 朱九濤 (郭廷以, 1947, pp. 153~175 ; 簡又文, 1962, pp. 332~364 ; 羅爾綱, 1985-1 ; 市古宙三, 1977-4)와 洪大全(郭廷以, 1947, pp. 153~175 ; 簡又文, 1962, pp. 332~364 ; 羅爾綱, 1979-2 ; 謝興堯, 1983 ; 蕭一山, 1985-2 ; 河鰭源治, 1983)의 실체를 추구한 연구가 있다.

68) 梁義群, 1983.

패병한 양수청은 천부가 홍수전의 위기를 알려주었다고 하면서 이들을 구출함으로써 종교적, 군사적 권위와 능력을 다시 주위에 확인시켰다. 그 결과 1851년 1월 두 집단이 합류한 후 양수청은 최고군사지도자가 되었다. 그는 이미 초기의 종교적 조직자였던 풍운산의 권위를 압도하고 있었다.

결국 청조 지방군과의 충돌 속에서 배상제회 지도자들은 홍수전의 38세 생일인 1851년 1월 11일 천상의 종교적 천국을 태평천국이라는 지상의 정치체로서 구현시키고자 선언하고 홍수전은 3월에 정식으로 천왕(天王)에 즉위하였다. 69) 그러나 반란은 사전에 능동적으로 계획되었던 것은 아니었다. '관핍민반(官逼民反)'적인 긴급한 상황 속에서 봉기하게 되었기에 아직 명백한 정치적 이념이나 청조에 대한 호소력 있는 비판론을 마련하지 못하였던 것이다. 그럼에도 불구하고 그들은 금전에서의 활동시기에 강력한 태평군을 만들어 내었다. 그것은 이상적 정치가 구현되었다고 하는 주(周)왕조의 제도가 기록되어 있다고 여겨져 온 《주례(周禮)》의 군대편제를 이용한 것이었다. 군대의 최대단위는 군수(軍帥)가 13,155인을 지휘하는 군(軍)이고 기본단위는 양사마(兩司馬)가 24명을 지휘하는 양(兩)이었다. 1군 예하에 누층적으로 5명의 사수(師帥), 5명의 여수(旅帥), 5명의 졸장(卒長), 4명의 양사마, 5명의 오장(伍長)이 부대지휘관으로 있는 사(師), 여(旅), 졸(卒), 양(兩), 오(伍)의 편제로 되어 있으며 최하의 오장은 각기 4명의 오졸(伍卒)을 관할하였다. 70) 1851년 1월에 각 '두목(頭目)'이 지휘하던71) 체계는 1851년 8월에 양은 친위부대인 중군(中軍)의 중군주장(中軍主將), 소는 전군주장(前軍主將), 석은 좌군주장(左軍主將), 위는 우군주장(右軍主將), 풍은 후군주장(後軍主將)으로 지휘체계와 권한배분이 일단 정비되기에 이르렀다. 새 시대의 모순은 이 시점에서 홍수전의 이몽에 파종되고 광서성에서 발아한 종교사회적 해방논리를 넘어 마침내 정치적 운동체를 낳기에 이르렀던 것이다.

---

69) 起義時期는 정설화되어 있지만(羅爾綱, 1979-1; 1981-4; 1981-5) 그 이전의 군사적 활동의 의도와 상황 등에 대한 이해와 관련하여 1850년 후반기로 비정하거나, 특정한 일자가 있을 수 없고 각지의 分會가 金田으로 모이는 일정기간을 대략적인 起義期로 보아야 한다고 하고 있기도 하다(榮孟源, 1983-1; 王慶成, 1984-3; 陸仰淵, 1981).

70) 羅爾綱, 1937, pp. 88~89; 鄭純, 1963, pp. 183~194에 初期軍制가 자세하다. 태평군은 《周禮》의 원리에 기반하면서도 독특한 旗制로 편성되었다. 이에 대해서는 王慶成, 1984-5; 1984-6 참조.

71) 郭廷以, 1947, p. 98.

Ⅳ. 太平軍의 成長과 民衆의 對應

태평군은 곧 청군과의 격전을 거치면서 북진하였다. 이제 겨우 정치적 구심점을 형성한 단계에서 배상제교도들의 군대인 태평군은 결속력은 강하였지만 그 군사적 역량은 청군을 압도할 수 있는 정도는 아니었다.[72] 승패의 공방전 끝에 9월에는 광서성 중부의 영안(永安)을 점령하였다. 비적이나 다름없는 청조의 녹영병과 향용 등은 태평군을 진압하기에는 너무나 규율과 전의가 없었다.

더욱이 청조 중앙정부는 광서성의 행정질서가 이미 붕괴되고 있었음에도 적시의 군사적 조치를 취하지 못하였다. 1850년 10월에야 흠차대신(欽差大臣)으로 파견된 67세의 아편전쟁의 영웅 임칙서(林則徐)는 부임 도중 노쇠와 질병 때문에 병사하였다. 그의 후임자로 이성원(李星沅)이 파견되고 광서제독 향영(向榮), 광서순무 주천작(周天爵) 등이 새로 임명되었다. 패배 속에 대학사(大學士) 새상아(賽尙阿)와 광주부도통(廣州副都統) 오란태(烏蘭泰)가 급파되었다. 이성원도 병사하였으며 새상아가 자리를 이었다. 그러나 임칙서 이래의 후임자들은 상호불화 속에서 당시 호남, 광동, 귀주, 운남 등지로부터 광서성에 집결하고 있던 병력을 통합 지휘할 수 있는 역량도 의지도 없이 현상유지적 미봉책으로 태평군을 추격할 뿐이었다.[73] 9월말에 영안을 점령한 태평군은 전략적 요충도 아니었고 소도시였으나 지명이 상서로운[74] 그곳에서 익년 4월초까지 포위당한 채 체류하였다. 이어 태평군은 광서성도 계림(桂林)을 점령하고자 북쪽으로 진출하였지만 함락시킬 역량은 없었다.

그러나 바로 이 영안시기에 태평군은 초보적인 정권체제를 정비할 수 있었다. 천력(天曆)을 반포하고 정삭(正朔)을 바꾸었을 뿐만 아니라 관복(冠服), 의례(儀禮) 등에서의 계급적 차별제도를 정하였다.[75] 홍수전은 태평군 장병에게 사재의 소유를 금지하고 성고를 강화하였다. 12월에는 양수청은

---

72) 王慶成, 1984-3, p. 161.
73) 方之光・崔之淸, 1982. ; 簡又文, 1962. pp. 278~290 참조.
74) 羅爾綱, 1937, p. 52.
75) 簡又文, 1958, .pp. 129~184에 자세하다.

동왕(東王), 소조귀는 서왕(西王), 풍운산은 남왕(南王), 위창휘는 북왕(北王), 석달개는 익왕(翼王)에 봉하고 양수청에게 통수케 함으로써 군사 정치적 지도체제를 확립하였다.[76] 그리고 본격적인 대민선전에 착수하여 혁명운동의 정당성을 선전하고 사농공상(士農工商)인들에게 평상시대로의 상업(常業)유지를 촉구하였던 것이다.[77]

그러나, 1852년 6월 전주(全州)를 점령한 직후 북동쪽의 호남성으로 진출하던 태평군은 변경의 취약지인 쇄의도(簑衣渡)에서 호남 신녕현(新寧縣) 출신 신사인 강충원(江忠源)이 이끄는 향용의 기습으로 풍운산이 전사하고 상당수의 정예군을 잃는 등 거의 괴멸적 타격을 받았다. 태평천국에 가장 완고하고 효율적인 적대세력이 이단적 반란세력으로부터 중국의 전통을 보지하려는 신사층에 의해 조직된 향촌무장집단일 수 있다는 징후가 드러나기 시작한 것이다. 그러나 호남성으로 탈출하여 위기를 넘긴 태평군은 여름 동안에 호남성 남부의 도주(道州) 등지의 향촌으로부터 기동성이 뛰어난 천지회당을 다수 수용함으로써[78] 급격히 세력을 신장시키면서 편리한 상강(湘江)의 수로 대신에 강서성과의 접경지대에 있는 산악지대를 통하여 북상하였다. 8월에 침주(郴州)를 함락시키고 9월 호남성도 장사(長沙)를 공격하였으나 소조귀가 전사하였다. 점령에 실패한 태평군은 동정호(洞廷湖)에서 다량으로 노획한 민선(民船)으로 편성한 수군을[79] 이용하여 1853년 1월 호북성도 무창을 점령하였으며, 항조 항량폭동의 풍조가 풍미하고 있던 호남, 호북의 농민들은 대대적으로 호응하였다.[80] 이제 태평군세력은 50만으로 급증 하였다.

태평천국 지도층은 성내 주민을 남영, 여영으로 구분 수용하고 미곡을 배급하였으며 성외교역을 허가하였다. 진공자(進貢者)에게 본업에 힘쓰도록 촉구하면서 특히 다액 진공자인 지주, 부상(富商)들에게 훗날 관직을 약속하는 징표를 발급하기도 하였다.[81] 이제 태평천국은 광서성 지역의 국지적

76) 黃澄河, 1982.
77) 金誠贊, 1988.
78) 羅爾綱, 1979-2. 또한 태평천국은 齋敎와도 긴밀한 연대를 맺었다고 한다(蔡少卿, 1983). 호남에서의 전개과정에 대해서는 楊奕靑·唐增烈, 1981 참조.
79) 水軍의 창설과 그 내용에 대해서는 沈渭濱, 1981-2；1984；張寄謙, 1982 참조.
80) 小島晉治, 1978-3.
81) 金誠贊, 1988, p.74.

반란으로부터 양자강 수로를 따라 강남지역을 중심으로 한 전국적 정치세력으로 성장할 수 있는 출발점에 서게 된 것이다. 양자강을 따라 수륙군으로 편성된 태평군은 강변의 구강(九江), 안경(安慶) 등 도시들을 점령하자마자 포기하면서 진격한 끝에 1853년 3월 19일 강남의 중심지 남경을 점령하고 '천경'을 건설하였다. 천경의 동쪽에 위치한 전략적 요새지인 진강(鎭江)과 양주(揚州)도 곧 점령하였다. 이 무렵 태평천국은 2백만의 세력으로 성장한 것으로 알려져 있다.[82] 전래적으로 조세부담이 무거웠던 이 지역에서 이미 만성화되고 있던 항량풍조 속에서[83] 태평천국은 조세면제와 '균빈부(均貧富)'를 선전하였으며 청조 군대는 태평군 세력에 대항할 수 없었던 것이다. 이제 청조는 남경 근교에 강남대영을, 양주 근교에 강북대영을 포치하여 태평군 활동을 통제하고자 하였다.[84]

그런데 봉기에서 천경 수립까지의 짧은 기간은 태평천국이 혁명운동체로서의 내적 역량을 양성한 기간이었다. 이미 언급하였지만 금전에서의 활동 시기에 편성된 군사조직은 영안점령 시기에 좀더 정치적 형태를 갖춘 것으로 발전하여 1851년 12월에는 예컨대 천왕 홍수전은 이전에 '주장(主將)'이라 불리던 주요 지도자들의 지위를 이제 동, 서, 남, 북 익왕에 봉하여 격상시켰다. 그러나 홍수전의 지위는 전제군주와는 다른 것이었다. 본질적으로는 종교운동체인 태평천국에서 절대적 권력을 행사하는 데 필요한 종교적 권위는 천부상제 여호바에게 있었으니,[85] 제왕(諸王)을 봉하던 날 천왕은 상

82) 그러나 이와 같은 풍설과는 달리 남경점령을 전후한 태평군의 실제 전투요원의 규모는 10만 명 정도였을 뿐이었다고 한다. 이에 대한 논의는 酈純, 1963, pp. 511~528; 郭毅生, 1981-1 참조. 초기 태평천국의 병력규모와 來源에 대해서는 王慶成, 1983; 李微, 1982 참조. 그리고 단위부대도 편제규정에 일치하는 병력수로 채워지지도 못하였다(羅爾綱, 1984-4). 그럼에도 불구하고 신속한 진격과 예상 이외의 성공을 성취할 수 있었던 데에는 그 효율적인 전술에 있었다. 방어전, 운동전, 성곽공격전 등 전술에 대해서는 崔之淸, 1985 참조.

83) 夏 鼐, 1935; 簿衣凌, 1982-1; 1986; 彭雨新, 1984; 彭澤益, 1979; 鯨井允子, 1960 참조.

84) 청조측의 군대 배치와 군사적 대응정책은 鄒身城, 1984-4 참조.

85) 《勸世良言》의 上帝觀과 이로부터 출발한 태평천국의 상제관은 簡又文, 1958, 下, pp. 1669~1679, 1695~1698, 1750~1755에 자세하다. 태평천국은 《勸世良言》에 따라 개신교의 '기독중심'관이 아니라 유태교의 구약적 상제를 중심으로 하는 세계관을 갖고 있었다(簡又文, pp. 1709~1710). 태평천국운동을 종교운동의 시각에서 해석한 흥미있는 연구로 R. G. Wagner, 1982; 三石善吉, 1978이 있다.

제 이외에는 '상(上)', '제(帝)', '성(聖)' 등을 칭할 수 없고 자신을 '주(主)'라고 부르면 된다고 하고 있는 것이다. 그것은 천왕과 천부, 천형과의 격차가 다시금 확인된 반면 왕에 봉해진 여타의 지도자들과의 거리는 보다 가까워졌음을 보여주는 것이었다.[86] 천왕을 포함한 지도자들은 상제 밑에서 상제의 사자로서 다만 지상의 '주'일 뿐인 천왕을 중심으로 한 형제관계로 맺어져 있었으며 따라서 천왕의 지위는 제한적일 수밖에 없었던 것이다. 이와 같은 권력분배 구조는 이미 언급했듯이 상제와 예수를 대변함으로써 군사적 행정적 권력을 장악하였을 뿐만 아니라 경우에 따라 천왕도 지배할 수 있었던 양수청과 소조귀의 절대적 권위를 반영하는 것으로서 그들은 일상적으로는 천왕 예하의 1, 2위에 해당하는 동왕과 서왕의 지위를 점하였고 특히 동왕 양수청은 여러 왕을 통제하는 실질적인 군사적, 정치적 지도자로 인정되었다.

이와 같은 정치권력의 특이성은 초기운동 과정의 기이한 종교적 체험의 필연적 결과였다. 정치적 권위는 종교적 열광과 밀접하게 착종되어 있었고, 정책결정은 배상제교도들에게는 절대적인 것으로 인정되었다. 특히 양수청은 아마도 치밀한 사적인 밀정배치에 의해 수집하였을 광범한 정보에 기초하여[87] 중요한 국면마다 상제의 종교적 절대성이라는 권위로써 신속하고 통합된 정책결정과 집행을 관철시켰다. 예컨대 청군과 내통한 주석능(周錫能)이란 자가 태평군 초모(招募)과정을 이용하여 청군의 공격에 내응함으로써 태평천국의 운명을 결정지웠을 뻔했던 음모가 10월에 '하범(下凡)'한 천부 즉 양수청 앞에 소집된 홍수전, 위창휘, 풍운산, 석달개 등이 무릎꿇은 속에서 낱낱이 열거됨으로써 자백하지 않던 주(周)가 이를 인정, 처형된 극적인 사건은 이를 상징적으로 보여주는 것이었다. '천부' 즉 양수청의 개입은 군주이자 종교적 맹신자인[88] 천왕 홍수전의 자의적 권력을 통제하면서 종교

---

86) F. Michael, Vol. 1, 1966, pp. 54~55.
87) F. Michael, Vol. 1, 1966, pp. 82~83.
88) 홍수전이 얼마나 자신의 종교적 체험에 기초한 배상제교에 침잠되어 있었는가는 상제로 현현한 楊秀淸에게 절대복종과 함께 구타를 받을 정도였으며, 또한 거의 정치, 행정에 직접적인 간여를 하지 않았던 데에서도 알 수 있다. 태평천국이 멸망 후 체포된 忠王 李秀成은 멸망의 중요한 원인의 하나로 홍의 종교에의 침잠과 정치적 무관심을 들고 있다.

운동체로서 출발한 태평천국운동에 어느 정도 객관적인 정치적 방향성을 부여할 수 있었다. 정책결정 과정에서 절대적인 영향력을 갖는 상제의 의사는 또한 군주의 사적 전제적인 권력을 통제함으로써 인민을 포함한 집단전체의 의사를 반영하는 것이라고도 볼 수 있으니 태평천국은 천왕의 절대체제가 아니라 천왕도 상제에게 구속되는, 상제 중심으로 통합된 집단지도체제에 기초한 왕조권력구조를 갖고 있었다고 할 수 있다.[89]

그리고 태평천국체제내에서의 생활상은 군사적 요청과도 관련되겠지만 본질적으로 엄격한 종교적 금욕주의에 의해 규정되고 있었다. 청군과 달리 소수정예 태평군의 완강함이 나올 수 있었던 수수께끼에 대한 하나의 해답은 여기에서 찾을 수 있을 것이다. 술, 아편, 담배는 금지되었다.[90] 남자와 여자의 엄격한 격리는 최고 지도층 내부에서는 관철되지 않았으며 또한 후에는 군사적 사기의 면에서 불리해졌기 때문에 1855년부터 포기해야 했지만 이때까지 엄격히 시행되었으니 심지어 부부간의 경우도 사형으로 처단되었다.[91] 여성도 부분적인 전투에 참여하였다. 여성은 전통적 가족제도내에서의 종속적 지위에 있었지만 전래적인 여성의 질곡인 전족이 강제로 폐지되었으며 특히 두드러진 것은 관직에도 취임할 수 있었던 점이다.[92] 그러나

---

89) 金誠贊, 1988, p. 59. 이와 같은 태평천국의 독특한 권력분배 양태를 '軍師'인 東王 楊秀淸이 정부의 수뇌로서 실권을 장악하고 군주인 천왕은 국가원수일 뿐인 '虛君制' 로 보고, 여기에는 군주제에 '농민적 민주주의'의 성격이 가미되어 있어 동왕이 피살되는 天京內訌까지 태평천국이 발전하는 데 중대한 작용을 하였다고 해석하기도 한다 (羅爾綱, 1981-1).

90) 馬冠武, 1981.

91) 市古宙三, 1977-3, pp. 58~57; 中山義弘, 1983, p. 36.

92) 태평천국의 여성정책은 남·여영, 남·여관의 설치에 의한 남녀의 분리, 여성의 노동, 보조적인 전투, 과거와 관직에의 참여, 남녀평등의 교육과 토지분배, 전족의 폐지, 娼妓와 賣買婚의 금지 등에서 볼 수 있듯이 매우 독특하다. 이것을 여성해방의 혁명적 정책이었다고 평가하기도 한다(簡又文, 1958, pp. 1189~1276; 羅爾綱, 1979-6; 小野和子, 1972; 1978). 태평천국의 여성정책과 여성의 활약상에 대해서는 이외에 盧開宇, 1981; 董東曉, 1981; 徐川一, 1981; 沈茂駿, 1987; 劉蔭沄, 1985; 李文海, 1981; 陳仲玉, 1985; 許夢虞, 1987; 大塚勝美, 1972 등 참조. 그러나 태평천국 치하에서 매매혼의 흔적이 발견되는 등 과연 매매혼을 금지했는지 의문시되고 있으며(沈茂駿, 1985) 심지어 鄭炎·湯可可의 논문제목은 〈太平天國은 결코 婦女解放運動이 아니다〉고 되어 있다(1981-1). 사실 여성의 '三從之道'가 관철되는 등 철저한 유교적 가족질서를 확인할 수도 있으니(賈熟村, 1984; 榮孟源, 1985; 吳良祚, 1972; 王慶成, 1985) 태평천국운동 과정에서 보이는 '남녀평등'적 경향은 가족공동체의 윤리적 질서를 전제로 하는 것으로서 과연 태평천국 지도층이나 일반 태평군 병사, 농민들이 남녀평등적 지향성을 갖고 있었는지는 의심스럽다.

이와 같은 특이성은 여성해방의 사상적 차원이라기보다 광서성의 강인한 객가문화의 유산이었다. [93]

그리고 태평천국 지도층이 반청혁명의 대민선전을 본격적으로 명문화하여 제시한 것도 영안을 점령한 이후였다. 우선 독자적인 천력을 반포하여 정권의 정통성을 과시하고 아울러 양수청, 소조귀의 공동명의로 일련의 선언문을 발하여 반만(反滿)과 새로운 질서의 도래를 대대적으로 선전하였다. 배상제교의 종교적 이념을 기초로 하여 현재 제도적 모순의 체제인 만청지배를 타도하고 중국인민을 해방한다는 것이다. 즉 중국의 전래적인 적대세력인 북방 이민족의 지배와 한족의 노예화, 한족부녀의 유린, 부패한 행정, 중국문화의 오염상을 제시하고 만주족은 타도해야 할 마귀로서, 홍수전은 상제로부터 신명을 받은 새로운 왕조의 창건자로서 묘사되었다. 청조사회의 근간인 신사층, 향촌자위 무장집단인 단련과 반청 비밀결사인 천지회당 등에게도 동참을 호소하였다. [94] 극단적인 종족적 증오감을 토로하면서 그들은 궁극적으로 배상제교리에 기초하여 한족 전체를 포용하는 국가를 수립한다는 목적을 천명하였던 것이다. 당시 선전에서 가장 중시된 것은 한족 전체의 통일전선을 구축하는 것이었다. [95] 그러나 이단적 종교와 한족 종족주의를 복합시킨 혁명논리는 나중에 광서성을 벗어난 상황 속에서는 태평천국의 지도자들이 예상했던 것만큼 효과를 낳지는 못하였다.

그런데 운동이, 같은 한족이면서도 기존의 사회지배층인 신사, 지주, 부상(富商)보다는 농민, 광산노동자, 유민, 비밀결사회원 등 피지배인민들에게 다대한 영향을 끼치면서 이들을 운동에 동참시켜 급속히 발전할 수 있었던 것은, 단순한 반청민족주의나 종교적 교리보다는 구체적인 사회 경제적 현실 모순을 비판하고 그에 대한 새로운 세계상을 제시하면서 그들이 취한 대민

---

93) 예컨대 여성의 非전족, 활발한 야외노동과 사회활동은 客家社會의 사회경제적 상황과 관련된 특징이다. 羅香林, 1933, pp. 240~247; 小島晉治, 1981 참조.

94) 그런데 태평천국은 천지회가 지향한 반청과 청조에 의해 멸망한 한족의 明왕조 재건이라는 퇴행적 목표를 명백히 비판하고 배상제교의 태평천국이라는 미래지향적 기치를 내세웠다는 데에서 한족을 통합하기 어려운 극히 이단적인 민족이데올로기를 갖고 있었다고 할 수 있다.

95) 이와 관련 簡又文은 태평천국운동의 사회경제적 측면에서의 변혁적 지향성을 승인하면서도 유물사관에 근거한 농민운동론을 부정하고, 운동의 실체는 종교, 민족, 정치적 운동이었다고 평가하고 있다(簡又文, 1985-1; 1985-2; 1958, pp. 肆伍~陸伍, p. 496). 특히 滿漢民族 모순의 문제에 대해서는 邢鳳麟, 1984-2 참조.

98

정책에서 기인하는 것이었다. 홍수전이 1844~1846년에 저술한 저작물에 의하면 누구나 상제의 형제자매로서 상제의 경배에 평등하게 동참할 수 있다고 하고,[96] 상제경배의 전제 위에서 자신의 행위에 대한 상제로부터의 응분의 보상이 상벌로서 부여된다고 하였다. 그러나 개인의 이기심은 사회경제적 모순의 근원이라고 지적하면서 사농공상 각자의 근면한 활동에 따라 축적된 개인의 재부소유에 대해서는 승인하면서도,모든 재부가 근원적으로 상제가 창조한, 따라서 상제의 소유물이라고 하는 전제에서 현세의 재화에 대한 개인의 독점적이고 배타적인 소유나 이용은 비난되고 사회 전체의 조화 호조(互助)를 주장하였다.[97] 여기에는 현실의 경제적 모순에 대하여 명백한 계급의식에 기초한 통찰력은 찾아볼 수 없지만 상제 밑에서의 혈연 지연적 차별을 초월하여 보편적인 형제애에 기초한 평균주의의 새로운 사회상이 제시되고 있다. 즉 원시기독교적 공산사회상과 《예기(禮記)》예운편(禮運篇)에 언급되어 있는 보편적 형제애가 실현되는 중국의 전통적인 이상인 대동세계상이 혼재해 있었다고 할 수 있을 것이다.[98]

그리고 태평군에게 유구(流寇)적인 측면이 없었던 것은 아니지만 일반인민에 대한 무고한 살해와 태평군에의 강제동원, 재산침해, 상인의 강제동원 등을 금지하는 등 엄격한 군율을 집행하였고[99] 점령지 인민에 대한 안무와 통제, 배상제교리와 반청이념 및 상업(常業)유지의 촉구, '겁부제빈(劫富濟貧)'의 선전, 빈민구제 등을 통하여 일반인민과의 연대를 강화하고자 하였다. 그와 함께 당시 근거지를 확보하지 못하여 경제적 기반이 불안정한 운동전(運動戰) 속에서 태평군의 물적 역량을 강화하기 위하여 지주, 신부(紳富), 부상 등 지방의 실력자들에게 거의 강제적으로 진공(進貢)을 징발함으로써 현실적으로 이들에게 실질적인 타격을 가하고 있었다. 그러나 사농공

96) 보편적 형제애와 상제에의 '평등'한 敬拜와 관련, 태평천국운동이 反封建平等思想을 제기함으로써 문화사상상 근대민주주의 혁명사조의 선구가 되었다고 하거나 정치적 평등을 지향하였다고 하는 평가도 있다(胡思庸, 1981-2). 이와 같은 계열의 연구로는 李澤厚, 1981; 沈 元, 1972; 羅爾綱·周 郇, 1981; 黎裵然, 1981; 佐藤震二, 1973 등을 들 수 있다.
97) 金誠贊, 1988, pp. 49~68. 그런데 개인의 이기심 즉 '私'를 부정하고 '公'을 지향한다는 '天下爲公'은 일반적으로 公有化가 아니라 '公平正直'을 의미하는 것이다(董楚平, 1984 참조).
98) V. Y. C. Shih, 1967, ch.3.
99) 태평천국의 엄격한 군기에 대해서는 簡又文, 1958, pp. 1277~1410 참조.

상 상업(常業) 유지를 촉구하면서 현실적으로는 당장 그 실질이 의심스러운 것이지만 다액 진공자에게 관직 보상을 약속하는 등 기본적으로는 기존의 향촌사회의 지배질서를 안정적으로 유지함으로써 태평군과 태평천국의 권력기반을 확보하려고 하는 입장을 갖고 있었다. [100] 태평군이 남경에 이르기까지 광범한 빈민과 농민을 흡수하면서 급속한 양적 성장을 성취할 수 있었던 것은 바로 이상과 같은 토대 위에서였던 것이다.

V. 太平天國政權의 確立

1. 體制理念의 定立

태평군은 남경에 이르기까지 일정한 통치영역을 확보하려 하지 않았다. 권력기반의 확립과 혁명운동의 완성이라는 새로운 국면은 천상의 '대천당(大天堂)을 지상에 구현한 '소천당'인 태평천국의 수도 즉 '새로운 예루살렘'인 천경을 남경에 건도함으로써,[101] 이제까지 전개되어 오던 이 '새로운 예루살렘'에로의 진격운동이 일단 종식되고[102] 양자강 수로를 장악하면서 추구되기 시작하였다. 항량(抗糧), 항조(抗租) 풍조가 팽배해 있던 양자강 하류역에서 태평천국 지도자들은 이제까지의 운동과정에서 확인할 수 있었

---

100) 金誠贊, 1988 pp. 70~79.

101) 태평천국은 사후의 인간의 종교적인 영혼 구제뿐만 아니라 현실에서의 구체적인 해방과 행복을 추구하였다. 홍수전은 신약성서에 대한 해석에서 천당은 천상의 상제의 '大天堂'과 생전의 '육체의 영광'을 구현하는 지상의 상제의 '小天堂'인 태평천국이 있으며, 그 수도인 천경을 '새로운 예루살렘'이라 이해하고 있는데(王慶成, 1984-10, pp. 317~318 ; R. G. Wagner, 1982, p. 59~60, 67~69) 이것은 이미 언급하였듯이 명백히 梁阿發가 파악한 천국개념으로부터의 영향이었다. '소천당'은 51년 8·11·12월 등 永安에서 처음 언급되고 있다. '소천당'에 도달하면 공신들에게 관직을 수여, 세습하겠다고 하여 태평군 장병들을 독려하고 있는데 영안에서 태평천국 지도층이 '소천당'의 지명을 구체적으로 천경(남경)과 일치시키고 있었다고 하는 해석으로는 예컨대 郭廷以, 1947, pp. 208~209 ; F. Michael, Vol. 1, 1966, pp. 53~54 ; 茅家琦 等, 1980, pp. 46, 56이 있다. 이와 달리 52년말 武昌, 漢口점령 후 결정되었거나(簡又文, 1962, p. 464), 이때 남경과 연결시켜 고려하다가 53년 3월 남경에 천경을 定都한 이후 완전히 일치를 보게 되었다(方之光·崔之淸, 1983)고도 한다. 한편 '천경 소천당'은 원래 直隸 즉 북경이었으며 남경 定都는 우연한 정책결정으로서 건도 후 소천당과 남경을 일치시키게 되었다(蘇開華, 1986)는 주장도 있다.

102) 三石善吉, 1978, pp. 144~147, 150~151.

던 여러 문제에 기초하여 혁명운동의 새로운 지향점으로서의 정치, 경제, 사회의 체제이념과 정책을 정립하였다. 그것은 1853년 가을에 간행된 《천조전무제도(天朝田畝制度)》로서 표현되었다. [103]

그에 따르면 태평천국 지도층은 분명히 전제적 왕조권력하의 신분계급질서를 확립하고자 하였다. [104] 기본적으로 천명의 구현자인 천왕이 권력의 정점에 위치하는 왕조체제하에서 모든 관(官), 병(兵), 민(民)은 천왕의 명령과 배상제교리를 준수하고 사농공상 등 일반민들은 예컨대 '역농(力農)'하는 등 각자 상업(常業)에 충실하면 그 보상으로 보거(保擧)되어 비직(卑職)에서 고직(高職)으로 승진됨과 동시에 관직이 세습되며, 봉기 이래의 공신은 작록이 세습된다는 것이다. 더욱이 관과 민 사이의 신분을 엄격히 차별하여 민을 피지배층으로 규정하였다. 예컨대 제관(諸官)이 예배일의[105] 직무를 태만하거나 보거, 주폄(奏貶)을 남발 혹은 무고로 하거나, 배상제교리와 여러 명령을 준수하지 않고 부패할 경우 관직이 강등되거나 박탈되어 농민으로 축출당하도록 되어 있는 것이다. 농민도 물론 '역농' 여부에 따라 다른 계층과 마찬가지로 관직에 보거될 수도 있지만 기본적으로 생산활동을 통해 지배층을 부양하고 매가(家) 1인씩 태평군 자원을 공급하는 피지배신분으로 규정되어 있다. 즉 태평천국 지도층은 전제왕조체제의 신분계급질서하에서 주민의 생활 전체에 대한 국가의 총체적 통제체제를 구축함으로써 혁명의 목표인 '소천당'을 구현하고자 하였는데 그것은 직접적으로는 지방정부의 향관(鄕官)을 매개로 한 인민지배체제를 통하여 관철되는 것이었다.

우선 태평천국사회는 상제일가의 가족원리에 의해 가(家)를 사회조직의 기초단위로 하되, 《주례(周禮)》의 사회구성 방식을 원용하여 양사마(兩司馬)를 장(長)으로 하는 25가의 양(兩)을 사회의 최말단 자치행정 조직으로, 군

---

103) 태평천국 癸好 3년 10월의 《太平天國甲寅四年新曆》 간행 이후~11월 하순 내지 12월 초의 《天父下凡詔書》 제 2 부 간행 전 (빠르면 53년 11월 상순~늦어도 54년 1월 상순)에 간행된(羅爾綱, 1984-2; 趙德馨, 1981-1 참조) 《天朝田畝制度》에 대한 전반적인 분석은 국내에서의 연구인 河政植, 1979 참조.

104) 孫祚民, 1982-1; 1982-2; 沈嘉榮, 1985-2; 1985-3; 吳雁南, 1984; 苑書義, 1981-1; 蔣順興·丁永隆, 1981; 鍾卓安, 1986; 何若鈞·劉聖宜, 1981; 永井算巳, 1977; 河鰭源治, 1951; V. Y. C. Shih, 1967, pp. 214~230 참조. 郭廷以는 태평천국의 통치를 極權政治라 평하였다(1985).

105) 태평천국의 예배일과 종교의식에 대해서는 簡又文, 1958, pp. 1836~1854 참조.

수(軍帥)가 장인 13,156가의 군(軍)을 최고급 자치행정조직으로 하여 구성되도록 하고 있었다.[106] 그리고 토지와 그 생산물을 포함한 만물은 본래 상제가 창조한 상제의 소유물이라고 하고 있는데 그것은 실질적으로는 국가가 관리하고 분배하는 국유의 성격이 강하다고 할 수 있을 것이다. 왜냐하면 인민은 상제를 부(父)로 하는 천하일가의 형제자매이기 때문에 우선 누구나 균등하게 토지를 분배받아 경작하고 그에 따른 생산물을 균등하게 향유할 수 있어야 한다고 하지만, 그것은 의, 식, 재생산용 등 피지배층으로서의 최소한의 수준에 불과하고 그 이외의 잉여는 원칙상 국가에 귀속되게 되어 있었기 때문이다.

물론 이것은 상, 혼례 등 그외의 필요에 따라 재분배되고 질병자, 고아, 과부, 홀아비 등 노동력이 없는 사회적 약자들이 제도적으로 부양되며 풍흉시에는 물자를 상통함으로써 보강되고 있지만 이와 같은 재분배의 경우에도 규정 이외의 지출은 금지되고 있다. 즉 태평천국은 청조 치하 인민의 염원인 평균적 향유에의 지향을 주요한 체제이념으로 제시하고 있지만 동시에 그것은 사적 토지소유제를 폐지하는 듯이 보이는 잉여생산물의 국가귀속과 강력한 통제를 전제로 하는 것이었다.

이런 양면성은 토지분배의 경우에도 나타나고 있다. 토지등급을 엄격히 조정한 위에서 인민은 상제일가의 가족이므로 누구나 토지경작에 참여할 수 있어야 한다는 원리에 의해 성인의 경우 특이하게도 남녀구별 없이 노동력의 숫자에 따라 균등하게 분배받게 되어 있으며, 만약 일정지역에 토지가 모자랄 경우 풍부한 지역으로 이동하도록 규정하고 있다. 그러나 이 경우도 국가권력의 강력한 통제는 예컨대 최고급 향관인 군수가 토지분배, '전량(錢糧)' 징수, 수입과 지출을 총괄하고 양사마가 수확기에 생산된 미곡과 가내부업의 잉여분을 25가(家)마다 설치된 국고에 징수하여 군수에게 보고하도록 하고 있는데서도 알 수 있다.

그런데 《천조전무제도》에는 분배를 위한 토지를 어떻게 조성할 것인지 규정이 없다. 국가에 의한 토지분배를 위해서는 기왕의 사적 토지소유권을 폐지하는 것이 전제되어야 할 듯하며, 이것은 잉여생산물에 대한 생산자의 배

---

106) V. Y. C. Shih, 1967, pp. 262~265. 아울러 주 132) 참조.

102

타적 사용권 즉 농민의 자유로운 자기 토지 사용권을 배제하고 전체주의적인 국가권력에의 철저한 귀속을 규정하고 있는 것도 아울러 고려할 때 그와 같은 이해는 더욱 타당한 듯이 보인다. 따라서 《천조전무제도》는 사유제를 부정하고 철저한 평균주의와 자급자족적 경제체제를 지향함으로써 사회발전의 추세와 농민의 이익에까지 반하는 것이었기 때문에 간행은 되었지만 유포되지는 않았을 것이며,[107] 태평천국은 농민의 이익을 위한 농민들의 봉기라는 의미에서의 농민운동은 아니었다고 보기도 한다.[108]

그러나 《천조전무제도》에는 또한 일단 분배된 토지를, 예컨대 수전자(受田者)의 사망 등의 경우처럼, 재분배하기 위한 환수규정이 없다. 그것은 수전자의 영원한 사유에 귀속되는 것을 암시하는 것으로 이해할 수도 있겠지만[109] 논리상 환전(還田)과 재분배는 필연적인 과정으로 파악하는 것이 자연스러울 것이다. 어쨌든 유치하리만큼 동어반복적으로 언급되고 있는 분전(分田) 규정은 농민의 토지소유의 원망을 반영하는 조치로서, 사실 사유권을 철저히 부정하고자 했는지는 의문이다. 사실 분배를 위한 토지를 조성하기 위해서 기왕의 사적 토지소유권을 부정한다는 직접적인 언급도 없으니, 토지가 부족한 지역으로부터 풍부한 지역으로 이동시킨다는 규정은 분배해야 할 황무지 등 무주지(無主地)가 부족할 경우에 대한 규정으로 이해할 수도 있을 것이다. 잉여생산물 전체를 귀공(歸公)시킨다는 규정도 태평천국 지도층이 지향한 생산물의 균향(均享), 달리 표현한다면 최저 생계수준을 적어도 국가가 보장하기 위해 설정된 단순한 문맥상의 전제로서 이해할 수도 있는 것이다. 왜냐하면 태평천국사회에서는 엄격한 신분계층질서에 따라 생산물에 대한 향유는 차별화되고 있으며, 《천조전무제도》가 간행되기 전후에 간행, 유포된 문서에 따르면 평균성을 추구하되 사농공상 각 계층이 상업(常業)유지에 의해 축적한 재부는 사유권이 용인, 보호되고 있음을 볼

107) 戎笙, 1981-2. 청조측은 태평천국의 정보를 수집하기 위하여 혈안이었다. 張德堅은 53년부터 수집하다가 54년말 증국번의 명을 받아 《賊情彙纂》을 간행하였다. 함풍 5 (1855)년 7월부의 장덕견의 서문이 있는 이 책은 《天朝田畝制度》에 대하여 서명은 알게 되었지만 각처에서 노획한 태평천국의 서적 중에서도 찾을 수 없고 태평천국진영으로부터 逃出한 자도 이를 본 적이 없다고 하는 점에서 볼 때 아직 간행되지 않은 것 같다고 하고 있지만 이를 억설이라고 비판한 것은 주 103)의 논문 참조.
108) F. Michael, Vol. 1, 1966, p.84. 아울러 주 118) 참조.
109) P. A. Kuhn, 1978, p.293.

수 있기 때문이다.[110] 따라서 토지에 집착이 강한 농민이 태평천국운동에 열렬히 호응한 것도 아마 《천조전무제도》의 분전규정과 이상과 같은 이해와도 관련이 있을 것이다. 이처럼 《천조전무제도》의 성격은 매우 논란거리가 될 수 있는 것이지만[111] 적어도 태평천국 지도층이 사유권의 강력한 통제를 통한 균등한 경제체제를 지향하고 있었음은 확인할 수 있다고 하겠다.

따라서 이처럼 태평천국 지도층이 농촌사회의 지주제적 지배와 각 가(家) 간의 경제 사회적 불평등과 특권을 폐지하고 공동체사회를 구현하려는 목표를 제시하여 농민 등 피지배층의 원망을 대변했다는 점에서 태평천국운동은 철저한 사회혁명을 추구한 것처럼 보인다. 그러나 그들이 지주의 대토지 소유를 비판하고 '겁부제빈(劫富濟貧)'을 선전하기는 하였지만 지주제 자체의 제도적 폐지를 추구하였는지는 의문이다. 태평천국에의 항량(抗糧)은 '신명'에 항거하는 것이며 납량(納糧)을 불가능하게 하는 전호의 항조(抗租) 역시 불법이었으니 그들은 지주의 세량납부가 전호의 소작료에서 나온다는 기본적 입장을 명백히 표명하고 있었던 것이다.[112] 그리고 그들이 구현하고자 한 공동체사회는 신분계층질서를 전제로 하는 것으로서[113] 관료기구에 의한

---

110) 金誠贊, 1988, pp. 64~69.
111) 《天朝田畝制度》의 경제적 성격을 어떻게 이해해야 할 것인가는 이상과 같은 문서 자체의 불완전한 규정과 공상성, 종교적 특성 때문에 끊임없이 논쟁거리로 되고 있는데, 대략 反지주제・농민소유제론, 국가예속농민제론, 사유제부정・농업사회주의론으로 분류할 수 있다. 첫째의 주장은 郭毅生, 1981-2; 1984; 關連吉・趙艶林, 1982; 何若鈞・劉聖宜, 1981; 韓明, 1982; 鄭純, 1963; 羅爾綱, 1984-2 등 참조. 둘째의 주장은 蔣順興, 1985; 饒任坤, 1985; 沈嘉榮, 1985-4; 董楚平, 1982; 戎笙, 1981-2; 林靑山, 1981; 謝方正, 1982; 何若鈞・劉聖宜, 1981; 簡又文, 1958, pp. 500~507; 市古宙三, 1977-1, pp. 14~16; 河鰭源治, 1951 참조. 둘째의 주장은 반드시 다른 경우와 대립되는 것이 아니라 농민의 지위를 특히 중시, 언급하고 있다. 셋째의 주장은 앞의 饒任坤; 沈嘉榮; 蔣順興; 董楚平; 謝方正; 戎笙; 簡又文; 林靑山; 王承仁・柏盛湘・夏端平, 1982; 周南, 1972; 小島晉治, 1978-3; V. Y. C. Shih, 1967, pp. 81~84 참조. 羅爾綱은 앞에서 보듯이 반지주제론으로 경사되어 있으면서도 《天朝田畝制度》의 기본정신은 사유제의 부정이라 하고 있다(1955, pp. 78~80; 1979-3).
112) 金誠贊, 1988, pp. 54~55.
113) 상제일가의 대동적 '平等'사회는 官界 내부에, 官民 사이에 단순한 직업, 직무의 고저가 아니라 신분적 차별을 전제로 하고 있으며 평균적 토지분배는 이와 같은 전체범위상의 불평등에 토대를 두고 있다(玉慶成, 1984-14, pp. 377~81). 태평천국사회는 크게 지배층인 諸王, 官과 평민인 사농공상으로 2대별할 수 있다. 이미 살펴보았듯이 관료는 세습이 가능하고 그 내부에 엄격한 계급적 충서가 있으며 평민과는 본질적인 구분이 설정되어 있지만 개별 관료와 평민이 신분적으로 고정되어 있는 것이 아니라 계층이동이 가능하였다. 사농공상은 본질적으로 직업적 구분이었지만 士는 우대되었다.

강력한 하향적 정책결정 과정과 집행에 의해서 추구되어야 하는 것이었다. 또한 잉여생산물의 국가귀속은 종교와 정치가 결합된 전제국가가 재정확보를 극대화시키기 위한 기반이 된다는 점에서 신정적(神政的) 국가권력측의 입장을 반영한 것이기도 하였다. 114) 이런 점에서 인민이 태평천국운동의 주체가 될 수 없었던 것은 분명하며, 115) 따라서 운동 초기부터 사적인 재부를 축적하는 새로운 특권계급이 등장하기 시작한 것은 어쩌면 당연한 현상이었다. 예컨대 이미 영안(永安)에서 태평군 장병에게 균등분배제를 실시하면서 금, 은 등 사치품의 사유금지령을 포고하였지만 새로운 특권층에게는 엄격한 금욕생활이 적용되지 않았다. 계급과 신분에 따라 차등적으로 적용되는 다수의 처첩과 사치스런 의복, 음식의 분배가 이루어졌으며 직위와 관록은 군공(軍功)에 따라 수여, 세습되었던 것이다. 116)

이처럼 새로운 계급구조가 구축되게 된 것은 전통적인 특권적 관료지배질서의 관성 때문이기도 하지만, 본질적으로는 운동 초기에 광서성에서 배상제회원이 되어 중국인민을 해방시킨다는 소명에 부응했던 초기운동의 핵심체인 광서인 '노형제(老兄弟)'집단은 비록 최하위의 태평군 병사라 할지라도 현재는 성고제에 의해 균등 분배받고 사유가 금지되고 있지만, 소천당(小天堂)인 남경에 도착하면 논공행상과 세습이 약속된 배타적이며 선민적인 소수정예의 특권적 지배집단이었던 데에서도 기인한다. 광서인들은 태평군에의 참여를 통하여 지배층으로 변신함으로써 신분적 특권을 보장받고자 하였으며, 실제로 이들에 대한 편애는 운동기간 견지되었던 것이었다. 117) 태평천국 정권은 이처럼 기본적으로 상제로부터 부여된 절대적 권력

즉 본질적인 측면에서 볼 때 전통적인 사회구조와 같다고 할 수 있다. 태평천국사회의 신분계층질서는 이와 같은 한계를 전제로 한다.
114) 河鰭源治, 1951; 市古宙三, 1977-1.
115) 小島晉治, 1978-1, p.52; 李澤厚, 1981, p.845. 〈모세 5경〉에서 보듯이 유일신에게 지도자로 점지되어 유태인을 수많은 곤경 속에서 계율을 준수하도록 강제하면서 예루살렘으로 교도한 지도자 모세에게서와 마찬가지로 상제에게 지상 '천국'의 건설을 명령받아 배상제교도들에게 엄격한 군율(십계명에 기초한 十款天條가 중심이다)을 부과, 관철시킴으로써 '새로운 예루살렘'에 이르러 '구원'시키려 했던 신이 지명한 지도자 홍수전에게는 민중주체적인 입장이 있을 수 없었다(W. G. Wagner, pp.57~60).
116) V. Y. C. Shih, 1967, pp.51~84.
117) 市古宙三, 1977-1, p.21. 이런 측면에서 태평천국은 그 지도자들이 이들 새 엘리트에게 줄 보상으로 위계와 직함, 그들과 자손들을 위한 지상에서의 안락한 생활, 사후 천국의 행복을 약속하는 정치체제였으며 이 보상은 국가가 모든 사람에게 필수품을 지급

을 하향적으로 집행하는 지상의 지도자집단과 노형제라는 소수정예집단 등 선민집단을 배타적이고 핵심적인 지배층으로 구성하고 있는 혁명운동체였다. 태평천국 지도층이 지향했던 평균주의는 운동에 철저한 사회혁명적 성격을 부여하는 것처럼 보이게 하지만, 그것은 어디까지나 기본적으로 철저한 선민의식을 배경으로 하는 신분계급질서에 근거하고 있었다는 점에서 불완전한 것이었다.[118]

그런데 이처럼 태평천국의 성격을 논할 때 배상제교와 광서성이라는 지역적 환경 등 그 특수한 요소를 부각시키는 것은 너무 지나치다고 할 수도 있다. 사실 전래의 반란전통은 태평천국의 이념에 상당 부분 구현되어 있으며 외견상 왕제(王制), 관료제, 토지제의 구조 자체는 《주례》로부터 상당부분 차용하고 있다. 공자와 유교가 비판되고 유교경전이 산제(刪除)되어 체제교학으로서의 권위는 붕괴되었지만 그 윤리체계는 상당부분 유지되고 있다. 불교, 도교가 이단시되었지만 그 영향을 마찬가지로 찾아볼 수 있다.[119] 그

하고 유공자에게 포상을 주는 공동금고인 聖庫로부터 나오며 《天朝田畝制度》는 이 성고관념을 국가전체에 적용한 것(F. Michael, Vol. 1, 1966, p.84)이라고까지 해석하는 경우도 있다.

118) 최근 太平天國農民運動說을 견지해 온(1971; 1978-1; 1978-5) 小島晉治는 농민운동설에 철저히 반대해 온 簡又文의 주장을 논의전개의 계기로 삼으면서 전근대 농민운동의 최고단계라는 기왕의 평가를 재검토하기에 이르렀다(1988). 핵심은 봉기 이래 태평천국 지도층이 농민의 입장에서 새로운 체제하의 농민의 지위를 개선, 해방시키기 위한 정치 경제상의 제도화를 지향한 적이 없으며 오히려 《天朝田畝制度》는 농민을 사회의 최하 피지배층으로 재편성하였고 애초에 태평군에 참여하게 되는 客家 농민들도 농민으로서의 지위제고를 추구한 것이 아니라 기존의 농민 자체의 지위는 불변으로 둔채 새로운 왕조건설에 참여함으로써 신분상승을 도모하고자 했다는 점에서 기왕의 왕조말기의 반란과 본질적인 면에서 같다고 규정하고 중국사에 본질적인 계급투쟁으로서의 농민의 정치투쟁이 없었던 배경으로는 중국사회에 엄격한 신분계급구조가 결여된 채 다만 사농공상의 유동적인 계층 내지 직업적 범주만이 존재하였다는 데 있었으리라고 하면서 결국 태평천국운동을 제한적인 의미의 '혁명'이라고 하였다. 결국 小島晉治는 言明하고 있지는 않지만 본질적인 입장에서는 簡又文의 시각과 유사하게 된 것이 아닐까. 이상의 내용은 사실 아주 새로운 것은 아니지만 일본적 연구의 풍토에 새로운 바람이 불고 있다고 여겨진다. 한편 그가 태평천국운동에서 보이는 사유부정 재산공유의 자연경제적인 평균주의의 퇴행적 지향과 양자강 중하류 유역의 소상품생산자에게서 볼 수 있는 사유제에 근거한 평균주의와의 차별과 갈등양상에 대하여 검토하고 있는 것도(1987-2) 이와 관련, 시사적이다.

119) V. Y. C. Shih, 1967, ch. 8, 9, 11; 簡又文, 1985-1; 鄭炎·湯可可, 1981-2 참조. 봉기 이전의 홍수전의 저작물들에는 유교적 영향이 다대하였는데 남경 건도 후에 이들은 배상제교리의 심화에 따라 개정되고 유가서적들이 수난을 당하는 등 전통적인 유교의 정통적인 지위가 부정되었다. 1854년 양수청의 '天父下凡'에 의한 정책 변경으로 유가서

러나 태평천국이 천지회당이나 소수민족 반란, 항량투쟁과 달리 시대적 변혁을 시도할 수 있는 독특하고 강력한 역량을 발휘할 수 있었던 것은 광서성의 객가에게 이단적인 배상제교리를 침투시킴으로써 가능하였다고 할 수 있을 것이다. 분산되어 있던 한인 소외계층인 객가는 배상제교리의 침투를 기다려서 비로소 조직화되고 단순한 계투(械鬪)는 '악마(惡魔)', 청조, 더 나아가서 전통적 가치체계에 대한 '구원'받은 선민집단의 전면적이고 치열한 투쟁의 차원으로까지 고양될 수 있었다. 사랑의 신이라기보다 공의적(公義的)이고 위압적이고 전투적이며 분노하는 부성적(父性的)인[120] 상제의 신명이 전달되는 '하범(下凡)'의 방식은 종교운동체에 정치권력의 통합을 가능케 하였고, 홍수전이 기독교리에서 차용하여 전통적 대동이념에 접합시켜 해석, 제시한 중국사회의 모순과 '공(公)'의 사회로의 지향은 보수적 농민까지 호응케 할 수 있었던 것이다.[121]

이와 같은 내적 역량에 기초하여 태평천국은 남경에 건도함으로써 전군의 진군은 일단 종식되고 운동의 핵심부는 정착하였다. 이어서 양자강 상류로의 서정군과 북경으로의 북벌군 일대가 출발하였다.[122] 군사적 측면에서 볼 때 공격목표가 집중되었던 이제까지와는 달리 이제는 분산되게 된 것이다. 따라서 전군(全軍)의 진격에 의해 가능했을지도 모르는 북경점령의 기회가

를 개정하여 이용할 수 있게 되었지만 구체적인 양상은 알 수 없다. 유교가 불·도교에 대한 심대한 공격과 달리 차별적 우대를 받은 것을 알 수 있지만 체제의 정통이념으로서의 지위가 부정된 것은 마찬가지였다(J. R. Levenson, 1968, pp.100~116). 태평천국의 詔書와 유교경전의 개정문제에 대해서는 譚世保, 1981; 羅爾綱, 1984-3; 1985-3; 王慶成, 1986; 1987; 市古宙三, 1977-2 참조.

120) 簡又文, 1958, p.1696; 市古宙三, 1977-1, p.16; E. P. Boardman, 1952, pp.54~58; V. Y. C. Shih, 1967, pp.5~10.

121) P. A. Kuhn, 1978, pp.280~281.

122) 물론 북경을 점령한다고 해서 반유교적이고 이단사상인 '기독교리'를 새로운 체제이념으로 수립하고자 한 태평천국에 대한 공격이 급격하고 실질적으로 퇴조하리라고는 확신할 수 없다. 明淸朝의 정치적 변혁기에 청조의 북경점령을 이으고 현실로 수용하였던 중국전통의 '保衛者'에게서 태평천국은 청조와는 달리 본질적인 적대세력이었던 것이다(1850년대의 반기독교적 풍조에 대해서는 李恩涵, 1967 참조). 물론 태평천국은 신사층의 수용에 부심하였으며 또한 신사의 경우도 현실수용적이고 이익추구적인 측면이 강하기 때문에 그 逆의 가능성도 있겠지만. 북벌에 대해서는 河北·北京·天津歷史學會 編, 1986의 논문집이 있다. 이 논문집에는 기왕의 연구에 대한 秦進才 등의 정리가 있어 편리하다. 이외에 江地, 1981-1; 蘇雙碧, 1984; 黎仁凱, 1986; 王衛平, 1986; 饒任坤·張胤, 1983; 李達三·方爾庄, 1985; 張守常, 1981; 1987; 堀田伊八郎, 1977 등의 연구가 있다.

일실되었다는 점에서 남경건도는 중대한 전략적 오류였다는 평가도 있다.[123] 그러나 북경이 왜 '천경(天京)'으로 비정되지 않았는가 하는데 문제가 있다. '천경'수립은 곧 전군의 진격 중단과 '소천당'체제의 안정화에로의 전환을 의미하기 때문이다.[124] 북경이 위치한 직예성은 '마귀(魔鬼)'의 소굴 '죄예성(罪隸省)'이었기 때문에 근본적으로 천상의 '대천당'을 구현할 '소천당'인 천경이 될 수는 없지 않았을까. 당시 남경에 건도한 채 전군진격이 시도되지 않은 것은 전략적 오류였다기보다 종교운동체로서 출발한 태평천국운동의 본질적인 한계였다고 할 것이다. 한편 태평천국은 당시 상해에서 발생한 천지회(天地會) 계열의 소도회(小刀會) 반란에[125] 호응하여 서구 열강의 조계를 장악할 수 있는 기회를 상실하였다. 양자간의 이질적 요소 때문에 호응하지 않은 면도 있겠지만 호남에서의 천지회 세력을 흡수한 점을 고려하면 그보다는 당시 태평군세가 청조의 남경포위를 뚫고 상해에 이를 병력이 안되었기 때문일 것이다.[126]

그러나 이와 같은 본질적 한계나 역량의 상대적 불충분성에도 불구하고, 새로운 체제이념의 정립은 혁명정부의 정체(正體)와 지향점을 명확히 제시해 준 것이었다. 이제 혁명정부는 서정(西征)에 의해 체제의 물적 토대를 확보하기 위한 근거지를 장악하고 행정체계를 수립해야 할 차례였다.

2. 統治體制 確立의 摸索

태평천국의 수도 남경은 이윽고 성내(城內)에서의 상업행위에 대한 허용과 금지가 교차하던 끝에 엄격한 병영체제하에서 사유재산의 부정, 재산의 공유, 균등분배가 실시되는 성도(聖都)로 화하였다.[127] 이와 관련, 태평천국

---

123) 茅家琦・方之光, 1981; 茅海建; 1981이 남경건도의 전략상의 오류를 지적하고 있다. 이외에도 牟安世, 1981; 徐翼, 1983 참조. 해결될 것 같지 않은 이 전략상의 평가 문제는 계속 반복되면서 논의되고 있다. 태평천국 내부에서 논란이 된 건도문제에 대해서는 王慶成, 1984-4 참조.

124) 三石善吉, 1978, p.147~151; 岑進開, 1985.

125) 상해 小刀會반란에 대해서는 盧耀華, 1985; 坂野良吉, 1969; E. J. Perry, 1985 참조.

126) 鄒純, 1963, pp.511~528.

127) 鄒純, 1963, pp.488~501; 章開沅, 1981; 羅爾綱, 1979-3, pp.220~238; 陶天翼, 1985; 沈嘉榮, 1987 참조.

의 대내외정책은 상당 부분 홍수전의 이몽의 내용에서 출발하고 있다거나,[128] 운동의 전개양상은 그가 이몽시의 견문을 현세에 구현하는 과정으로서, 남경은 '새로운 예루살렘', 천상의 '대천당'을 지상에 구현시킨 '소천당'이었다[129]고 하는 것은 매우 시사적이다. 사실 병영체제하의 천경의 상황이 원칙적인 사유제 부정 원리에 의거하고 있다는 명백한 증거는 없으니, 예컨대 천경내에서의 상업을 금지할 때도 단지 천경이 성지(聖地)이기 때문이라고 하고 있는 것이다.[130] 설령 천경내에서 사유금지와 균등분배가 관철되기는 하였지만, 그것은 천경이 태평천국 이념에서의 종교적 특성과 밀접한 관련하에서 구현된, 태평천국에서 차지하는 독특한 지위 때문이었다고 할 수 있을 것이다. 태평천국 지도층은 남경의 경우에도 애초에는 '안민(安民)'정책의 선전을 통하여 사농공상 제계층에게 '안업(安業)'을 촉구하고 일상적인 교역활동을 선전하는 등 기존의 질서를 무리 없이 수용하고자 했었으며, 또한 남경점령 직후 동진하여 과주(瓜州), 의징(儀徵), 양주 등을 점령할 때도 마찬가지였던 것이다.[131]

이어서 1853년 5월 북경을 향한 북벌과 함께 서정을 개시했다. 6월에 안경을, 9월에는 구강을 점령하는 등, 양자강 수로와 향촌지역을 장악하기 위한 안휘(安徽), 강서(江西), 호북(湖北)에의 진출은 1854년 3월 이후 태평군의 최대 적대세력인 증국번의 상군(湘軍)의 저지를 받기 시작하였으나 상당한 성과를 거두었다. 익왕 석달개 등이 상군과의 전투에서 승리함으로써 태평천국은 1856년 중반 무렵까지는 군사적 우세 속에서 절정기를 구가하였다. 더욱이 1856년 6월에 남경 근처에 주둔하여 압박하고 있었던 청조의 강남대영을 격파하였던 것이다.

이 과정에서 태평천국 지도층은 기존의 향촌질서에 기초한 지방정부를 수립하고자 하였다. 즉 봉기 이래의 대민정책에서 한단계 발전하여 이 시기에 이르러서는 향관제도를 도입하여 향촌민에게 거관(擧官)하게 함으로써 행정기구를 재편성하고 조세징수를 시도함으로써 안정적인 재정확보를 도모하

---

128) 王育民, 1981, pp. 337~338.
129) R. G. Wagner, 1982, pp. 67~70. 아울러 주 101) 참조.
130) 王天奬, 1981-3. 태평천국의 상업정책은 이외에 賈熟村, 1986-2; 段本洛, 1983; 郭毅生, 1984, pp. 253~282 참조.
131) 金誠贊, 1988, p. 82.

였다. 이때 호구책(戶口册) 제출을 동시에 요구한 것은 향촌권력 구조의 재편성을 위한 필연적인 조치였으며 향관제도는 재정적인 측면에서 볼 때 이전의 진공(進貢)수취라는 잠정적인 조치를 대체하여 조세징수를 제도화하기 위한 것이었다. [132]

그러나 서정 초기 1년간의 실제상황은 그다지 순조롭게 진척되지 않았음을 보여준다. 왜냐하면 태평군이 일정한 향촌지역을 점령한 직후 곧 퇴각해야 하는 등 전세가 불안정한 경우가 있었던 것도 한 원인이 되었겠지만, 향관제의 수립과 조세수취의 안정적 확보를 기초로 하는 향촌지배는 기존 향촌세력과의 갈등을 해소해야 가능했으니, 당시 태평군의 역량은 청조 군사력을 구축할 수는 있었지만 아직 향촌내의 자위세력이나 신사, 지주 등 향촌 실력자들을 완전히 수용, 지배할 수 없었던 것이다. [133]

그러나 부분적으로 향관은 취임하기 시작하였다. 향관 취임의 상황을 보면 이미 남경점령 직후에 함락된 양주에서 함풍(咸豊) 3년 2월부터 설치되기 시작하여 이후 함풍 4년 봄까지는 종래의 피지배계층, 하층인민이 비교적다수 참여하였으며, [134] 이후 지주, 신사 등 기존의 향촌지배층이 향관조직을 장악하게 됨으로써, [135] 태평천국 정권은 지주제를 물적 토대로 하는 소위 '봉건정권'으로 변질하게 되었다는 것이 [136] 중론이다. 향관은 중앙정부에 의해 임명되지 않고 원칙상 향촌에서의 선거를 중앙으로부터 승인받게 되어 있었고, 향관이 선출된 실제상황에서 보이는 '공거(公擧)' 방식이란 것도 지주, 신사층의 취임을 더욱 용이하게 하는 것이었다. [137] 태평천국측도 공거하기에 앞서서 반드시 신사를 '공거'하도록 명하였으며, '공거'란 사실 신사에 의한, 신사 상호간의 추거(推擧)여서 일반향촌민은 '공거'에의 참여도 피선도 불가능한, 즉 신사간의 협상이었으며 그 결과 실제로 정책결정 기능을 갖는 상급향관의 경우 신사, 부호층이 그 75%를 점하고 있었다고도 한

132) 지방관, 향관제도 일반에 대해서는 酈純, 1963, pp.176~183, 285~337; 曹國祉, 1981-2; 王天獎, 1958-2; 必汝成, 1985 참조. 향관의 상급행정기관인 省·郡, 縣 지명의 전개과정에 대한 고증은 華強, 1986 참조.
133) 金誠贊, 1988, pp.83~85; 羅爾綱, 1984-2.
134) 西川喜久子, 1966.
135) 王天獎, 1981-2; 1984; 1958-1. 針谷美和子, 1980; Kawabata, Genji. 1967.
136) 孫祚民, 1982-1; 1982-2; 沈嘉榮, 1985-2; 1985-3의 논의 참조.
137) 王天獎, 1958-1.

다.[138]

한편 현실은 그러함에도 불구하고 태평천국 지도층은 기본적으로 사회 하층민을 주체로 사회체제를 재편성하여 변혁을 시도하고자 의도했던 '농민정권'이었으며,[139] 향관에 대한 유일한 규정이 있는 《천조전무제도》의 정신은 본래 반지주적이어서 향관에는 노동군중 등 피지배층으로 '보거(保擧)'시키려는 것이었다는 논의도 있지만,[140] 그들이 원칙적으로 하층민으로 향관직을 충원시키려는 정책적 의도를 갖고 있었던 것은 아니었다. 1853년의 경우 하층민의 향관 취임 비율이 높았다는 외면적 현상을 인정한다 하더라도, 그것은 당시 불안정한 혁명적 정세에 대응한 지주, 신사층의 기회주의적 보신적인 태도 때문이었을 것이다.

《천조전무제도》의 규정에 따르면 피지배층인 '민'의 경우 법령을 준수하고 '역농(力農)'하는 등 태평천국체제에 '위충(爲忠)'하면 양사마에게 보거되고 최후로 천왕의 승인을 받음으로써 향관에 취임할 수 있게 되어 있다. 즉 보거의 주체는 '민'이 아니라 향관이고 보거의 대상에는 문맥상 기존의 신사, 지주든 농민이든 '민'으로서 '위충'하면 누구나 제한없이 포함될 수 있게 되어 있다. 그런데 양자강 유역의 향촌에 침투한 태평군의 '노형제'들은 대민정책의 일환으로써 새로이 통치영역에 편입된 향촌을 '신형제'인 재지 향촌민에게 위임하였다. 향관이 아직 설치되지 않은 점령 초기에 향촌민으로 하여금 향관을 '공거'하게 한 것은 당연한 조처였다고 할 것이다. 전시상황이 종결되고 향촌지배가 일상화되어 태평천국의 통치체제가 안정적으로 관철되는 상황에서는 《천조전무제도》의 규정대로 향관이 '공거'의 주체가 되는 것은 가능한 것이었다. 어쨌든 '공거'의 대상에 계층적 제한을 가하지 않은 《천조전무제도》의 규정은 오히려 사농공상 제계층의 상업(常業)유지에 기초하여 향촌의 기존질서를 온존 내지 개량적으로 재편성하려한 태평천국 지도층의 의도와 안민(安民)정책의 실제상황을 웅변해 주는 것이라고 볼 수 있을 것이다.[141]

---

138) 梁義群, 1980, pp. 66~68.
139) 孫克復·關捷, 1981 ; 1983 ; 凌耀倫, 1982 ; 徐鳴皐, 1981. 농민정권, 봉건정권론 이외에 2중성 내지 변질론을 주장한 것으로는 예컨대 林慶元, 1981이 있으며 이들 정권성질논의를 간단히 정리해 본 것으로 方之光·崔之淸, 1981 참조.
140) 위의 梁義群도 이런 시각을 갖고 있다(1980, p.64, 67).

한편 향관제도와 함께 조세징수도 시도되었지만 함풍 4년(1854) 중반경에 이르러서야 향관제도가 향촌 내부에 착근하게 됨으로써 기존의 지주제를 온존시킨 위에서 지정은(地丁銀) 등의 조세를 거의 안정적으로 징수할 수 있게 되었다. 잠정적이지만 이와 같은 구례(舊例)의 조세징수제도를 도입하게 된 것은 동왕 양수청 등이 안휘, 강서성에서 구례대로 징량할 것을 건의한 조구교량납세(照舊交糧納稅)의 상주에서부터였다. 142) 그러나 상주문에 상주일자가 기재되어 있지 않기 때문에 이 정책의 착수 시기는 《천조전무제도》에 대한 이해와 관련하여 상당한 논란에 휩싸여 있다.

조구교량납세정책은 태평천국 지도층이 당시 천경의 식량부족을 타개하기 위하여143) 부득불 《천조전무제도》의 반지주제와 토지균분의 이념으로부터 이탈하여, 향관제도가 확립된 함풍 4년 6월에야 새로이 이 정책을 상주하여 7월부터 전격적으로 실시하게 되었다는 것이 거의 정설화되어 있다. 144) 그러나 1853년 이래의 안민정책의 선전과 실시, 징량체제 도입의 의도와 시도가 보인다. 따라서 1853년 중기의 징량의 사실을 인정하면서도 상주시기를 역시 함풍 4년으로 비정하거나145) 1853년 6월말~9월말에 상주되었다고 하면서도 이것은 사유제의 회복에 따른 경제정책상의 변경으로 보기도 한다. 146) 또한 1853년 9월경부터 향관제도가 조구교량납세정책 상주문에 기재된 안휘, 강서성에서 행해졌고 그 직전인 동년 하말(夏末) 혹은 추초(秋初)에 상주되어 조구교량납세정책의 실행이 관철되었다고 하고, 이보다 뒤늦

---

141) 金誠贊, 1988, pp. 90~91.
142) 太平天國이 《天朝田畝制度》의 규정대로 分田을 실시하지 못하였다는 것은 정설이지만 耕者有其田的 反地主制의 지향은 있었다는 주장(羅爾綱, 1979-3 ; 1984-2 이 대표적이다)과 이에 대한 反論(酈純, 1963, pp. 60~94이 대표적이다)이 전개되어 왔다. 특히 전호에게 직접 조세를 징수함으로써 경자유기전의 실효를 얻었다고도 논의되고 있지만 사료해석상의 논쟁과 관련하여, 그 반론이 우세한 편이다. 조세부담의 경감 경향은 있었다고 한다. 태평천국의 토지, 조세정책에 대해서는 酈純, 1963, pp. 94~98 ; 338~363 ; 江濤, 1985 ; 郭毅生 1982-1 ; 1982-2 ; 1985 ; 龍盛運, 1981 ; 楊天宏, 1987 ; 榮孟源, 1981 ; 吳雁南, 1981 ; 王天獎 ; 1983 ; 劉曜, 1981 ; 李文治, 1981 ; 翟國璋, 1985 ; 曹國祉, 1981-1 ; 趙德馨, 1981-2 ; 1982 ; 陳理, 1987 ; 蔡少卿, 1981-2의 논의가 있다.
143) 太平天國은 끊임없는 혁명전쟁의 와중에서 향촌과 양자강 수로장악이 불안정한 상황 속에서 식량확보에 부심하여야 하였다. 이에 대한 논의로 賈熟村, 1986-1 ; 方之光·崔之淸, 1985 ; 王炎, 1983 참조.
144) 羅爾綱, 1984-2.
145) 郭毅生, 1984, pp. 89~91.
146) 兪玉儲, 1985.

112

게 간행된 《천조전무제도》는 이 정책에 어떤 영향도 끼치지 않은, 배상제교리에 따른 종교적 문건일 뿐이라고 해석하기도 한다. [147)

한편 이 정책은 광서성 이래의 안민정책과 진공(進貢)수취정책의 연장선상에서 양자강 유역을 확보하기에 이르러서 제도화된 국가재정확보책으로서, 지주 신사 등 기존의 향촌질서와 지주제의 온존 내지 개량적 재편성에 기반하는 것이라 하고, 태평천국 지도층이 훗날 여건이 갖추어지면 조세를 징수하게 되리라는 의도의 단서는 이미 1852년 말경에 나타나며, 향관제와 조세징수의 부분적인 실시 혹은 그 의도가 1853년 서정기(西征期)에는 보이므로, 강서 안휘에서의 징량을 주장하고 있는 상주문은 이 지역이 장악되기 시작하는 1853년 중기(6월말~9월말)에 제출되었으나 현실적으로는 당시 태평군의 향촌침투 역량이 충분하지 못하였기 때문에, 1년여의 우여곡절을 거쳐 1854년 중기에 이르러서야 향관제도와 조세징수체제가 안정화되었으리라는 견해도 있다. [148)

이처럼 징량정책의 채택시기와 경과에 대해서는 견해가 다양하지만, 지주 전호제가 보편적인 현실이었다는 데에는 대체로 의견이 일치하고 있다. 후기에 이를수록 지방정권이 전호의 소작료 거부를 탄압하는 등 지주제적 성격이 더 심화되고 있지만, 남경점령 이후 지주가 소작료 수취에 의해 일상생활을 유지하는 등 운동의 초기 국면에서도 마찬가지였던 것이다. [149) 전호에게 직접 징량한 경우도 지주가 도망해 버린 토지에 대해서 지주가 귀향할 때까지 재정확보를 위해 취한 잠정적 조처였을 뿐, 지주 귀환시에는 그 소유권을 인정하는 것으로서, 경자유기전(耕者有其田)에 의한 것이 아니었다. 그러나 태평천국하의 전호나 빈농들은 태평군의 간접적인 영향을 배경으로 지주의 고율지대에 항거하게 되었고 지주들도 전호들의 일방적인 지대 납부액을 감수하지 않으면 안되기도 하였다. 그리고 1860년 이후 다양한 잡세가 부과되고 있기는 하지만 전체적으로 볼 때 농·상업면에서의 조세부담은 청조의 경우보다는 가볍고 합리적으로 운영되고 있었다. [150)

147) 趙德馨, 1981-1 ; 鄭純, 1963, pp. 25~26도 이와 비슷한 취지이다.
148) 金誠贊, 1988, pp. 91~96.
149) 吳雁南, 1981, pp. 580~582.
150) 曺國祉, 1981-3.

이와 같은 경제적 토대 위에서 태평천국은 전통적인 시험제도인 과거제를
도입하였다.[151] 중앙과 지방정부에 관료를 충원하기 위해 이제까지 도처에
서 지식인을 흡수하고자 노력해 온 조처가 이제 제도화된 것이다. 그러나
그것은 광서 '노형제'들이 주요 직책을 장악하는 것을 전제로 하고 있었다.
남경 건도 직후인 1854년 1월 천왕의 생일에 남경에서 첫 시험이 실시된 이
후 같은 해에 각왕의 생일에 동시(東試), 북시(北試), 익시(翼試)가 실시되었
다. 문, 무, 여과가 있었으며 1854년에는 안휘와 호북에서 성 단위 시험도
실시되었다. 그 이후 줄곧 시행되게 되는 이 과거제의 형태는 시험주기, 등
급면에서 청조의 경우와 거의 비슷하지만 시험내용이 기독교리의 내용과 태
평천국 지도자에 대한 찬양이었다는 점에서 매우 대조적이었다. 1853년에
간행되어 중앙정부에 제출된 논설집에는 공자, 맹자, 제자백가 등의 이단적
서적과 이론들은 폐기되어야 한다고 주장되었으며, 발간 사용이 공인된 서
적에 대해서는 태평천국의 옥새를 찍도록 하고 그렇지 않은 서적은 금지되
었던 것이다. 정통 교과서는 구약, 신약성서와 그들의 종교적 계시기록인
《천명조지서(天命詔旨書)》였다. 그들은 전통적인 체제 교과서였던 《삼자경
(三字經)》,《유학시(幼學詩)》와 서명이 같은 독자적인 수정판을 간행하는 등
자신들의 통치이념을 착근시키고 새로운 지식층을 창출하기 위한 시도에 착
수하였다. 그리고 오늘날 그 흔적이 별반 남아 있지 않아 구체상을 알 수 없
지만 1854년부터는 이제까지 금지되었던 유교경전에 대하여 동왕이 '천부하
범(天父下凡)'의 명령으로 배상제교리와 모순되지 않는 범위내에서 개정하
여 사용할 수 있도록 새로운 정책을 취함으로써 구지식층을 보다 원활하게
타협적으로 '개종'하여 흡수하고자 하였던 것이다.[152] 그리고 태평천국의
경우 응시자의 출신성분도 별반 문제시되지 않았다. 태평천국 지도층은 광
범한 지식층의 참여를 희구하였으니 그 결과 출신계층도 훨씬 광범하고 시
험도 쉬웠다. 불승, 점술사 등 원래 태평천국이 금지한 직업을 가졌던 자
들도 많이 참여하였다. 그러나 태평천국의 반유교적인 이념, '노형제'의 특

---

151) 태평천국의 과거제에 대해서는 商衍鎏, 1961 ; 鄺純, 1963, pp. 433~487 ; 常發, 1985
    참조. 對지식인정책에 대해서는 徐鳳晨, 1981 ; 倪正大, 1981 ; 張篤勤, 1983 ; 胡思庸,
    1981-1 등의 연구가 있다.
152) 주 119) 참조.

권, 전시라는 유동적인 상황들 때문에 기존의 신사층은 극소수밖에 응시하지 않았다. 그러나 보다 중요한 점은 향촌교육기관의 운용 등 비전이 있었음에도 불구하고 독자적인 새로운 지식층을 창출하기 위한 구체적인 실천이 부재하였다는 점일 것이다.

한편 영안점령 전에 갖추어지기 시작한 관제(官制)는 건도 후 완비되었다.[153] 《주례》의 영향을 강하게 받은 관제는 세습이 가능한 작위인 왕, 후(侯)와 중앙정부관[朝內官]인 승상(丞相), 검점(檢點), 지휘(指揮), 장군(將軍), 각 군대관[軍中官]을 겸하는 총제(總制), 감군(監軍), 군수(軍帥), 사수(師帥), 여수(旅帥), 졸장(卒長), 양사마(兩司馬)로 조직되어 있었다. 그런데 이 직함들은 구체적인 직무를 표시하는 것이 아니라 위계를 나타내는 관명이었으며 또한 문, 무의 역할 구분도 없었다. 승상이 최고 관위에 속하지만 조내(朝內)의 일반사무를 관장할 뿐 정무결정의 권한은 없었다. 천왕부(天王府)를 제외한 제왕부에 설치된 6부상서가 핵심적 권력기관이라 할 수 있는데 그중에서도 군(軍), 정대권(政大權)을 장악하고 있던 동왕부(東王府)의 6부는 1856년까지 실질적인 총리국무기관이었다.

지방행정은 청조의 경우와 비슷하게 성(省), 군(郡), 현(縣) 3단계로 하여 군에 총제, 현에 감군을 파견하였는데 대부분 '노형제'가 취임하였다.[154] 현 이하에는 25가를 단위로 하는 양사마로부터 13,156가를 단위로 하는 군수에 이르기까지는 앞에서 언급했듯이 향촌에서 선거한 향관들에게 위임되어 있었다. 즉 중앙이 임명, 파견하는 경우는 청조의 경우처럼 현까지뿐이었고 향관에는 기존의 향촌실력자들이 주로 취임하였으므로 지방통치는 사실상 불안정하였던 것이다.

VI. 太平天國運動의 挫折

1. 指導層의 分裂과 體制理念의 崩壞

태평천국이 파멸에 이르게 되는 가장 중요한 내적 계기는 전기의 강력했

153) 관제에 대해서는 鄭純, 1963, 2장 ; 榮孟源, 1983-5 참조.
154) 지방행정은 주 132) 참조.

던 집단지도체제 내부에서 싹트고 있었다. 이 체제는 제왕들간의 형제관계를 기초로 하여 이루어진 것인 만큼 불명확하고 불안정한 구조를 갖고 있었던 것이다. 천부의 명을 받은 것은 천왕 홍수전이지만, 천부로서 현현할 수 있는 것은 동왕 양수청이었다. 제왕은 각기 6부를 설치하고 있었지만 양수청의 동왕부가 실질적인 핵심 관료기구였다. 동왕의 권력은 '천부하범'이라는 종교적 기제를 통하여 형제관계를 파괴하면서 성장하여 갔다. 천경이 수립된 1853년까지는 이미 배상재회의 조직자였던 남왕 풍운산과 예수의 대변자였던 서왕 소조귀가 전사함으로써, 한계는 있었겠지만 동왕의 권력과 야망을 견제할 수 있었을는지도 모를 종교, 이념적 권위는 사라져 버렸다.

천왕은 건도 직후 급속한 정신적 황폐를 노정하였다. 궁정에서 종교에 침잠하면서 정책결정 과정에 참여하려 하지 않았다. 후궁을 발로 차는 등 학대하고 어린 아들의 방종을 방임하였다. 이에 대하여 《천부하범조서(天父下凡詔書)》 제2부에 따르면 1853년 12월말 '성신풍(聖神風)' 즉 성령으로서 종교적 권위도 부여받고 있었던[155] 양수청은 천부로서 현현하여 북왕과 관료들의 면전에서 천왕을 비난하며 후궁을 학대하지 말 것과 아들을 교육시키도록 하는 등 천왕의 사생활과 궁정질서를 간섭, 개조하거나 심지어 구타를 명령하기도 하였다. 또한 범죄혐의자를 즉흥적으로 즉석에서 처형하지 말도록 명령하였다. 홍수전은 이런 경우 단순한 명목상의 천왕이었다. 무릎꿇은 그는 모든 명령을 받아들였다. 이윽고 '동왕'으로서의 양수청은 사형결정을 자신과 신하들에게 일임할 것과 신하들을 예(禮)로써 대해 그들의 간(諫)을 반드시 받아들일 것을 권고했다. 천왕은 만사를 동왕과 신하들과 협의하겠다고 하고 있었다. 아마 이때부터 천왕은 운동의 실질적 통치자인 양수청의 조종을 받는 명목상의 군주가 되었던 것 같다.[156] 전제군주제에서는 당연한 군주 개인의 자의적 행태가 통제되었으며 합리적이어야 할 국가운영이라는 '세속'사에 대한 실질적 통치체제는 동왕부에 확립되었다. 그러나 그것은 이미 언급하였듯이 통제할 장치가 결여된 상태에서 동왕에의 권력집중을 대가로 하고 있었던 것이다. 종교적 권위를 갖고 있지 않았던 북왕 위창휘와 익왕 석달개는 양수청의 지시에 복종하였으며, 모욕당하기도

---

155) 王慶元, 1984-12.
156) F. Michael, Vol. 1, 1966, p. 79.

하였다. 특히 석달개가 주로 밖에서 서정의 군무에 치중한 반면 남경에서 정무에 치중하여 양수청의 국무처리를 협조하게[157] 된 대지주 출신인 위창휘는 다년간에 걸쳐 숯구이 노동자 출신으로서 교육받은 적이 없는 양수청에게 수모를 당하고 있었다. 양수청은 동왕부에서 정사를 논의할 때의 위창휘가 항상 '경공(驚恐)'의 심리상태에 있었다고 평하고 있었으며, 천왕은 함께 정좌한 동왕의 면전에서 무릎꿇은 위창휘에게 제대로 직간하지 못한다고 핀잔을 주었다.

양수청의 '천부하범'은 위조된 종교적 계략임에 분명하다. 그리고 그 자신 홍수전의 이몽의 논리구조 위에서 자신의 입지를 구축하였으면서 홍수전의 종교적 정통성 즉 천왕이 천부의 제 2 자, 예수의 동생이라는 '사실'에 의심을 품은 듯한 질문을 1854년 남경을 방문한 영국 외교관 바우링(Bowring)에게 제기하고 있었다. '천부'로서의 그는 천부에 대한 정보를 무척 알고 싶었던 듯하며 특히 천부에게 독자 예수만 있는지 아니면 인간처럼 여러 아들이 있는지는 여전히 그에게 수수께끼였던 것이다.[158] 아울러 그의 개인적 야망, 무자비한 처우, 위압적이고 독선적인 태도, 음모가적 기질 등은 제왕과의 갈등을 심화시켜 갔을 뿐만 아니라 그들의 간부, 야전사령관들에게까지 공포와 함께 불만, 반대를 야기시키고 있었지만, 치밀한 정보기관과 전지적인 '천부'의 권위를 기반으로 한 그의 정치, 행정적 천재와 권력집중에의 야망은 당시까지 태평천국의 발전을 가능케 한 중요한 요인의 하나였다.

그러나 1855년에는 청조측에서도 태평천국 내부에 권력투쟁이 임박하였다고 예고하고 있었으며[159] 그는 군대 내부에까지 인심을 잃어가고 있었다.[160] 결국 양수청은 더 나아가 천왕을 제거하고 권력을 찬탈하려는 듯한 행동을 취한 결과 몰락하였다. 그것은 영도집단 내부의 지주계급과 농민계

157) 蘇雙碧, 1981, p. 104.
158) W. G. Wagner, 1982, pp. 44~45 참조. 이몽에서는 매우 큰 신체, 위엄있는 자세, 금빛의 배까지 내려오는 턱수염, 높은 테의 모자, 흑룡포의 모습을 하고 홍에게 詩를 가르쳐 준 것으로 되어 있는데 이에 대해 그는 천부의 키, 모습, 배의 크기, 수염의 길이와 색깔, 모자의 형태, 의복의 색깔, 작시능력의 여부 등을 묻고 있는 것이다.
159) 簡又文, 1962, p. 1354; 羅爾綱, 1979-5, pp. 259~260.
160) F. Michael. Vol. 1, 1966, p. 112.

급간의 계급투쟁이라기[161]보다 양의 개인적 야망에 기인하는 것이었다.[162] 1856년 8월 중순경에 양수청은 천왕에게 '만세' 칭호를 수여하도록 강요하였다.[163] 이 칭호는 천왕에게만 사용되던 특권이었으며 동왕은 당시 9천 세, 다른 왕들은 서열에 따라 체감하여 부르고 있었다. 천왕과 위계서열상 동등해지려는 양수청의 강요 앞에서 천왕은 위기를 인식하게 되었으며 양수청 암살 음모는 전개되었다. 위창휘, 석달개와 연왕(燕王) 진일강(秦日綱)은 이 때쯤에는 이미 양수청 제거 쪽으로 기울고 있었던 듯하다. 9월 1일 남경에서 가까운 강서지역에서 작전하고 있던 북왕 위창휘가 기습하여 2일 동왕을 살해하였다. 동왕의 친족, 부하를 10여 일 만에 2만여 명이나 학살하는데 진일강도 추수(追隨)하였다. 태평천국의 정예군이 소멸되었다. 그것은 천왕이나 익왕의 상상을 초월하는 것이었다. 익왕 석달개는 호북 무창에서 작전하다가 10일쯤 지난 9월초, 중순경에야 남경에 도착하였다. 대학살을 그만두도록 권한 그는 오히려 위창휘에게 의심과 암살위협을 받은 끝에 남경을 탈출, 안경에 도착하여 전선에 있는 자신의 병력과 합류하였다. 북왕은 남경내 석(石)의 가족과 익왕부원(翼王府員)을 학살하였다. 석은 11월 8일 안경에서 복수의 진군에 올라 토벌을 호소하여 병력을 10만 대군으로까지 중폭시키고 있었으니, 인심은 익왕의 명분에 기울고 있었던 것이다.[164] 한편 제거당한 동왕 대신에 등장한 북왕의 전횡과 핍박 속에 위기를 느끼게 된 천왕은 11월 중순에 살아 남은 동왕세력과 '왕사(王師)'로 북왕세력을 처단하였

---

161) 郭毅生, 1987, pp. 215.
162) 羅爾綱, 1979-5, pp. 306~309.
163) 簡又文은 郭廷以(1947, p. 485)가 관련사료에 보이는 '만세' 책봉일자인 동왕의 생일을 음력으로 해석한 결과, '遍封萬歲'를 양력 7월로, 늦어도 7월말 혹은 8월초로 비정하고 있음에 대해, 郭이 天曆으로 기록된 것임에 틀림없을 동왕의 생일을 음력으로 誤讀했다면서 '遍封萬歲' 시기를 음력 7월 중순 즉 서력 8월 중순으로 비정하였다(1962, pp. 1356~1358, 1366). 郭(1947, pp. 484~491, 495~496, 500~501, 504~507, 532~533)과 簡(1962, pp. 1346~1398) 및 羅爾綱(1979-5)는 천경내홍의 원인, 전개과정에 대한 당시의 제기록을 검토, 정리하고 있어 논의를 상호 비교해 봄으로써 수수께끼 같은 천경내홍의 대체적인 사실을 폭넓게 파악할 수 있다. 郭과 簡의 중요한 차이점은 郭이 北王, 翼王, 燕王의 밀모와 북왕의 독자적 살해설을 주장함에 비해, 簡은 동왕의 부하 胡以晄이 동왕의 모역을 천왕에게 밀고하고, 천왕이 북, 익, 연왕에게 진압 密詔를 보냈다고 한 점에 있다. 羅는 簡과 달리 胡의 밀고설에 대하여 좀더 전거가 필요하다는 신중함을 표하고 있다(pp. 280~281).
164) 簡又文, 1962, pp. 1382~1383. 郭은 별다른 설명 없이 石의 토벌군 병력을 4만이라 하고 있다(1947, p. 501).

다. 165) 천왕의 형으로서 동왕에게 모욕당한 적이 있고,166) 천경 내홍 이후 한 때 권력을 행사하게 되는 인발(仁發), 인달(仁達) 등 천왕의 친족들과 친위대 지도자 등 천왕집단이 이때 숙청을 계획하였겠지만167) 그 구체적 활약상은 알 수 없다. 어쨌든 살육전이 끝난 후 천왕으로부터 북왕의 수급을 받고 남경에서 '전사통군주장의왕(電師通軍主將義王)'으로서 정무를 총괄토록 요청받은 석달개도 다시 천왕과 그 형제들의 의심과 위험 속에서, 익년 5월말 경에는 자신을 추종하는 20만 대군을 이끌고 남경을 떠남으로써 운동의 주류를 이탈, 강서, 절강, 복건, 호남, 광서 등을 거쳐 사천으로 진출하려다 끝내는 어떤 정치적 성취도 이루지 못한 채 대도하(大渡河)에서 사천총독 낙병장(駱秉章)에게 괴멸당하게 된 독자적인 군사행동에 들어가 버렸다.

천경내에서의 대학살을 가능케 했던 음모의 구체적인 전개과정은 분명치 않다. 168) 위창휘가 학살한 것은 천왕의 밀조를 받고서 한 것인지, 석달개가 남경에 온 것은 위(韋)와 사전에 밀의가 있었는지, '핍봉만세(逼封万歲)'는 천왕권력의 찬탈과 관련이 있는지는 사실 비밀에 싸여 있다. 어쨌든 북왕은 죄책되어 명호(名號)가 삭제되었지만 피살된 동왕은 다만 '승천'한 것으로 되고 상제의 제3자로 선포되었다. 169) 그의 명호는 자손에게 세습되었으며 '천국양민(天國良民)의 주(主)'로 찬양되었다. 이와 같은 북왕과의 극단적인 대비가 동왕에게 본래 모역의 의도가 없었다고 천왕이 인식하게 되었거나,

---

165) 태평군 전체의 인심이 翼王에게 기울었다지만, 이때에 이르러 北王 追從者가 극소수화되어 천왕은 단 2일 만에 겨우 2백 명을 처단함으로써(簡又文, 1962, pp. 1383~1384) 살육전의 막을 내렸다는 것은 불가사의하리만큼 너무나 극적이다. 簡은 洪의 토벌군중 '王師'가 구체적으로 어떤 군대인지 밝히지 않고 있는데, 그는 제반사료를 인용한 후 그 내용이 너무 간략하다고 아쉬워하고 있다(同, p. 1393). 羅爾綱은 단지 '천경군민'을 언급하고 있다(1979-5, p. 276)

166) 簡又文, 1962, p. 1352.

167) F. Michael, Vol. 1, 1966, p. 114.

168) 羅爾綱, 1987. 따라서 예컨대 鄒身城, 1984-3은 천경내홍의 主謀, 천왕에의 東王謀逆密告, 위창휘의 東王殺害內應, 대학살계획 등 陳承鎔이 열쇠를 쥔 인물이었다고 주장할 정도다. 주 163)의 고전적 연구 외에 林慶元, 1981-1; 方之光 · 崔之淸, 1987-2; 史式, 1982; 沈嘉榮, 1985-1; 王少華 · 姚瀅, 1981; 1984; 王竹筠, 1982; 庄福銘, 1980; 奚椿年, 1987 등의 논의가 있다. 楊秀淸과 韋昌輝에 대한 평가는 각기 蔡少卿, 1981-1; 王紀河, 1985 참조.

169) 王慶成, 1984-14, pp. 392~393. 그는 원래 상제의 제4자였다. 楊은 상제를 대변해왔기 때문에 그의 명예회복과 상제와의 친밀관계를 승인하는 것은 거의 필연적이었으며 또한 홍수전의 종교적 完整性 유지에 도움이 되는 것이었다.

북왕과의 극단적인 대비를 통하여 태평천국을 이탈한 동왕의 족제(族弟) 양
보청(楊輔淸)과 석달개부대를 회귀시키는 등 단결을 고취하기 위한 실용적
인 목적이 있었을는지도[170] 모르지만, 분명한 것은 동왕의 명호를 삭제함으
로써 그를 비판, 부정하는 것은 상제의 본질과 태평천국의 종교적 토대를
허구로 전락시킬 수 있다는 점이라 할 것이다. 그러나 천경사변의 결과 태
평군 정예가 대타격을 입고, 이제 초기 태평천국의 지도자 가운데 천왕만이
남게 되었다. 동왕의 피살은 운동의 전반기에 성취했던 중앙정부의 정치,
군사, 행정, 이념적 측면에서의 통합력을 붕괴시킴으로써 몰락에로의 후반
기에 접어드는 전환점이 되었다.[171]

　특히 상제일가의 형제들인 제왕, 태평군간의 상호 살해와, 불멸이며 전지
적인 천부의 상징인 동왕의 '승천' 즉 사멸은 배상제교리에 치명적인 타격
을 초래하였다. 다른 이유도 있었겠지만 태평군민의 사기는 저하되었고 '노
형제'인 광서 출신들도 청군의 무자비한 토벌만이 아니라면 운동에서 일탈
하고자 하고 있었던 것이다.

　더욱이 이제 천왕은 홍씨 이외는 불신함으로써[172] 과거의 상제일가라는
보다 보편적인 원리에 기반한 '대가정'으로부터 홍씨일가의 전제왕조인 '소
가정'으로 태평천국을 변질시켰다.[173] 1858년에 그는 자신의 실자 홍천귀복
(洪天貴福)을 상제의 손자, 예수와 자신의 공동계승인으로 선포하여 이제까
지 천부, 천형, 자신이 핵심구성원이었던 '상제의 소가정'에 편입시킴으로
써 비로소 홍씨 '가천하(家天下)'를 신성화, 합리화하였던 것이다. 천부, 천
형의 '하범'이 부재한 속에서 1861년초에는 국호를 '천부천형천왕태평천국
(天父天兄天王太平天國)'으로 개정하기까지 하여 홍수전 부자가 천상의 천부
천형을 이어 국가를 통치한다는 신성성을 과시함으로써 분열되어가는 국면

170) 鄭身成, 1984-2.
171) 우선 인명 손실만 하더라도 태평군의 정예인 노형제 3만 사망, 20만 대군의 익왕세력
　　의 이탈이 초래되었다(簡又文, 1962, pp.1398~1399). 羅爾綱은 내홍 이후 그 영향으
　　로 비로소 군사적 측면에서 수세로 전환되고 정치질서가 문란해지며 이탈과 반란, 청
　　조투항이 속출할 만큼 인심이 이산된다는 점에서 내홍사건은 태평천국사를 전후기로
　　구분하는 획기가 되며 태평천국의 멸망을 결정지은 가장 중요한 원인이었다고 하였다
　　(1979-5, pp.293~296).
172) 李光榮, 1987.
173) 王慶成, 1984-14, pp.393~401.

120

을 종교적인 측면에서 만회해 보려고 하였지만 아무런 효과도 없었다.[174] 그 이전인 1857년에 복왕(福王), 안왕(安王)에 봉해진 천왕의 두 형은 무능하면서도 사치, 부패, 축재에 탐닉하였다. 이로부터 비롯된 작위 남발은 행정체계를 혼란에 빠뜨렸다.[175] 같은 해에 행정, 군사 총책을 부여받은 몽득은(蒙得恩)은 천왕의 총애를 받았으나 무능하였다.[176] 군사지도자들은 이들을 신뢰하지 않았으며 독자적인 군사적 결정을 내렸다. 천왕은 더욱 종교 속으로 궁궐 속으로 침잠하였다. '천부'가 승천해 버림으로써 운동의 방향성을 제시받을 수 있는 계제가 사라진 지금 그가 할 수 있는 행동이란 운동의 새로운 현실적 비전을 창출해 내려고 노력하는 것이 아니라, 단지 자신이 꾼 이몽 속에서 아직까지 스스로 발견해 내지 못한 천부의 어떤 지침이 있는지를 더 듣어 내기 위하여 두 형에게 자신의 이몽과정을 다시 기록해 보라고 하는 것뿐이었던 것이었다.[177]

한편 당시 주된 군사지도자는 태평군 병사에서 성장한 진옥성(陳玉成)과 이수성(李秀成)이었다. 천경사변 이후 1858년 중반에 이르기까지 태평군은 대체로 수세에 놓여 있었다. 내홍 직후 안휘성 동성(桐城)에서 위기에 처해 있던 이수성은 진옥성과 또다른 반란세력인 염군(捻軍)과 제휴함으로써 위기를 벗어나고 1857년 2월 동성에서 청군을 격퇴한 이래 1859년까지 염군과의 연대로 회수(淮水)지역의 여러 도시를 점령하는 등 양자강 중부지역에서 국부적인 승리를 거두기는 하였지만 더 이상 확산시키지는 못하였다. 반면에 청측에서는 1856년 12월에 상군(湘軍)의 호림익(胡林翼)군이 양자강 상류의 무한을 장악하였고 1857년에는 남경 부근에 화춘(和春)과 장국량(張國梁)이 지휘하는 강남대영과 덕흥아(德興阿)가 지휘하는 강북대영을 재건하여 진강(鎭江)으로 진출하고 있었다. 1858년 5월에는 상군은 태평군이 강서, 호

---

174) 王慶成, 1984-13.
175) 王慶成, 1984-15.
176) 蒙이 무능하지 않았고 천왕의 총애를 받은 것은 천왕의 형제였다고 하여 그에 대한 일반적인 평가에 대해 변론하는 경우(韓肇明, 1985)도 있지만 실질은 차치하더라도 李秀成, 李開芳 등 군 지휘관들은 蒙과 洪의 형들에게 불신과 경멸, 불만을 갖고 있었다 (F. Michael, 1966, Vol. 1, p. 121).
177) R. G. Wanger, 1982, p. 112. 1860년에 《王長次兄親目親耳共證福音書》가 天王의 명으로 간행되었다. 원래 1848년에 저술된 《太平天日》에도 홍수전의 이몽이 자세하게 기술되어 있는데 이것이 새삼 1862년에 간행된 것도 마찬가지 사정에서였을 것이다.

남을 배후보급지로 해온 양자강 중류의 전략적 요새지인 구강을 점령하고 증국번은 이어 안휘를 공략하려 하였다. 8월에는 남경을 위협하였다. 내홍 이전까지 태평군이 완전히 장악해 왔던 양자강 수로의 통제권은 강변의 몇 몇 주요도시들을 태평군이 유지한 가운데 증국번에게 넘어갔다. 급박한 위기 속에서 태평군 지휘자들은 몽득은(蒙得恩) 등 중앙정부 지도자들과 긴밀한 연계 없이 상호지원과 연합작전 등 군사적 협의를 통하여 유지하고 있었다. 예전에는 동왕이 중앙에서 군사작전과 보급을 통제할 수 있었지만 이제 중앙집권적 권력이 파괴된 속에서 남경의 군사적 안정과 재정적 보급은 독자적인 지배영역을 그때그때 장악하고 있던 지방군 지휘관들에게 전적으로 의지하여야 하였다. 그러나 1858년말에는 군사적 만회가 가능케 되었다. 동년 9월에 안휘성 북부에서 상군을 격퇴하고 11월에 진옥성과 이수성은 안휘성 삼하(三河)에서 상군 지휘관 이속빈(李續賓)과 증국번의 동생 국화(國華) 등이 전사하고 상군정예가 괴멸하는 등 증국번에게 대타격을 입혔다. 12월에는 포구(浦口)에서 강북대영을 괴멸시킴으로써 안경과 천경의 안전, 교통로를 확보할 수 있었던 것이다. 태평천국이 재기하기 위한 시도가 이윽고 이듬해에 제기되었다.

2. 改革의 指向과 挫折

운동의 말기에 이르러서 제한적이기는 하였지만 천왕을 중심으로 한 중앙 정부의 권력을 강화시킴으로써 개혁을 시도해 보고자 하였던 것은 홍수전의 조카 홍인간(洪仁玕; 1822~1864)에 의해서였다. [178] 그는 풍운산과 함께 천왕의 최초의 배상제교 개종자로서 과거시험에 낙방한 경험을 갖고 있었다. 그러나 1852년 이후에는 태평군과 합류하지 못하고 홍콩으로 피신하여 개신교 선교사들의 도움을 받으면서 활동하였다. 이전에 홍수전과 함께 로버츠 밑에서 교육받은 적이 있었는데 이번에는 스웨덴인 햄버그(Theodore Hamberg)와 런던선교회 회원들과 관계를 맺으면서 선교사 훈련을 받았다. 1854년 천경을 방문코자 상해에 가기도 했으나 뜻을 이루지 못하였지만 외인선교사들

---

178) 鄺純, 1987; 祁龍威, 1981; 路遙, 1981; 茅家琦, 1985; 沈渭濱, 1981-1; 艾力云, 1981; 胡濱, 1981; 內田義男, 1968; So. Kwan-wai. 1957 등의 연구 참조.

122

과의 접촉 속에서 서구 기독교신학뿐만 아니라 자연과학, 정치학, 경제학, 지리, 외국의 정세 등에 걸쳐 광범한 지식을 습득할 수 있었다. 그는 당시 태평천국뿐만 아니라 중국사회에서도 서구문물에 대해 가장 체계적인 지식을 갖춘 최초의 선각자들 중의 한 사람이 될 수 있었다.[179] 따라서 혈족인 천왕과 해후하여 그의 보호 밑에서 생활하면서 외국선교사들의 요망대로 정통기독교리를 전파하고자 하였던 그가 마침내 광동으로부터 육로를 통해 1859년 4월에 남경에 도착하였을 때 천왕에게 환대받아 간왕(干王)에 봉해지고 최고행정직위인 군사(軍師)로 승진한 것은 뜻밖이었다. 이에 그는 곧 개혁에의 요구가 일반화되고 있던 환경 속에서 자신의 지식을 기초로 《자정신편(資政新篇)》을 저술, 간행하였다.[180]

그것은 붕당의 해소 등을 통한 중앙집권의 강화, 서구기술·문물의 도입과 서구열강과의 우호적 외교, 교역관계 증진에 의한 중국의 국부와 민부의 증진 등 대체로 개량적인 근대화를 추구한 것이었다. 따라서 제한적이지만 '자본주의'적인 개혁방안으로서 기왕의 태평천국의 경제이념과는 매우 대조적인 것으로 이해되어 왔다. 즉 은행, 우편, 새로운 기계 기술의 발명에 대한 전매특허, 철도, 기선, 도로, 광산, 신문, 노비폐지, 고용 노동의 도입 등을 제시하고 있는 것이다. 그리고 그는 다른 문건에서 태평천국의 과거제도를 개혁하여[181] 문, 무간의 기능을 좀 더 효과적으로 융합시키고, 또한 실용적인 문체를 사용할 것을 주장하였으며[182] 신사들을 흡수하기 위한 저작물을 간행하기도 하였다.

당연하지만 그의 개혁방안은 기독교리를 전제로 하고 있었다. '구류(九流)', '석담(釋曇)' 등 미신적 전통신앙을 비판하고 유교는 그 가치를 부분적으로 승인하면서도, 기독교리를 '상보(上寶)'라 규정하고 태평천국민을 '신민(新民)'화 즉 기독교민화하려 하였다. 부민화의 방도는 이 '상보'에 기초하여, 우선 여러 계층의 노동, 상업(常業)유지와 아울러 새로운 이기(利器)의 창조에는 《천조전무제도》에는 언급되지 않았던 '전리(專利)'를 보장

179) 陳偉芳, 1987.
180) 《資政新篇》에 대해서는 주 178) 이외에 姜秉正, 1981 ; 1987 ; 沈嘉榮, 1985-4 ; 王明勛, 1982 ; 王汝豊, 1981 ; 苑書義, 1981-2 ; 李竟能, 1959 참조.
181) 鄭純, 1963, pp. 481~487.
182) 鄭純, 1987, pp. 38~39 ; 邢鳳麟·邢鳳梧, 1984-1.

하여 각 부문의 경쟁적 발전, 노동력의 질적 제고를 촉진코자 하였다. 따라서 노동은 사치품이 아닌 실용적인 '중보(中寶)'를 창출해 내는 것이어야 했다. 이 '중보'는 주로 서구문물과 '자본주의'적인 제도의 도입 등 양무(洋務)의 수용을 주된 내용으로 하고 있는 것이다. 왜냐하면 홍인간은, 서양 기독교국가는 부국이었으며 이들과의 통상에 의해 '상보'와 제도, 기술을 수용한 국가는 부국화한 것으로 파악하였기 때문이다.[183] 따라서 양무를 부민화의 첩경으로 제시하고자 했던 《자정신편》에서는 향관, 향병이나 농업역서(曆書)의 제작 등만을 언급할 뿐 농업, 토지문제를 거론하지 않고 있다. 이와 관련해서 《자정신편》은 《천조전무제도》의 토지균분 이념을 방기했다거나 당시의 감조(減租), 감량(減糧)에 의한 지주제와 유지라는 토지정책을 전제로 한 것이라고 해석하기도 한다.[184]

어쨌든 이와 같은 부민화는 부국화의 첩경이기도 하지만 그 부강국화는 또한 통치구조의 개혁을 전제로 한 것으로, 천왕에게 통치권이 귀일함과 함께 특히 세계 각국사정에 밝은 '시(時), 세(勢)'에 능통한 양무론자가 지배층을 구성해야 한다고 한 점이 《자정신편》의 특징이라고 할 수 있을 것이다. 따라서 외국사정을 자세히 서술하고 있다. 그리고 서구열강에 대한 단순하고 낙관적이고 유치한 인식을 반영하는 것이기도 하지만 평등외교를 기반으로 한 무역경쟁을 통해 부강국화가 가능하다고 주장하고 있다.[185]

그런데 '전리(專利)'의 독점적 보장과 천왕에게로 만권 귀일을 규정하고 있지만 독점배타적인 민부와 전제적인 국부만을 추구한 것은 아니었다. 사부(私富)만 추구하고 타인과의 공적 호조의 연대를 도외시하는 것은 망국의 근원이라고 하였다. 그래서 부민에게 국가에 앞서서 사회보장과 교육활동 등을 통해 하층민과의 유대를 강화하도록 하고 있다. 그럼에도 불구하고 각인은 자신의 노동에 의한 자생을 도모해야 하며 부유한 사람도 노동해야 한다고 할 만큼 노동을 중시하였다.

이처럼 개혁방안이 제시되는 한편, 군사적 측면에서는 1860년 중반 무렵 태평군은 양자강 북쪽에서 군사적 승리를 거둠으로써 청군의 압박을 격퇴하

---

183) 三石善吉, 1967.
184) 주 180)의 논의 참조.
185) 그의 외교정책에 대해서는 Y. C. Teng, 1968 참조.

였지만 경제적 근거지를 확보하고 개혁에 착수할 수 있을 정도의 안정성은 확보하지 못하고 있었다. 상군을 양자강 중류역으로부터 구축할 수 없었던 것이다. 안휘에서는 염군(捻軍)과의 연계도 불안정하였다. 그러나 1860년 5월 강남대영을 파괴함으로써 새로운 군사적 진출을 위한 기초가 마련되었으며, 홍인간과 군사지도자들은 양자강 하류의 경제중심지를 장악하기 위한 군사작전에 착수하려 하였다. 그것은 서구의 근대 기선을 획득하면 무창, 한구 등 양자강 상류 공격이 가능하리라고 여겼기 때문이었다.

동정은 성공적으로 시작되었다. 6월 2일 강소성의 중심지이고 해안에 접근 가능한 거점인 소주(蘇州)로 진출한 이수성은 향촌사회를 안정시키고 지역경제를 유지, 발전시킴으로써 태평천국의 안정된 경제적 토대를 확보하고자 하였다. 즉 기왕의 향촌사회질서를 파괴하지 않고 조세를 원활히 징수하는 것이었다.[186] 홍인간이나 이수성 등 군사지도자들이 상해를 장악함으로써 서구열강과의 교역을 통한 경제적 이득을 확보하려는 적극적인 의도가 있었는지는 의문이지만 서양 기선을 획득하려는 동정은 끈질기게 추구되었다. 그들은 서구세력이 태평천국에 원조하거나 중립적 태도를 취할 것으로 기대했다. 서구세력을 태평천국의 '양형제(洋兄弟)'라고 여긴 그들의 인식은 낙관적인 만큼 유치한 것이었다. 그러나 그들의 낙관과는 달리 반란세력과 협조할 의사도 없고 태평천국에 새로운 국가체제를 기대하지도 않았으며, 무력한 청조권력의 유지에 의해 오히려 보다 효율적인 중국진출을 도모할 수 있다고 여긴 서구열강의 무력간섭은, 태평천국의 운명을 결정지을 정도는 아니었지만 태평천국의 직접적인 대외교섭을 가능케 했을지도 모를 최후의 시도인 동정을 좌절시켰다.

Ⅶ. 西歐列强의 干涉

1853년 천경이 건도된 후 많은 외인 선교사들은 중국에 기독교국가가 수립될 수 있다는 기대감을 갖고 있었지만, 1854년부터는 배상제교의 이단적 교리와 태평천국 지도자들의 거만한 태도 등에 대하여 반감과 불만, 혐오를

---

186) 당시의 경제정책은 郭毅生, 1984, pp. 112~144, 270~282; 董蔡時, 1981, pp. 105~150; 郭豫明, 1985 참조. 李秀成의 洋務觀에 대해서는 鐘文典, 1983 참조.

나타내기 시작하였다. 반란세력에 대하여 기대와 희망을 견지하였던 선교사들은 본국정부에 항의하기도 하였지만 정책결정에 어떤 영향도 미치지 못하였다.[187]

태평천국 지도층은, 서구자본주의 열강과의 만남 이후 천하가 상제일가의 형제라는 관념을 국제관계에 반영시켜, '상제를 같이 경배하는' 이들을 끝까지 상제의 세계국가하의 '양형제'로서 인식하였다. 이와 같은 배상제교의 종교적 이념은, 태평천국으로 하여금 외부세계에 대해 청조보다 더욱 개방적인 논리와 입장을 가질 수 있게 함으로써 서구자본주의 열강과의 '평등'한 외교관계, 서구문물의 도입, 중국의 근대화와 부국강병을 성취하는 데 보다 효율적이고 능동적인 사상적 토대가 될 수 있는 것이었다. 따라서 태평천국의 법령준수를 전제로 하고 아편을 교역물품에서 철저히 배제하였지만 외국인의 자유로운 출입과 통상, 선교사의 활동을 인정하였을 뿐만 아니라 기술자를 초빙하고자 하였으며 정부관료와 군대지휘관에 외국인을 고용하기까지 하였다. 그러나 이와 같은 낙관적 개방성은, 서구자본주의 열강이 세계시장을 재편성하려는 침략적 본질에 대한 인식이 결여되어 있었고, 한편으로는 천부, 천형, 천왕의 국가인 태평천국에 외국정부가 예속된 것으로 인식함으로써 청조와 마찬가지의 전통적 중화관념을 노출시키는 등 근대적 민족국가관념이나 민족주의의식이 결핍되어 있었기 때문에 가능한 것이었다.[188]

태평천국의 외국과의 최초의 만남은 서구열강의 이니시어티브에 의해 이루어졌다. 서구열강의 입장은 기본적으로 중국에서 발생할 수 있는 어떤 상황에서도 기존 이익의 보존과 확대를 성취하려는 것이었으며, 따라서 그들은 아편전쟁 이후 그들이 끊임없이 진출하고자 한 양자강 유역을 장악한 태평천국정권을 청조에 대응하는 또 하나의 실질적 정권으로 인정하고 이에 무장간섭과 진압을 유예한 채 자신들의 기본입장을 보다 더 효율적으로 관철할 수 있는 정권을 선택하기 위하여 이후 전개될 정권의 향배에 대하여 관

---

187) S. Y. Teng, 1971, pp. 174~183. 태평천국과 선교사의 관계에 대해서는 S. Y. Teng, 1971, ch. 9; 茅家琦, 1984, 10장에 자세하다.
188) 태평천국측의 서구열강에 대한 인식과 정책에 대해서는 董修民, 1985; 茅家琦, 1981-1; 李晶, 1983; 小島晉治, 1987-1; 安夢弼, 1977; 植田捷雄, 1948, 1949; 林建郞, 1979; S. Y. Teng, 1971, part 3 참조. 茅家琦, 1984는 태평천국, 청조, 열강, 선교사의 대응을 다룬 專論이다.

망하고 또한 양정부에게 상호 연대에의 희망과 위협, 이권요구를 제시하는
이른바 '중립'정책을 견지하였다.[189] 물론 그것은 1854년에 남경조약을 개
정하여 청조로부터 새로운 이권을 확보받으려는 것에서 볼 수 있듯이 청조
와의 갈등 속에서도 청조측에 경사된 정책이었음에는 분명하다. 그런데 서
구열강 중에서 특히 중국시장에 대한 강한 기대 속에서 가장 광범한 세력을
부식하고 있었던 영국은 태평군으로부터 상해 등 조계항의 안전을 우선적으
로 확보하는 데 노력하고 있었다.

남경건도 직후인 1853년 4월 영국공사이자 홍콩총독인 본햄(Sir George
Bonham)은 태평천국의 대열강 태도를 파악하기 위하여 남경을 방문하여 남
경불평등조약상의 상해 등 5개항에서의 통상권리 승인과 태평군의 상해공
격 여부를 탐색하였다. 그는 태평천국이 성공한다면 선교와 통상을 인정할
것이지만 아편무역은 엄금할 것이라고 하면서 내전불개입과 재중 외국인의
무장자위가 유일한 방책이라고 보고하였다. 12월에는 프랑스 공사 부르블롱
(de Bourboulon)이, 1854년 5월에는 미국공사 맥레인(R. McLane)이 방문하였
다. 이후 무장'중립'정책은 태평천국 무장진압을 결정한 1862년까지는 기본
적으로 유지되었다. 외국상인은 양정부에 무기 탄약을 판매하였다.

그동안 1855, 1856년에 서구열강은 유럽에서의 크리미아전쟁과 청조와의
조약개정문제에 몰두하고 있었으며 곧 제 2차 중영전쟁이 발발하였다. 1858
년에 천진(天津)조약이 체결되어 아편무역이 합법화되고 양자강 연안의 진
강, 남경, 구강, 한구 개항이 결정되었다. 영국의 엘긴 경(Lord Elgin)은 11
월 정치정세와 상업전망을 파악하기 위하여 무한까지 항진했으며 귀로에 태
평군과 우호적인 서신교환을 하였다. 태평군은 서신에서 총격을 사과하고
외국의 원조를 얻고자 하였으나, 그는 '중립'을 내세워 거절하였다. 엘긴은
이 여행에서 태평천국이 민중의 지지를 완전히 상실하였으며 태평천국 통치
구역에 상업활동이 완전히 자취를 감추었다고 보고하였다.[190] 1859년에는
영국외무장관 멜머스베리(Malmesbury)는 청조를 도와 태평천국을 제거해야

189) 열강의 對중국, 태평천국정책에 대한 연구로는 W. C. Costin, 1937 ; B. Dean, 1974 ; J.
　　 S. Gregory, 1969 ; C. T. Hensen Jr., 1978 ; 戴鞏琮, 1987 ; 梁侃, 1987-2 ; 嚴中平,
　　 1981 ; 吳乾兌, 1981 ; 袁定中, 1981 ; 韓明, 1985 ; 永野愼太郎, 1986, 1987 등이 있다.
190) J. S. Gregory, 1969, p. 80. 교섭의 자세한 경과는 茅家琦, 1984, pp. 185~194 참조.

한다는 무력간섭의 의향을 명백히 밝히면서도 아직 구체적으로 개입하기에
는 반란세력이 강하다고 경고하였다.[191]

이제 영국외교관들은 점차 태평천국에 대해 비난하기 시작하였다. 그들
은 태평천국이 대외교역 자체나 남경조약 등에서 취득한 기득권을 부정할지
모른다고 우려한 것은 아니었다. 태평천국 지도자들이 체계적인 행정체계
를 수립할 능력이 없으며 배상제교리는 사이비 기독교리로 평가되었다. 그
런 태평천국이 전국을 석권할 경우 만족스럽진 못한 수준이지만 기존의 행
정체계와 교역질서조차 혼란에 빠뜨릴 것으로 우려되었던 것이다.[192] 그러
나 1860년에 태평군은 군사적 승리를 거두고 있는 반면, 청조는 열강의 공격
으로 존립이 위태로워짐으로써 중국의 정치적 향방은 불확실해졌다. 1860년
말에 열강의 태평천국에 대한 무력간섭의 전망은 멀어져갔다. 1860년 8월
이수성군이 상해로 진출하였을 때 영, 불군은 북경 근처의 대고(大沽)에서
제2차 중영전쟁과 관련, 청군과 접전하는 일방 태평군의 진출을 무력간섭,
좌절시켰지만, 10월에 청조와의 북경조약 체결 후에도 영국은 당분간 중국
내전에 개입하지는 않았던 것이다. 물론 상해진출을 무력간섭, 격퇴시킨 것
에서 볼 수 있듯이 이 무렵에는 태평천국에 대하여 '중립'과 구체적인 적대
행동이 착종되는 정책을 취하는 단계에 들어서고 있었다.[193] 그러나 제한된
의미에서의 중립이지만 1861년에도 태평천국을 아직 양자강에서의 사실상
의 정권으로서 인정하고 있었다.[194] 2월 영국해군부사령 제임스 호프(James
Hope)가 엘긴(Elgin)의 명령으로 남경을 방문한 것도 청조와의 북경조약에
서 재확인한 양자강 항행권을 추인받음으로써 '중립'정책에 의한 교역이 가
능한지 알아보기 위한 것이었다. 태평천국에서는 이에 동의하였으며 또한 4
월에는 연말까지는 상해 주위 100리 이내를 공격하지 않겠다고 약속하였
다.[195]

영국은 교묘하게 중국 내전에 '중립'을 유지해 나갔지만, 1861년 중반 무

191) J. S. Gregory, 1969, pp. 81~82; 茅家琦, 1984, p. 167.
192) P. A. Kuhn, 1978, p. 301.
193) J. S. Gregory, 1969, pp. 84~85.
194) J. S. Gregory, 1969, p. 87, 95.
195) 호프는 이때 鎭江, 九江, 漢口에 영사관을 설치하고 南京에 교역통제용 함선정박을
   위한 준비로 선박 10척을 대동하였다. 이 여행으로 세 영사관이 설치되고 영국해군 함

렵 대부분의 영국외교관들은 태평천국이 거의 모든 관점에서 볼 때 파괴적
일 뿐이라고 비난하고 있었다.[196] 1861년 여름 주북경공사 브루스(Bruce)는
명백히 청조측으로 기울기 시작하였다.[197] 태평천국의 왜곡된 기독교리에
대한 외인들의 점증하는 혐오감과, 아편무역에 대한 태평천국의 단호한 금지
는 명백한 것이었다. 7월 중국번은 서양상인들이 반란군에게 무기를 판매하
기 때문에 안경함락이 지연되고 있다고 불평하였으며, 10월에 브루스는 태
평천국측에서 외국선박으로부터 무기, 탄약을 구입하지 못하도록 교역을
한구(漢口)와 구강(九江)으로 제한하고, 그 이외의 양자강에서 정박하지 못하
게 해달라는 공친왕(恭親王)의 요청을 상인들의 반대에도 불구하고 수락하
였다.[198] 영국의 정책은 태평천국에게 직접적인 무력간섭이 없다는 점에서
여전히 '중립'이었지만 청조에 대단히 우호적이었던 것이다. 그러나 아직까
지 브루스나 영국본국 당국에게 중국 내전에 직접 개입한다는 명백한 의사
는 없었다.

그러나 1861년말 서구열강이나 태평천국은, 표면상 애매하게 보였던 현
상유지적 태도를 불식하였다. 영국측은 11월 함풍제 사후 쿠데타로 등장한
서태후(西太后)와 공친왕정권을 원조하여 청조 권력을 재생시키고 이를 통
하여 기득권을 유지 확장시키려는 입장을 명백히 하기에 이르렀다. 새로운
조약체제를 기반으로 입지를 확보하려는 공친왕은 서양열강의 군대원조에
관심을 갖고 있었으며,[199] 영국공사 브루스는 이제 협조를 아끼지 않았다.
때마침 서부전선에서 불리한 전황 때문에 해안지역에서 입지를 강화해야 하
는 상황에 있었던 태평군은 12월에 잠정적으로 중단했던 동정을 재개하여
영파(寧波)와 항주(杭州)를 점령하였고, 이수성은 1862년 1월 그동안 접근이
유예되었고 열강이 완강히 보호하고자 하였던 상해에 대하여 총공세를 폈던
것이다. 이에 대하여 영·불군과 워어드(Ward)가 격퇴하였고 이제 브루스도

선의 남경정박과 영국선박 왕래가 허용되었다. 그리고 태평군이 장래 영국인이 교역하
는 강변의 항구나 여타 지역을 공격할 때 영국민을 해치지 않으며 該地의 영국당국이
간섭하지 않을 것을 동의하였다(J. S. Gregory, 1969, p. 96 ; 茅家琦, 1984, pp. 198~
204 ; 郭廷以, 1947, pp. 746~747).
196) J. S. Gregory, 1969, p. 98.
197) J. S. Gregory, 1969, pp. 99~102.
198) J. S. Gregory, 1969, pp. 104~105.
199) 茅家琦, 1984, pp. 241~243.

영국당국도 공격적 행동의 필요성을 정당화하였다.[200] 이후 태평천국에 대한 영국의 무력간섭은 이 중영관계를 공고히 하기 위한 조치에 속하는 것이었다. 영국이 청조를 선택하게 된 것은 중국진출에 방해가 될 만큼 태평천국이 청조보다 강력하거나 배외적이라고 여겼다기보다, 영국의 기득권을 유지 발전시키기에 적절한 체계적인 통치역량을 가졌는지 회의한 결과였으며[201] 또한 청조가 승인한 아편무역을 태평천국이 철저히 금지하리라 여겼기 때문이었다.[202]

외국의 간섭은 영, 불군의 직접 개입보다는 특히 청군에 대한 근대병기와 훈련의 제공, 중국인 용병부대에 외국인 지휘관의 참여를 통해서 이루어졌다. 후에 상승군(常勝軍)이라 불린 군대는 강소지방에서 중대한 역할을 수행하였다.[203]

그런데 서양군대를 차용하여 태평천국을 진압하려는 '차병조초(借兵助剿)'의 논의는 1853년초부터 양자강 하류 지역의 관료, 신사들에 의해 모색되어 해군차용과 '이선(夷船)' 고용이 제기되었지만 청조정부는 반대하였었다.[204] 1860년에 이르러서는 본격적으로 강력하게 제기되었다. 열강의 직접적인 군사개입, 군함 무기의 제공, 청조군 훈련교관과 향병지휘관의 파견 등의 원조를 제기하였던 것이다. 당시 적극적으로 주장한 것은 절강순무 왕유령(王有齡)과 실질적인 영, 불당국과의 교섭담당자인 소송태도(蘇松太道) 오후(吳煦)였다.[205] 당시 매판상인들과 함께 사적으로 상업에 투자하고 있었던 오후는 훗날 상승군으로 발전하는 외국인 용병부대인 양창대(洋槍隊)를 조직하였다. 여기에는 절강출신 전장주(錢庄主), 지주로서 자르딘 매디슨 상사(Jardin, Metheson and Company)의 매판이면서 그의 동업자이기도 한 양방(楊坊)이 협조하였다.[206] 오후는 개인적 야망과 투기를 꿈꾸면서 양방에게

200) J. S. Gregory, 1969, p. 109 ; 茅家琦, 1984, p. 236.
201) J. S. Gregory, 1969, pp. 107~108, 155~169.
202) 簡又文, 1958, pp. 978~986, 1165~1170 ; 羅爾綱, 1955, p. 174.
203) 常勝軍과 고오든(Gordon)의 역할에 대한 연구로는 R. J. Smith, 1973 ; L. M. Li, 1968 ; 李守孔, 1985-2 ; 鄒身城, 1984-5가 있다.
204) 借兵助剿論의 제기와 경과에 대해서는 表敎烈, 1987 ; Wang Erh-min, 1971 ; 茅家琦, 1983-1 ; 于醒民, 1985 ; 劉耀, 1985 참조.
205) 表敎烈, 1987, p. 112.
206) 外山軍治, 1945.

고용되어 그의 사위가 된 미국인 워어드를 지휘관으로 고용하였다. 워어드는 투기적 군인인 미국인 버어저빈(Burgevine)과 필리핀 병사 100여 명을 고용하였다. 1861년에 그들은 오후와 양방의 재정적 원조하에 필리핀 병사 외에 중국인 용병으로 수백 명을 고용하여 연발총으로 무장하기 시작하였다. 1862년에 병력은 3천 명으로 증가하였다. 이 군대는 실질적인 지휘관이 유럽인이고 많은 병사가 필리핀 용병이었지만 공식적으로는 강소순무와 신사들에 예속된 '중국군대'이기는 하였다. 상해근교에서의 승리 후 2월에 청조는 이 부대에게 '상승군'이라는 공식 칭호를 수여하였다.

그러나 오후와 강소순무 설환(薛煥)에게 상승군의 활동은 서양군대의 직접원조를 얻기 위한 첫단계 조치에 불과하였다. 그런데 당시 상해에는 소주(蘇州) 등 강소성 지역의 관료, 신사들이 피난해 있었고 절강성의 신사, 상인들이 교역활동에 참여하고 있었다. 자신들의 안위와 상해 보위에 의견이 일치하고 있던 그들은 서양군대를 차용하자고 강력하게 청원하고 있었으며, 특히 강소성 출신들은 심지어 소주와 남경탈환전에 서양군대를 투입하자고 제안하기까지 하였다.[207] 이에 1862년 1월 설환은 소주, 남경공격을 포함한 차병조초의 상주문을 보내었다. 그 직전 오후, 전소주부지부(前蘇州府知府) 오운(吳雲)과 후보직예주지주(候補直隷州知州) 응보시(應寶時) 등은 설환의 승인하에 영불당국과 협의하여 상해보위를 위한 중외회방국(中外會防局)을 설립하였다.[208] 그것은 중외연합작전기금을 마련하기 위한 조처였다. 2월초에 설환의 상주에 대하여 중앙은 중외연합작전을 상해보위에 한정한다고 제한적으로 승인하였다. 상해방위에는 가하나 소주, 남경탈환에까지 외인부대를 차용한다는 것에 반대한 중국번의 주장이 주효하였다.[209] 그는 외인부대가 직접 개입으로 강소성 등지에서 안정된 기반을 구축하리라 의심하고 있었으니, 당(唐)왕조가 외인부대의 도움을 받은 끝에 멸망한 전례를 상기하고 있었던 것이다.[210]

1862년 1월 태평군이 오송강으로 진출하였을 때 2월 해군부사령 호프

207) 茅家琦, 1984, p. 244 ; S. Spector, 1964, pp. 29~30.
208) 吳桂龍, 1981 ; 張達泉, 1974.
209) 茅家琦, 1984, pp. 246~248 ; S. Spector, 1964, p. 94.
210) S. Y. Teng, 1971, pp. 292.

(Hope)가 영·불군, 워어드군의 지원으로 상해 북동쪽의 태평군을 기습함으로써 직접 개입이 시작되었다. 4월에 브루스는 상해 주변 100리 이내의 태평군을 소탕하라는 공식승인을 내렸다. 동시에 천진으로부터 영국군과 지휘관 스태블리(Staveley)가 도착하였다. 5월 중순에 영·불군과 워어드군이 상해 주변 100리 이내의 주요도시를 탈환하여 요새화하였다.

그러나 이후의 상해 보위는 상해회방국(上海會防局)이 영국회사에게 차용한 기선으로 안경에서 4월에 도착한 이홍장의 회군이 주도하게 되었다. 그는 중국번의 천거로 도착 직후 막바로 서강소순무(署江蘇巡撫)에 임명되었다. 이홍장은 도착 후 회군이 영·불군에 예속되는 것을 반대하고 독자적인 지휘권을 확보하려 하였다. 그는 회군의 독자적인 '군사행동을 통해서 군사적 주도권을 확보할 수 있다고 확신하였고 서양인 교관에 의한 훈련에 대해서도 부정적이었다. 청조에 대한 서구의 영향력이 증가될 것으로 염려했던 것이다.

이윽고 이수성의 태평군은 다시 6월초에 상해를 대대적으로 공격하였다. 가정(嘉定)의 영·불군과 송강(松江)의 상승군은 퇴각하였다. 그러나 이홍장의 회군에 격퇴되어 소주로 퇴각한 이수성은 다시 증국전(曾國荃)부대에게 위협받고 있던 남경구출을 위해 강남을 떠나야 했다. 이후의 상해공격은 상승군의 협조를 받은 회군에게 격퇴되었다. 회군은 8월말에 가정 이외의 상해 주위 100리 이내의 지역을 재탈환하였고, 10월에 영·불군과의 최후의 중외협동작전으로 가정을 탈환하였다.[211)

그러나 그 이후에도 상승군은 회군과 협조하여 태평천국의 멸망을 앞당기는 데 중요한 역할을 하였다. 1862년 9월 워어드(Ward) 사망 후 버어저빈(Burgevine)이 취임하였으나 곧 이홍장에게 해임되고 그 후임으로 고오든(Gordon)이 1863년초에 취임하였다. 상승군은 이제 상해방어의 범위를 넘어

---

211) 영불군의 태평군과의 직접적인 교전은 1862년으로 끝났다. 그러나 영불은 청군훈련, 무기제공, 외국상인에 대한 鎭江, 九江, 漢口 이외 지역에서의 교역금지에 의한 외국상인과 태평군과의 접촉 예방, 근대함선 제공계획 등으로 청조를 후원하였다. 그런데 대태평군 작전에서 특히 중요한 역할을 한 上海지역의 영국군 병력은 62년 1월에 6 내지 7백 명, 3,4월에는 4천 명으로 급증하지만 상해의 안전이 이미 확보된 63년 중반에는 1,500명으로 감축되어 있었다. 영국당국은 감군과 군사비용경감을 바라고 있었으며 62, 63년 단계의 병력으로는 上海를 넘어 작전을 확장할 수 없었다고 한다. J. S. Gregory, 1969, pp. 118~119, 123~125 참조.

서 태평군 공격에 회군과 협조하였다. 연발총과 대포 등 근대병기로 무장된 상승군은 1863년 이래 회군과 함께 강소 동부와 절강 북부지역을 탈환하였다. 근대적인 대포는 성벽 방어를 무위로 만들었다. 상승군의 상숙(常熟), 태창(太倉) 등지에 이어서 12월에 경제, 행정 중심지인 소주탈환전에서 이홍장과 고오든은 대승을 거두었다. 태평천국에 치명적이었던 소주함락 당시 태평군의 일부 군사지도자들이 투항하였다. 더욱이 강소성 동부에서의 회군의 승리는 천경을 방어하던 태평군 주력부대를 다시 분할시켰고 그 결과 증국전부대는 신속하게 천경을 함락해 버렸던 것이다.

Ⅷ. 紳士層의 對應

태평천국은 서구열강의 간섭에 의해 몰락이 촉진되고 지도층 내분으로 정예병력의 파괴와 운동의 방향성에 혼미를 초래하지만, 몰락의 전조는 이미 태평천국 지도층의 노력에도 불구하고 전통적인 체제의 옹호자인 신사층을 수용하지도 격퇴하지도 못한 데서 싹트고 있었다. 태평천국의 혁명이념과 배상제교리를 부각시킴으로써 신사층과 지주 등을 대변, 결집하고 청조를 소생시킨 것은 호남의 상군(湘軍)을 조직한 증국번(曾國藩 ; 1811~1873)이었다.[212] 그가 1854년에 발포한 '토월비격(討粵匪檄)'은 태평천국과의 투쟁이 단순한 청조 보위가 아니라 중국의 전통을 보위하기 위한 성전임을 선언하였다. 태평군이 행한 민중약탈, 강제징병, 전족의 폐지를 상기시켰다. 태평천국은 모든 토지를 천왕의 소유라 하여 몰수하고 이단종교 교리를 끌어들여 공자의 경전과 유교사당, 불교, 도교의 토속신앙을 부정하고 가족질서를 왜곡시켜 만민을 부모 구별없이 형제자매라 함으로써 전통적인 예의, 인륜, 제도를 파괴하였다고 하였다. 이런 반란은 청조에 대한 단순한 정치적 변란의 수준을 넘어서 개벽 이래 중국의 전통인 명교(明敎)에 대한 기변이라고 규정하였던 것이다.

호남 상향현(湘鄕縣) 출신으로서 진사 급제 후 한림학사, 예부시랑을 역임한 그는 1852년 모친상 때문에 귀향하였다. 그 곳에는 이미 나택남(羅澤南)

---

212) 曾國藩에 대한 저작으로는 范文蘭, 1949 ; 蕭一山, 1953 ; 朱東安, 1985 ; 夏胎焜, 1964를 들 수 있다. 특히 W. J. Hail, 1927은 태평천국시기를 집중적으로 다루고 있다.

등 신사층이 주도하는 향촌자위집단인 단련이 만들어져 있었다. 213) 아직 이런 단련이 공인되지 않고 있었기 때문에 청 정부는 1852년 12월 증국번에게 순무와 협조하여 단련조직을 감독하도록 '단련대신(團練大臣)'에 임명하였다. 1853년초에는 안휘, 강소 등 여타 성에도 단련대신들이 임명되었다.

그러나 증국번은 한정된 향촌범위내에서 향촌보위를 위해 조직된 단련으로는 이제 태평군과 대응할 수 없을 만큼 상황이 악화된 것을 알고 있었다. 그는 이들을 규합하여 새로운 성 단위 군대로 확대하고자 하였다. 나택남의 상향 단련을 새로운 호남성 군대인 상군의 핵심부대로 삼고 강충원(江忠源)의 신녕현(新寧縣) 단련 등 여타의 단련을 통합시키고 이윽고 자신이 직접 지휘하기 시작하였다. 그는 우선 향촌의 치안 확보에 주력하면서 1853년 여름까지는 호남성내에서 활동하였다.

사실 상군은 팔기병과 녹영병 등 청조 정규군대의 보조적인 군대로서 출발하였다. 이 성 단위 비정규군사조직의 창설은 태평군에 대한 청조의 무능과 권위의 붕괴를 보여주는 것으로서 청조가 취할 수 있는 마지막 수단이었다. 정규군의 무능과 부패 때문에 상군은 공인되어야 했고 따라서 상군은 정규군사조직과 모순 없이 양립하게 된 것이다. 그러나 청조 정규군대는 1860년 5월 남경 근처의 강남대영이 붕괴됨으로써 청조정부가 태평천국 진압의 주역을 이 '의용군'에게 넘겨주지 않으면 안되게 될 때까지 태평군의 활동을 진압하기에는 역부족이었으나 통제하는 데에는 중요한 역할을 하고 있었다. 증국번은 1860년 6월과 8월에 이르러서야 강소, 안휘, 강서 등 강남 지역의 군사통수권과 재정권을 장악할 수 있는 관직인 양강총독(兩江總督) 겸 흠차대신(欽差大臣)에 취임할 수 있었다. 214)

상군의 조직은 명대(明代)에 왜구를 격퇴시키기 위해 비정규군을 조직했던 척계광(戚繼光)의 원리를 모델로 하고 특히 상하지휘계통간에 사적인 유대를 강화하였다. 215) 즉 상급부대 지휘관은 예하부대 지휘관을, 단위부대내

---

213) 상향에서의 단련조직, 湘勇, 湘軍으로의 계열적 발전을 논한 것으로 目黑克彦, 1981 ; 1983 참조. 龍盛運, 1985는 湘鄉지역에 대해 배경적 고찰을 하고 있다.
214) 11월말에는 절강성의 군정무 관할까지 부여받았다.
215) 湘軍의 형성, 조직, 운영실태 등에 대해서는 羅爾綱, 1939 ; P. A. Kuhn, 1970, pp. 135 ~152 ; 董蔡時, 1985 ; 王爾敏, 1985-1 ; 王天奬, 1981-4 ; 鄭再樵, 1985 등의 연구가 있다. 특히 水軍에 대해서는 王文賢, 1985-1 ; 1985-2 참조..

의 지휘관은 자신의 병사를 사적으로 선발하게 하였고, 지휘관이 새로 임명될 때마다 예하 지휘관과 병사들을 새로 선발하게 하였다. 부대는 지연, 혈연관계를 이용한 지휘관에 대한 사적인 충성을 토대로 강하게 결집되었다. 그것은 신사층이 이끄는 비정규군을 통합시키는 데 매우 유용하였다. 바로 이 조직체계상의 사적인 특성에 잠재해 있는 위험성 즉 중앙정부의 통제가 매우 힘들게 되었다는 점 때문에 황제와 일부 중앙관료들은 상군의 향방에 대하여 의구심을 떨쳐버릴 수 없었다.

이 조직원리에 따라 증국번은 상군의 군대간부와 행정막료를 주로 하층신사로 선발하였다.[216] 행정막료는 출신 성(省)이 다양하였지만 군대간부는 상향현 등 호남의 몇 개 현에 거의 집중되어 있었다. 급료는 충분히 지급되었다. 이들 중에서 이홍장(李鴻章), 좌종당(左宗棠)과 같은 청말의 주요 인물들이 배출되었다. 병사들은 이른바 소박하고 인내 있는 농민으로 충원되었고 유교적 가치관과 기율이 주입되었으며 일용노동자의 10배, 녹영병의 2배에 달하는 망외의 급료가 지급되었다. 유민은 배제되었다.

초기 상군의 재정은 증국번이 중앙정부로부터 과거급제자격, 관료직함 등의 증서판매를 요청하여 허가를 얻음으로써 충당되었다. 감생(監生) 증서 따위가 북경으로부터 호남순무를 거쳐 증국번에게 전달되었으며 그 결과 신사의 숫자는 팽창하였다. 이후 점차 1853년에 도입된 국내 상업관세로서 성마다 세율이 다른 이금(釐金)이 주된 세입원으로 되었다.[217] 그런데 이 이금에 대하여 중앙정부는 50년대말에 이르면 감독, 통제하지 못하기에 이르렀다. 성정부의 관직에 임명된 증국번이나 여타 지방의 군사지휘관들이 우선적으로 군사지출에 사용해야 했으며 중앙의 호부(戶部)에 사전 승인이나 보고조차 제대로 하지 않았던 것이다. 예컨대 1856년 증국번은 호남순무 낙병장(駱秉章)의 동의를 얻어서야 호남성의 이금을 상군 재정에 지출하였지만 1860년 양강총독이 된 후에는 당시 강남의 중요한 재정 보급지였던 강서성의 이금관리를 성의 재정기관인 포정사(布政司)로부터 독립시켜 지출하였으

216) 曾國藩의 幕府의 실태에 대한 연구로는 李鼎芳 編, 1985; K. E. Folsom, 1968; J Porter, 1972; 繆全吉, 1969 등을 들 수 있다.
217) 釐金 징수체제의 도입에 의한 재정수취체제의 재편과 실태에 대해서는 羅玉東, 1936; E. G. Beal Jr., 1958; 高橋孝助, 1972; 1973 참조.

며, 이후 상군은 직접 이금 징수기관를 설치 운영하였다.[218] 성의 정규세입
도 상군에 전용되었다. 지방정부가 지역군에 대한 지도권뿐만 아니라 재정
도 점차 장악하여 자치적으로 사용하게 된 것이다. 중앙정부는 재정고갈을
타개하기 위하여 동전, 지폐를 남발하였고 인플레이션은 민중의 저항을 초
래하고 국가재정을 피폐케 하였다.[219]

태평군과의 최초의 전투는 1854년초에 이루어졌다. 증국번은 출정에 임하
하고 10월 호북의 무창(武昌), 한양(漢陽)을 탈환하였다. 태평군의 서정(西
征)은 여기에서 멈추었으며 공방전이 계속되었다. 1856년 남경에서는 내홍
이 일어나고 있었고 12월에는 석달개가 재차 장악하였던 무창이 상군에게
합락되었다.
었다.

드디어 1860년 5월 강남대영이 붕괴되자 양강총독이 해임되고 증국번이
서(署)양강총독에 임명되어 전군을 지휘하게 되었다. 그는 처음으로 부여된
이 성급 최고관직을 토대로 효율적인 군사지휘권을 확보하고 상군의 재정,
정치적 입지를 강화시킬 수 있게 되었다. 그리고 그의 예하 군사지휘자였던
강충원(江忠源), 유장우(劉長佑), 호림익(胡林翼)은 각기 안휘, 광서, 호북순
무로 성장하였다. 만주족정권은 결국 이 지방의 행정, 군사권을 장악한 증
국번을 중심으로 한 한인 관신들과의 연대로 소생하게 되지만, 훗날 군벌시
대의 씨앗은 이때 뿌려졌다고 할 수 있다.[220]

이제 증국번은 동생 증국전을 파견하여 양자강의 요새 안경을 함락시켜
천경을 위협할 수 있는 전략적 요충지를 장악하였다. 그는 또한, 안휘성 합
비(合肥)의 고관가문출신의 진사로서 1853년 이래 그곳의 염군(捻軍)활동과
태평군의 진출에 대응하여 단련을 조직, 활동하다가 결국 1859년에는 증국
번에게 합류하여 막료가 되었던 이홍장이 상군을 모델로 하여 안휘성 의용
군인 회군(淮軍)을 창설할 수 있도록 후원하였다.[221] 상군은 훗날 지휘자들

218) D. Pong, 1966 ; P. A. Kuhn, 1978, p. 289.
219) J. Ch'en, 1958. 당시의 청조 재정구조의 변동상황에 대해서는 J. T. K. Wu, 1950 참조.
220) F. Michael, 1964.
221) 淮軍의 형성과 태평천국시기의 李鴻章에 대해서는 王爾敏, 1967 ; S. Spector, 1964 ; 江地, 1985 ; 苑書義, 1984 ; 李守孔, 1985-1 ; 小野信爾, 1957 ; 1960 ; 坂野良吉, 1972 참조.

의 치부, 관직추천 경쟁, 부대의 사병화, 부패 등의 끝에 해체되고 말지만, 당시 이미 나택남 등 유능한 지휘관들이 다수 사망하고 사병의 사기가 저하되고 호남에서의 병사충원도 점차 곤란해지는 등 쇠퇴기에 접어들고 있었던 것이다. 마침 1861년 안경의 증국번을 방문한 상해의 신사들의 군사원조 요청에 따라 이홍장은 즉각 기왕의 단련과 향용 등으로 구성된 회군을 창설하였고, 이윽고 1862년 4월 상해 신사들이 외국상인으로부터 차용한 기선편으로 전술했듯이 상해로 진출하였으며, 증의 추천으로 서강소순무에 임명되었다. 국내외 교역의 중심지인 상해를 장악한 그는 관세와 막대한 강소성의 이금을 이용할 수 있었다. [222] 그리고 호남 출신 학인으로서 증의 막료를 지내고 절강성에서 활약하고 있던 좌종당(左宗棠)도 1862년에는 절강순무로 임명되었다. 이들에 의한 강소성 해안지방과 절강성의 장악은 당시 이미 전개되고 있던 증국전의 남경포위와 함께 태평천국의 최후를 결정지웠던 것이다.

IX. 太平天國의 沒落과 捻軍의 活動

천왕 홍수전은 양자강 하류역을 잃고 증국전부대에게 포위당한 속에서, 천경을 탈출하여 훗날을 기약하고자 한 충왕 이수성의 제의를 거부하였다. 증국전부대는 1864년 7월 19일 천경을 함락하였다. 천왕은 그 이전에 병사하였으며, 증국번의 보고에 따르면, 태평군과 남경주민 10여 만 명이 피살되었다고 한다. 광동까지 전전한 부대도 다음해에는 소탕되었다. [223] 마침 천경 밖에 있어서 새로이 부대를 규합하려 했던 간왕 홍인간도, 탈출한 충왕 이수성과 천왕의 유주(幼主)도 체포되어 처형되었다. 유일한 잔여세력으로서 양자강 이북에서 활약하고 있던 준왕(遵王) 뇌문광(賴文光)은 안휘성의 염군세력을 규합하여 태평천국의 이념, 조직에 따라 계속 투쟁하고자 하였다. 염군과의 연대로 1868년까지 태평천국의 명의가 유지되기는 하였지만 운동의 실질은 이미 1864년 붕괴되었다. 중국의 전통에까지 도전한 반란으로 평가된 만큼 태평천국은 거의 철저하게 망각당해야 했다.

---

222) S. Spector, 1964, pp. 67~82; 臼井佐知子, 1984.
223) 태평천국 잔류부대의 殘影은 范啓龍, 1981 참조.

그런데 태평천국의 뒤를 이어 한때 북경을 위협했던 염군(捻軍)반란은 이미 남경에 건도한 태평천국에 호응하여 1853년에 발발하고 있었다. 그러나 염군은 1868년까지 화북지역에서 기동성을 바탕으로 장수를 누렸지만, 태평천국과는 대조적으로 어떤 혁명정부도 창출하지 못한 채 유구주의로 시종하였다.[224)

염군의 주된 활동무대는 화북지역의 남부, 즉 회하(淮河) 이북의 안휘, 하남, 강소, 산동성의 교계지역이었다. 이 지역은 가본적으로 한지(旱地)농경지대로서 1840, 1850년대에 황하의 수로변경과 홍수로 수재와 한재가 빈발하였으며 대운하의 노동자들이 실업하였고 양회염(兩淮塩)과 장로염(長蘆塩) 판매지역이 착종되어 있어서 소금 밀매업이 성행하고 있었다. 화북지역은 생존을 위해 약탈에 의존해야 하는 열악한 경제조건에 처해 있었던 것이다.[225) 이런 상황 속에서 일부 염(捻)들은 1852년에 최초로 상호 연합하기에 이르렀다. '18포(鋪)'라 불리는 수령 18인이 통합하여 밀염상 출신으로 후에 염군반란의 강력한 지도자로 성장하는 장락행(張樂行)[226)을 추대한 것이다. 이때까지 화북지역에 광범하게 산재해 있었던 이들 개별 집단들은 일반적으로 염(捻)이라 불리고 있었지만 상호간에 공통된 연대의식을 거의 갖고 있지 않았다.[227)

염의 기원은 1804년에 진압된 백련교반란으로 소급된다.[228) 당시 반란군 잔존자와, 반란진압을 위하여 향용에 충원되었다가 이후 해체되어 귀향하게 됨으로써 생계가 곤란해진 빈민들은 하남, 안휘, 강소, 산동 교계지역에

---

224) 捻軍에 대한 전저에는 江地, 1956; 1959; 1986; 郭豫明, 1979; 羅爾綱, 1939; Chiang Siang-tseh, 1954; E. J. Perry, 1980; Teng Ssu-yü, 1961이 있으며, 이외에 郭豫明, 1986; 馬汝衍, 1981; 薄衣凌, 1982-2; 井木賴壽, 1978; 小野信爾, 1961; 淸水稔, 1977; 太田秀夫, 1977 등의 논문이 참고가 된다. 羅爾綱, 1981-3에 따르면 염의 발전은 1804∼13년의 탄생단계, 1814∼53년의 염마다 수령이 출현하는 단계, 1853∼55년의 화북 각처에서의 봉기단계, 1855년 가을∼56년 겨울의 염당의 통일과 '大漢'칭호 도입단계, 1857∼63년의 張樂行 염군이 태평천국에 가입하는 단계, 1864년 겨울∼68년 여름의 태평천국 계승단계의 6단계로 분기할 수 있다.

225) 井木賴壽, 1987.

226) 장락행에 대한 언급으로는 주 224) 이외에 郭豫明, 1981-2; 尹正昌 等, 1983; 井木賴壽, 1980을 들 수 있다.

227) 함풍 3년 이전의 염의 동향에 대해서는 陳華, 1985 참조.

228) 염의 기원 명칭에 대해서는 馬昌華, 1981; 張珊, 1986; E. J. Perry, 1976, pp. 98∼100 참조.

서 수십 내지 수백여 명씩 무리지어 비적이나 염밀매활동을 하였는데, 이들 불법적인 무장집단들은 각기 당시 한떼의 집단, 무리를 의미하는 염, 염자 (捻子) 등으로 불리고 있었던 것이다. 그러나 이들 염집단 전체가 명백한 종교적 교리나 정치적 이념을 갖고 있지는 않았다. 왜냐하면 원래 백련교란 것이 3성교계지역의 불법자나 향촌의 정착민도 광범하게 포함하고 있었던 만큼 백련교 진압 후의 잔존자들은 매우 이질적인 요소를 갖고 있었기 때문이다.

이후 염은 점차 단순한 약탈적 성격을 넘어서 향촌에 침투하기 시작하였다. 즉 실업자, 밀염상뿐만 아니라 염 구성원들의 침탈로부터 보호받고자 한 향촌민, 염조직을 이용하려는 향촌내 혈연집단의 유력자들도 침투하면서 결국 염은 향촌질서와 밀접하게 연결되어 갔으며 더욱이 태평군의 진출에 따른 향촌의 무장화가 추진되고 화북의 열악한 경제조건에 따른 근린향촌으로부터의 침탈을 방어하기 위해 공동방어진지를 구축하는 등 촌락을 자위해야 하는 상황 속에서 염집단이 향촌방위의 핵심적인 세력으로 부상하였던 것이다. [229] 결국 향촌유력자를 수령으로 하는 염은 무장한 비적과 반무장한 향촌토착집단으로 구성되어 있었으며, 이들은 농경과 전투를 겸하면서 향촌보호와 함께 주변의 약탈과 귀향을 주기적으로 반복하였다. [230] 주된 공격대상은 지주, 신사, 부상(富商), 고리대업자 등이었는데 약탈물은 수령 이외에는 기병과 보병간에 2:1의 비율로 평균분배하였고 빈민에게도 분배하였다. 투쟁은 경제적 투쟁으로부터 아편전쟁 이후는 점차 반관(反官) 투쟁으로 심화되어 갔다. [231]

그런데 상호 통일적 조직이 없이 분산되어 있었던 이들이 처음 결집된 형태를 취한 것은 앞에서 언급했듯이 1852년 2월이었다. 그러나 추대된 장락행은 청조에 투항하여 단련지도자가 되었다가 다시 염군활동에 참여하는 등 이때의 통합은 그 정치적 의미가 미약한 것이었다.

본격적인 염군반란은 1853년부터 시작되었다. 태평군이 안경(安慶)을 점령한 후 분산된 상태에서나마 5,6월에 북벌군에 호응하는 등 염은 이제 염

229) Kuhn, 1978, pp. 311~312; 井木賴壽, 1981; E. J. Perry, 1980, pp. 88~90, 124~27 참조.
230) E. J. Perry, 1980, pp. 100~113, 122~127.
231) 郭豫明 編, 1979, p. 12.

군으로서 무장봉기하기에 이르렀던 것이었다. 이윽고 염조직은 확대되어 1855년 장락행은 안휘 북부지역 염군의 맹주로서 '대한명명왕(大漢明命王；혹은 大漢永主)'이 되어 반청의 정치적 목표를 비교적 명확히 하였다. 염군은 황·백·흑·홍·남색의 5색 총기(總旗) 예하에 대기(大旗), 소기(小旗)의 기제(旗制)로 편성되었지만[232] 맹주는 예하 장령에 대한 임면권이 없었고 이들은 각기 기왕의 자치권을 보존하고 있었기 때문에 장락행이 중앙집권적 권력을 장악하고 있었던 것은 아니었다. 그리고 반청의 정치적 목표는 이전보다 비교적 분명해졌지만 또한 약탈전투에 만족하는 등 한계를 노정하고 있었다. 더욱이 태평군과의 긴밀한 연계작전도 아직은 이루어지지 않고 있었다.

그러나 1857년 이래 염군은 태평군과의 합동작전에 종종 임하였다.[233] 즉 동년 3월에 장락행과 공득수(龔得樹)는 태평군의 진옥성(陳玉成) 등과 회남(淮南)전투에 참가하였다. 그 결과 장락행은 회북장군(淮北將軍)으로 봉해지고 5기장령들도 각기 봉호(封號)를 받았으며 염군은 태평군처럼 장발하게 되었다. 그리고 천경에 요원을 파견하여 통신망을 구축하기도 하였지만 염군은 독자적인 지휘계통과 제도, 작전구역을 유지할 만큼 상호연계는 한정적이었다.[234] 그리고 여름의 안경 보위전, 1858년 11월의 상군에 대한 삼하(三河)대첩, 1861년의 안경전투에 참가하였으며 1862년 태평천국의 부왕(扶王) 진득재(陳得才)와 준왕 뇌문광이 하남을 거쳐 섬서로 진출하였을 때, 장락행의 조카 장종우(張宗禹)도 참가하였다.

한편 기병대를 주축으로 하는 염군의 전술은 기동성 있는 게릴라전으로 측면에서 기습하는 것이었다.[235] 화북 8개성에 걸친 끊임없는 투쟁 속에서 청조는 강력한 몽고 출신 승격림심(僧格林沁)을 파견하여 1863년 마침내 장락행을 제거하는 데 성공하였다. 그러나 그 뒤를 이은 장종우와 임화방(任化邦)은 1864년 태평천국이 멸망한 후 그 잔류부대인 준왕 뇌문광[236]부대와 합

---

232) 旗制에 대한 논의로 池子華, 1985 참조.
233) 태평군과의 관계에 대해서는 江地, 1981-2；史式, 1987；王慶成, 1984-16；陸方, 1981 참조.
234) 郭豫明 編, 1979, p. 30.
235) 염군의 전술에 대한 연구로는 江地, 1983이 있다.
236) 賴文光에 대해서는 池子華, 1986 참조.

류하여 신염군(新捻軍)을 편성한 후에는 더 강력한 세력으로 성장하였다. 즉 장종우는 양왕(梁王), 임화방은 노왕(魯王)이 되었고 태평천국의 연호, 역법, 봉호, 인신(印信)을 습용하고 군대는 기본적으로 태평군제에 따라 개편하여 태평천국의 재건을 도모하였다.

이윽고 1865년 숭격림심이 염군에게 전사하자 심각한 공포와 위기를 느낀 청조는 양강총독 증국번을 흠차대신으로 임명하여 염군소탕의 임무를 맡겼다. 그는 안휘, 산동, 하남, 강소성에 봉쇄선과 성벽을 설치하여 '견벽청야(堅壁淸野)'정책을 실시하고 기병을 편성하여 1년 이상 소탕전에 노력하였지만 큰 성과가 없이 중앙정부로부터 비난받자 1866년말 이홍장을 천거하여 흠차대신에 임명되었다. [237]

한편 염군운동은 1866년 두 방향으로 분열하였다. 뇌문광, 임화방이 이끄는 동염군은 산동, 호북, 하남, 강소성으로 진출하였지만, 증국번의 전술을 이어받은 이홍장의 회군에게 1868년 1월에 양주(揚州)에서 뇌문광은 전사하고 동염군은 진압되었다. [238] 장종우가 이끄는 서염군은 섬서지방으로 진출하여 회민(回民)반란세력과 연계되었고[239] 이윽고 동염군을 지원하기 위해 1867년 11월 동진하여 1868년초 북경과 천진을 위협하였지만 섬서, 감숙성 흠차대신으로 임명된 좌종당과 이홍장의 연합작전에 대타격을 입은 끝에 8월 회군에게 붕괴됨으로써 염군반란은 종식되었다.

X. 結 語

태평천국운동은 결국 무엇이었으며 역사에 어떤 과제를 남겼던가. 단순한 왕조반란으로서 체계적 통치질서를 갖춘 한족의 전제권력에 의해 '민본(民本)'과 '위민(爲民)'의 이상적 정치상을 구현하고자 하였던가. 무능 부패 보수의 만청(滿淸)체제의 타도라는 종족적 민족적 과제는 신해혁명기에 제시되고 해결되었다. 그러나 염군운동이 청조의 정통성에 대한 심각한 비판이나 전통적 가치관에 대한 도전을 제기하지 않은 반면에 태평천국운동의

---

237) 郭豫明 編, 1979, pp. 69~77; 池子華, 1988.
238) 淮軍의 진압전에 대해서는 沈秉龍, 1985; 李守孔, 1985-3; 李恩涵, 1985 참조.
239) 西捻軍의 回民반란과의 연계에 대한 논의로 曾立人, 1981 참조.

가장 두드러진 특징은 청조뿐만 아니라 전통적 질서에 대한 저항이었다. 가부장적 질서와 유교적 윤리, 전제적 통치체계를 기반으로 하면서 농민의 평균주의적 소망을 대동사회로서 제시하기도 하였지만, 그것도 이단적 종교인 배상제교리로 표현되었고 체제이념으로서의 유교의 정통적 권위는 파괴되었으며 강력한 전통체제의 옹호자인 신사층의 저항을 야기하였던 것이다. 이 과제는 달라진 시대적 환경 속에서 20세기 신문화운동기에 새로운 면모를 띠면서 제기되었다고 할 수 있다.

　그렇다면 태평천국운동은 근대성을 띤, 부르조아 민주주의운동의 서막을 열었던 것인가. 19세기 중국사회의 모순 특히 지주전호제에 의한 전근대적인 토지소유의 심화의 문제와 해결책을 나름대로 제시하고, 신정(神政) 정치체의 토대 위에서 청조 치하 피지배층의 궁극적인 개인적, 사회적 해방을 추구하였고, 서구문물도입에 능동적이었으며 특히 홍인간의 경우 미국의 대통령제를 중국의 전통적 이상인 선양(禪讓)정치의 예로 들고 있는 데서 중국의 부국강병과 '근대화'로의 발빠른 착수의 가능성을 예견할 수 있다. 더욱이 그 논리적 연장 위에서 태평천국운동의 선진성과 그 '근대'성의 편린을 읽을 수 있을는지도 모른다. 그러나 본질적으로 국가권력과 사회 개인간의 갈등과 조화를 전제로 하는 서구 부르조아 민주주의적 체제이념과 정치체에 대한 인식과 시도를 태평천국운동의 주역들에게서 찾기에는 아직 그들을 압도하는 중국 전통의 무게가 심대하였던 반면 서구와의 접촉은 피상적이었다. 이 과제는 태평천국과는 정반대의 입장과 방법을 취하면서 시대적 모순을 해결하고자 한 무술개혁시기에 이르러서 발아하기 시작하였다.

　태평천국운동은 종교적 혁명운동이었던가. 동시대의 어떤 민중의 움직임과도 달리 태평천국의 독특한 역량을 낳게 한 특성의 하나는 아마 종교적 측면에서 찾아볼 수 있을 것이다. 염군운동이 혈연, 지연적 농촌공동체의 유대와 가치관에 기초하고 있었기 때문에 장기간 활동할 수 있었지만, 정치적 목표가 불명확했고 종교적 결집력이 없었던 만큼 초기의 장락행이나 그외의 지도자들도 빈번하게 변절할 수 있었고, 태평천국·백련교·회민 등 잡다한 세력과도 쉽게 협력할 수 있었으되 어떤 정치적 성과도 이루지 못하였다. 반면에 태평천국운동의 경우 배상제교리의 보편적인 이념체계에 내재한 배타적이고 선민적인 세계관은 서구열강의 영향이 스며들고 있던 중국 서남부의 변경에서 정치·경제·사회적으로 소외된 한인집단인 객가(客家)에게 침투하였으며 따라서 운동체의 강력한 정예화, 순수화가 지향되었다. 피안의 유토피아를 현세의 정치체로서 구현시키고자 '성전'을 선포했기에 적어도 종교적 국가권력의 수립과 이념의 관철에서는 광신적일 만큼 비타협적이고 폭력적인 투쟁을 전개하였다. 청조관료, 신사, 지주, 상인, 농민, 유민, 불승, 도사(道士), 비밀결사를 불문하고, 적군이든 아군이든 배상제교리를 거부하거나 위반하는 경우는 살육과 엄형과 결별선언으로 배척되는 것이 기본노선이었다. 그렇기에 천지회(天地會)나 염군(捻軍) 등과의 연계는 본질적이라기보다 일시적이고 전술적인 것이었고 신사층과 서구열강의 간섭으로 끝내 중국사회에 착근하지 못하였으며, 그 때문에 아이러니컬하게도 염군보다 진압하기에 용이하였다고도 할 수 있을 것이다. 그러나 그렇다고 해서 태평천국운동을 종교적 혁명운동이라고만 규정하기에는 너무나 다양하고 광범한 '세속사'의 문제가 제시되고 해결책이 모색되고 있었다.

그러면 태평천국운동은 농민운동이었던가. 농민의 원망(願望)을 반영하고 있기는 하였지만 계급투쟁으로서의 농민운동일 수는 없을 만큼 태평천국과 중국사회의 성격이 다양하고 계급적 갈등이 불명확하며 농민의 지위를 제고시키려는 시도가 보이지 않는다는 점은 이미 지적한 대로이다.

이상 운동의 성격을 규명해보기 위해 제시될 수 있는 몇 가지 범주들은 결국 태평천국운동이 어느 한가지 시각만으로는 이해할 수 없을 만큼 매우 다양한 성격을 갖고 있었지만 그 한계도 분명하였다는 점을 제시하여 주고 있다. 그러나 그 문제제기와 해결의 모색이 충격적이었던 만큼 '동치중흥(同治中興)' 등 청조의 체제유지적 개혁에 한 자극이 되었으며[240] 중국현대혁명사의 사상적 모태가 될 수 있었던 것이다.

참고문헌

李辰永, 《中國民族解放運動史序說》, 乙酉文化社, 단기 4282.

閔斗基, 《中國에 있어서의 中國近代史 研究動向(1977~1981)》, 한울, 1984.

---

240) 方之光, 1985.

廣西太平天國史硏究會 編,《太平天國史硏究文選(1951~80)》, 慶西人民出版社, 1981
　　(《文選》이라 약함).

南京大學歷史系太平天國史硏究室 編,《太平天國史新探》, 蘇州, 1982(《新探》이라 약
　　함).

───,《太平天國史論考》, 泰州, 1985(《論考》라 약함).

茅家琦 等 編著,《太平天國史硏究》第1集, 南京, 1985(《硏究》1이라 약함).

牟安世・史式 等編,《羅爾綱與太平天國史》, 重慶, 1987(《羅爾綱與》라 약함).

北京太平天國歷史硏究會 編,《太平天國史論文選(1949~78)》上・下, 北京, 1981(《論文
　　選》이라 약함).

───,《太平天國史譯叢》1~3輯, 北京, 1981・1983・1985(《譯叢》이라 약함).

───,《太平天國學刊》1~5輯, 北京, 1983~1987(《學刊》이라 약함).

社會科學戰線編輯部 編,《中國近代史硏究論叢》, 長春, 1981(《硏究論叢》이라 약함).

苑書義・林言椒 編,《太平天國人物硏究》, 成都, 1987.

存萃學社 編,《太平天國硏究論集》3册, 香港, 1972(《存萃》라 약함).

中國人民大學淸史硏究室 編,《中國近代史論文集》上, 北京, 1979.

中國會黨史硏究會 編,《會黨史硏究》, 上海, 1987.

中華文化復興運動推行委員會 主編,《中國近代現代史論集》2・3・5編, 臺北, 1985(《近現
　　代史論集》이라 약함).

中華書國近代史編輯室 編,《太平天國史學術討論會論文選集》3册, 北京, 1981(《討論會》
　　라 약함).

包遵彭 等編,《中國近代史論叢》第1輯 第4册, 太平軍, 臺北, 1956(《太平軍》이라 약
　　함).

河北・北京・天津歷史學會 編,《太平天國北伐史論文集》, 石家莊, 河北人民出版社,
　　1986(《北伐史》라 약함).

簡又文,《太平天國典制通考》3册, 香港, 1958.

───,《太平天國全史》3册, 香港, 1962.

姜秉正,《硏究太平天國史著述綜目》, 北京, 1983.

江　地,《捻軍史初探》, 北京, 1956.

───,《初期捻軍史論叢》, 北京, 1959.

───,《捻軍史硏究與調査》, 齊魯書社, 1986.

郭豫明 編,《捻軍起義》, 上海人民出版社, 1979.

郭義生,《太平天國經濟制度》, 北京, 1984.

郭廷以,《太平天國史事日誌》, 上海, 1947.

───,《太平天國曆法考證》臺北, 1973.

董蔡時,《太平天國在蘇州》, 江蘇人民出版社, 1981.

羅玉東,《中國釐金史》, 上海, 1936.

羅爾綱,《太平天國史綱》, 上海, 1937.

———,《捻軍的運動戰》, 上海, 1939.

———,《湘軍新志》, 長沙, 1939.

———,《綠營兵志》, 重慶, 1945.

———,《太平天國史稿》, 北京, 1955.

———,《太平天國史事考》, 北京, (1955)1979, 2版(《史事考》라 약함).

———,《太平天國史叢考甲集》, 北京, 1981(《叢考甲集》이라 약함).

———,《李秀成自述原稿注》, 北京, 1982.

———,《太平天國史記載訂謬集》, 北京, (1955)1985, 2版(《訂謬集》이라 약함),

———,《太平天國史辯偽集》, 上海, (1955)1985, 2版.

———,《太平天國史料考釋集》, 北京, (1956)1985, 2版(《考釋集》이라 약함).

羅香林,《客家研究導論》, 臺北, (1933)1975, 臺 1版.

酈 純,《太平天國制度初探(增訂本)》, 北京, 1963.

———,《洪仁玕》, 上海, (1957)1987, 2版.

茅家琦 等,《太平天國興亡史》, 上海, 1980.

茅家琦,《太平天國對外關係史》, 北京, 1984.

牟安世,《太平天國》, 上海, (1959)1979, 2版.

范文蘭,《漢奸劊子手曾國藩的一生》, 上海, 1949.

商衍鎏,《太平天國科舉考試紀略》, 北京, 1961.

蕭一山,《曾國藩傳》, 臺北, 1953.

———,《清代通史》 3, 臺北, (1962)1976, 4版.

蘇雙碧,《太平天國人物論集》, 福建人民出版社, 1981.

孫祚民,《中國農民戰爭問題論叢》, 北京, 1982.

沈嘉榮,《太平天國政權性質問題探索》, 重慶, 1985.

榮孟源,《歷史筆記》, 北京, 1983.

王慶成,《太平天國的歷史和思想》, 北京, 1985.

王爾敏,《淮軍志》, 臺北, 1967.

魏建猷,《中國會黨史論著綜述》, 上海, 1984.

李鼎芳 編,《曾國藩及其幕府人物》, 長沙, 1985.

鐘文典,《太平天國人物》, 廣西人民出版社, 1984.

朱東安,《曾國藩傳》, 四川人民出版社, 1985.

中國近代史編寫組,《太平天國革命》, 上海, 1973.

何貽焜,《曾國藩評傳》, 臺北, 1964.

邢鳳麟 · 鄒身城,《天國史事釋論》, 上海, 1984 (《釋論》이라 약함).

小島晉治,《太平天國革命の歷史と思想》, 東京, 1978.

小野和子,《中國女性史 —— 太平天國から現代まで》, 東京, 1978.

市古宙三, 《近代中國の政治と社會(增補版)》, 東京, 1977.

梨本祐平, 《太平天國革命》, 東京, 1942.

中山義弘, 《近代中國における女性解放の思想と行動》, 北九州, 1983.

Beal, E. G. Jr, *The Origin of Likin, 1858~1864*, HAU. pr., 1958.

Boardman, E. P., *Christian Influence upon the Ideology of the Taiping Rebellion, 1851~ 1864*, Univ. of Wisconsin pr., 1952.

Brine, L., *The Taiping Rebellion in China:A Narrative of its Rise and Progress, Based upon Original Documents and Information Obtained in China*, London, 1862.

Chesneaux, J. ed., *Popular Movements and Secret Societies in China, 1840~1950*, Stanford Univ. pr., 1972.

Chiang Siang-tseh, *The Nien Rebellion*, Univ. of Washington pr., 1954.

Clarke, P. and J. S. Gregory, *Western Reports on the Taiping:a Selection of Documents*, The Univ. pr. of Hawaii, 1982.

Costin. W. C., *Great Britain and China, 1833~1860*, Oxford Univ. pr., 1937.

Curwen, C. A., *Taiping Rebel: the Deposition of Li Hsiu-ch'eng*, Cambridge Univ. pr., 1977.

Dean, B., *China and Great Britain:the Diplomacy of Commercial Relations 1860~1864*, HAU. pr., 1974.

Folsom, K. E., *Friends, Guests and Collegues:The Mufu System in the Late Ch'ing Period*, Univ. of California pr., 1968.

Fox, Grace, *British Admirals and Chinese Pirates 1832~1869*, London, 1940.

Gregory, J. S., *Great Britain and the Taipings*, N.Y., 1969.

Hail, A. E., *Events in the Taeping Rebellion;Being Reprints of Mss. Copied by General Gordon, C. B., In his Own Hand Writing*, London, 1891.

Hail, W. J., *Tseng Kuo-fan and the Taiping Rebellion*, New Haven, 1927.

Ho Ping-ti, *Studies on the Population of China 1368~1953*, HAU. pr., 1959.

Hummel, A. W. ed., *Eminent Chinese of the Ch'ing China(1644~1912)*, 2vols., Washington, 1943~1944.

Jen Yu-wen, *The Taiping Revolutionary Movement*, Yale Univ. pr., 1973.

Kuhn, P. A., *Rebellion and Its Enemies in Late Imperial China: Militarization and Social Structure 1796~1864*, HAU. pr., 1970.

Laai, Yi-faai, *The Part Played by the Pirates of Kwangtung and Kwangsi Provinces in the Taiping Insurrection*, Berkeley, 1950.

Levenson, J. R., *Confucian China and its Modern Fate: the Problem of Monarchial Decay*, Univ. of California pr., 1968.

Lindley, A. F., *Ti-Ping Tien-Kwoh:The History of the Ti-Ping Revolution, Including a*

Narrative of the Author's Personal Adventures, 2vols., London, 1866.

McNeur, G. H., *China's First Preacher, Liang A-fa, 1789~1855*, Shanghai, 1934.

Meadows, T. T., *The Chinese and their Rebellions, Viewed in Connection with their National Philosophy, Ethics, Legislation, and Administration*, London, 1856.

Michael, F., *The Taiping Rebellion: History and Document*, Vol. 1 History, Vol. 2 Document, Univ. of Washington pr., 1966.

Perry, E. J., *Rebels and Revolutionaries in North China 1845~1945*, Stanford, 1980.

Porter, J., *Tseng Kuo-fan's Private Bureaucracy*, Univ. of California pr., 1972.

Shih, Vincent Y. C., *The Taiping Ideology, its Sources, Interpretations and Influences*, Seatle, 1967.

Smith, R. J., *Mercenaries and Mandarins:the Ever-Victorious Army in Nineteenth Century China*, N.Y., 1973.

Spector, S., *Li Hung-chang and the Huai Army : a Study in Nineteenth Century Chinese Regionalism*, Univ. of Washington pr., 1964.

Teng Ssu-yü, *New Light on the History of the Taiping Rebellion*, HAU. pr., 1950.

──────, *The Nien Army and their Guerrilla Warfare 1851~68*, Paris, 1961.

──────, *The Historiography of the Taiping Rebellion*, HAU. pr., 1962.

──────, *The Taiping Rebellion and their Western Powers:a Comparative Study*, Oxford Univ. pr., 1971.

Wagner, R. G., *Reenacting the Heavenly Vision:the Role of Religion in the Taiping Rebellion*, Berkeley, 1982.

Wang Yeh-chien, *Land and Taxation in Imperial China 1750~1911*, HAU. pr., 1973.

金誠贊,〈太平天國政權의 確立過程과 '安民政策'〉,《東洋史學研究》27, 1988.

金宜慶,〈洪仁玕과 太平天國〉,《梨大史苑》22·23合, 1988.

羅爾綱 著, 閔斗基 譯,〈紀傳體의 現代的 適用〉, 閔斗基 編著,《中國의 歷史認識》下, 創作과 批評社, 1985.

閔斗基,〈80년대 日本에서의 中國史研究와 日本現實에의 對應〉,《東亞文化》22, 1984.

朴基水,〈太平天國과 華中地方의 農民鬪爭〉,《成大史林》2, 1977.

李渙鎬,〈太平天國의 女性活動에 대한 考察〉,《慶熙史學》12,13合, 1986.

全海宗,〈太平天國의 動機와 性格에 관한 考察〉,《歷史學報》3, 1953.

全炯權,〈團練과 湘軍의 性格에 관한 考察〉,《慶南史學》2, 1985.

鄭容淑,〈太平天國亂과 李朝東學亂의 比較試論〉,《曉苑》3, 1959.

鄭桓施,〈太平天國忠王 李秀成 小考〉,《論文集(群山大)》11, 1985.

曹秉漢,〈曾國藩의 經世禮學과 그 歷史的 機能〉,《東亞文化》15, 1978.

表敎烈,〈太平天國時期 上海官紳의 '借兵助剿'論과 恭親王──1860年을 中心으로〉,《蔚

山史學》創刊號, 1987.

河政植,〈'天朝田畝制度'의 一視角〉,《全海宗博士華甲紀念史學論叢》, 一潮閣, 1979.

────,〈太平天國에 대한 朝鮮政府의 認識〉,《歷史學報》107, 1985.

────,〈近代의 民衆運動── 太平天國의 경우──〉,《東洋史學研究》27, 1988.(1)

────,〈太平天國의 農民觀과 그 政策── 官民意識을 中心으로〉,《崇實史學》5, 1988.(2)

柯文南(Curwen),〈關于李秀成及其'自述'〉,《譯叢》1, 1981.

賈福容,〈關于曾國藩所存'李秀成供'稿本的幾個問題── 與榮孟源先生商榷〉,《群衆論叢》1981-2.

賈熟村,〈太平天國時期的封建家族〉,《學刊》2, 1984.

────,〈糧食問題對太平天國革命的影響〉,《學刊》4, 1986.(1)

────,《太平天國的商業〉,《安徽私學》1986-1.(2)

簡又文,〈郭士立與太平軍〉,《大陸雜誌》57-3, 1978.

────,〈太平天國與中國文化〉,《近現代史論集》3, 1985.(1)

────,〈再論太平天國與民族主義〉,《近現代史論集》1, 1985.(2)

────,〈忠王親筆供辭之初步研究〉,《近現代史論集》3, 1985.(3)

江 濤,〈論太平天國前期賦稅政策的演變〉,《論考》, 1985.

姜秉正,〈洪仁玕"新政"的資本主義特色── 談我國第一個近代化方案〉,《人文雜誌》, 1981-1.

────,〈論洪仁玕"新政"發生的基礎〉,《羅爾綱與》, 1987.

江 地,〈論太平天國北伐戰爭── 兼論初期捻軍的抗淸鬪爭〉,《論文選》上, 1981.(1)

────,〈論太平天國和捻軍起義的關係〉,《論文選》下, 1981.(2)

────,〈關于捻軍史的幾個問題〉,《研究論叢》, 1981.(3)

────,〈關于捻軍起義的作戰方法問題〉,《學刊》1, 1983.

────,〈李鴻章與太平天國〉,《山西大學學報》, 1985-2.

郭豫明,〈金田團營考〉,《上海師院學報》, 1981-1.(1)

────,〈試論張樂行〉,《討論會》3, 1981.(2)

────,〈略談太平天國的對外貿易〉,《學術月刊》1985-8.

────,〈捻軍鬪爭性質問題的探討〉,《學刊》4, 1986.

────,〈太平天國時期會黨研究綜述〉,《學刊》5, 1987.

郭毅生,〈太平軍克南京的人數問題〉,《論文選》下, 1981.(1)

────,〈'天朝田畝制度'的經濟背景及其性質── 關于農民平均主義的評價問題〉,《歷史研究》, 1981-3.(2)

────,〈太平天國"着佃交糧"制考略〉,《近代史研究》, 1982-3.(1)

────,〈太平天國對地主階級的沉重打擊〉,《東岳論叢》, 1982-2.(2)

────,〈有關"着佃交糧"制的兩個問題〉,《研究》1, 1985.

148

郭毅生,〈如何評價楊秀清〉, 苑書義·林言椒 編,《太平天國人物研究》, 巴蜀書社, 1987.

郭廷以,〈太平天國的極權政治〉,《近現代史論集》3, 1985.

關連吉·趙艷林,〈'天朝田畝制度'廢除私有制嗎〉,《齊魯學刊》, 1982-6.

祁龍威,〈洪仁玕太平天國革命〉,《討論會》2, 1981. ·

─────,〈"太平天國印書"版本考略〉,《論考》, 1985.(1)

─────,〈太平天國資料目錄學概論〉,《研究》1, 1985.(2)

─────,〈太平天國文書史略〉,《學刊》5, 1987.

靳一舟,〈太平天國研究述評〉,《論文選》上, 1981.

盧開宇,〈試論太平天國時期的婦女解放問題〉,《徐州師大學報》, 1981-2.

─────,〈對曾國藩在'李秀成自述'原稿上所加一條批語的辨析〉,《徐州師大學報》, 1987-3.

盧耀華,〈上海小刀會的源流〉,《近現代史論集》2, 1985.

段本洛,〈論拜上帝敎的創立〉,《新探》, 1982.

─────,〈關于太平天國後記的商業政策問題〉,《蘇州大學學報》1983-2.

譚世保,〈太平天國沒有改"六經"為"六韵"──與白堅同志商榷〉,《學術論壇》, 1981-4.

戴瑩琮,〈試論1860~62年英國對太平天國政策的演變〉,《南京大學學報》, 1987-3.

戴玄之,〈天地會的源流〉,《近現代史論集》2, 1985.

涂鳴皋,〈太平天國政權是農民的革命政權──與孫祚民同志商榷〉,《西南師院學報》, 1981-2.

陶天翼,〈太平天國的'都市公社'〉,《近現代史論集》3, 1985.

董東曉,〈傳善祥是否"女壯元"〉,《廣州師院學報》, 1981-1.

董修民,〈太平天國與列強之關係〉,《近現代史論集》3, 1985.

董作濱,〈天曆發微〉,《太平軍》, 1956.

董蔡時,〈略論曾國藩從辦理團練到組成湘軍〉,《研究》1, 1985.

董楚平,〈'天朝田畝制度'性質問題再評價〉,《文史哲》, 1982-3.

─────,〈"天下為公"原意新探〉,《文史哲》, 1984-4.

鄧嗣禹,〈'勸世良言'與太平天國革命之關係〉,《近現代史論集》3, 1985.

─────,〈太平天國史研究之過去現在與前瞻〉,《學刊》5, 1987.

羅爾綱,〈亨丁頓論客家人與太平天國史考釋〉,《太平軍》, 1956.

─────,〈太平天國革命前的人口壓迫問題〉, 包遵彭 等編,《中國近代史論叢》第2輯 第 2冊 社會經濟, 臺北, 1958.

─────,〈金田起義考〉,《史事考》, 北京, (1955)1979.(1)

─────,〈洪大全考〉, 上同.(2)

─────,〈天朝田畝制度的實施問題〉, 上同.(3)

─────,〈太平天國與天地會關係考實〉, 上同.(4)

─────,〈太平天國領導集團內訌考〉, 上同.(5)

羅爾綱, 〈太平天國的婦女〉, 上同.(6)

――――, 〈太平天國政體考再考〉, 《叢考甲集》, 北京, 1981.(1)

――――, 〈韋昌輝參加金田起義的幾件事〉上同.(2)

――――, 〈捻軍分期考〉, 上同.(3)

――――, 〈金田起義辜實考〉, 《論文選》上, 1981.(4)

――――, 〈金田起義日記再考〉, 《文選》, 1981.(5)

――――, 〈金田起義的前夜〉, 《學刊》1, 1983.

――――, 〈天朝田畝制度的實施問題補考〉, 《學刊》2, 1984.(1)

――――, 〈再論'天朝田畝制度'〉, 《歷史研究》, 1984-1.(2)

――――, 〈洪秀全刪改'詩韻'究竟是部什麼書〉, 《江海學刊》, 1984-3.(3)

――――, 〈太平軍海軍實數及後期編制考〉, 《文史》21, 1984.(4)

――――, 〈朱九濤考〉, 《訂謬集》, 北京, (1956)1985.(1)

――――, 〈太平天國現存經籍考〉, 《考釋集》, 北京, (1956)1985.(2)

――――, 〈太平天國佚書考〉, 上同.(3)

――――, 〈太平天國興亡的分水嶺――天京事變〉, 廣西社會科學, 1987-2.

――――・周邨, 〈洪秀全論〉, 《論文選》下, 1981.

羅香林, 〈太平天國洪天王家世考〉, 《太平軍》, 1956.

駱寶善, 〈太平天國時期廣東天地會起義述略〉上・下, 《中山大學學報》, 1981-4, 1982-1.

――――, 〈廣東天地會起義期間中外反動派的勾結〉, 《學刊》1, 1983.

路　遙, 〈論洪仁玕〉, 《論文選》下, 1981.

龍盛運, 〈關于太平天國土地制度〉, 《論文選》上, 1981.

――――, 〈湘軍故鄉湘鄉試探〉, 《學刊》3, 1985.

凌耀倫, 〈太平天國的政權的性質及其轉化〉, 《四川大學學報》1982-1.

林慶元, 〈關于楊秀清逼封萬歲的問題〉, 《論文選》下, 1981.(1)

――――, 〈論太平天國政權的性質及其封建化的趨勢〉, 《討論會》1, 1981.(2)

林言椒, 〈建國以來太平天國史研究和史料整理〉, 《論文選》上, 1981.

林有能, 〈近年來太平天國史研究綜述〉, 《學術論壇》, 1986-2.

林靑山, 〈論中國農業烏托邦主義〉, 《齊魯學刊》, 1981-1.

馬慶忠, 〈"太平天國政權是'兩重性'政權"質疑〉, 《中學歷史敎學》, 1981-6.

馬冠武, 〈淺談太平天國禁煙政策〉, 《廣西師院學報》, 1981-1.

馬汝珩, 〈太平天國失敗後的捻軍抗淸鬪爭〉, 《論文選》下, 1981.

馬昌華, 〈再論"捻"與白蓮敎的關係――兼評李東山同志'試論"捻"和白蓮敎的關係〉, 《江淮論壇》, 1981-6.

茅家琦, 〈太平天國反對外國資本主義侵略政策的鬪爭〉, 《論文選》上, 1981.(1)

――――, 〈洪秀全和羅孝全〉, 《群衆論壇》, 1981-1.(2)

――――, 〈試析咸豊帝拒絶"借師助剿"的原因〉, 《歷史研究》, 1983-3.(1)

150

茅家琦,〈關于郭士立和馮雲山的關係問題〉,《學刊》1, 1983.(2)

────,〈洪仁玕思想系統諸要素試析〉,《研究》1, 1985.

────,〈太平天國史研究述評〉,宮 明 編,《中國近代史研究述評選》,中國人民大學出版社, 1986.

──── · 方之光,〈太平天國建都天京是戰略上的重大錯誤嗎──與牟安世同志商榷〉,《論文選》上, 1981.

牟安世,〈論太平天國建都天京〉,《論文選》上, 1981.

────,〈洪秀全與早期基督教思想〉,《學術論壇》1986-2.

茅海建,〈太平天國定都天京是一大戰略錯誤〉,《歷史教學》1981-3.

繆全吉,〈曾國藩幕府盛況與晚清地方權力變化〉,《中山學術文化集刊》4, 1969(《近現代史論集》, 5, 1985).

方之光,〈太平天國與洋務運動關係試探〉,《論考》, 1985.

──── · 崔之清,〈太平天國政權性質討論述評〉,《北方論叢》, 1981-6.

────,〈太平天國初期向榮與烏蘭泰關係研究〉,《南京大學學報》, 1982-4.

────,〈太平天國"小天堂"內涵演變考〉,《學刊》1, 1983.

────,〈廣西天地會起義與太平天國的興起〉,《學刊》2, 1984.

────,〈試論太平天國天京的糧食問題〉,《學刊》3, 1985.

──── · ────,〈太平天國革命前夕湘桂局勢初探〉,《學刊》4, 1986.

──── · ────,〈洪秀全的反清思想與拜上帝教的創立〉,《浙江學刊》, 1987-3.(1)

──── · ────,〈天京事變的史料與史實考辨〉,《南京大學學報》, 1987-3.(2)

范啓龍,〈太平天國南方餘部在閩浙的戰鬪〉,《討論會》2, 1981.

酈汝成,〈鄉官體制的理想和實際〉,《學刊》3, 1985.

薄衣凌,〈太平天國時代的全國抗糧潮〉,同,《明清社會經濟史論文集》,人民出版社, 1982.(1)

────,〈關于捻變的新解釋〉,上同.(2)

────,〈太平天國時期江南地區農民的抗租〉,《廈門大學學報》, 1986-4.

謝方正,〈'天朝田畝制度'不能產生資本主義〉,《廣西大學學報,》1982-4.

史 式,〈"逼封萬歲"的謠言什麽來的〉,《重慶師院學報》, 1982-1.

────,〈太平天國與捻軍及其友軍的關係〉,《學術月刊》, 1987-10.

謝興堯,〈論洪大全,賽尙阿,丁守存〉,《學刊》1, 1983.

常 發,〈太平天國科舉考試始自何時〉,《浙江學刊》, 1985-1.

徐緒典,〈論太平天國的拜上帝會與基督教的關係〉,《論文選》上, 1981.

徐汝雷,〈太平天國的基督教〉,《討論會》1, 1981.

────,〈基督教和上帝教的異同〉,《新探》, 1982.

徐 翼,〈太平天國建都問題略論〉,《江准論壇》, 1983-2.

徐川一,〈太平天國"台輝"考略〉,《青海社會科學》, 1981-3.

徐鳳晨, 〈試論太平軍的"公心"敎育〉, 《東北師大學報》, 1981-4.

石鍾健·楊光楣, 〈太平天國與少數民族〉, 《論文選》 下, 1981.

蘇開華, 〈"小天堂"新解〉, 《學刊》 4, 1986.

小島晉治, 〈日本太平天國史研究槪要〉, 《譯叢》 1, 1981.

蕭一山, 〈天地會起源考〉, 《近現代史論集》 2, 1985.(1)

―――, 〈天德王洪大全事跡考〉, 《近現代史論集》 2, 1985.(2)

蘇雙碧, 〈論北伐戰爭及其統首林鳳祥李開芳〉, 《學刊》 2, 1984.

―――, 〈太平天國硏究槪述〉, 同 主編, 《建國以來中國近代史若干問題討論擧要》, 齊魯·
書社, 1985.

孫克復·關捷, 〈太平天國政權性質問題商榷〉, 《社會科學集刊》, 1981-2.

―――·―――, 〈太平天國政權性質問題再商榷〉, 《遼寧大學學報》, 1983-4.

孫祚民, 〈試論太平天國政權的性質〉, 同, 《中國農民戰爭問題論叢》, 北京, 1982.(1)

―――, 〈關于判斷太平天國政權性質的標準問題〉, 上同.(2)

宋德華, 〈從宗敎救世到開創新朝―― 洪秀全的早期思想剖析〉, 《華南師大學報》, 1985-4.

施泰格(蘇聯), 〈民族主義者對太平天國的看法〉, 《學刊》 5, 1987.

沈嘉榮, 〈論洪楊關係的幾個問題〉, 同, 《太平天國政權性質問題探索》, 1985.(1)

―――, 〈論太平天國政權性質問題〉, 上同.(2)

―――, 〈再論太平天國政權性質問題〉, 上同.(3)

―――, 〈'天朝田畝制度'與'資政新篇'比較硏究〉, 上同.(4)

―――, 〈太平天國城市管理政策〉, 《學術月刊》, 1987-7.

沈茂駿, 〈洪秀全"斬邪留正"槪念考釋〉, 《近代史硏究》, 1982-3.

―――, 〈太平天國"廢除"買賣婚姻嗎〉, 《學術月刊》, 1985-1.

―――, 〈太平天國婦女問題〉, 《羅爾綱與》, 1987.

沈乘龍, 〈淸代剿捻戰役硏究〉, 《近現代史論集》 5, 1985.

沈渭濱, 〈洪秀全創立"上帝敎"質疑〉, 《北方論叢》, 1980-4.

―――, 〈略論洪仁玕〉, 《歷史敎學》, 1981-1.(1)

―――, 〈太平軍水營述論〉, 《討論會》 2, 1981.(2)

―――, 〈太平軍水營"岳州成立說"質疑〉, 《學刊》 2, 1984.

沈 元, 〈洪秀全與太平天國革命〉, 《存萃》 3, 1972.

梁 侃, 〈美國首創干涉太平天國政策之經濟動因〉, 《江海學刊》, 1987-2.(1)

―――, 〈馬沙利使華與美國的對太平天國的政策〉, 《南京大學學報》, 1987-3.(2)

梁碧蘭, 〈太平天國時期廣西的土客團練〉, 《學刊》 4, 1986.

梁義群, 〈試論太平天國鄕官制度〉, 《北京師大學報》, 1980-3.

―――, 〈試論太平天國聖庫制度〉, 《北方論叢》, 1983-3.

梁任葆, 〈太平天國和鑛工〉, 《文選》, 1981.

楊天宏, 〈太平天國的租賦關係〉, 《歷史硏究》, 1987-5.

152

楊奕靑・唐增烈,〈一八五二年太平軍在湖南的勝利進軍〉,《求索》, 1981-2.

嚴中平,〈太平天國初期英國的侵華政策〉,《論文選》上, 1981.

黎裵然,〈洪秀全初期的革命思想〉,《論文選》下, 1981.

———,〈廣西天地會與太平天國起義〉,《羅爾綱與》, 1987.

———・鄧洁彰・朱哲芳・彭大雍,〈太平天國起義前夜的廣西社會〉,《新探》, 1982.

———・———・———・———,〈論清道光朝以前廣西人口增加與太平天國革命的爆發〉,《學刊》 2, 1984.

黎仁凱,〈論北伐太平軍與直隸群衆的關係〉,《學刊》 4, 1986.

榮孟源,〈太平天國有關土地制度的公据〉,《論文選》上, 1981.

———,〈金田起義日記的探討〉, 同,《歷史筆記》, 1983. (1)

———,〈天父下凡〉, 上同. (2)

———,〈太平天國曆書中的問題〉, 上同. (3)

———,〈天曆質疑〉, 上同. (4)

———,〈太平天國的官級〉, 上同. (5)

———,〈曾國藩所存'李秀成'稿本考略〉, 上同. (6)

———,〈太平天國所刻書考略〉, 上同. (7)

———,〈再談'李秀成供'〉,《近代史研究》, 1984-1.

———,〈天父詩中的夫權〉,《研究》 1, 1985.

艾力云,〈論洪仁玕〉,《近代史研究》 1981-1.

倪正大,〈太平天國在爭取知識分子問題上的主要教訓〉,《研究論叢》, 1981.

吳乾兌,〈北京條約後外國侵略者對太平天國革命的干涉〉,《討論會》 3, 1981.

吳桂龍,〈有關上海會防局的幾個問題〉,《近代史研究》, 1981-2.

吳良祚,〈關于"天父詩"〉,《存萃》 3, 1972.

吳心伯,〈《原道覺世訓》寫作時間再探〉,《復旦學報》, 1987-1.

吳雁南,〈試論太平天國的土地制度〉,《論文選》上, 1981.

———,〈太平天國天前期的等級制度 —— 兼論太平天國政權的性質與政體〉,《學刊》 2, 1984.

王慶成,〈太平天國初期軍數〉,《近代史研究》, 1983-4.

———,〈論洪秀全的早期思想及其發展〉, 同,《太平天國的歷史和思想》, 1984. (1)

———,〈"拜上帝會"釋論〉, 上同. (2)

———,〈金田起義記 —— 關于他的準備、實現和日期諸問題〉, 上同. (3)

———,〈太平天國內部對建都問題的爭論及其影響〉, 上同. (4)

———,〈'太平軍目'和太平天國軍制〉, 上同. (5)

———,〈太平天國的"旗制"〉, 上同. (6)

———,〈儒家,墨家和洪秀全的上帝〉, 上同. (7)

———,〈太平天國對上帝的稱謂及其來源〉, 上同. (8)

王慶成, 〈太平天國的一神論 ── 一帝論〉, 上同.(9)

───, 〈太平天國的天堂, 地獄和償善罰惡〉, 上同.(10)

───, 〈太平天國的"魔鬼"〉, 上同.(11)

───, 〈聖神風, 聖神電的歷史和意義〉, 上同.(12)

───, 〈關于"天父天兄天王太平天國"〉, 上同.(13)

───, 〈太平天國上帝的大家庭和小家庭〉, 上同.(14)

───, 〈後期太平天國銓政紊亂的原因〉, 上同.(15)

───, 〈太平軍和捻軍關係研究中的一個問題〉, 上同.(16)

───, 〈太平天國的傳說和歷史〉, 上同.(17)

───, 〈關于洪秀全族譜〉, 上同.(18)

───, 〈訪問金田, 紫荊〉, 上同.(19)

───, 〈怎樣認識太平天國的反封建性質 ── 駁梁效, 羅思鼎對太平天國歷史的歪曲〉, 上同.(20)

───, 〈太平天國研究的歷史和方法〉, 上同.(21)

───, 〈'天父詩'及其倫敦, 劍橋藏本〉, 《浙江學刊》, 1985-2.

───, 〈太平天國修改印書的事實和意義〉, 《歷史研究》, 1986-5.

───, 〈關于旨准頒行詔書總目和太平天國印書諸問題〉, 《學刊》 5, 1987.

王紀河, 〈關于近年來韋昌輝評價綜述〉, 《歷史教學》, 1985-12.

王明勛, 〈論'資政新篇'的若干經濟思想〉, 《吉林大學社會科學學報》, 1982-1.

王文賢, 〈湘軍水師的創立及其發展〉, 《近現代史論集》 5, 1985.(1)

───, 〈湘軍水師之制度分析〉, 上同.(2)

王少華·姚遷, 〈關于楊秀淸評價中逼封, 篡權的史實問題〉, 《研究論叢》, 1981.

───, 〈論太平天國中期政制之變與天京之亂〉, 《江海學刊》, 1984-2.

王承仁·柏盛湘·夏端平, 〈關于'天朝田畝制度'的性質和作用問題 ── 與趙德馨, 董楚平同志商榷〉, 《江漢論壇》, 1982-9.

王汝豊, 〈洪仁玕及其'資政新篇'〉, 《討論會》 2, 1981.

王 炎, 〈試論太平天國革命中的糧食問題〉, 《中國農民戰爭史研究集刊》 3, 1983.

王榮川, 〈太平天國群衆運動背景剖析〉, 《近現代史論集》 3, 1985.

王衛平, 〈太平天國北伐軍出師人數辨〉, 《歷史檔案》, 1986-2.

王育民, 〈金田起義前和後洪秀全宗教世界觀的重大變化〉, 《討論會》 1, 1981.

王戎笙·貢嗣仁, 〈太平天國的上帝教〉, 《學刊》 2, 1984.

王竹筠, 殷篠翰, 〈"天京事變"是韋昌輝發動的武裝反亂〉, 《華中工學院學報》, 1982-2.

王爾敏, 〈湘軍軍系的形成及其維繫〉, 《近現代史論集》 5, 1985.(1)

───, 〈曾國藩經營湘軍之艱難, 遭遇及其心理反應〉, 上同.(2)

王甸平, 〈李秀成供詞是曾國藩的僞造 ── 兼與羅爾綱同志商榷〉, 《江淮論壇》, 1982-3.

王天獎, 〈太平天國鄉官制度中的地方公擧問題〉, 《學術月刊》, 1958-2.(1)

王天獎, 〈太平天國的郡縣地方政權〉, 《文史哲》, 1958-5.(2)

────, 〈太平天國革命後蘇浙皖三省的土地關係〉, 《論文選》上, 1981.(1)

────, 〈太平天國鄉官的階級成分〉, 上同.(2)

────, 〈太平天國的商業〉, 上同.(3)

────, 〈湘軍 ── 鎮壓太平大國革命的反動武裝〉, 上同.(4)

────, 〈太平天國與地主階級 ── 兼論太平天國政權的性質〉, 《中州學刊》, 1981-1.(5)

────, 〈析太平天國的"着佃交糧"制〉, 《學刊》1, 1983.

────, 〈關于太平天國的鄉官和基層政權〉, 《學刊》2, 1984.

饒任坤·張胤, 〈太平天國北伐戰爭失敗的原因〉, 《南寧師院學報》, 1983-3.

────, 〈如何評議'天朝田畝制度'中的平均主義〉, 《史學月刊》, 1985-6.

于醒民, 〈論"借師助剿"〉, 《學刊》3, 1985.

苑書義, 〈君主制與天京悲劇〉, 《河北師院學報》, 1981-1.(1)

────, 〈洪秀全與"資政新篇"〉, 《歷史教學》, 1981-9.(2)

────, 〈李鴻章與太平天國〉, 《學刊》2, 1984.

──── · 林言椒, 〈太平天國人物研究略述〉, 同 編, 《太平天國人物研究》, 巴蜀書社, 1987.

袁定中, 〈美國在太平天國革命時期對中國的侵略政策〉, 《論文選》上, 1981.

俞玉儲, 〈試論太平天國"照舊交糧納稅"政策〉, 《歷史檔案》, 1985-3.

劉 曜, 〈從長江中下流地區農村經濟的變化看太平天國革命的歷史作用〉, 《討論會》1, 1981.

────, 〈清政府借師助剿政策之制定及推行〉, 《學刊》3, 1985.

劉蔭滋, 〈太平天國婚姻制度蠡測〉, 《論考》, 1985.

俞沛銘, 〈論太平天國經濟政策的實質〉, 《南京師院學報》, 1981-2.

陸 方, 〈太平軍與捻軍聯合抗清鬪爭(1854~64)〉, 《東北師大學報》, 1981-4.

陸仰淵, 〈關于金田起義時間的考證〉, 《研究論叢》, 1981.

────, 〈太平天國起義前廣西的人口與土地問題〉, 《論考》, 1985.(1)

────, 〈太平天國時期會黨起義的幾個問題〉, 《研究》1, 1985.(2)

尹正昌 等, 〈捻軍領袖張樂行, 張宗禹家世新考〉, 《安徽史志通迅》, 1983-2.

戈 笙, 〈洪秀全與'勸世良言'〉, 《論文選》下, 1981.(1)

────, 〈如何看待太平天國的平均主義〉, 《歷史研究》, 1981-3.(2)

李 侃, 〈回顧歷史, 瞻望將來(從資產階級改良派, 革命派對太平天國的看法談太平天國史研究的進步深入〉, 《學刊》1, 1983.

────, 〈洪秀全與孫中山〉, 《學刊》5, 1987.

李光荼, 〈太平天國失敗原因的再認 ── 試析太平天國革命中的封建家族主義〉, 《求是學刊》, 1987-2.

李竟能, 〈論洪仁玕的'資政新篇'〉, 《歷史研究》, 1959-2.

李達三, 方爾庄, 〈直隷團練的鉗制與太平天國北伐的失敗〉, 《學刊》 3, 1985.

李文治, 〈太平天國革命對變革封建生產關係的作用〉, 《論文選》 上, 1981.

李文海, 〈太平天國女營, 女館制度〉, 《社會科學輯刊》, 1981-1.

李　微, 〈金田起義時太平軍的來源問題——和謝興堯同志商榷〉, 《中華文史論叢》, 1982-1.

李守孔, 〈李鴻章襄贊湘軍幕府時代之表現〉, 《近現代史論集》 5, 1985. (1)

———, 〈常勝軍協剿太平軍之研究〉, 上同. (2)

———, 〈淮軍平捻之研究〉, 上同. (3)

李恩涵, 〈咸豊年間反基督敎的言論〉, 《淸華學報》 新6.1-2, 1967.

———, 〈剿捻期間湘淮軍間的合作與衝突〉, 《近現代史論集》 5, 1985.

李應川, 〈論韋昌輝的家庭出身及其與洪, 楊的關係〉, 《大慶師專學報》, 1985-1.

李　晶, 〈太平天國對外觀念辨析〉, 《史學月刊》, 1983-5.

李澤厚, 〈太平天國思想散論〉, 《論文選》 上, 1981.

岑進開, 〈從拜上帝敎看太平天國定都南京的必然性〉, 《玉林師專學報》, 1985-1.

章開沅, 〈太平天國在天京實行的幾種制度〉, 《論文選》 上, 1981.

庄建平, 〈拜上帝會辨析〉, 《南寧師院學報》, 1982-4.

張寄謙, 〈太平天國的水軍〉, 《新探》, 1982.

莊吉發, 〈太平天國起事前的天地會〉, 《近現代史論集》 2, 1985.

———, 〈中國秘密社會史的研究與出版〉, 中央研究院近代史研究所六十年來的中國近代
　史研究編輯委員會 編, 《六十年來的中國近代史研究》 上冊, 臺北, 1988.

張達泉, 〈論咸同年間上海中外會防與太平天國〉, 《海洋學院學報》 9, 1974.

張道貴, 〈關于'李秀成自供'之謎〉, 《文史知識》, 1982-2.

張篤勤, 〈太平天國知識分子問題淺探〉, 《蘭州大學學報》, 1983-3.

庄福銘, 〈關於東王楊秀淸稱"萬歲"和"逼封萬歲"眞相問題考〉, 《江蘇師院學報》, 1980-4.

張　珊, 〈"捻"的名稱由來及其特點〉, 《學刊》 4, 1986.

張　山, 〈太平天國前夕李沅發領導的各族農民起義述略〉, 《貴州民族研究》, 1986-1.

張守常, 〈太平軍北伐和北方的群衆鬪爭〉, 《討論會》 2, 1981.

———, 〈太平天國與北方白蓮敎〉, 《羅爾綱與》, 1987.

蔣順興, 〈略論'天朝田畝制度'的空想性〉, 《研究》 1, 1985.

——— · 丁永隆, 〈略論'天朝田畝制度'的皇權主義〉, 《群衆論叢》, 1981-1.

張　胤, 〈試論太平天國初期與團練的鬪爭〉, 《南寧師院學報》, 1982-3.

張益貴, 〈試論金田起義前廣西的"來土鬪爭"〉, 《文選》, 1981.

翟國璋, 〈太平天國蘇福省的經濟和土地問題〉, 《論考》, 1985.

錢遠銘, 〈李秀成'書供'原稿考辨——與榮孟源先生商榷〉, 《近代史研究》, 1981-4.

———, 〈李秀成'書供'原稿未被撕毀——與羅爾綱先生商榷〉, 《學術月刊》, 1982-11.

———, 〈"李秀成僞降新證"不足爲證——兼論羅爾綱先生商榷〉, 《學術論壇》, 1983-5.

———, 〈與榮孟源先生討論'李秀成供'問題〉, 《湖北大學學報》, 1985-1.

156

錢遠鎔, 〈三與榮孟源先生討論‘李秀成供’問題〉, 《湖北大學學報》, 1986-1.

鄭大發, 〈太平天國土營概述〉, 《學術論壇》, 1986-3.

鄭炎·湯可可, 〈太平天國幷不是一次婦女解放運動〉, 《史學月刊》, 1981-2.(1)

——·——, 〈試論太平天國與孔孟儒學的關係〉, 《浙江學刊》, 1981-4.(2)

鄭再樵, 〈論湘軍的起源及其制度〉, 《近現代史論集》 5, 1985.

曹國祉, 〈論太平天國的土地制度〉, 《論文選》 上, 1981.(1)

——, 〈太平天國的地方政治制度〉, 上同.(2)

——, 〈太平天國雜稅考〉, 上同.(3)

趙德馨, 〈重議‘天朝田畝制度’的性質〉, 《江漢論壇》, 1981-1.(1)

——, 〈論太平天國的“着佃交糧”制〉, 《中國社會科學》, 1981-2.(2)

——, 〈論太平天國實行的土地政策〉, 《湖北財經學院學報》, 1982-1.

趙矢元, 〈孫中山論太平天國革命〉, 《討論會》 3, 1981.

——, 〈石達開與辛亥革命〉, 《北方論叢》, 1982-2.

鍾文典, 〈論太平天國革命發生在廣西的原因〉, 《論文選》 上, 1981.(1)

——, 〈太平天國與天地會在思想制度上的關係〉, 《論文選》 下, 1981.(2)

——, 〈論李秀成的“洋務”觀〉, 《蘇州大學學報》, 1983-2.

——, 〈太平軍永安突圍後去向的考釋〉, 《廣西社會科學》, 1987-2.

鍾卓安, 〈洪秀全皇權主義思想略論〉, 《廣州研究》, 1986-5.

周　南, 〈談談對‘天朝田畝制度’中農業社會主義思想的利害〉, 《存萃》 1, 1972.

周衍發, 〈試論太平天國運動與孫中山〉, 《南京大學學報》 增刊 社會科學文集, 1986.

朱哲芳·黎襄然, 〈金田團營考釋〉, 《廣西民族學院學報》, 1985-3.

曾立人, 〈西捻軍和西北回民軍聯合抗清的一些問題〉, 《討論會》 3, 1981.

池子華, 〈試論捻軍旗制 —— 兼與羅爾綱先生商榷〉, 《安徽師大學報》, 1985-2.

——, 〈賴文光是後期捻軍的最高領導者嗎〉, 《江海學刊》, 1986-2.

——, 〈剿捻統師的更送與捻軍的興亡〉, 《安徽師大學報》, 1988-2.

陳貴宗, 〈太平天國“滅妖”考釋〉, 《史學集刊》, 1987-4.

陳　理, 〈論“着佃交糧”的經濟內容〉, 《學術月刊》, 1987-4.

陳偉芳, 〈洪仁玕是中國近代維新思想的創始人〉, 《學刊》 5, 1987.

陳仁華, 〈“土來鬥爭”與金田起義〉, 《廣西大學學報》, 1983-1.

陳周棠, 〈試論拜上帝會組織的信宜大寮起義〉, 《歷史檔案》, 1982-2.

——, 〈洪秀全反清思想產生于何時〉, 《廣州研究》 1985-5.

——, 〈‘三原’是洪秀全發動太平天國革命運動的基本指導思想〉, 《史學月刊》, 1987-6.

陳仲玉, 〈太平天國的婦女政策〉, 《近現代史論集》 3, 1985.

秦進才·董叢林, 〈建國以來太平軍北伐史研究綜述〉, 《北伐史》, 1986.

陳　華, 〈咸豐三年前的‘捻’〉, 《近現代史論集》 2, 1985.

蔡少卿, 〈關于評價楊秀清的幾個問題〉, 《論文選》 下, 1981.(1)

蔡少卿, 〈李秀成與太平天國在江浙地區的土地政策 —— 關于太平天國後期土地政策幾個
　　問題的考察〉, 《討論會》 1, 1981. (2)

———, 〈論太平天國與齋敎的關係〉, 《南京大學學報》, 1983-1.

———, 〈太平天國革命前夕賴再浩和李沅發起義的幾個問題〉, 《學刊》 2, 1984.

———, 〈關于太平天國的史料〉, 《學刊》 3, 1985.

蔡鴻源·孫必有, 〈韋昌輝家世產業小考〉, 《學術月刊》, 1983-9.

崔之淸, 〈太平天國初期戰術硏究〉, 《論考》, 1985.

鄒身城, 〈'勸世良言'與洪秀全早期的宗敎思想〉, 《譯論》, 1984. (1)

———, 〈論洪秀全爲楊秀淸平反昭雪〉, 上同. (2)

———, 〈論天京內訌中的關鍵人物陳承鎔〉, 上同. (3)

———, 〈太平天國戰爭時期淸方在北方戰場的軍事調整〉, 上同. (4)

———, 〈戈登發迹史剖視〉, 上同. (5)

彭大雍, 〈廣西天地會與拜上帝會之比較硏究〉, 《羅爾綱與》, 1987.

彭雨新, 〈淸道咸年間年賦徵收的嚴重弊端〉, 《學刊》 2, 1984.

彭澤益, 〈十九世紀五十至七十年代淸朝的財政危機和財政搜刮的加極〉, 《歷史學》,
　　1979-2.

———, 〈洪秀全得'勸世良言'考證 —— 兼論太平天國與基督敎的關係〉, 《近代史硏究》,
　　1988-5.

彼得·克拉克(P. Clarke), 曾學白 譯, 〈上帝來到廣西 —— 試論太平天國運動形成時期郭
　　士立及漢會的影響〉, 《譯叢》 1, 1981(1973).

夏 鼐, 〈太平天國前後長江各省之田賦問題〉, 《淸華學報》 10-2, 1935.

何若鈞·劉聖宜, 〈實現"大同"理想與創立新朝是洪秀全無法克服的矛盾〉, 《華南師院學
　　報》, 1981-1.

韓 明, 〈'天朝田畝制度'中平分土地思想源流初探〉, 《新探》, 1982.

———, 〈試論西方列强對太平天國政策轉變及其原因〉, 《學刊》 3, 1985.

韓肇明·張介文, 〈也評贊王蒙得恩〉, 《論考》, 1985.

許夢瀛, 〈太平天國女科問題初探〉, 《歷史敎學》, 1987-2.

邢鳳麟, 〈追叙"科炭"功質疑〉, 《學刊》 2, 1984. (1)

———, 〈試論太平天國革命中的滿漢問題〉, 《譯論》, 1984. (2)

———, 〈論太平天國與土客問題〉, 上同. (3)

———, 〈太平天國與瑤族〉, 上同. (4)

———, 〈關于楊秀淸假托天父附身傳言的若干問題〉, 上同. (5)

———·邢鳳梧, 〈太平天國的文學改良〉, 上同. (1)

———·——, 〈蕭朝貴與太平天國〉, 上同. (2)

奚椿年, 〈楊秀淸有過"逼封萬歲"的事嗎〉, 《江海學刊》, 1987-1.

胡 濱, 〈關于洪仁玕的幾個問題〉, 《討論會》 2, 1981.

158

胡思庸,〈太平天國的知識分子問題〉,《論文選》, 下, 1981.(1)

───,〈太平天國與儒家思想〉, 上同.(2)

華 强,〈太平天國政區地名考〉,《學刊》4, 1986.

黃培奇,〈蕭朝貴的籍貫〉,《學刊》1, 1983.

黃澄河,〈洪秀全的一神敎"天命觀"〉,《華東師大學報》, 1981-3.

───,〈太平天國的分封制〉,《歷史敎學問題》, 1982-2.

黃現璠,〈太平天國革命中的壯族子弟〉,《文選》, 1981.

鯨井允子,〈一八五三年長江下流域の農民起義〉,《お茶の水史學》3, 1960.

高橋孝助,〈十九世紀中葉の中國における稅收奪體制の再編過程 ── 釐金硏究序說〉,
　　《歷史學硏究》383, 1972.

───,〈淸末における釐金收奪と小農民經營〉,《歷史學硏究》392, 1973.

高橋良政,〈太平天國運動での‘妖’〉,《早稻田大學大學院文學硏究科紀要》別冊 3, 1977.

臼井佐知子,〈太平天國末期における李鴻章の軍事費對策〉,《東洋學報》65-3.4, 1984.

堀田伊八郎,〈太平天國北征軍について ── その問題點の一考察〉,《東洋史硏究》36-1,
　　1977.

宮崎市定,〈太平天國の性質について〉,《史林》48-2, 1965.

吉田寅,〈梁阿發とその中國文布敎書〉,《基督敎史學》13, 1963.

───,〈‘勸世良言’考 ── 十九世紀中國キリスト敎布敎書の一考察〉,《キリスト敎史
　　學》17, 1966.

內田義男,〈洪仁玕と西方文明〉,《學習院史學》5, 1968.

───,〈忠王李秀成の評價論爭〉,《學習院史學》7, 1970.

大塚勝美,〈太平天國と婦人解放〉,《現代中國》47, 1972.

稻田淸一,〈太平天國前夜の客民について〉,《名古屋大學東洋史硏究報告》11, 1986.

藤原定,〈淸末に於ける人口過剩現象と太平天國運動〉,《滿鐵調查月報》18-7, 1939.

目黑克彦,〈咸豐初期團練の成立について ── 湘勇の母體としての湘鄕縣の場合〉,《集
　　刊東洋學》46, 1981.

───,〈團練と鄕勇との關係について ── 湘鄕團練と湘勇の場合〉,《愛知敎大硏究報
　　告(社會科學篇)》32, 1983.

幷木賴壽,〈淸末皖北における捻子について〉,《東洋學報》59-3.4, 1978.

───,〈捻軍盟主張洛行〉,《呴沫集》2, 1980.

───,〈捻軍の反亂と圩寨〉,《東洋學報》62-3.4, 1981.

───,〈太平天國期の華北〉,《東海大文學部紀要》46, 1987.

山口一郎,〈太平天國革命と毛澤東思想 ── とくにその禁慾主義について〉, 同,《現代
　　中國思想史》, 東京, 1969.

三石善吉,〈洪仁玕の思想〉,《東京支那學報》13, 1967.

───,〈千年王國運動としての太平天國〉,《筑波法政》1, 1978.

森田明,〈清代山東の民捻と村落〉,《東方學》50, 1975.

西川喜久子,〈太平天國運動〉,《東洋文化》41, 43, 1966, 1967.

―――,〈太平天國と宗敎〉, 西順 藏 等編,《中國文化叢書》6, 宗敎, 東京, 1967.

―――,〈廣西社會と農民の存在形態―― 十九世紀前半における ――〉,《講座中國近現代史》1, 東京, 1977.

小島晋治,〈太平天國革命〉,《岩波講座世界歷史》21, 東京, 1971.

―――,〈農民戰爭における宗敎―― 結社宗敎〉, 同,《太平天國革命の歷史と思想》, 東京, 1978.(1)

―――,〈拜上帝敎と拜上帝會の特質〉, 上同.(2)

―――,〈十九世紀中葉における農民鬪爭と太平天國〉, 上同.(3)

―――,〈'李秀成規供手跡'考〉, 上同.(4)

―――,〈宮崎市定氏の'太平天國の性質について'について〉, 上同.(5)

―――,〈上帝敎, 拜上帝會と客家人の關係―― 一つの試論〉,《中國近代史研究》1, 1981.

―――,〈太平天國の對外觀念の變化―― 變相の華夷思想から民族主義の萌芽へ〉,《中國研究月報》473, 1987.(1)

―――,〈平均主義の歷史的性格とその社會的基盤おめぐって〉,《現代中國》61, 1987.(2)

―――,〈太平天國研究を振り返えて―― 農民戰爭說の再檢討〉,《中國―― 社會と文化》3, 1988.

小林一美,〈十九世紀後半中國半植民地化の經濟過程と民衆の鬪い―― 釐金をめぐって〉,《歷史學研究》369, 1971.

孫祚民,〈中國のマルクス主義歷史學と農民戰爭研究〉, 滕維藻, 小林一美 等編,《東アジア世界史探究》, 東京, 1986.

小野信爾,〈李鴻章の登場―― 准軍の成立をめぐって〉,《東洋史研究》16-2, 1957.

―――,〈准軍の基本的性格をめぐって―― 淸末農民鬪爭の一側面〉,《歷史學研究》245, 1960.

―――,〈捻子と捻軍―― 淸末農民戰爭の一側面〉,《東洋史研究》20-1, 1961.

小野和子,〈太平天國と婦女解放〉,《東方學報》(京都) 43, 1972.

市古宙三,〈太平天國槪觀〉, 同,《近代中國の政治と社會》(增補版), 東京, 1977.(1)

―――,〈太平天國詔書の改正について〉, 上同.(2)

―――,〈拜上考―― 太平天國制度管見〉, 上同.(3)

―――,〈朱九濤考〉, 上同.(4)

―――,〈中國における太平天國の研究〉, 上同.(5)

植田捷雄,〈太平亂と外國(1-3)〉,《國家學會雜誌》62-9, 12, 63-1. 2. 3, 1948, 1949.

安夢弼,〈太平天國の對外政策―― イギリスとの關係を中心に〉,《經濟論集》(大東文化大) 27, 1977.

160

永野愼太郎，〈イギリスの太平天國政策〉，上，中，《東洋研究》(大東文化大) 78, 81, 1986, 1987.

永井算巳，〈太平天國の階級構成原理とその基本性格—— 太平天國私見〉，《信州大學人文學部人文科學論集》11, 1977.

外山軍治，〈上海の紳商楊坊〉，《東洋史研究》新1-4, 1945.

楢木野 宣，〈淸代綠騎兵制の研究〉，同，《淸代重要職官の研究》，東京，1975.

林建郎，〈1853～4年の太平天國と列强〉，《東洋學報》60-3. 4, 1979.

林傳芳，〈'勸世良言'の資料的考察〉，《龍谷史壇》79, 1981.

―――，〈'勸世良言'授受年代に關する一考察〉，小野勝年博士頌壽記念會 編，《小野勝年博士頌壽記念.東洋學論集》，京都，1982.

佐藤震二，〈洪秀全初期の思想〉，《九州大學哲學年報》32, 1973.

淸水 稔，〈捻軍の反亂について〉，《研究論集》(名古屋大文學部) 史學 24, 1977.

針谷美和子，〈太平天國後期の鄕村統治——1860 年以後の浙江省における〉，《一橋論叢》83-5, 1980.

太田秀夫，〈捻子運動——1850 年代の淮北における〉，《講座中國近現代史》1, 東京，1977.

坂野良吉，〈上海小刀會の反亂〉，《歷史學研究》353, 1969.

―――，〈湘軍の性格をめぐって〉，《靜岡大學敎育學部研究報告》21, 1972.

河鰭源治，〈'天朝田畝制度'の成立について〉，《東洋學報》33-2, 1951.

―――，〈太平天國研究の問題點——わが國の研究のあとをたどって――〉，《近代中國》1, 1977.

―――，〈李秀成親供についての諸問題〉，《近代中國》6, 1979.

―――，〈天德と太平王について〉，市古敎授退官記念論叢編輯委學會 編，《論集近代中國研究》，東京，1983.

―――，〈近年の中國における太平天國史の研究〉，《近代中國研究彙報》6, 1984.

Ch'en, Jerom, "The Hsien-feng Inflation", *Bulletin of the School of Oriental and African Studies 21*, 1958.

Cohen, Myron L., "The Hakka or "Guest People": Dialect as a Sociocultural Variable in South-eastern China", *Ethnohistory* vol. 15 no. 3, 1968.

Curwen, C. A., "Taiping Relation with Secret Societies and with Other Rebels" *in J. Chesneaux, Popular Movements and Secret Societies in China 1840~1950*, Stanford Univ. pr., 1972.

Henson, C. T. Jr., "The U.S. Navy and the Taiping Rebellion", *American Neptune* 38, 1978.

Kawabata, Genji, "Enforcement of Hsiang-kuan Chin-tu, System of Rural Offials, in the T'ai-p'ing t'ien-guo and its background", *Acta Asiatica 22*, 1967.

Kuhn, P. A., "Origins of the Taiping Vision: Cross-Cultural Dimensions of a Chinese Rebellion", *Comparative Studies in Societies and History,* 19~3, 1977.

――――, "Taiping Rebellion" in *The Cambridge History of China* vol. 10 part 1, 1978.

Levenson, J. R., "Taiping Storm the Confucian Heaven", in *Confucian China and its Modern Fate,* vol. 2, the Problem of Monarchial Decay, Univ. of California pr., 1968.

Li, Lillian M., "The Ever-victorious Army: Sino-Western Cooperation in the Defence of Shanghai against the Taiping Rebels", Harvard University, *Papers on China 21,* 1968.

Michael, F., "Regionalism in Nineteenth-century China", Introduction to S. Spector, *Li Hung-chang and the Huai Army,* Univ. of Washington pr., 1964.

Perry, E. J., "Worshipers and Warriors: White Lotus Influence on the Nien Rebellion", *Modern China* 2~1, 1976.

――――, "Tax Revolt in Late Qing China, the Small Swords of Shanghai and Liu De pei of Shandong," *Late Imperial China,* vol. 6 no. 1, 1985.

Pong, D., "The Income and Military Expenditure of Kiangsi Province in the Last Years (1860~64) of the Taiping Rebellion", *JAS,* 26-1, 1966.

So, Kwan-wai and Eugene P. Boardman, Assisted by Ch'iu P'ing, "Hung Jen-kan. Taiping Prime Minister, 1859~64", *HJAS* 20, 1957.

Teng, Y. C., "The Failure of Hung Jen-kan's Foreign Policy", *JAS* 28, 1968.

――――, "Reverend Issarchar Jacox Roberts and the Taiping Rebellion", *JAS* 23-1, 1963.

Wang Erh-min, "China's Use of Foreign Military Assistance in the Lower Yangtze Valley, 1860~64", *Bulletin of Institute of Modern History of Academia Sinica* no. 2, 1971.

Weiss, Robert N., "Flexibility in Provincial Government in the Eve of the Taiping Rebellion", *Ch'ing-shih Wen-t'i* 4-3, 1980.

Wu, James T. K., "The Impact of the Taiping Rebellion upon the Manchu Fiscal System", *Pacific Historical Review* 19, 1950.

Yap, P. M., "The Mental Illness of Hung Hsiu-chüan, Leader of the Taiping Rebellion", *Far Eastern Quaterly* 13, 1953.

洋務運動의 性格

朴　赫　淳

Ⅰ. 머 리 말

　1861년 신유정변(辛酉政變)에 의해 서태후(西太后), 공친왕(恭親王)을 중심으로 한 새로운 정권이 성립된 이후, 1894년 청일전쟁까지를 일반적으로 '양무운동(洋務運動)'[1]시기라 부른다. 이 운동은 태평천국을 비롯한 5,60년대의 여러 민중운동과 제 2 차 아편전쟁으로 내외의 위기에 직면한 청조가 '자강(自强)'과 '부강(富强)'을 표방하며 강력한 군사력과 각종 근대산업의 육성을 통해 위기를 극복하려는 시도였다. 대내적으로 민중반란을 진압하

---

1) '양무'란 당시 서양과 관련된 문물을 의미하는 용어로 통용되었지만, '양무운동'이라는 용어가 사용된 것은 1940년대 이후이며, 1956년 牟安世의 《洋務運動》이 출간된후 널리 쓰이개 된다. 이 시대를 지칭하는 용어로서는 이외에 '자강운동 (Self-Strengthening Movement)'이 일반적으로 사용되고 있으며, 양무운동은 태평천국이나 변법운동과 같이 하나의 '운동'으로 규정할 수 있는가라는 문제의식에서 '양무활동'이라는 용어가 시도되기도 한다.

164

고 동요된 청조의 지배체제를 어느 정도 안정시키는 데는 성공하였지만,[2] 중화제국질서를 재건하려는 시도는 1884년의 청불전쟁과 1894년의 청일전쟁의 패배로 실패로 끝나고 말았으며, 이후 중국은 서구제국주의 열강의 반석민지와 다름없는 상태로 전락하게 된다. 중국근대사의 하나의 분수령을 이루는 양무운동에 대한 평가는 그러기 때문에 그 실패의 원인에 대한 분석에 초점이 맞추어져 왔다.

1901년 양계초(梁啓超)는 이홍장(李鴻章)을 논하면서 그가 청조의 조정만 알았지 국민과 국가를 알지 못하였으며, 서양의 부강의 근원을 모르고 단지 총포만을 알았을 뿐이라고 통렬히 비판하였다.[3] 그러나 이후 1920~30년대를 통해서는 오히려 양무운동을 근대화운동으로 파악하고 중국 자본주의의 기점으로 보는 것이 일반적인 경향이었다.[4] 이러한 견해에 의하면 양무운동의 실패는 양무파 자신의 잘못이라기보다는 그것을 이해하지 못하는 수구적(守舊的)인 관신(官紳)과 민중의 배외적인 태도에서 말미암은 것으로 파악된다. 이러한 견해가 부정되면서 제국주의 열강과 결탁한 봉건계급의 자구운동(自救運動)으로 인식되기 시작한 것은 1930년대 이래 반석민지 반봉건사회론에 입각한 양무운동 평가가 나오면서부터였다. 그들은 양무파가 외국세력과 결탁하여 봉건적인 지배기구의 유지와 목전의 이해관계에 급급하여 보다 본질적인 개혁을 도외시한 봉건적, 매판적 운동으로 평가하였다. 양무파가 내세운 '자강'은 민중운동을 탄압하기 위한 군사력의 강화일 뿐이며, 제국주의 세력의 중국침략에 대해서는 타협과 양보로 일관하였고, 그들이 추진한 공업화정책도 그들의 사적인 이익을 위한 도구에 불과하였으며, 매판을 매개로 서구자본주의 세력과 결탁하여 중국의 민족자본의 발전을 저해하고 왜곡시킨 것으로 평가된다.[5] 50년대 이래 중국에서 정설화된 이러한 전면적인 부정론과는 달리 서구의 근대적인 문물을 도입하여 중국을 근대화하려는 운동으로 양무운동을 평가하려는 경향도 구미학계를 중심으로 꾸준히 존재하여 왔다. 이러한 견해에서는 양무운동이 중국의 전통적인 유교적 사

---

2) 때문에 전통시대의 왕조의 중흥에 비유되어 '同治中興'이라고도 불리운다.
3) 梁啓超, 1906.
4) 章鳴九・徐泰來, 1982, pp. 86~89.
5) 대표적인 예는 범문란 1946; 모안세 1956; 장국휘, 1979; 中村義, 1964 등이다.

회체제내에서 한계에 부딪힐 수밖에 없었기 때문에 실패한 것으로 평가된다.[6]

이러한 양무운동상에 새로운 각도에서의 접근이 이루어지기 시작한 것은 1980년대에 들어와서였다.[7] 중국에서 이른바 4인방(四人幇)이 숙청되고 4대 현대화노선이 채택되면서, 일부의 학자들이 종래의 양무운동에 대한 평가에 이의를 제기하여 양무운동 자체의 역사적인 의의는 운동의 추진 주체(양무파 관료)의 의도와는 상관없이 인정되어야 하며,[8] 변법, 신해혁명과 함께 근대의 개혁운동의 하나로 파악되어야 한다고 주장하였다.[9] 특히 자본주의적인 공업을 중국에 도입하여 근대의 진보적인 사회의 흐름, 곧 봉건제에서 자본주의로의 전환의 계기를 마련하였다는 점을 높이 평가하여야 한다고 주장하며, 종래 비판의 초점이 되어 왔던 관독상판제도도 민족자본의 보호육성의 기능을 하였다는 가설을 제시하였다.[10] 또한 이들의 사상적 지향은 봉건통치체제의 유지에만 있는 것이 아니라 제도적인 개혁에까지 미치고 있다는 지적이 제기되고 있으며,[11] 외교측면에서도 매판적이기보다는 국권론적 측면에서 재평가되어야 한다는 견해가 나오고 있다.[12] 이러한 양무운동을 둘러싼 새로운 평가경향의 대두로 양무운동에 대한 평가논쟁이 활발하게 전개되고 있다.[13]

양무운동에 대한 평가는 이상에서 살펴본 바와 같이 양무운동 추진 주체의 성격과 그 지향, 대외적인 측면에서 제국주의 세력과의 결탁 여부, 민

---

6) 그 대표적인 연구가 Wright, 1957이다.

7) 1960년대초 姜鐸의 일련의 논문들은 양무파의 경제활동은 그 자체의 긍정적인 측면이 있다고 지적한 바 있으나(강탁, 1961 ; 1962-1 ; 1962-2) 집중적인 비판을 받았다. 일본에서도 60년대초 遠山茂樹에 의해 명치유신과 양무운동을 동일한 성격으로 파악하려는 시도가 있었으며 이를 둘러싸고 芝原拓自와 논쟁이 전개되었다(遠山, 1963 ; 芝原, 1964 참조).

8) 서태래, 1980.

9) 이시악, 1980.

10) 이시악·호빈, 1982 ; 추평의, 1981 ; 정일초·심조휘, 1983 ; 하동원·양효민, 1982등 참조.

11) 閔斗基, 1985 ; 하동원, 1980.

12) 溝口雄三, 1985.

13) 최근의 양무운동 연구동향에 관해서는 閔斗基, 1984 ; 陳建, 1985 ; 喬還田, 1985 참조. 논쟁이 활발해짐에 따라 양무운동에 관한 토론회가 1980년 長春, 82년 上海, 85년 蘭州에서 개최되었다.

족자본의 발전에 가한 작용 등을 쟁점으로 커다란 편차를 보이고 있다. 본고
에서는 양무운동의 여러 측면, 즉 양무운동의 추진 주체가 형성되는 과정과
그들의 성격, 그들이 추구한 '자강'과 '부강'정책의 제측면과 그 기저를 이
루는 사상적 지향을 살핌으로써 양무운동의 성격에 대한 재검토를 시도하고
자 한다.

II. 새로운 政治秩序의 성립

1. 洋務運動의 추진

1860년 영불연합군의 북경공격은 청조정부에게는 일찍이 겪지 못한 위기
였다. 황제는 열하(熱河)로 몽진하고 원명원(圓明園)은 소실되었으며 북경은
영불연합군의 손에 장악되었다. 황제로부터 사태의 수습을 명받고 북경에
남은 공친왕은 연합군과 접촉하여 그들의 요구를 대부분 들어주는 북경조약
을 체결하였다. 그 결과 청조는 구미 각국의 외교사절을 북경에 상주시키고
11개소의 조약항을 추가로 개방하였으며, 기독교의 포교권을 허용하고 배상
금을 지불하지 않으면 안되었다. 영불연합군의 철수 후에도 여전히 열하에
남아 있던 함풍제(咸豊帝)가 1861년 8월에 죽고, 5살의 동치제(同治帝)가 즉
위하면서 청조 내부에 새로운 움직임이 나타나게 된다. 황제를 수행하여 열
하로 온 이친왕(怡親王), 정친왕(鄭親王), 숙순(肅順) 등 주전론자들은 찬양
정무왕대신(贊襄政務王大臣)으로서 정권을 장악하고자 하였으나 북경의 공친
왕이 동치제의 실모인 서태후와 결탁하여 11월 재궁(梓宮)의 회경(回京)과
함께 그들을 체포하여 처형하는 쿠데타가 발생하였다(辛酉政變). [14]

쿠데타의 결과 들어선 새로운 정권은 함풍제의 두 황후인 동태후(東太后)
와 서태후를 섭정으로 하고 공친왕이 의정왕(議政王)과 군기대신으로서 실
권을 장악하였다. 이미 영국, 프랑스와의 교섭을 주도하였던 공친왕을 중심
으로 한 새로운 정부는 대외관계에서 보다 유연한 입장을 취하였다. 이미
1861년초 계량(桂良), 문상(文祥) 등과 연명으로 제출한 상주에서 공친왕은

---

14) 신유정변에 관해서는 표교열, 1985 참조.

현재의 정세를 태평천국, 염군 등 내부의 도전과 함께 러시아, 영국 등 외부의 도전에 직면하고 있다고 파악하고, 영국은 통상에 뜻을 두고 있기 때문에 일단 심복(心腹)의 해가 되는 내부의 도전을 진압한 후 외부의 도전에 대처해야 하며, 그러기 위해서는 영국과의 관계를 안정시키는 것이 필요함을 역설하였다. 15)

이러한 건의에 바탕을 두고 구미 국가들과의 외교문제를 전담할 '총리아문'이 1861년 봄 설립되고 공친왕 및 대학사 겸 군기대신인 계량, 군기대신 겸 호부좌시랑인 문상 등이 총서대신으로 임명되었다. 16) 1861년의 쿠데타로 서구에 대해 보다 타협적인 정권이17) 들어선 데 발맞추어 서구 국가들도 청조의 대내적 안정과 개혁을 지원하는 '협조정책'을 취하게 된다. 그들은 지금까지 청조와 태평천국 사이에서 취해 온 중립적 태도를 버리고 청조에 군사적 원조를 제공하기 시작하였고 나아가서는 청조에 대한 근대적 산업기술, 자본협력을 제안하였다. 18)

대외관계에서 일단 안정을 되찾은 청조는 국내의 여러 민중운동을 진압하는 데 전력을 기울였다. 청조의 관료들은 서구의 근대적인 무기의 위력에 주목하고, 포함을 이용하여 태평천국을 공격하려는 의도에서 영국으로부터 군함의 도입을 계획하였고(Lay-Osborn 함대사건) 영국의 권고를 받아들여 군사고문을 초빙하여 군대를 훈련시키려는 계획을 세웠다. 또 문상은 러시아로부터 제공받은 근대적 무기로 무장한 신기영(神機營)을 창설하였다. 19) '자

---

15) 《洋務運動文獻彙編》 권1, p. 6.
16) 총리아문은 정부내에서 단순한 외교부서에만 그쳤던 것은 아니며, 서양과 관계된 통상 등 각종 업무 및 근대적인 서양무기의 구입에 이르기까지 '양무'에 관한 것을 총괄하는 기관이었다. 군기처(軍機處)와의 관계에 대한 명문규정은 없으나 통상 군기대신이 총서대신을 겸하여 군기처의 분국에 해당하는 임시위원회라 할 만한 것이지만, 그들이 중점을 둔 대외타협정책을 추진할 기관이라는 점에서 신정권의 권력기구로서의 역할을 하였다고 할 수 있다. Banno, 1964 ; Meng, 1962 참조.
17) 그러나 이러한 對 서양타협정책이 청조내에서 일치된 의견이었던 것은 아니다. 左宗棠은 현재의 서구와의 일시적인 타협에도 불구하고 장기적인 '해방(海防)'대책이 강구되어야 한다고 주장하면서 장래의 그들의 침입을 막기 위한 적극적인 군사력 육성정책을 역설하였다. 《洋務運動文獻彙編》 권1, p. 16~19.
18) Hsu, 1980, pp. 71~72, 1865~1866년 청조의 해관 총세무사인 하트와 영국 공사관원인 웨이드가 총리아문에 제출한 '국외방관론(國外旁觀論)'과 '신의약론(新議略論)'에서 중국의 근대화를 촉진하기 위한 서양의 중국에의 기술, 자본협력을 제안하고 있는 것이 그 예이다.
19) Kuo, 1978, p. 494.

강'으로 상징되는 이러한 군사력 육성정책에서 중앙정부에 비해 보다 적극적이었던 것은 상군(湘軍)과 회군(淮軍)을 이끌고 태평천국과의 전투에 참여하고 있던 중국번(曾國藩)과 이홍장이었다. 그들은 서양무기의 구입에 전력을 기울여 전투력의 향상을 꾀하는 한편 전장에서 필요한 무기와 탄약을 신속히 공급할 목적으로 이들 무기를 직접 제조하려고 시도하였다. 1860년대 중반 이후 이러한 군수품을 생산하기 위한 공장들이 각지에 설립되었으며, 이중 일부의 공장에서는 증기기관을 동력원으로 한 근대적인 군함의 건조도 시도되었다. 강력한 최신 장비로 무장한 군사력의 효능은 구체적으로 국내의 여러 민중운동의 진압에서 증명되었다. 1861년 이후 태평천국과의 전투에서 우위를 차지한 중국번 휘하의 상군이 1864년 7월 태평천국이 수도로 삼고 있던 남경을 점령함으로써 태평천국의 반란을 진압한 데 이어, 1868년까지는 하남, 안휘성 경계지대에서 활동하던 염군도 이홍장 휘하의 회군에 의해 진압되었다. 1850년대 이래 거의 중국 전역에 번졌던 민중반란은 운남과 섬서, 감숙, 신강의 회교도의 반란만이 남은 상태였으며 이들도 1870년대 후반까지는 모두 진압되었다.

국내의 여러 민중운동이 거의 진압되고 정치질서에서 어느 정도 안정을 되찾은 청조는, 1870년대 중반에 들어와 양무운동에 새로운 전기를 맞게 된다. 1874년 해방·육방논쟁을 계기로 보다 적극적인 대외정책이 추진되어 조선과 월남문제에 깊이 개입하였으며, 그것을 뒷받침하기 위한 해군의 창설이 본격화되어 북양함대(北洋艦隊)를 축으로 하여 남양(南洋), 복건함대(福建艦隊)로 이루어진 해군이 건설되고 이를 관장하기 위한 해군아문(海軍衙門)이 설립되었다. 경제적인 측면에서도 군수공장에서 필요로 하는 석탄과 철, 구리 등의 원료를 공급하기 위해 광산의 개발이 착수되었으며 근대적인 교통, 통신에 대한 관심이 높아져 윤선초상국, 전보국 등이 창설되고 철도가 부설되기 시작하였다. 청조는 이러한 여러 사업을 추진하는 데 '관독상판(官督商辦)'방식을 채택하여 상인들로 하여금 기업을 설립 운영케 하고, 정부의 자금을 지원함과 아울러 여러 가지 특혜를 부여하였다. 60년대의 군수공장이 관 주도로 설립되었던 것과는 달리 민간 상업자본의 근대산업에 참여를 자극하고 보호하여 공업화의 토대를 마련하였다. '자강'만이 아닌 '부강'의 추구가 바로 이 새로운 변화를 상징하는 용어이다.

2. 地方官僚 勢力의 대두

일반적으로 양무파로 지칭되는 양무운동의 핵심적인 추진세력은 중앙의 공친왕과 문상, 지방의 증국번, 이홍장, 좌종당 등 일군의 관료집단이었다. 그러나 이들이 청조정부내에서 권력의 핵심을 장악하고 있었던 것은 아니다. 양무운동기의 거의 대부분의 기간 동안 권력의 핵심은 서태후에 의해 장악되어 있었다고 해도 과언이 아니다. 그녀는 1861년의 신유정변으로 섭정의 지위에 오른 후 공친왕을 견제하며 권력을 강화하고, 동치제의 사후 왕조의 관례를 따르지 않고 동치제와 형제배행인 4세의 그녀 자신의 생질을 황제[光緒帝]로 앉히고서 여전히 섭정의 지위를 유지하였다.[20] 1884년 동태후가 사망하고 공친왕을 제거한 이후 서태후는 청말에 이르기까지 절대적 권력을 행사하였다.

함풍제의 동생인 공친왕은 신유정변을 주도하여 의정왕과 군기처의 영반 대신에 파격적으로 봉해지고 신설된 총리아문의 대신으로서 대서양외교를 전담하여 사실상 양무정책 추진의 중심이었다. 원래 주전론자였던 그는 북경조약을 체결하기 위한 교섭과정에서 영국측과 접촉하며 주화론자로 돌아서고 서양에 대한 타협정책을 주도하면서 어느 정도의 근대화를 주창하기에 이르렀다. 그의 이러한 정책은 군기처내에서 문상 등 일부 관료의 지지를 받았으나 공친왕의 청조내에서의 정치적 지위는 그다지 강하지 못했다. 1865년 서태후가 불손한 행동을 이유로 그의 모든 칭호와 지위를 일시 박탈하였으며 그 직후 복직되기는 하였으나 의정왕 칭호는 회복하지 못하였다. 또한 중앙정부내에서 이홍조 등 반대파들의 끊임없는 견제를 받았으며 그의 유력한 협력자였던 문상이 1876년 사망한 이후 그의 정치적 지위는 더욱 약화되어, 결국 1884년 청불전쟁의 발발과 함께 탄핵을 받아 사임하지 않으면 안되었다.[21]

중앙정부내에서 양무운동 추진세력이 끊임없는 견제를 받았던 반면 민중운동으로 붕괴된 청조의 지배체제를 재건하고 지방통치를 안정시키며 일련

---

20) 서태후에 관한 평가에 대해서는 Chung, 1976 참조.
21) 공친왕의 권력의 한계에 대해서는 Grady, 1980 참조.

의 양무정책을 적극 추진한 세력은 태평천국난을 계기로 성장한 지방관료세력이었다. 그 대표적인 인물이 증국번, 좌종당, 이홍장 등이다.

호남성출신의 학자로, 1852년 태평천국 진압을 위한 향용을 조직하도록 촉구한 황제의 칙명에 호응하여 상군을 조직한 증국번은, 엄격한 훈련과 서양식 무기로 무장한 강력한 군대로 발전시켜 태평천국 진압에 결정적인 공을 세웠다. 이러한 군사적 성공은 그의 청조내에서의 정치적 지위를 강화시켜 1860년 양강총독과 흠차대신에 임명된 이래 1872년 죽기까지 청조의 중요한 지방관직인 양강총독과 직예총독을 번갈아 역임하였다. 그는 중앙정부의 정책결정에 대해 강력한 발언권을 행사하고 군수산업의 육성을 적극 제안하는 등 초기의 양무운동에서 핵심적인 역할을 하였다. [22]

증국번과 마찬가지로 호남성출신인 좌종당은 태평천국의 진압에 공을 세워 성장한 인물로 1866~1880년까지 섬서, 감숙성의 총독으로 재직하며 이 지역에 회민반란을 진압하는 데 결정적 공을 세웠다. 그는 1881년과 1884년 군기대신에 임명되었으며 양무운동기의 최대의 군수공장의 하나인 복건선정국을 건설하는 데 주도적인 역할을 하였다. [23]

가장 대표적인 '양무파'로서 뒤에 '봉건·매판관료'의 전형으로 꼽혔던 이홍장은 증국번의 막우로서 출발하여 증국번의 권유로 자신의 출신지인 안휘지방에서 향용을 조직하였는데, 1862년 상해지역으로 이동하면서 이 지역을 기반으로 굳혔다. 상해지역의 풍부한 자금원을 바탕으로 그가 이끄는 회군은, 급성장하여 증국번의 상군 다음가는 군사집단을 이루었으며 태평천국난의 진압과 함께 상군이 해체된 이후, 사실상 청조의 주력군사력으로 자리잡게 된다. 이러한 회군의 세력을 바탕으로 이홍장은 1870년 증국번의 뒤를 이어 직예총독에 임명된 이래, 1894년 청일전쟁의 패배로 사임할 때까지 줄곧 직예총독과 북양통상대신의 지위를 유지하였다. 그는 청조내에서 지방관의 지위에 머무르지 않고 북양대신으로서 대외교섭을 사실상 전담하였으며, 양무운동기에 설립된 대부분의 기업들이 그의 후원이나 직접적인 지원에 의해 설립되었다. [24]

---

22) 증국번에 관해서는 Gideon, 1935; 왕소보, 1984참조.
23) 좌종당에 관해서는 Gideon, 1938; 진한재, 1946 참조.
24) 이홍장과 회군에 대해서는 Spector, 1964, 그의 정치적 성장과정에 대해서는 Liu,

이들 '양무파'관료들이 하나의 통일된 목표와 정책을 추진하는 집단을 형성한 것은 아니었다. 그들은 개인적 이해관계와 권력투쟁에 의해 분열되어 있었으며 증국번과 좌종당의 사이처럼 개인적 반감으로 분열되어 있었다. 또한 그들은 일본의 명치유신 추진 주체들처럼 중앙권력의 핵심을 장악하고 있었던 것도 아니며 중앙정부내의 '청의(淸議)'를 내세우는 정치적 반대파의 견제를 끊임없이 받지 않으면 안되었다.[25] 그러나 이러한 한계에도 불구

〈표 1〉　　　　　　　　　　　　清末 各省總督 在職年表

兩 江	直 隷	兩 廣	湖 廣	閩 浙	陝 西	四 川
曾國藩	曾國藩	劉坤一	李鴻章	左宗棠	左宗棠	李鴻章
60~65	68~70	75~79	67~69	63~66	67~80	75~76
李鴻章	李鴻章	張樹聲	李瀚章	吳 棠	譚鍾麟	丁寶楨
65~66	70~95	79~82	70~82	66~67	81~88	76~86
曾國藩		曾國荃	張之洞	馬新胎	楊昌濬	劉秉璋
66~68		82~83	89~94	67~68	88~95	86~94
馬新胎		張樹聲		英 桂		
68~70		83~84		68~71		
曾國藩		張之洞		李鶴年		
70~72		84~89		71~76		
劉坤一		李瀚章		何 璟		
74~75		89~95		76~84		
沈葆楨				楊昌濬		
75~79				84~88		
劉坤一				卞寶第		
79~81				88~92		
左宗棠						
81~84						
曾國荃						
84~90						
劉坤一						
91~1902						

出典：錢實甫, "淸季重要職官年表"(鼎文書局, 1978) 4. 總督年表로부터 작성.

1967 참조. 이홍장에 대한 평가는 양계초, 1906; 호빈, 1955 이래 부정적이었으나 최근 이시악・호빈, 1981; 1982등은 그의 사상이나 행동에 대해 긍정적 평가를 시도하고 있다.
25) 청조의 정책결정과정에서 청의 역할에 관해서는 Eastman, 1967. 청류파의 성격에 관해서는 민두기, 1985 참조.

하고 그들은 하나의 뚜렷한 특징을 보여주고 있다. 그들은 모두 일군의 막우를 거느리고 자신의 정책보좌역으로 활용하였으며, 그들을 지방관으로 추천하여 지방행정 조직내에서 자신을 추종하는 관료군을 형성하였다.[26] 중국번에 의해 형성된 상계(湘系)관료집단과 이홍장에 외해 형성된 회계(淮系) 관료집단이 그 대표적인 집단이다. 〈표 1〉에서 보는 바와 같이 상계관료집단은 청말 장기간에 걸쳐 양자강 일대의 중요한 지방관직을 사실상 독점하다시피 하였다. 이러한 추종집단의 확보는 민중운동 진압과정에서 정책적인 과거합격자 수의 증가와 연납의 증가로 양적으로 확대된 신사충과의 관계를 강화하여, 그들이 지방에서 명성과 영향력을 확대하는 기반이 되었다. 이러한 경향은 명백히 '지방주의(regionalism)'의 대두를 의미하는 것이다. 그러나 그것이 곧 그들이 청조정부의 권위에 도전하기 시작했음을 의미하는 것은 아니다. '예(禮)'에 바탕을 둔 유교사회질서를 수호한다는 것이 태평천국 진압과정에서 그들이 내세운 명분이었으며 '명교(名敎)'라는 유교적 왕조질서야말로 신사충의 존재의 근거였기 때문이다. 양무운동에서 이들 지방관료세력은 청조의 지배체제의 재건의 실질적인 초석이었으며 붕괴되는 왕조지배질서를 일시적이나마 회복할 수 있게 한 주역이었다. 그러나 그들이 지방적 세력으로 머물고 중앙권력을 장악하여 근대화를 위한 통일적인 개혁을 추진할 수 없었다는 바로 그 사실이 그들의 결정적인 한계로 작용하는 것이다.

Ⅲ. '自强'政策의 추진

1. 軍需工業의 육성

태평천국의 진압과정에서 청조의 관료들에게 가장 인상적이었던 것은 서양식 총포류의 강력한 성능이었다.[27] 그들은 서양으로부터 무기를 구입하는 한편, 전선에서 필요한 각종 화약과 총탄, 총포류를 직접 생산하여 공급하

---

26) 막우에 관해서는 Porter, 1972; Folsom, 1968 참조.
27) 이미 1854년 상군을 조직할 때 중국번은 서양식 포를 구입 장비하여 태평천국군과의 상담, 악주전투에서 승리한 바 있다(張國輝, 1979, p. 22).

려 하였다. 1861년 증국번에 의해 안경(安慶)에 '안경내군계소(安慶內軍械所)'가 설립된 데 이어 1862년에는 이홍장이 '상해양포국(上海洋砲局)'을 설립하고 1863년 소주(蘇州)를 탈환한 후, 매카트니(Macartney)로 하여금 '소주양포국(蘇州洋砲局)'을 설립케 하였다. 이들 군수공장은 서양식 총포를 모방하여 제조하는 소규모였으나 1865년 이홍장에 의해 강남제조총국이 설립됨으로써 본격적인 군수공업의 육성이 이루어지게 된다.

이홍장은 미국계 양행인 기기철공창(機器鐵工廠; Messrs. Hunt & Co.)을 매입한 후 상해와 소주의 양포국을 병합하여 상해에 강남제조총국(江南製造總局)을 설립하였다. [28] 초기의 설비는 소형 증기기관과 50여 명의 노동자, 3인의 서양인 기술자가 근무하는 소규모였으나 1867년 증국번의 주장에 따라 강해관(江海關)의 이성양세(二成洋稅)를 조선경비로 충당하고[29] 상해의 근교로 이전 확장되었다. 이후 강남제조총국의 규모는 꾸준히 확대되어 중국의 최대의 군수공장으로 자리잡았고 각종 기기공장뿐 아니라 번역관도 설치되었다. 이곳에서 생산되는 군수품은 총포 외 수뢰·탄약류, 군함과 각종 철강재 등이었다. 초기의 무기는 영국 등의 무기의 모방 제조, 서양인 기사의 고용을 통한 구형 무기의 제조가 대부분이었으나 점차 신형무기의 제조도 가능하게 되었다. [30]

강남제조국에서 제조된 군함은 1865년 서수(徐壽), 화형방(華蘅芳)이 주축이 되어 외국선박을 모방하여 시험 제조한 '염길호(恬吉號)'가 최초이며 이후 1885년까지 대형 8척, 소형 7척의 선박이 건조되었다. 선박제조는 1885년 이후 중단되었는 바, 그것은 대부분의 부품과 엔진이 외국에서 수입되어 조립된 이들 선박이 대부분 목선(木船)의 범주에 속하는 것으로 해군의 주력으로 사용되기에는 부족하였으며 건조비용 또한 막대하였기 때문이다. 이홍장 자신도 강남제조총국이 "선박을 스스로 건조하였다고 하나 대부분의 재

---

28) 강남제조총국에 대해서는 Kenndy, 1968 참조.
29) 해관세 수입은 청조의 재정을 보완하는 새로운 수입원이었으며 70년대 말에 이르러서는 재정수입 20%를 차지하였다. Hsiao, 1974, p. 132 이외에도 제 2 차 중영전쟁의 배상금 상환을 위해 쓰였던 해관세의 40%는 상환완료 후에도 '사성양세(四成洋稅)'로 유보되어 각종 양무사업을 위한 재원으로서의 구실을 하였다. 판아정고, 1973, p. 274.
30) 초기에 생산된 총은 총구에서 화약을 장전하는 前門銃이었으며 Remington류의 최신형 총이 제조된 것은 1873년에 가서였다. Kuo, 1978, p. 521.

료는 외국으로부터 수입하지 않은 것이 없고 제조공정도 서양기술자가 주관하니 외국의 선박을 구입하는 것과 대체로 같다"[31]고 지적하고 있다.

강남제조총국이 설립된 다음해인 1866년 좌종당은 프랑스인 지퀠(Giquel) 등의 도움을 받아 복주선정국(福州船政局)을 설립하였다.[32] 그들은 복주 마미(馬尾)에 도크와 철창, 선창 등을 건립하고 조선과 항행기술의 교육을 위한 학당을 건립하였다. 1867년 준공된 복주선정국은 1869년 6월 최초의 기선 만년청호를 진수시켰다. 이 배는 350톤 정도의 소형 선박으로 6문의 대포를 장착할 수 있었다. 이후 복주선정국은 지퀠이 감독으로 재임한 7년간 모두 530만 량의 경비를 투입하여 15척의 선박을 건조하였다. 그러나 이들 선박은 강남제조총국과 마찬가지로 대부분이 목선이었으며 '양무(揚武)'호 외에는 150마력 내외의 소형 선박이었다. 때문에 1871년 내각학사(內閣學士) 송진(宋晉)은, 복주선정국이 비용을 낭비함이 너무 심하며 건조 선박의 질과 양이 외국 선박에 비해 뒤떨어지고 "명목은 멀리 도모한다 하지만 헛되이 낭비하는 것과 다름없다"고 지적하며 강남제조국과 함께 잠시 운영을 중지할 것을 건의하였다.[33] 송진의 비판에 대해 좌종당을 비롯한 선정국 관계자들은 선박의 건조가 국가적 사업으로서 계속되어야 함을 역설하였으며, 양강총독 증국번은 비용의 절감과 경영의 개선을 위해 현재 건조되고 있는 선박들을 상선으로 개조하여 사용할 것을 제안하였다.[34] 이에 따라 상선회사의 설립이 모색되었으며 그 결과 윤선초상국이 설립되었으나 선정국의 선박이 상선용에 적합하지 않았기 때문에 선정국의 경영에는 큰 기여는 하지 않았다.

1874년 설립 과정에서부터 깊숙이 관여하고 선정국을 총지휘해 왔던 지퀠과 대부분의 서양인 기술자들이 고용계약 만료로 귀국한 후, 선정국은 선정국에서 교육받은 기술자들을 중심으로 운영되어 이후 총 19척의 선박을 건조하였다. 기술적인 수준에서도 어느 정도의 진보가 이루어져 1877년 최초의 철협병선(鐵脇兵船)인 위원호(威遠號)가 건조되었으며 1882년에는 철협

---

31) 《洋務運動文獻彙編》 권4, p. 33.
32) 복주선정국에 관해서는 Gideon, 1938 ; 歐陽躍峰, 1982 참조.
33) 《洋務運動文獻彙編》 권5, pp. 105~106.
34) 이들 논쟁에 관해서는 呂實强, 1961참조.

순양함이 건조되었다.[35] 그러나 선정국의 발전이 순조로웠던 것은 아니다. 1884년 청불전쟁이 발발하자 프랑스함대의 공격을 받아 크게 파괴되었으며 전후 복구되었으나 해군 건설정책이 외국으로부터 군함을 구입하는 방향으로 나아갔기 때문에 발전은 상대적으로 정체되었다고 할 수 있다.

1860년대초부터 시작된 군수산업의 육성은 상술한 강남제조총국과 복주 선정국 이외에도 〈표 2〉에서 보는 바와 같이 1894년까지 총 24개의 군수공장

〈표 2〉　　　　　　　　군수공업 개황표(1861~1894)

국　명	소재지	설립년	설립자	주 요 생 산 품
安慶內軍械所	安 慶	1861	曾國藩	총탄, 화약, 포탄
上海洋砲局	上 海	1862	李鴻章	총탄, 화약
蘇州洋砲局	蘇 州	1863	李鴻章	〃
江南製造局	上 海	1863	李鴻章	군함, 총포, 수뢰, 탄약, 화약, 기계(연철창 설립)
金陵製造局	南 京	1865	李鴻章	총포, 탄약, 화약
福州船政局	福 州	1866	左宗棠	선박
天津機器局	天 津	1867	崇 厚	총포, 탄약, 수뢰, 화약(연철창 부설)
西安機器局	西 安	1869	左宗棠	탄약, 화약
福建機器局	福 州	1870	英 桂	탄약, 화약
蘭州機器局	蘭 州	1872	左宗棠	탄약, 화약
廣州機器局	廣 州	1874	瑞 麟	탄약, 화약, 소형선박수리
廣州火藥局	廣 州	1875	劉坤一	화약
山東機器局	濟 南	1875	丁寶楨	총, 탄약, 화약
湖南機器局	長 沙	1875	王文韶	총, 포탄, 화약
四川機器局	成 都	1877	丁寶楨	총, 포, 탄약, 화약
吉林機器局	吉 林	1881	吳大澄	탄약, 화약, 총
金陵火藥局	南 京	1881	劉坤一	화약
浙江機器局	杭 州	1883	劉秉璋	탄약, 화약, 수뢰
神機營機器局	北 京	1883	醇親王	
雲南機器局	昆 明	1884	岑毓英	탄약, 화약
山西機器局	太 原	1884	張之洞	화약
廣東機器局	廣 州	1885	張之洞	총, 포, 소형선박
臺灣機器局	臺 北	1885	劉銘傳	탄약, 화약
湖北銃砲廠	漢 陽	1890	劉銘傳	총, 포, 탄약, 화약

出典 : 張國輝, 1979, p.24.

35) 張國輝, 1979, p.52.

이 전국 각지에 건설되었다. 이들 공장이 생산한 무기는 총포류와 탄약류가 대부분이었으며 품질도 그다지 만족스럽지는 않았다. 예를 들면 금릉기기국(金陵機器局)에서 생산한 대포는 시험발사 도중 폭발하여 사상자를 내는 불량품이었는데, 이는 당시의 전반적인 기술수준이 낮았음을 예시하여 주는 것이다.[36] 그러나 이러한 기술적인 문제보다도 운영체제 자체의 문제가 더 컸다. 강남제조총국의 예에서와 같이 대부분의 원자재를 외국에서 수입하지 않으면 안되었으며, 서양인 기사와 중국의 관료들에 대한 막대한 인건비도 기업의 비효율성을 높이는 요인이었다.[37] 이러한 기술적인 문제와 경영상의 문제를 안고 있었지만 이 최초의 근대적 기계공업의 시도가 완전히 실패에 그친 것은 아니었다.[38] 우선 이들 공장이 필요로 하는 석탄과 철, 동을 공급할 목적으로 각지에 광산의 개발이 진행되었고 근대적 채광시설을 갖춘 광업이 발전하기 시작하는 파급효과를 거두었다. 이와 함께 이들 공장에 부수적으로 설립된 번역관과 교육기관을 통해 서양의 근대적인 과학기술 서적이 번역, 보급되었으며 새로운 기술인력을 양성하였다. 또한 복건선정국의 경우는 전후 3차에 걸쳐 프랑스 등지에 일단의 학생들을 유학시켰다.

2 海軍의 건설

해군의 창설에 관한 논의는 양무운동 초기부터 이미 이루어지고 있었다. 1861년 당시 해관 총세무사대리였던 하트는 청 정부에게 영국의 군함을 도입하여 근대적 해군을 창설할 것을 제안하였다.[39] 태평천국의 진압에 해군의 필요성을 느낀 청조는 은 80만 량으로 영국에서 중형군함 3척, 소형군함 4척을 구입하기로 하고 영국에 귀국중이던 총세무사 레이에게 군함의 구입을 위촉하였다. 레이는 영국에서 군함을 구입하여, 1863년 7척의 군함과 1

---

36) Kuo, 1978, p. 521.
37) 강남제조총국의 1867~1873년의 총경비 292만 량 중 지출비율은 원자재의 구입비용 52%, 인건비 25%, 기계설비 3.8%, 건축비 14.8%, 서적번역 등 기타 4.4%이다. 張國輝, 1979, pp. 388~389.
38) 중국자본주의 발전과 관련하여 군수공업의 성격을 어떻게 파악해야 하는가에 대해, 牟安世, 1956; 夏東元, 1958은 자본주의 발생의 기점으로 평가하는데 비해, 孫毓棠, 1957; 張國輝, 1979는 군수공업은 자본주의적 상품생산이 아니기에 자본주의의 기점으로 평가할 수 없다고 주장하고 있다.
39) Rawlinson, 1967, p. 111.

척의 보급선으로 이루어진 선단을 이끌고 중국에 도착하였다. 영국해군의
장교인 오스본이 이끄는 이 함대는 도착하자마자 중국측과 마찰을 빚게 된
다. 그 쟁점은 레이가 청조를 대표하여 영국에서 계약을 맺을 당시 함대 사
령관인 오스본은 함대에 대한 완전한 지휘권을 가지며 중국황제를 제외하고
는 어떤 중국관헌의 명령도 받지 않으며 황제의 명령도 거부할 수 있다는 규
정을 두었기 때문이다.[40] 이와 같이 사실상 청조의 통제를 벗어나 있는 함
대의 설치에 대해 증국번, 증국전(曾國筌), 이홍장 등은 극력 반대하였으며
이 함대 자체의 해체를 주장하였다.[41] 결국 이 오스본함대는 영국에 회항하
여 매각되었으며, 청조로선 전후 160만 량의 자금을 낭비한 셈이었다.[42]

레이-오스본함대사건 이후 청조는 중국에서 직접 군함을 건조하는 정책
을 취하였다. 강남제조총국과 복주선정국이 설립되어 군함의 건조가 시도
되었으며 생산된 군함을 연안 경비에 투입하였다. 그러나 복주선정국 등의
조선이 경비만 과다하게 지출하고 비효율적이라는 이유로 비판이 제기되어
군함의 국내 건조방침은 흔들리지 않을 수 없었다. 1874년 전강소순무 정일
창(丁日昌)이 제안한 '해군수사장정(海軍水師章程)'은 해군창설을 위한 본격
적인 계획안의 하나로 북양(北洋), 동양(東洋), 남양(南洋) 3개의 해군을 건
설하되 산동, 직예 연안의 방위를 천진(天津)을 거점으로 한 북양해군이 전
담하고, 절강, 강소는 오송(吳淞)을 거점으로 한 동양해군, 광동, 복건의 연
안 방위는 남양해군이 담당한다는 안을 제시하였다. 필요한 선박은 외국에
서 구입하거나 국내에서 제조하며 종래의 구식 병선을 처분하여 경비를 절
약한다는 것이 골자였다.[43] 이러한 정일창의 제안에 대해 일부 관료들의 강
한 반발로[44] 논쟁 끝에 1875년 총리아문이 관세와 이금에서 400만 량을 조달
하여 남북양 해방대신으로 하여금 해군의 건설비용으로 삼되 먼저 북양해군
을 건설하고 이어 3개 함대로 확장한다는 기본계획을 정하였다.[45]

40) Morse, 1910. vol.2, pp. 37~38.
41) 《洋務運動文獻彙編》권2, pp. 258~269.
42) 이 사건의 결과 레이는 총세무사에서 해임되고 하트가 뒤를 이어 2대 총세무사에 올
   랐다.
43) 《籌辦夷務始末》同治朝 卷 98, pp. 23~24.
44) 특히 남양계 관료들의 반발이 거세었는데 정리대상이 되는 구형 병선의 대부분이 남
   양계의 장악하에 있었기 때문이다.
45) 《洋務運動文獻彙編》 1, pp. 163~164.

이홍장은 이러한 결정을 바탕으로 북양함대의 창설에 착수하였다. 그는 국내에서 제조하는 비용이 외국에서 군함을 사들이는 비용보다 비경제적이라는 이유를 내세워 외국으로부터 구입하는 것을 기본방침으로 정하고, 1876년 하트의 주선으로[46] 영국의 암스트롱(Amstrong)사의 포선 4척을 도입하였으며 이어 남양을 위해 추가로 4척을 도입하였다. 그러나 이들 포선은 소형으로 단지 연안방위에만 적합한 것이었을 뿐이었기 때문에 이홍장은 영국에 의존하던 방침을 바꿔 독일측과 적극적인 교섭을 벌이고, 이후 회군의 대포를 독일의 크루프(Krupp)사의 것으로 무장하기로 계약을 체결하는 한편, 독일에서 '정원(定遠)', '진원(鎭遠)' 등 두 척의 철갑선을 구입하는 계약을 체결하였다. 그리고 해군장교를 육성하기 위해 1876년 복주선정국의 학생들을 영국, 프랑스 등에 유학시켰으며 1880년 천진에 수사학당을 설립하였다.

1884년 군함 17척의 남양함대, 15척의 북양함대, 11척의 복건함대 등 3개 해역을 중심으로 하는 해군체제가 갖추어졌으며 1885년 독일에서 건조된 '정원', '진원' 등 철갑선이 도착하여 주력함의 자리를 차지하였다. 이러한 준비를 바탕으로 1885년 해군아문이 설립되어 순친왕(醇親王)이 총리해군대신(總理海軍大臣)에 임명되었다. 그러나 해군아문의 실권은 회판(會辦)에 임명된 이홍장에게 장악되어 있었으며 자연히 그를 중심으로 한 해군건설이 추진되었다. 1888년 북양함대가 22척의 군함으로 정식으로 성립하였다. 이홍장은 영국인 랑(W. M. Lang)과 독일인 세베린(Sebelin)을 초빙하여 훈련을 담당하게 하였다.

3개 해역에 걸쳐 40여 척의 군함을 보유한 청조의 근대적 해군은 그러나 그 표면적인 위세와는 달리 적지 않은 문제점을 안고 있었다. 우선 해군아문이 설립되고 해군의 건설을 위해 매년 400만 량의 자금을 지원하기로 되어 있었으나 그 대부분은 이화원의 건축자금으로 전용되어 실제로 해군의 확장에는 그다지 쓰이지 않았다. 북양함대의 주력함은 모두 해군아문 설립

---

46) 하트는 해군의 건설에 깊이 관여하여 자신을 총해방사로 하는 '해방장정'을 총리아문에 제안하기까지 하였다. 그러나 이는 그의 권한이 비대해질 것을 우려하는 관료들의 반대로 중지되었다. 張國輝, 1979, pp. 97~98. 하트의 활동에 대해서는 Wright, S. F., 1950 참조.

이전에 구입된 것으로 1885년 이후 구입된 군함이 거의 없다는 사실이 이를 잘 보여준다.[47] 뿐만 아니라 해군의 기본적인 구조에도 문제점이 있었다. 남양함대는 상군계에 의해 장악되어 있었으며, 북양함대는 회군계에 장악되어 있었고, 3개의 함대는 각각의 독자적 지휘계통의 지휘를 받고 있어 통일된 지휘계통은 존재하지 않았다.[48] 청불전쟁시 복건함대가 프랑스해군의 공격으로 궤멸되고 복주선정국 또한 파괴되었는데도 불구하고 이홍장이 이끄는 북양함대가 남양함대의 지원의 요청에도 불구하고 전투에 참가하지 않았던 것이 이 해군의 문제점을 가장 단적으로 드러내는 것이었다.[49] 이들 함대는 훈련도 충실치 못하였고 기율은 이완되어 있었으며, 더구나 함대의 장비가 대부분 각각 다른 나라로부터 구입한 것이기 때문에 규격도 달랐다. 그러므로 보유한 선박은 질과 양적인 면에서 표면적인 위세와는 달리 내적으로는 극히 취약하였으며, 이것이 1894년 일본과의 해전에서 쉽게 패배하는 원인으로 작용한다.

Ⅳ. 官督商辦政策의 추진과 그 성과

1. 輪船招商局의 설립과 운영

1842년 남경조약으로 상해(上海), 영파(寧波), 복주(福州), 하문(廈門) 등 5항이 개항되고 1860년 양자강의 항해권과 1862년 등주(登州), 우장(牛庄)의 대두(大豆)무역이 서양인에 허용됨으로서 중국연안의 상업질서는 커다란 변화를 맞이하였다. 종래 중국의 내륙을 연결하는 전통적인 무역로 대신, 연안을 따라 해상 수송이 활발해짐으로서 상해 등의 새로운 교역 중심지가 각광받게 되었으며, 내륙의 운하수송로가 행정체제의 이완으로 인해 잦은 홍수로 파괴되고 상인들이 이금(釐金)을 회피하려는 목적으로 기피하였기 때문에 연안무역로는 더욱 활성화되었다. 이 때문에 운하로를 무대로 번성하

---

47) Liu, 1980, p. 256.
48) Rawlinson, 1967, pp. 128~130.
49) Liu, 1980, p. 252는 당시 이홍장의 주요관심이 북경의 방어에 있었다고 지적하고 있다.

여 온 전통적인 사선무역(沙船貿易)이 급격히 쇠퇴하였으며,[50] 이를 주요운송 수단으로 삼아온 조량(漕糧)운송에도 곤란을 초래하였다.[51] 청조 정부내에서는 이 문제를 타개하기 위한 여러 가지 방안이 논의되었는데 정부가 선박을 매입하여 직접 수송하자는 의견이 제시되었으나 그에 필요한 방대한 경비를 마련하는 것이 곤란하여, 대신 일부의 조량수송을 상인들에게 맡기는 방안이 검토되고 있었다. 그러나 이러한 논의는 논의에 그치고 구체화되지는 않았다.[52]

상선회사의 설립이 보다 구체화된 것은 1870년대에 들어와서였다. 송진(宋晋)이 복주선정국의 비능률적인 경영을 들어 그 존폐의 문제를 제기한 이래 그를 둘러싼 논쟁이 전개되었는데, 이와 관련하여 강남제조국과 복주선정국에서 건조된 선박을 이용하여 상인자본을 끌어들인 상선회사의 설립이 1872년 이홍장에 의해 본격적으로 추진되었다. 이홍장은 광동상인 주기앙(朱其昻)과 접촉하여 주로 광동출신 상인, 매판의 자본을 모집하고 정부의 자금을 투자하여 관상합판(官商合辦)기업을 설립할 것을 계획하였으나,[53] 선정국 등의 선박이 상선용으로는 적합한 것이 아니었으며, 지방관료들의 호응 부족으로 결국 상인이 경영을 전담하는 관독상판방식을 취하여, 1872년 상해에 윤선초상국이 정식으로 설립되었다.[54]

곡절을 거쳐 설립된 초상국의 초기의 운영은 그다지 순조롭지 못하였다. 상인들의 자본모집이 부진하고 구입한 선박이 낡아, 처음 반년 만에 적자만 2만 5천 량에 달하였다. 이러한 상황을 타개하기 위해, 이홍장은 상해에서 매판으로 활약하던 당정추(唐廷樞)와 서윤(徐潤)을 경영에 참여시키고 사실상 전권을 위임하였다. 당정추와 서윤 자신이 매판으로서 상당한 자금력을 보유하고 있었을 뿐 아니라, 상해의 상업계에서도 어느 정도 신망이 있었고

---

50) 개방 전에 3000여 척에 달하였던 사선은 개방 후인 1866년경 5~600척 정도로 급격히 감소하고 있다. 〈해방당〉, 구매선포, p. 861.
51) 청말의 遭運문제에 관해서는 Hinton. 1956 참조.
52) 이들 논의에 관해서는 呂實强, 1962참조.
53) 呂實强, 1962, pp. 237~255. 초기에는 경영형태를 관상합판방식으로 하여 상인의 자본이 부족할 경우 정부의 차관을 官股(주식)로 하도록 규정하고 있다.
54) 초상국의 성격에 관해서는 많은 논란이 있어 왔다. 汪熙, 1963은 양무파가 상인자본을 착취하는 도구로 삼았다고 평가하는데 반해, 李時岳・胡濱, 1982; 夏東元・楊曉敏, 1980은 실질적인 상판기업으로 파악한다.

매판으로서 상선회사의 업무에 어느 정도 경험을 가지고 있었기 때문에 초상국의 경영을 본궤도에 올리는 데 기여하였다.[55] 당시의 해운업계의 상황은 이미 1860년대부터 미국계 양행에 의해 설립된 기창윤선(旗昌輪船)이 양자강 항로를 독점하여 번영을 누리고 있었는데 초상국 및 그와 거의 동시에 설립된 태고윤선공사(太古輪船公司; China Navigation Co.)가 등장함으로써 치열한 경쟁이 벌어지고 있었다.[56] 초상국은 1876년 기창윤선을 2백여 만 량의 막대한 정부자금을 끌어들여 매입함으로써 일거에 해운업계의 주도적인 지위를 차지하려 하였다.[57] 그러나 기창으로부터 매입한 선박의 대부분이 낡아 경쟁력에 뒤질 뿐 아니라, 매입과정에서 초래된 방대한 부채가 초상국의 경영을 악화시켰기 때문에 초상국의 적자는 크게 불어나 1877~1878년에는 24만 6천 량의 적자를 보게 되었다.

이홍장은 초상국의 경영진과 회동하여 경영을 회복시킬 방안을 강구토록 하는 한편, 그들의 호소를 받아들여 정부차관의 상환유예, 조운수송의 초상국선박 이용의 증가, 초상국선의 내지운항의 확대 등 적극적인 지원을 상주하였다. 그러나 정부내에서는 이러한 지원요청에 대해 냉담한 반응이 나타나고 있었다. 초상국의 경영부실이 경영진의 책임이라는 비판이 제기되면서 그와 함께 경영방침에 대한 논의가 진행되었다.[58] 그 결과 초상국의 경영진에서 이홍장을 대리하고 있는 성선회(盛宣懷)가 물러나고 매판출신의 정관응(鄭觀應)이 경영진에 참가하였다.

상인 중심의 새로운 경영진은 다각도로 경영의 안정을 꾀하였으며, 때마침 1881년부터 상해를 중심으로 일어난 주식투기의 붐을 이용하여 상인 자본을 끌어들일 수 있게 됨으로써 경영회복의 기미를 보이기 시작하였다. 그러나 지나친 투기와 청불전쟁의 발발로 인한 외국은행의 대부 중지로 1883년말 금융공황이 발생하여 전장(錢莊)들의 파산이 속출하고, 전장자본을 자

---

55) 당정추와 서윤은 모두 광동 출신의 매판이었다. 매판제도에 대해서는 黃逸峰 外, 1982; 聶寶章, 1979; Hao, 1970; 鈴木總一郎, 1941 등을 참조.
56) 해운업을 둘러싼 기창윤선과 초상국의 경쟁에 대해서는 Kwang-Ching Liu, 1962 참조.
57) 초상국의 기창윤선 매입을 둘러싼 여러 문제에 관해서는 北村敬直, 1961 참조.
58) 1880~81년의 이홍장과 왕선겸, 유곤일의 논쟁이 바로 그것이다. 주목할 것은 왕선겸은 초상국을 관상합판방식으로 운영할 것을 주장하는데 이는 청조의 관독상판정책의 수립과 관련하여 주목된다. 朴赫淳, 1986 참조.

금원으로 한 많은 상인과 기업이 도산하는 상황에서 초상국 또한 예외는 아니었다.[59] 초상국의 회판(會辦)인 서윤이 부동산에 대한 과도한 투기로 말미암아 파산하고 이어 프랑스 함대의 공격으로 선박의 운항이 불가능해지자 경영은 극도로 악화되었다. 결국 정부의 긴급 자금지원과 경영진의 대대적인 개편이 단행되었으며,[60] 프랑스 함대의 나포로부터 면하기 위해 기창공사와 비밀교섭을 추진하여 잠정적으로 매도하는 임시방편을 취하지 않을 수 없었다.

청불전쟁 후 기창양행으로부터 초상국을 재매입한 후 이홍장은 경영을 성선회에게 맡겼다. 성선회는 '독판(督辦)'의 지위를 신설하고 이전의 총판(總辦)에 비해 강화된 권한을 갖도록 하고 자신이 취임하여 전권을 행사하였다.[61] 이와 함께 초상국의 선박에 대한 '출구세(出口稅)'의 면제 등 정부의 각종 지원을 받고 경쟁상대인 태고(太古), 이화(怡和) 등 외국양행의 해운회사와 제가합동(齊價合同)을 통해 운임을 안정시킴으로써 어느 정도의 안정상태를 회복하게 된다.

2. 鑛工業의 발전

1850년대말에서 1860년대에 걸쳐 개항장이 증가하고 외국기선의 왕래가 잦아지고 상해 등지의 개항장에 공장이 들어섬에 따라, 그 연료로써 석탄의 수요가 증가하여, 1870년대에 이르면 석탄의 사용량 또한 급격히 증가하여 16만 톤 가까이 이르게 된다. 당시의 주된 수입원은 영국, 오스트레일리아, 일본 등이었는데 영국의 산업의 발전에 따른 석탄의 부족으로 석탄가가 전반적으로 상승하였다.[62] 군수산업의 육성정책으로 각지에 무기공장을 설립한 청조로서도 여기에 필요한 원자재의 안정적인 공급이 절실하였으며, 석탄의 원활한 수급이 곤란해지자 그 개발의 타당성을 고려하기 시작하였다. 양무파 관료들은 만약 중국과 서양의 관계가 악화되면 교역이 두절되고 서

---

59) 1882~83년의 투기와 상해의 금융공황에 대해서는 浜下武志, 1974; 劉廣京, 1983 참조.
60) 서윤과 당정추가 경영진에서 물러난 대신 마건충이 경영을 전담하였다.
61) 성선회의 활동에 대해서는 Feuerwerker, 1958; 中村義, 1960; 夏東元·楊曉敏, 1980 참조.
62) 張國輝, 1979, pp.181~2.

양의 석탄도 구입하지 못하여 윤선(輪船) 또한 촌보(寸步)도 움직이지 못할 것이라는 우려를 하고 있었던 것이다. [63] 1874년 청조 정부는 대만의 기륭(基隆)과 자주(磁州)의 탄광을 개발하기로 결정하였다.

대만은 그 풍부한 석탄의 매장량 때문에 이미 1850년대부터 주목을 받아왔는데, 1866년 복주선정국이 창건되면서 거기서 필요한 대부분의 석탄을 대만으로부터 공급받아 왔다. 1875년 심보정은 하트의 추천으로 영국인 타이자크(David Tyzach)를 고용하여 기륭광산의 매장량을 측량케 하였으며, 이어 1876년 5월부터 굴착을 시작하여 1878년부터 생산을 시작하였다. [64] 이후 꾸준히 발전하던 기륭탄광은 1884년 청불전쟁이 발발하면서 프랑스군의 공격으로 파괴되어 생산이 정지되었다. 전후 복구되었지만 이후 쇠퇴의 길을 걷게 된다. 아마도 기륭탄광의 경영은 관판(官辦)사업의 전형이라 할 수 있는 것이었다. 부패가 만연하였으며 일산 300톤 전후의 시설로 100여 톤의 생산에 그치는 비능률적 경영으로 일관하였다. [65]

1874년 이홍장은 강남제조국의 풍준광(馮焌光)과 천진기기국의 오육란(吳毓蘭)으로 하여금 직예성 자주의 광산을 개발토록 하였으며 성선회에게는 호북의 흥국매철광(興國煤鐵鑛)의 개발을 위임하였다. 그러나 이 두 차례의 광산개발은 모두 실패로 끝났다. 그것은 생산성이 없었고 하천으로부터 멀어 수송상의 어려움이 있었기 때문이다. 1876년 이홍장은 다시 당정추로 하여금 직예의 개평광산(開平鑛山)을 탐사토록 하였다. 탐사의 결과는 만족스러웠으나 수송상의 조건이 좋지 않았기 때문에 광산의 개발에 착수하는 한편 석탄의 수송을 위한 철로의 부설을 계획하고 이를 정부에 건의하였다. 1881년 개평탄광이 정식으로 생산을 개시하였으며, [66] 수송을 위한 운하와 철로도 1880년 착공되어 1881년 4월 완공되었다. 초기의 일산량은 300여 톤이었으나 1882년에는 500톤, 1884년 이후에는 900톤 이상에 달하였다. 수송철로도 1886년 대고(大沽)까지 연장되었으며 1889년에는 임서탄광의 개발을 계기로 임서까지 연장되었다. 수송수단의 발전으로 일산량은 더욱 증가하

---

63) 《이홍장전집》 주고, 권19, p. 49.
64) 기륭매광에 대해서는 黃家模, 1961 참조.
65) 張國輝, 1979, pp.194~5.
66) 개평광무국에 관해서는 張國輝, 1964; 陳絳, 1983; 胡濱, 1985; Carlson, 1971 참조.

여 1894년에는 2,000톤에 달하였다. 개평광무국의 석탄은 주로 주요 관판기업, 북양함대 및 상선의 연료로 공급되었다. 질이 좋으면서도 값싼 개평탄은 당시 중국에 수입되고 있던 외국, 특히 일본산에 비해 충분한 경쟁력을 가지고 있었다. 개평광무국은 경영면에서도 다른 관독상판기업에 비해 안정되어 있었다. 1876년 80만 량의 상인자본을 모집할 계획으로 관독상판방식으로 설립된 개평광무국은 초기에는 상인자본의 호응부족으로 고전하였으나 1880년대초 자본금 80만 량을 모집함으로써 안정된 자금을 확보하고 1888년에는 제 1 차 주식배당을 실시하였다. 이러한 개평광무국의 성공 때문에 당시 "중국에서 이익을 보는 광산은 개평탄광뿐"이라는 평가가 내려지고 있었다.[67]

기륭탄광과 개평탄광 이외에도 상당수의 광산기업들이 설립되었다. 그러나 이들 기업들의 성과는 반드시 만족스러운 것은 아니었다. 〈표 3〉에서 보는 바와 같이 양무운동시기에 설립된 광산기업들은 모두 38개에 달하였으나 성공적인 기업은 개평광무국, 막하금광(漠河金鑛) 등 소수의 기업뿐이었다.

〈표 3〉 洋務運動期의 鑛山企業

연도	지 역	종 류	경영형태	설 립 자	폐쇄 년도
1875	直隷 磁州	炭鑛	官辦	李鴻章	1875
1875	湖北 廣濟 興國	炭鑛	官辦	盛宣懷	1875
1876	臺灣 基隆	炭鑛	官辦	沈葆楨	1891
1877	安徽 池州	炭鑛	官督商辦	楊德, 孫振銓	1891
1878	直隷 開平	炭鑛	官督商辦	李鴻章, 唐廷樞	
1879	湖北 荊門	炭鑛	官督商辦	盛宣懷	1882
1880	山東 嶧縣	炭鑛	官督商辦	戴華藻	
1880	廣西 富川縣, 賀縣	炭鑛	官督商辦	葉正邦	
1881	熱河 平泉	銅鑛	官督商辦	朱其詔	1886
1882	直隷 臨城	炭鑛	官督商辦	紐秉臣	
1882	江蘇 徐州 利國驛	炭, 鐵鑛	官督商辦	胡恩燮, 胡碧澄	
1882	奉天 金州 駱馬山	炭鑛	官督商辦	盛宣懷	1884
1882	湖北 鶴峰	銅鑛	官督商辦	朱季云	1883

---

67) 馬建忠〈適家齋記言〉권1, p. 7. 그러나 1890년대에 들어 석탄의 수송을 위해 秦皇島 항구를 개발하면서 영국, 독일 등으로부터 막대한 자금을 차관으로 도입하고 이 때문에 1900년에는 영국에 운영권이 넘어가게 된다. 그 과정과 운영권의 회수를 중심으로 한 영국과의 교섭에 관해서는 王璽, 1962; 李恩涵, 1963 참조.

1882	湖北 施宜	銅鑛	官督商辦	王輝遠	1884
1882	熱河 承德 三山	銀鑛	官督商辦	李文耀	1885
1882	直隷 順德	銅鑛	官督商辦	宋寶華	1884
1883	安徽 貴池	炭鑛	官督商辦	徐潤	1883
1883	安徽 池州	銅鑛	官督商辦	楊德	1891
1884	北京 西山	炭鑛	官督商辦	吳熾昌	
1885	福建 石竹山	亞鉛鑛	官督商辦	丁樅	1888
1885	山東 平度	金鑛	官督商辦	李宗岱, 林道炻	1889
1886	貴州 靑谿	鐵鑛	官督商辦	潘露	1890
1887	山東 淄川	炭鑛	官辦	張曜	1891
1887	山東 淄川	亞鉛鑛	官辦	徐祝三	1892
1887	雲南	銅鑛	官督商辦	唐炯, 胡家楨	1890
1887	熱河 土槽子, 遍山선	銀, 亞鉛鑛	官辦	朱其詔	?
1887	海南島 大艶山	銅鑛	官督商辦	張廷鈞	1888
1888	廣東 香山 天華	銀鑛	官督商辦	河崑山	1890
1889	廣西 貴縣 天平寨	銀鑛	官督商辦	謝光綺 ?	?
1889	黑龍江 漠河	金鑛	官督商辦	李銀庸	1900
1890	吉林 天寶山	銀鑛	官督商辦	程光第	1896
1890	山東 寧海	金鑛	官督商辦	馬建忠	1890
1890	湖北 大冶	鐵鑛	官辦	張之洞	
1891	湖北 大冶 王三石	炭鑛	官辦	張之洞	1893
1891	湖北 江夏 馬鞍山	炭鑛	官辦	張之洞	
1891	山東 招遠	金鑛	官督商辦	李贊勛	1892
1892	熱河 建平	金鑛		徐潤	1898
1894	吉林 三姓	金鑛		宋春鰲	1900

出典：張國輝, 1979, pp. 185~187, 218~221.

이들 광산기업의 경영 부실이 그 실패 원인의 하나이지만, 다른 한편으로는 근대적인 공업의 체계적인 발전이 지체되었던 것도 그 원인의 하나였다. 전술한 강남제조국, 복주선정국 등 군수공장에 제철 설비가 소규모로 갖추어지기는 하였으나 중공업과 관련한 체계적인 광공업의 육성은 1880년대 후반에 들어 장지동에 의해 추진된 한양제철소(漢陽製鐵所)의 건설과 그와 연관된 대야철광(大冶鐵鑛) 및 탄광의 개발이다. 양무운동기간중 건설된 최대의 기업이라 할 수 있는 한양제철소는 천진(天津)—통주(通州)간의 철도건설문제를 둘러싼 논쟁과정에서 당시 양광총독이었던 장지동이 노구교(蘆溝橋)와 한구(漢口)를 잇는 노한철도(蘆漢鐵道)건설을 제안한 데서 비롯되었다. 장지동은 이미 1888년(광서 14년) 광동에 군수공장을 건설하고 여기에서 필요한 철강재를 공급할 목적으로 제철소를 건설하고자 하였는데, 호광총독에 전임되면서 철도건설에 필요한 레일을 공급할 목적으로 제철소의 건설을 적극적으로 추진하였다. 광동에 건설하려던 제철설비는 호북으로 옮겨졌으며 정부의 지원금 200만 량으로 제철소의 건설에 전력을 집중하는 한편, 대야의 철광과 탄광을 개발하여 원료 공급의 안정을 도모하였다. 1891년 한양에 제철설비가 설치되기 시작하고, 1893년에 제철공장이 완공되었으며 1894년 시험생산에 들어갔다. 한양제철소는 그 규모도 양무운동기간중 건설된 기업 중 가장 커서 공장에 고용된 외국인 기사가 40명에 달하고 노동자는 약 3,000명에 달하였다. 이러한 방대한 규모 때문에 경비도 급속히 불어나, 당초 280만 량의 예산으로 건립될 예정이었으나 1895년까지 이미 580여 만 량이 투자되었다. 뿐만 아니라 운영에도 방대한 자금이 필요했기 때문에 청일전쟁 후 청조의 재정파탄으로 더이상의 유지가 불가능하였으며 결국 성선회에 의해 관독상판기업으로 바뀌게 된다.[68]

3. 上海機器織布局과 근대적 綿業의 발전

18세기~19세기초까지만 하더라도 중국의 면제품은 전세계에 수출하는 위치에 있었으나,[69] 이후 장기간에 걸쳐 면포의 수입국으로 전락하게 되었다. 아편전쟁 당시까지만 해도 중국의 수출입에서 수입면제품이 차지하는 비중은 전체의 9% 미만에 불과하여 그 비중이 크지 않았으나, 이후 면제품의 비중은 급격히 상승하여 1885년에는 면제품의 비중은 35%에까지 이르러 수입품 중 제1위를 점하게 된다. 면제품의 수입이 증가함에 따라 중국의 시장으로서의 가치는 증가하였으나 1870년대 후반 이래의 세계적인 은가하락은 상대적으로 대중국 면직물수출국인 영국 등의 면업에는 타격을 가하였다. 이 때문에 중국에 직접 공장을 세워 공급하려는 계획이 이미 1870년대 후반부터 진행되고 있었다. 그러나 중국의 전통적인 가내수공업적인 면업에 타격이 될 것을 우려한 중국측은 이를 저지하려 하였다.[70]

---

68) 한양제철소의 건설과정에 대해서는 波多野善大, 1961 ; 全漢昇, 1972 참조.
69) 嚴中平, 1955, pp. 39~40.
70) 波多野善大, 1961, pp. 348~372.

1876년 이홍장과 접촉한 팽여종(彭汝琮)[71]은 이러한 추세를 주목하여 상인자본을 모아 상해에 방직공장을 건설하는 것의 타당성을 역설하고, 그의 후원을 얻어 관독상판방식의 기업 설립에 착수하였다. 팽여종은 주식으로 50만 량의 자본을 모아 직기 480대의 규모로 설립할 것을 계획하였다. 그러나 상인들의 호응이 적어 자본의 모집이 여의치 않았기 때문에 설립 자체가 난항을 거듭하여 결국 1879년 팽여종이 물러나고 정관응과 경원선(經元善), 대경풍(戴景馮), 공수도(龔壽圖) 등을 중심으로 새로운 경영진을 구성하면서 설립작업이 본격화되었다. 1880년 이홍장은 관독상판형식의 상해기기직포국(上海機器織布局)의 설립을 보고하고 상인측의 요구를 받아들여 10년간의 '전리권(專利權)'을 그들에게 부여하는 한편, 자구반세(子口半稅)의 납입으로 내지(內地)에의 수송을 허용하는 지원조치를 취하였다.[72]

이러한 과정을 거쳐 설립된 상해기기직포국은 그러나 그 설립 직후인 1883년 상해의 경제계를 강타한 금융공황으로 정관응 등 경영진이 파산함에 따라 사실상 와해상태에 빠지게 되었다. 이홍장에 의해 직포국의 총판으로 임명된 공수도는, 1887년 자본을 재평가하여 새로운 자본을 모집하는 등 재건노력을 경주하였으나 큰 성과를 거두지 못하였다. 이홍장은 마건충(馬建忠), 이어 양종렴(楊宗濂)을 총판에 임명하는 한편, 10만 량의 정부자금을 지원하였다. 이러한 노력의 결과, 공장의 건설이 진행되어 설립된 지 10여 년 만인 1890년부터 일부 생산을 시작하고, 1891년 공장의 완공과 함께 본격 가동되었다. 가동 초기부터 상당한 이윤을 거두었는 바, 방적부문에서 이윤율이 높아 시설 확장이 계획되었으나 1893년 화재로 공장이 모두 소실됨으로써 좌절되었다.

상해기기직포국이 관독상판형식을 시종 견지하였던 것과는 달리, 장지동이 주관한 호북직포관국(湖北織布官局)은 관판(官辦)의 형식을 취하였다. 1888년 양광총독 장지동은 면방직업의 유리함에 주목하고 100만 량의 자본을 상인들로부터 모집하여 광동에 면방직공장을 설립하려고 하였다. 직기

---

71) 팽여종은 前四川候補道로서 매판상인과 관련을 가지고 있었던 것으로 생각된다. 장국휘, 1979, p. 272.
72) 상해기기직포국의 설립과정에 관해서는 嚴中平, 1955; 波多野善大, 1961; 汪敬虞, 1963; 中井英基, 1980; 高村直助, 1982 참조.

를 구입하는 등 설립작업이 진행되는 도중인 1889년, 장지동이 호팡총독으로 전임하게 되자 계획이 전면 수정되어 이미 구입한 기기가 호북으로 옮겨져 설립작업이 새로이 추진되었다. 처음의 계획과는 달리 상인들의 호응을 받지 못하고 정부의 자금에 거의 전적인 의존을 하지 않으면 안되었다. 호북직포관국은 1893년에 이르러서야 비로소 생산을 시작하였다. [73]

1894년까지의 근대적인 면업의 발전은 이상의 경과에서 알 수 있듯이 순조로운 것은 아니었다. 1870년대 후반부터 시작된 설립논의가 결실을 보아 생산을 시작한 것은 10여 년이 지난 1890년대초에 이르러서였다. 이와 같이 근대 면업의 발전이 정체되었던 원인은 무엇일까? 일반적으로 상해기기직포국의 설립과정에서처럼 관료들이 상인자본을 침탈함으로써 상인들의 투자의욕을 저하시켰기 때문이라고 지적되고 있으나, [74] 오히려 보다 근본적인 원인으로 검토되어야 할 것은 중국 면업구조의 특질이다. 중국의 토포 (土布)는 그 보온성과 내구성면에서 경쟁력을 갖추어 외국면포의 수입에도 불구하고 구축되지 않고 시장에서 우위를 점하고 있었다. [75] 이러한 전통적 면업구조가 무너지면서 변화가 나타난 것은 1880년대 후반에 들어 수입면사가 가내수공업적인 종래의 토착방적업에 의해 생산되던 면사를 대체하게 되면서부터이다. [76] 1890년대에 들어와 면방적업이 급속한 발전을 보게 된 원인은 바로 여기에 있다. 상해기기직포국이 소실된 후 이홍장의 명으로 재건에 착수한 성선회는 불과 1년 만에 화성방직총창(華盛紡織總廠)을 설립하였으며, 자금의 모집난으로 1893년에야 본격 가동되었던 호북의 직포국도 방사국(紡紗局)의 설립을 계획하는 등 시설확충을 적극적으로 추진하였다. 이와 함께 3개의 민간 방적기업들이 상해 등지에 연이어 설립되어 근대면업의 본격적인 발전을 맞게 된다.

4. 전신선과 철도의 부설

양무운동기에 추진된 근대적인 교통, 통신관계의 사업으로서 주목되는

73) 호북직포관국에 관해서는 中井英基, 1980 참조.
74) 邵循正, 1964.
75) 川勝平太, 1985.
76) 小山正明, 1960 ; 同, 1961.

것은 전보국의 설립과 철도의 부설이다. 전신선의 가설은 이미 1860년대부
터 영국, 러시아 등이 가설을 청조에 요구해 왔던 것인데, 그에 대해 당시의
청조 정부내의 의견은 심지어 이홍장까지도 부정적이었다. 77) 이러한 견해가
변화한 계기는 1874년 일본의 대만침공시 군사적인 측면에서 전신선의 가설
필요성을 절감하면서부터였다. 당시 남양대신 심보정(沈葆楨)의 건의에 의
해 전신선의 가설이 추진되었지만 중도에 좌절되고 말았다. 이어 1880년 이
홍장이 다시 전신의 중요성을 강조하여 상해와 천진을 잇는 육로전신선이
1881년 가설되었다. 그리고 1882년 성선회, 정관응 등이 상인자본을 모으고
정부자금의 지원을 받는 관독상판방식의 전보국을 설립하고, 강소, 절강,
복건, 광동을 잇는 선과 양자강 연안을 잇는 전신선을 1884년까지는 모두 가
설하였다. 이외에도 각지를 잇는 전신선의 가설이 급속히 이루어져 1890년
대 중반까지는 만주와 신강, 운남 등 변경지역까지 전신선의 부설이 대체로
이루어졌다. 78) 전신선의 가설은 자체가 청조의 군사적·행정적인 필요성과
합치하는 것이기도 했으나 또한 대외무역의 활성화와 관련,상인들의 요구에
도 부합하는 것이었다. 이미 1870년대초에 부설된 런던－상해간의 해저전선
과 연결됨으로써 생사, 차 등의 무역에서 효율성을 기할 수 있었다. 그러나
다른 한편으로는 이것은 중국경제의 세계시장으로의 편입의 가속화를 의미
하는 것이기도 하다.

　전신선의 급격한 확대에 비해 철도의 부설은 상대적으로 더디었다. 79)
.1865년 영국인이 북경의 근교에 500m 정도의 레일을 깔고 기차를 시운전한
것이 최초로 건설된 철도지만 곧 철거당하고, 1875년에 영국계 양행인 이화
양행이 상해에 부설한 오송철도(吳淞鐵道)가 본격적인 것이었다. 그러나 이
철도는 지역민들이 반발하자 중국측이 이를 사들여 철거하고 말았다. 80) 중
국측이 부설한 최초의 철도는 1880년 건설된 당산(唐山)－서각장(胥各莊)간
의 노선이다. 이 철도는 개평광무국이 채굴한 석탄을 운송하기 위한 것이었
지만 초기에는 기차 대신 말을 사용하였으며 1881년 6월 이후에야 기차가 사

77) 張國輝, 1979, pp. 232.
78) 張國輝, 1979, pp. 233～247.
79) 양무운동기 철도건설에 관해서는 李國祁, 1961 참조.
80) Pong, 1973은 당시 이를 처리한 심보정의 행동을 분석하며 오송철도의 파괴가 단지
　배타적인 성격의 것이라기보다는 주체적인 건설을 강조함을 지적하고 있다.

용되었다. 철도의 부설에 대한 당시의 청조내의 분위기는 대단히 경화되어
서[81] 1880년 유명전(劉銘傳)의 철도부설 건의에 대해 당시의 청조 관료들은
철도건설이 '풍수(風水)'에 영향을 끼친다는 이유로 극력 반대하였으며,[82]
이러한 반대여론은 1889년의 천진−통주(通州)간의 철로건설을 둘러싸고도
전개되었다.[83] 이러한 곡절을 거치면서도 철도의 건설은 서서히 이루어져,
1887년에는 천진에서 대고(大沽)에 이르는 철도의 부설이 허가되고, 장지동
의 건의에 의해 노구교에서 한구에 이르는 철도의 건설이 계획, 추진되기에
이른다. 이 노한철로의 부설과 관련하여 전술한 한양제철소의 건설이 추진
되었다.

5. 官督商辦制度의 평가 문제

1872년 윤선초상국이 설립되면서 채택된 '관독상판' 기업형식은 양무운
동기의 대표적인 기업형식으로서 양무운동기의 청조의 경제정책을 상징하
는 것이지만, 양무운동시기에 창설된 대다수의 관독상판기업들은 초상국,
개평광무국 등 소수의 기업을 제외하고는 성공을 거두지 못하였다. 때문에
이들 기업의 실패, 나아가 양무운동시기의 공업화의 실패의 원인을 이 제도
에서 찾으려는 시도가 제기되는 것은 당연하다. 전통시대의 관(官)의 상인
자본에 대한 통제를 연상시키는 관독상판제도는 전문화되어야 할 기업경영
에 관이 개입함으로서 부패와 비능률을 초래하고 상인자본을 침탈하여 관료
의 사적인 이익을 만족시키기 위한 도구로 전락되었다고 평가되어 왔다.[84]

확실히 이들 기업에 대한 이홍장 등 양무파 관료의 사적인 지배의 성격은
부인할 수 없다. 그들은 자신이 창설한 기업을 자신의 권력을 유지하는 중
요한 자금원으로 간주하였으며,[85] 때문에 기업 경영의 주도권을 둘러싸고

---

81) 이홍장은 1874년 철도의 부설과 관련하여 공친왕에게 추진해 줄 것을 건의하였으나
  공친왕이 이 문제는 자신이나 兩太后조차 추진할 수 있는 상황이 아니라고 답변했다고
  술회하고 있다. 《洋務運動文獻彙編》 권1, p. 269.
82) 《洋務運動文獻彙編》 권6, 154∼165.
83) 이 논쟁에 관해서는 吳鐸, 1936 참조.
84) 邵循正, 1964 ; 汪熙, 1979.
85) Feuerwerker, 1969 ; Chan, 1977 참조.

서로 경쟁적인 입장을 보이기까지 한다.[86) 또 초상국의 경영에 대한 이홍장의 태도에서 나타나듯이 관독상판기업의 경영은 그 기업의 후원자인 양무파 관료의 통제하에 있었고 기업경영진의 자율적 경영은 그만큼 제한되어 있었다. 정관응이 지적한 바와 같이 '관독상판기업은 실권이 윗사람에 의해 장악되어 있는(官督商辦之局, 權操在上)'[87) 상황이었다.

그러나 관독상판제도가 이러한 관료의 기업에 대한 사적인 지배를 보장하는 제도였다는 사실이 곧 관독상판기업의 실패, 나아가서는 양무운동시기의 공업화의 정체 원인의 전부를 설명한다고 생각되지는 않는다. 1872년에서 1894년까지의 광산기업을 검토하면, 실패한 관독상판기업의 대부분이 관의 경영에 대한 간섭으로 인한 것이었다기보다는 생산성이 떨어지거나 자금조달의 곤란, 공황 등의 경제적 요인에 의한 것이 대부분이라는 사실은(〈표 3〉 참조) 관독상판의 제도적 모순만으로 공업화의 정체가 설명될 수 없음을 시사한다.

문제는 이들 기업이 성장할 수 있는 토대가 되는 19세기 후반의 중국경제의 상황이다. 대외무역의 활성화에도 불구하고 전통적인 경제구조는 여전히 강력하게 잔존하였으며, 그것이 붕괴되기 시작한 것은 1880년대 후반에 이르러서였다. 근대적 면업의 발전과정이 그것을 가장 단적으로 보여준다. 전술한 바와 같이 중국의 토포(土布)는 수입 면포에 대해 충분한 경쟁력을 가지고 있었기 때문에 외국의 면포수입의 증가는 상대적으로 정체되어 있었으나 방적 부문에서는 1880년대 후반부터 외국면사의 수입이 급격히 늘어난다. 이것은 수입면사가 중국의 토착방적 부문을 대체했기 때문이다. 이러한 변화는 중국내에서의 근대 방적업을 위한 유리한 환경을 조성하여, 1880년대말부터 1890년대에 걸쳐 근대면업이 발흥하는 계기로 작용하였다. 상해기기직포국이 1880년대초에 좌절하지 않을 수 없었고 1890년대에 들어 급속히 성장하여 1893년의 소실 후에도 곧 재건할 수 있었던 이유가 바로 여기에 있다. 이와 같이 근대적인 공업의 발전은 전통적인 경제구조의 해체를 동반하여 진행되며 또한 그것은 중국경제의 세계경제로의 편입과 종속을 통해서

---

86) 1880년 초상국 경영진에 대한 탄핵과 그에 이은 논쟁은 초상국 경영의 주도권을 둘러싼 이홍장과 남양계 관료의 다툼에 다름 아니다.

87) 鄭觀應, 《盛世危言後編》 卷10, p.1.

이루어졌음을 의미한다.[88] 결국 양무운동시기의 공업화의 실패의 원인은 '관독상판'이라는 제도적인 차원이나 기업 내부의 관료와 상인의 관계의 문제라기보다는 청말의 경제구조 전반을 고찰함으로써 해명이 될 수 있을 것이다.

V. 사상적 지향

1. 서구과학기술의 도입과 보급

1842년에 위원(魏源)이 《해국도지(海國圖志)》의 서문에서 "(서양) 오랑캐의 장기를 배워 (서양) 오랑캐를 제압해야" 한다고 주장한 이래, 서양에 대한 새로운 인식의 필요성이 일부의 지식인을 중심으로 제기되었으나, 본격적인 서양에 대한 관심과 이해의 폭의 확대는 서양과의 접촉이 확대된 양무운동기에 보다 체계적으로 이루어졌다. 1861년 총리아문의 설립을 계기로 서양과의 외교관계가 정식으로 열림에 따라 이에 필요한 외국어에 능통한 인재를 양성할 목적으로, 1862년 총리아문의 부속기관으로서 동문관(同文館)이 북경에 설립되어 영어, 프랑스어, 독일어, 러시아어를 만주팔기의 어린 자제들을 선발하여 교습하였다. 북경의 동문관 외에 1863년 상해에 광방언관(廣方言館)이, 1864년 광주에 광주동문관(廣州同文館)이 각각 설립되었다.[89]

1866년 공친왕은 "서양인은 기계, 총포류 등의 물건의 제조에서부터 선박의 운행, 군대의 수송에 이르기까지 천문산학에 의존하지 않음이 하나도 없다"고 주장하며 천문산학관(天文算學館)의 설립을 건의하였다.[90] 천문산학관은 거인, 진사, 한림 및 5품 이하의 관리를 대상으로 서양의 근대적인 자연과학을 교습할 목적으로 한 것으로, 단순한 언어의 학습만이 아닌 서양의 근대과학기술의 도입을 의미하는 것이어서 청조 내에서 서양문물의 수입을 둘러싼 최초의 논쟁을 촉발하였다. 당시 산동도 감찰어사인 장성조(張盛藻)

---

88) 黑田明伸, 1985.
89) 동문관에 대해서는 Biggerstaff, 1961 ; 橋本高勝, 1973 참조.
90) 《洋務運動文獻彙編》 권2, p. 22.

는, ‘정도(正道)’ 출신관료를 대상으로 한 이러한 교육은 공자, 맹자의 글을 읽고 요·순의 도를 배워 사물의 도리를 깨우쳐야 할 관리로 하여금, ‘기용 (器用)’의 학을 배우게 하는 것은 ‘명리를 중시하고 기절을 경시하는 것’이 라고 비판하였다.[91] 장성조에 이어 대학사 왜인(倭仁)은 “입국의 도는 예의 를 숭상함에 있지 권모를 숭상함에 있지 않으며 근본을 도모함은 인심에 있 지 기예에 있지 않다”고 주장하면서, 기술에 정통한 인재를 달리 널리 찾으 면 구할 수 있을 터이니 서양인을 교사로 하는 천문산학관의 설립을 중지하 도록 촉구하였다.[92] 이러한 격렬한 반대에도 불구하고 천문산학관의 설립이 추진되어 학생을 선발하였으나 반대 여론의 영향으로 기대에 미치지 못하 였다.

이 논쟁은 당시의 서양에 대한 청조내의 일반 관료들의 인식의 단면을 드 러내주는 것으로 당시의 이러한 서양에 대한 완고한 분위기와 관련하여 이 홍장은

> (공친왕에게) 철로의 이점을 극력 주장하여 청강(青江)에서 경사(京師)까지의 노선을 시험적으로 건설하여 남북의 수송을 편하게 하자고 청하였던 바, 공친왕께 서도 좋다고 생각하셨으나 감히 그것을 주지할 사람이 없다고 하였다. 다시 틈을 타서 양궁(兩宮 ; 동, 서태후)에게 말해 주기를 청했더니 양궁도 이 대계를 정할 수 없다고 하였다. 이로부터는 아예 입을 다물고 언급하지 않았다.[93]

고 전하고 있다. 공친왕이나 서태후로서도 철도의 건설을 감히 추진할 수 없을 정도로 전반적인 분위기는 경화되어 있었던 것이다.

서양의 문물에 대한 수용은 이러한 진통을 겪으면서도 양무기업의 설립이 활발해지면서 확대되어 갔다. 우선 무기의 제조와 조선에 필요한 기본적인 지식의 습득을 위해 번역과 교육사업이 추진되있는데 강남제조총국에 부설 된 번역관과 복주선정국에 부설된 복건선정학당[求是堂藝局]이 그 대표적인 기관이다. 1867년 설립된 선정학당은 14세 이하의 소년을 학생으로 선발하 여, 그들에게 선박의 제조와 운행에 필요한 과학기술을 프랑스인을 고용하

---

91) 《洋務運動文獻彙編》 권2, pp. 28~29.
92) 《洋務運動文獻彙編》 권2, pp. 30~37.
93) 《洋務運動文獻彙編》 권1, p. 269.

여 가르치게 하였다. 선정학당의 교육은 상당한 성과를 거두어 지쿂 등이 귀국한 후에는 이들이 중심이 되어 선정국이 운영되었다.[94] 1868년 설립된 강남제조총국의 번역관은 화형방, 이선란(李善蘭) 등 중국인 자연과학자들과 프라이어 등 선교사들이 참여하여[95] 외국의 과학기술 서적을 번역, 출간하였다. 여기서 번역된 서적들은 대부분 증기기관의 제조 등 기술서적이었지만 자연과학에 관한 서적도 일부 포함되었다. 1879년까지 이 번역관에서 간행한 서적은 총 98종에 달하였으며, 그중 일부가 판매되기도 하였지만 그 보급은 극히 한정된 것이었다.[96] 이외에도 1880년에 천진에 전보학당(電報學堂)이 설립되었고, 같은 해 천진 수사학당(水師學堂)과 광주의 실학관(實學館)이 각각 건립되어 선박의 항해기술을 가르쳤다. 또 1885년에는 천진에 무비학당(武備學堂)이 설립되어 군사학을 교육하는 등 각 분야의 전문인력을 양성하였다.

이러한 근대적 교육기관의 설립과 함께 학생들을 선발하여 구미에 유학시키려는 계획도 추진되었다. 1872년 증국번, 이홍장의 건의에 의해 진난빈(陳蘭彬), 용굉(容宏)을 단장으로 하는 30명의 유학생단이 미국에 파견되었으며 이후 매년 30명씩 4년간 120명의 학생들을 미국으로 파견하기로 계획되었다.[97] 그러나 대다수의 학생이 나이어린 데다가 빈한한 가정출신이었기 때문에 곧 서양화하여 청조의 당국을 곤혹하게 만들었다. 정부내에서는 유학생들을 귀국시켜야 한다는 의견이 대두되고 때마침 화교의 이민금지조치로 미국과 청조 사이의 외교적 갈등이 고조되자 학생들을 귀국시키고 말았다.[98] 미국에의 유학생 파견이 실패한 것과는 달리 복주선정국의 유럽에의 유학생 파견은 보다 성공적이었다. 1876년 30여 명의 선정학당 학생들이 유럽에 파견되었고, 이후 1882, 1886, 1897년에 추가로 학생들이 파견되어 3년에서 6년의 교육과정을 마치도록 하였다. 천진의 수사학당을 맡으면서 《천연론(天演論)》 등을 번역하여 서구사상을 중국에 소개한 엄복(嚴復)이나[99]

94) 장국휘, 1979, p.52.
95) Fryer 등 선교사의 과학기술 보급에 관해서는 Bennett, 1967 참조.
96) Bennett, 1967, pp.40~42.
97) 이 유학생 파견을 주선한 자가 용굉이다. 그에 대해서는 곽오진, 1980 참조.
98) 유학생 파견을 둘러싼 갈등에 대해서는 이희소, 1981; 묘춘덕, 1980 참조.
99) 엄복에 대해서는 Schwartz, 1964 참조.

이홍장의 측근으로 활약하는 마건충[100]은 바로 이 유학생 출신이었다.

2. '洋務'와 '主體'의 문제

서양문물의 수용이 확대됨에 따라 이를 중국의 전통적 가치체제, 사상과 관련시키려는 사상적 지향이 나타나기 시작하였다. 그 최초의 인물은 풍계분(馮桂芬)이다. 그는 1861년에 씌여진 《교빈려항의(校邠廬抗議)》에서 인재의 등용, 자원의 개발, 군신의 회통(會通), 명실(名實)의 부합 등에서 개혁이 이루어져야 하며 이러한 개혁의 원리는 '복고(復古)'에 의해 찾을 수 있다고 주장하였다.[101] 그는 서양의 장기를 배워 그들을 제압한다는 위원의 주장을 비판하며, 중국에 부족한 '선견포리(船堅砲利)'를 서양에서 구해야 할 뿐, '중국의 윤상명교(倫尙名敎)를 원본으로 삼고 서양제국(西洋諸國)의 부강지술로서 이를 보완해야 한다'고 주장하였다.[102] 그가 주장하는 복고는 과거로의 복귀라기보다는 복귀해야 할 것을 가려낸 연후에, 그 고(古)에로 복귀한다는 의미로서 삼대성인의 법도내에서의 개혁을 의도한 개념이다. 풍계분은 이러한 복고의 방법은 '황상(皇上)'이 기강을 쇄신하는 것으로 족하다고 하고 있다.

풍계분의 개혁론은 그의 생전에 공표되지는 않았지만, 양무와 관련하여 중국의 주체의 문제를 거론한 그의 문제의식은 동시대의 많은 지식인에게서 공통적으로 나타난다. 풍계분보다 활동시기가 늦고 서양과의 접촉경험이 있는 왕도(王韜)는 "기(器)는 서국(西國)에서 취하고 도(道)는 스스로의 것으로서 하니 만세토록 불변한 것은 공자의 도이다"고[103] 주장하여 도기론의 구조를 빌어 양무와 주체의 관계에 대해 보다 명확한 규정을 시도하였다. 그는 도를 인륜이라는 보편적인 개념으로 규정함으로써, 서양에도 본말(本末)이 있고 그런 의미에서 서양의 정제(政制)를 수용할 수 있는 근거를 마련하였다. 설복성(薛福成)의 경우에는 이러한 체, 용의 관념은 등량(等量) 개념

---

100) 마건충에 대해서는 판아정고, 1985참조.
101) 풍계분, 〈製洋器議〉, 《교빈려항의》.
102) 풍계분, 〈采西學議〉, 《교빈려항의》.
103) 왕도, 〈易言原跋〉; 정관응, 《增訂盛世危言正續編》(1965, 대북, 학술출판사 중인본), 왕도의 사상과 활동에 대해서는 Cohen, 1974 참조.

으로 전화되게 된다. 그는 도덕, 충효, 시서를 체(體)로 규정하고, 시세(時勢)와 기수(器數), 수륙(水陸)의 군사, 중외(中外)의 언어에 밝은 인재가 필요하다고 하여 체와 용을 아울러 겸해야 함을 역설하였다. 정관응은 이러한 체용의 논리 대신에 불변의 원리인 중(中)과 현실상황 변화를 의미하는 시(時)의 개념을 이용하여 중학과 서학을 관통하는 보편적 원리로서 중을 규정함으로써 중국의 전통적 가치체계와 서양의 문물의 대립, 갈등을 회피하는 논리적 발전을 보여주고 있다.[104]

이러한 여러 논자들의 도기론을 이용한 중국의 전통적 가치체계와 서양문물의 접합노력은 도기합일론을 빌어 기의 추구를 통해 도를 실현하고자 함으로써, 서양의 문물을 별다른 저항없이 수용하고 이를 통해 중국을 개혁하기 위한 논리적 근거를 확보하려는 것이었다. 중국의 현상에 대한 그들의 변혁의지는 서구의 의회제와 입헌군주제에 대한 긍정적인 평가에서 암묵적으로 엿보이는 것이며 정관응 같은 이는 부르조아적인 개혁의지까지 보여주고 있다. 문제는 이러한 개혁을 어떻게 추구해 나가느냐에 있다.[105] 아직 추상적인 형태로 전개되는 데 그친 양무운동단계의 '양무'와 '주체'의 접합노력이 구체화되고 실천적 운동으로 구현되는 것은 다음의 변법운동단계까지 기다리지 않으면 안되었다고 보아야 할 것이다.

Ⅵ. 맺 음 말

이상에서 우리는 양무운동의 추진 주체가 형성되는 과정과 그 성격, 그리고 그들이 추구한 '자강'과 '부강'의 여러 정책과 사상적 지향을 검토하여 왔다. 1850~60년대의 태평천국과 제2차 아편전쟁으로 초래된 내외의 위기를 청조가 극복하는 데 양무운동이 기여했음은 말할 필요가 없다. 협상과 타협으로 대외관계의 안정을 도모하여 민중운동의 진압에 전념할 수 있었고,

---

104) 민두기, 1985, pp. 27~29.
105) 閔斗基, 1985, pp. 36~40은 제도개혁의 의지를 보이고 있는 점에서는 양무파에 해당하는 문상, 곽숭도, 이홍장도 마찬가지라고 지적하며 그런 의미에서 양무운동이 체제의 근본을 개혁하려는 의지 없이 지엽말단적인 서양의 기술을 받아들이는 데 그쳤다는 종래의 양무·변법운동의 단절론(小野川秀美, 1969)이 성립하지 못함을 지적하고 있다.

그들이 건설한 군수공장에서 생산된 근대적 무기로 농민들이 주축인 민중운동을 진압하는데 성공하였다. 그렇다고 하여 양무운동의 목표가 민중운동의 진압에 국한되었던 것은 아니다. 1861년의 공친왕 등의 상주에서 언급된 바와 같이 양무운동의 추진 주체들은 서구세력의 잠재적 위협을 인식하고 있었으며 중화적 천하질서의 붕괴라는 새로운 사태에 대한 주도면밀한 대응을 초기부터 준비하고 있었다. 양무운동의 초기부터 근대적 해군의 건설을 목표로 군함의 건조와 구입이 꾸준히 추진되었으며, 베트남과 조선, 서북 변경지역에 대한 외교적 간섭과 군사적 대응이 시종일관 정책의 최우선순위를 점하고 있었던 것이 이를 증명한다. 어느 의미에서는 양무운동은 붕괴되는 중국을 중심으로 한 천하질서의 재건을 시도한 운동이었으며, 1894년의 청일전쟁의 패배는 이러한 천하질서의 재건의 실패에 다름 아니었다.

양무운동의 실패의 원인은 무엇이었을까? 아마도 우리는 그 일차적 원인을 이 운동의 추진 주체의 한계에서 찾아야 할 것이다. '봉건관료', '매판관료'로 불려온 이들 양무운동 추진 주체는 태평천국 등 민중운동의 진압과정에서 성장한 지방관료세력이었다. 그들은 와해된 청조의 지방통치조직을 재건하여 청조의 생명을 연장하는 데 결정적으로 기여하였다. 그러나 그들은 자신이 뿌리를 둔 지역의 한계를 벗어나 중앙정부의 권력의 핵심을 장악하기에 이르지는 못하였다. 중앙정부는 일부의 관료들을 제외하고는 여전히 보수적인 성향을 지닌, 권력투쟁에 익숙한 관료에 의해 독점되어 있었으며, 지방의 양무운동 추진 주체들은 분열되어 있었다. 이들 양무운동 추진 주체들이 시도한 여러 양무정책들도 결국은 지역적 차원에서 전개되는 데 그쳤다. 전임 지방관이 시행한 양무사업을 후임 지방관이 중단시키거나, 지방관이 전임되면 그가 설립한 기업의 설비 전체를 자신의 새로운 임지로 이전하는 현상이 드물지 않았다. 양무기업 자체가 중요한 자금원이었기에 기업의 주도권을 둘러싸고 그들 내부의 갈등이 빚어지기도 했다. 더구나 이들 기업의 설립과 운영에 대한 통일적이고 체계적인 계획이 부재하였으며, 지역적으로 편중되어 있었다.

30여 년에 걸친 양무운동은 이와 같이 정책적인 측면에서 비효율적으로 추진되었으며 중앙정부에 의한 체계적인 정책으로 전국적인 차원에서 시행되었다고 할 수 없다. 양무운동 추진 주체의 이러한 분열과 한계는 19세기 후반의 동아시아 국제질서의 급격한 변화에 효율적이고 능동적으로 대처할 수 있는 능력을 갖지 못하게 하였다. 일본의 명치유신의 주체가 권력의 핵심을 장악하고 개혁을 추진하였던 것과 비교하면 이는 보다 분명히 드러난다.

참고문헌

《淸代籌辦夷務始末(同治朝)》, 1930.

楊家駱, 《洋務運動文獻彙編》, 臺北, 1963.

中央硏究院近代史硏究所, 《海防檔》, 臺北, 1957.

엄영식, 《양무사상과 근대병공업의 흥기》, 경희대학교출판국, 1975.

閔斗基, 《중공에 있어서의 中國近代史硏究동향(1977~81)》, 서울, 한울, 1984.

―――, 《중국근대개혁운동의 연구 : 강유위중심의 1898년 개혁운동》, 일조각, 1985.

박혁순, 〈1880~1년 招商局運營方針論爭〉, 《동양사학연구》 23, 1986.

표교열, 〈서태후정권의 성립과정에 대하여 : 신유정변의 재검토〉, 《동양사학연구》 21, 1985.

牟安世, 《洋務運動》, 上海人民出版社, 1956.

范文蘭, 《中國近代史》, 延安, 1946.

聶寶璋, 《中國買辦階級的發生》, 北京, 1979.

孫毓棠, 《中日甲午戰爭前外國資本在中國經營的近代工業》, 上海人民, 1955.

梁啓超, 《戊戌政變記》, 신민총보, 1906.

嚴中平, 《中國綿紡織史稿 1892~1937 : 從綿紡織工業看中國資本主義的發生與發展過程》, 北京, 科學出版社, 1955.

呂實强, 《中國早期的 輪船經營》, 臺北 近代史硏究所.

王 璽, 《中英開平鑛權交涉》, 臺北 近代史硏究所, 1962.

王爾敏, 《淸季兵工業的興起》, 臺北 近代史硏究所, 1963.

李國祁, 《中國早期的鐵路經營》, 臺北 近代史硏究所, 1961.

李恩涵, 《晚淸的收回鑛權運動》, 臺北 近代史硏究所, 1963.

張國輝, 《洋務運動與中國近代企業》, 北京, 1979.

全漢昇, 《漢冶萍公司史略》, 中文大學(Hongkong), 1972.

夏東元, 《鄭觀應論》, 상해, 1980.

胡 繩, 《帝國主義與中國政治》, 人民出版社, 1953.

黃家模, 《甲午戰前之臺灣煤務》, 臺北 近代史硏究所, 1961.

黃逸峰·姜鐸·唐傳泗·陳降, 《舊中國的買辦階級》, 上海, 1982.

姜　鐸,〈試論洋務運動 對早期民族資本的促進作用〉,《文匯報》, 1961. 12. 28.

郭吾眞,〈論容宏與舊中國的近代化〉,《山西大學學報》80-3, 1980.

歐陽躍峰,〈從創辦福州船政局看左宗棠的自强思想〉,《安徽師大學報》82-2, 1982.

戴　逸,〈洋務歷史試論〉,《人民日報》1962. 9. 13, 1962.

苗春德,〈中國首次留美學生的派遣和鬪爭〉,《河南師大學報》80-5, 1980.

徐梁伯,〈左宗棠的洋務思想値得肯定〉,《湖南師範大學學報》85-3, 1985.

徐泰來,〈也評洋務運動〉,《歷史研究》80-4, 1980.

邵循正,〈關于洋務派民用企業的性質和道路：論官督商辦〉,《新建設》64-1, 1964.

楊東梁,〈試評左宗棠對陝甘回軍的鎭壓〉,《湖南師範大學學報》85-2, 1985.

楊曉敏,〈論洋務運動期間的‘官督商辦’〉,《社會科學(上海)》82-9, 1982.

汪敬虞,〈從上海機器織布局看洋務運動和資本主義發展關係問題：與邵循正先生 商榷〉,
　　《新建設》1963. 8, 1963.

汪　熙,〈論晩淸的官督商辦〉,《歷史學》79-1, 1979.

―――,〈從輪船招商局看洋務派經濟活動的歷史作用〉,《歷史研究》1963. 2, 1963.

王少普,〈曾國藩洋務思想的形成, 性質和作用〉,《歷史研究》, 84. 5, 1984.

劉廣京,〈1883年的上海金融風潮〉,《復旦學報》83-3, 1983.

李時岳,〈中國近代史主要線索及其標志及我見〉,《歷史研究》84-2, 1984.

―――, 胡濱,〈論李鴻章的洋務思想〉,《吉林大學學報》81-3, 1981.

李熹昭,〈中國近代第 1 批留歐學生〉,《南開學報》81-2, 1981.

章鳴九, 徐泰來,〈洋務運動研究的回顧〉,《歷史研究》82-4, 1982.

丁日初 · 沈祖煒,〈論晩淸的國家資本主義〉,《歷史研究》83-6, 1983.

陳降,〈開平鑛務局經濟活動試析〉,《復旦學報》83-3, 1983.

陳旭麓,〈中國近代史上的革命與改良〉,《歷史研究》80-6, 1980.

秦翰才,《左文襄公在西北》, 商務印書館, 1946.

戚其章,〈洋務運動與中國近代海軍〉,《齊魯學刊》82-2, 1982.

鄒宏儀,〈官督商辦經營方式在民族資本發展中的作用〉,《人文雜誌》81. 1, 1981.

湯奇學,〈‘中學爲體, 西學爲用’思想的演變〉,《復旦學報》1982. 1, 1982.

夏　冬,〈論洋務運動時期的電報局〉,《史學月刊》82-6, 1982.

夏東元,〈洋務運動發展論〉,《社會科學戰線》80-3, 1980.

―――, 楊曉敏,〈論晩淸的國家資本主義〉,《歷史研究》83-6, 1983.

夏東元 · 吳民貴,〈論奕訢〉,《華東師大學報》82-5, 1982.

胡　濱,〈從開平鑛務局看官督商辦企業的歷史作用〉,《近代史研究》85-5, 1985.

―――, 李時岳,〈論李鴻章的洋務思想〉,《吉林大學學報》80-3, 1980.

黃繼琮 · 于醒民,〈洋務運動中留學生的派遣〉,《華東師大學報》81-4, 1981.

黃逸峯,〈關於舊中國買辦階級的 研究〉,《歷史研究》87, 1964.

―――,〈帝國主義侵略中國的一個重要支柱――買辦階級〉,《歷史研究》91, 1965.

200

黃逸峯・姜鐸, 〈中國洋務運動與日本明治維新在經濟發展上的比較〉, 《歷史研究》 63-1, 1963.

高村直助, 《近代日本綿業と中國》, 東京大學出版會, 1982.

橋本高勝, 《清末における西洋文物の導入と反應》, 啓文社, 1973.

小野川秀美, 《清末政治思想研究》, 京都大學, 1960.

芝原拓自, 《日本近代化の世界史的位置》, 東京, 1981.

坂野正高, 《中國近代化と馬建忠》, 東京大學出版會, 1985.

────, 《近代中國政治外交史》, 東京大學出版會, 1973.

波多野善大, 《中國近代工業史の研究》, 東洋史研究會, 1961.

北村敬直, 〈招商局史の一局面〉, 《東洋史研究》 20-3, 1961.

浜下武志, 〈19世紀後半中國における外國銀行の金融市場支配の歷史的特質〉, 《社會經濟 史學》 40-3, 1974.

星斌夫, 〈清末河運より海運への展開〉, 《和田博士古稀記念東洋史論叢》, 1961.

小山正明, 〈清末中國における外國綿製品の流入〉, 《近代中國研究》 4, 1960.

────, 〈清末中國における綿綫機械の導入〉, 《和田博士古稀記念東洋史論叢》, 1961.

鈴木智夫, 〈中國における近代工業の形成と洋務派:廣東製絲業の成立過程を中心に〉, 《歷史學研究》 1985-4, 1985.

鈴木總一郎, 〈買辦發生の社會的根據〉, 《東亞經濟論叢》 1-3, 1941.

遠山茂樹, 〈東アジアの歷史像の檢討──近現代史の立場から〉, 《歷史學研究》 281, 1963.

中井英基, 〈上海機器織布局と湖北織布官局〉, 《ビジネスレビュー》 28-3, 1980.

中村義, 〈洋務運動と改良主義〉, 《岩波講座世界歷史》 22, 1969.

────, 〈清末政治と官僚資本〉, 《中國近代史の社會構造》, 1960.

芝原拓自・藤田敬一, 〈明治維新化と洋務運動──かの三〇年來の論爭点にふれて〉, 《新しい歷史學のために》 92・93, 1964, 1965.

Banno, Masataka, *China and the West, 1865~1861: The Origins of the Tsungli Yamen*, HUP, 1964.

Bennett, Adrian A., *The Introduction of Western Science and Technology into Nineteenth-Century China*, HUP, 1967.

Biggerstaff, Knight, *The Earliest Modern Government Schools in China*, Ithaca CUP, 1961.

Carlson, Ellsworth C., *The Kaiping Mines (1877~1912)*, HUP, 2nd ed., 1971.

Chan, W. K. K., *Merchants, Mandarins and Modern Enterprise in Late Ch'ing China*, HUP, 1977.

Chao, Kang, *The Development of Cotton Textile Production in China*, HUP, 1977.

Cheng, Ying-wan, *Postal Communication in China and Its Modernization, 1860~1896*,

HUP, 1970.

Cohen, P. A., *Between Tradition and Modernity, Wang T'ao and Reform in Late Ching China*, HUP, 1974.

Eastman, Lloyd, *Throne and Mandarin: China's Search for a Policy During the Sino-French Controvercy 1880~1885*, HUP, 1970.

Feuerwerker, A., *China's Early Industrialization: Sheng Hsuan-huai (1844~1916) and Mandarin Enterprise*, HUP, 1969.

Folsom, K.E., *Friends, Guests and Colleagues: the "Mufu" System in the Late Ch'ing Period*, Berkeley, UCP, 1967.

Gideon, Chen, *Tseng Kuo-fan, Pioneer Promotor of the Steamship in China*, Peiping, 1935.

————, *Tso Tsung T'ang, Pioneer Promotor of the Modern Dockyard and the Wollen Mill in China*, Peiping, 1938.

Hao, Yen-p'ing, *The Comprador in Nineteenth Century China: Bridge between East and West*, HUP, 1970.

Grady, L. W., *The Career of I-Hsin, Prince Kung, 1858~1880: a Case Study of the Limits of Reform in Late Ching*, Toronto, 1980.

Hinton, Harold C., *The Grain Transport System of China(1845~1911)*, HUP, 1956.

Hsiao, Liang-lin, *China's Foreign Trade Statics, 1864~1949*, HUP, 1974.

Kennedy, T. L., *The Arms of Kiangnan, Modernization in the Chinese Ordnance Industry 1860~1895*, Boulder, 1978.

Kuo, Ting-yee "Self-strengthening: The Pursuit of Western Technology," Fairbank eds., *The Cambridge History of China* vol. 10 Cambridge, 1978.

Liu, Kwang-ching, *Anglo-American Steamship Rivarly in China, 1862~1874*, HUP, 1962.

————, "The Ch'ing Restoration," Fairbank ed., *The Cambridge History of China* vol. 10, Cambridge, 1978.

————, "Li Hung-chang in Chihli: the Emergence of a Policy,1870~1875," Feuerwerker, A., Murphey, R. & Wright, M.C eds., *Approaches to Modern Chinese History*, Berkeley, UCP, 1967.

Lockwood, *Stephen Chapman, Augustine Heard and Company, 1858~1862, American Merchant in China*, HUP, 1971.

Meng, S.M., *The Tsungli Yamen: Its Organization and Functions*, HUP, 1962.

Morse, H.B. *The International Relations of Chinese Empire*, Shanghai, 1910.

Pong, David *Modernization and Politics in China as seen in the Career of Shen Pao-chen(1820~1879)*, 1969.

Porter, Jonathan *Tseng Kuo-fan's Private Bureaucracy*, Berkeley, UCP, 1972.

Rawlinson, John L., *China's Struggle for Naval Development, 1839~1895*, HUP, 1967.

Spector, Stanley, *Li Hung-chang and the Huai Army: A Study in Nineteenth-century Chinese Regionalism*, UWP, 1964.

Wright, Mary, C., *The Last Stand of Chinese Conservatism, the T'ung-chih Restoration, 1862~1872*, SUP, 1957.

Wright, S.F., *Hart and the Chinese Customs*, Belfast, 1950.

中華帝國秩序의 動搖

崔　熙　在

I. 머 리 말

　중국인의 뿌리깊은 중화사상(中華思想)과 그 위에 기초한 중화제국(中華帝
國)의 세계질서[1]는 19세기 중반 서구인의 진출이 본격화되면서 점증하는 도
전에 직면하게 된다. 강력한 무력을 앞세운 열강의 압박이 세계의 중심임을
자부해온 중국에게 불평등한 조약을 강요하면서 전통적 정치질서의 재편을

---

1) 中華思想 또는 華夷思想이란 異民族에 대한 자기 주장의 원리라는 점에서 일종의 민
　족주의적인 원리로서의 성격도 지니지만, 중국이 우월한 문화와 '地大物博'의 광대한
　영토와 자원을 배경으로, 세계의 중심으로 군림한다는 세계질서의 구성원리로서의 성
　격을 지니는데(安部健夫, 1971, p.33), 특히 후자의 문화적 우월성을 전제로 한 세계
　질서의 원리가 구체적으로 인접국들과의 관계에서 제도화된 것이 조공제도로서, 이것
　을 매개로 한 '중화제국의 질서(또는 체제)'가 강고하게 유지되어 왔다. 이는 '중국적
　세계질서 (Chinese World Order)라는 용어로 표현되기도 하는데 그에 관한 일련의 논
　문을 묶은 책으로 Fairbank 編의 *The Chinese World Order : Traditional China's
　Foreign Relations*, 1968이 있으며, 이와 관련된 국내의 업적으로는 그 질서의 기초확립
　을 漢代에서 확인하려는 金翰奎, 1983의 저작 등이 있다.

불가피하게 요구하였기 때문이다. 이에 따라 중국인의 새로운 국제관계와 정세에 대한 인식이 점차 확대되고 전통적인 세계관의 조정과 변용이 서서히 진행되게 된다.

그러나 전통적 세계관과 정치질서가 문화적인 우월성의 확신에 근거한, 오랜 역사적 배경을 지닌 만큼,[2] 그것의 조정과 변용은 한편에서 강한 저항에 직면하면서 매우 완만하게 진행되는데, 다른 한편에서는 대외적인 위기가 더욱 가중되게 된다. 그리하여 세계의 중심으로 자처해 온 중국의 국제정치질서에서의 위치가 거듭 실추되고, 이른바 '중화제국의 체제'가 현저한 동요를 보이게 된다.

제1·2차 중영전쟁(中英戰爭)을 통해 서구 열강의 무력의 우위가 점차 드러나는 가운데, 특히 1860년 영불연합군의 북경점령은 태평천국(太平天國)과 염군(捻軍)의 대반란이라는 대내적인 위기와 중첩되어 청조 지배층에 강한 위기의식을 불러일으킨다. 그 결과 서구와의 적극적인 관계개선을 표방한 서태후(西太后)정권이 출현하고,[3] 총리각국통상사무아문(總理各國通商事務衙門; 이하 總理衙門으로 약칭)을 중심으로 한 새로운 외교관계가 전개되면서 서구의 군비를 도입하고 군사공업과 관련 산업기술을 수용하기 위한 양무운동이 적극 추진되게 된다.[4]

그러나 한편 1960년대 중반 이후 국내의 대반란세력이 점차 평정되고, 대외관계도 잠정적이나마 크게 호전됨[5]에 따라, 이른바 미증유의 위기를 딛고 왕조가 다시 일어나게 되었다는 '중흥(中興)'의식[6]이 등장하면서 외세와의 강경한 대결을 요구하는 언론들이 흥기하는 경향도 부각된다. 그런데 1870년대부터는 중국을 둘러싼 조공국들의 '울타리'가 일본과 서구열강의 침략이 강화되면서 서서히 흔들리고 무너지기 시작한다. 종래 중화제국체제내

2) 全海宗 외, 《中國의 天下思想》, 1988에 수록된 제논문 참조.
3) 이 정권의 두드러진 측면으로서 개벽 이래의 대위기임을 강조 '夷務'를 '최대의 要務'로 부각시키며 정변 후 권력기반을 확립한다는 점이 지적된다(表敎烈, 1985, pp.100~102). 恭親王의 역할이 두드러지는 점에서 이는 西太后 — 恭親王政權으로 지칭되기도 한다.
4) 王爾敏, 1970 및 《講座中國史》 V, 〈洋務運動의 性格〉 참조.
5) I.C.Y. Hsü, 1970, p.317. '同治中興'으로 지칭되는, 이 시기의 정치·외교, 경제분야 등 다방면에 걸친 괄목할 만한 성과에 대해서는 M.C. Wright, 1957 참조.
6) 當代人들 사이에서 명확하게 왕조의 재흥에 대한 의식이 나타나면서 이후 대외관계의 전개에 큰 영향을 미치게 된다(崔熙在, 1985 참조).

에서 중요한 조공국으로 위치하고 있던 유구(琉球), 월남, 조선 등이 외부의
압박에 의해 차례로 중국의 지배권에서 이탈하게 되고, 결국은 중국 자체
및 그 문명의 붕괴와 해체의 위기에까지 직면하게 된다. 그리하여 특히 청일
전쟁 후에는 구래의 중화제국체제가 결정적인 붕괴의 단계에 들어서면서,
민족적·문화적 위기의식이 확대되어 이후 새로운 질서의 모색이 본격화되
는 것이다.

이처럼 중화제국질서의 동요과정은 양무운동의 시기와 중첩되는 중국근
대사의 주요 부분을 차지하고 있는데, 본고에서는 그 과정에서의 획기들을
중심으로 그 구체적인 양상을 개관하면서 그에 대한 대응노력과 그 결과 등
을 살펴보기로 한다.[7]

II. 1860~1870년대 邊境의 위기와 대응논의

1. 1860년대의 '新外交'와 그 한계

1860년 영불연합군의 북경점령을 계기로, 청조측의 대외위기의식이 크게
확산되면서 구래의 조공전례(朝貢典禮)에서 벗어난 '새로운' 외교관계가 전
개된다. 1861년 1월 서구열강과의 교섭업무를 전담할 새 외교기구로서 총리
아문(總理衙門)이 설립되고, 아울러 천진에 우장(牛莊), 천진, 지부(芝罘)항
을 관할할 3구통상대신(三口通商大臣; 후에 北洋通商大臣으로 지칭됨)이 임명되
어 상해의 남양통상대신(南洋通商大臣)과 함께 외교업무를 보조하게 된다.[8]
아울러 서구측의 끈질긴 요구에도 거부해 왔던 각국 외교관의 북경상주와
공사관의 개설이 허용되고, 북경의 문호인 천진이 개방된다.

이러한 새 외교체제는 1861년의 신유정변(辛酉政變)에 의한 서태후정권의

---

7) 주제의 폭이 넓기 때문에 구체적인 사건에 대해 세밀한 연구사적인 검토를 가하기보
　다는 전체적인 흐름을 개관하며 중요한 연구성과를 간단히 소개하는 방법을 취하고자
　한다.

8) Masataka Banno, 1962 및 Ssu-ming Meng, 1962 참조. 중국의 근대사를 半植民地化의
　과정으로 파악하는 대륙학계의 입장에서는 대체로 총리아문을 中外反動세력이 결합하
　여 중국의 반식민지화를 촉진시킨 기구라고 부정적으로 평가해온 경향이 있는데 양무
　운동의 재평가와 관련, 특히 1980년대 이후에는 그 긍정적인 역할을 인정해야 된다는
　주장도 부각된다(李元飛, 1980).

성립을 배경으로 하고 한편으로는 서구측의 이른바 '협조정책'(Co-operative Policy)[9]에 힘입어 1860년대 중국의 대내외적인 위기를 경감시키는 데 크게 기여한다. 총리아문은 성립 초기 공친왕(恭親王)과 문상(文祥)의 주도하에서 유연한 외교활동을 전개, 이 기구를 통해 프러시아, 홀란드, 덴마크, 스페인 등 서양 각국과의 조약이 차례로 체결되어 중국은 이제 본격적으로 새 세계질서 속에 포섭된다.[10] 이에 따라 휘튼(H. Wheaton)의 《국제법》 등의 서적이 번역·간행되기도 하면서, 중국인의 대외인식이 점차 확대되게 된다.[11]

그러나 물론 이같은 대외관계의 전개 및 인식의 확대가 바로 전통적 세계관의 전면적 부정이나 개변(改變)으로까지 전개된 것은 아니다. 오히려 한편으로는 이같은 흐름에 대한 보수론자들의 반발과 저항의 움직임이 활발하게 나타나면서 국제질서를 전통적인 세계관과 절충하려는 경향이 부각된다. 총리아문이 전면에 나선 여러 조약의 교섭·체결과정에서도 이런 입장에서 조약조인의 장소, 외교사절의 북경주재 허용 여부 등의 문제를 둘러싼 청조측과 서구측의 줄다리기가 거듭되기도 한다.[12]

하지만 대체로는 서구측의 '협조정책'에 호응하는 총리아문외교의 현실적인 효용이 확인되면서 종래 '이적(夷狄)'시 해 온 서구인들을 '양인(洋人)'으로 공식 인정한 위에서 그들의 세계를 이해하려는 노력이 보다 구체적으로 전개된다. 통역인재를 양성하기 위한 국립학교로서 동문관(同文館)이 북경에 설치되고, 이어 지방에도 같은 목적의 광방언관(廣方言館; 상해), 광주동문관(廣州同文館) 등이 설립되는데, 양무운동의 발전에 따라 이들 교육기관의 확대·개편도 진행된다.[13]

1866년에는 영국인 총세무사 하트(Robert Hart)의 건의에 따라 총리아문의 사절로서 빈춘(斌椿) 일행이 유럽에 파견되어 파리, 런던, 코펜하겐, 스톡홀

9) 미국공사 버링게임(Anson Burlingame)의 제의에 따라 서구 열강이 자국의 권익확보를 위해 일상적으로 무력에 의존하던 정책을 포기하고, 서구 각국이 상호협력하고 동시에 중국의 합법적 권리를 존중하며 중국과의 협조를 적극 추진하기로 한 것을 이른다(S. S. Kim, 1971).

10) I. C. Y. Hsu 는 이런 과정을 동양국가군(eastern family of nations)에서 서양국가군(western family of nations)까지를 포함한, 새로이 확대되는 세계국가군(expanding family of nations)에 합류하는 과정으로 표현하고 있다(Hsu, 1960).

11) 辛勝夏, 1985, pp. 128~147와 王爾敏, 1974 및 1976 참조.

12) 坂野正高, 1973, 280~281.

13) K. Biggerstaff, 1961 참조.

름 등 유럽 각지를 방문한다. 물론 이들이 빅토리아 영국여왕을 비롯한 각
국 고위층을 만나고는 있으나 특별한 사명은 없었던 비공식사절에 불과하지
만 그 파견 자체가 총리아문의 대외활동이 한 단계 전진하고 있음을 보여준
다. 이어 1868년에는 최초로 공식적인 외교사절이 유럽에 파견된다. 중국주
재 미국공사로서 근무하다 이임하는 버링게임(Anson Burlingame; 蒲安臣)이
'판리각국중외교섭사무대신(辦理各國中外交涉事務大臣)'의 직함으로 중국인
대표들과 수행원을 대동하고 미국, 영국, 프랑스 등지를 공식 방문하게 된
것이다. 14)

버링게임사절단은 각국 원수를 예방하고, 미국에서는 비교적 평등한 입
장에서 양국간 속증조약(續增條約)을 체결하는 등 공식사절로서의 상당한
성과를 거두게 된다. 따라서 당시 중국측에서는 그 실적에 만족하여 이후
어느 정도 대가를 지불하면 외국인을 통제할 수 있다는 자신감이 뚜렷하게
부각되고 있다는 점이 지적되기도 한다. 15) 그러나 그것이 총리아문 설립 당
시의 심각한 '우려와 근심'을 대체하여 이후 증대하는 외교적 현안들에 효
과적으로 대처하기 위한 적극적인 후속조치를 마련하는 데까지는 이어지지
못하게 된다. 16)

여기서 총리아문외교의 한계가 드러나기 시작하는데, 17) 그 주도자인 공친
왕이나 문상 등이 애초 불가피한 상황에서 '후환을 근절하기 위한' 농락책
으로서 조약의 체결을 주장하면서 외교의 중심적 역할을 담당하게 되었지만
기본적으로 전통적인 세계관의 틀에서 크게 벗어나지 못하고 있었으며, 따
라서 대외관계가 호전됨에 따라 능동적인 외교활동을 통해 중국의 이권을
확보하려는 자세는 더 약화되는 경향이 나타난다는 것이다. 1865년과 1866
년에 영국인 총세무사 하트와 영국공사관원 웨이드(Thomas Wade)가 각각

---

14) I. C. Y. Hsü, 1960, pp. 167~172.
15) I. C. Y. Hsü, 1980, p. 75.
16) 辛勝夏, 1985, pp. 154~166 참조.
17) 청조 외교에서 1880년대에 들어 '초기 變法論者'들의 관세 자주권 회복 및 영사재판
   권 철폐 주장이 대두하면서 근대적 의미에서의 '민족방위의 의식'이 나타나 1860~70
   년대 양무파외교의 한계가 극복되었다고 주장되기도 하는데(鈴木智夫, 1984, p. 141),
   양무파외교라 할 경우 대외관계 개선에 적극적인 역할을 담당한 1860년대 총리아문
   주도의 외교와 그 소극성이 부각되면서 특히 1870년대 이후 李鴻章의 외교적 비중이
   크게 강화되는 시기를 구분하는 것이 필요할 듯하다.

〈국외방관론(局外旁觀論)〉과 〈신의약론(新義略論)〉을 제출하여 내정 및 외교에 관한 포괄적인 개혁을 건의하였을 때 그 의도를 의심하여 소극적인 반응을 보이는 데서도 그 새로운 활동의 일정한 한계가 드러나지만, [18] 공식사절의 파견에서도 총대표가 중국인이 아니었다는 데서 그 의미는 경감되는데, 여기서도 총리아문측의 적극적인 뒷받침이 부족했다는 사실을 간과할 수 없다. [19]

총리아문측의 외교적 활동의 한계는 영국공사인 올코크(Alcock)와의 중영천진조약 개정과정에서도 그 일단을 볼 수 있다. 당시의 조약개정은 영국측으로서도 자국의 이익확대를 위해 적극적으로 이용하고자 하였지만 청조측으로서도 대외인식의 확대 및 대외관계의 호전, 그리고 국내 정치상황의 안정을 배경으로, 무력의 압박하에서 체결된 이전의 조약을 좀더 유리하게 개정할 수 있는 기회이기도 했다. 때문에 올코크는 중국 정부 및 전 관민의 주요 목표가 아편수입의 전면금지, 내지포교권의 폐지 및 영사재판권의 철폐 등임을 지적, 이와 관련하여 총리아문측에서 강력한 요구를 제기할 것으로 기대하였음을 시사하였다. 그러나 총리아문측은 의외로 소극적으로 대응하였던 바, 올코크는 그것이 영국측에게는 다행이었다고 주장하기도 하였다. [20]

총리아문외교는 특히 양측의 타협적 양보에 의한 중영조약개정안[Alcock Convention]이 영국측의 비준거부로 무위로 돌아가고, 1870년 천진교안이 발생하면서 서구측의 외교적 공세가 강화되자 그 한계가 더 부각된다. [21] 이에 따라 특히 천진교안 처리 교섭 이후 직예총독(直隸總督) 이홍장(李鴻章)이 청조외교의 전면에 나서 중요한 역할을 담당하게 되는데, 이후 중화제국체제를 위협하는 변경의 위기가 심화됨에 따라 좀더 적극적인 대응이 요구되게 된다.

2. 일본의 접근과 臺灣事件

중국을 둘러싼 새로운 국제관계가 확대되는 중에, 종래 중국과 조공관계

---

18) 辛勝夏, 1985, p. 158.
19) I. C. Y. Hsü, 1960, p. 170.
20) 坂野正高, 1973, p. 284.
21) M. C. Wright, pp. 286~299.

를 맺기도 했던 일본은 명치유신(明治維新) 단행 후 곧 양국간의 관계를 새롭게 설정하기 위한 노력을 전개한다. 그리하여 1870년 10월에는 외무대승(外務大丞) 유원전광(柳原前光)이 천진에 파견되어 조약체결을 요구한 결과, 청조측 내부의 대응논의를 거쳐 조약을 매개로 한 새로운 국제관계가 동아시아문화권에 속한 주변국가와의 관계에까지 확대되게 된다.[22]

일본의 조약요구에 대한 대응논의 과정에서 안휘순무(安徽巡撫) 영한(英翰)을 비롯한 반대론자들은 이전의 조공국이 천진교안(天津敎案) 등으로 중국의 대외적 관계가 불편한 틈을 타 책동을 벌이는 것을 받아들여서는 안된다고 주장한다.[23] 그러나 직예총독 이홍장, 양강총독(兩江總督) 증국번(曾國藩) 등은 일본이 현재는 조공국이 아니므로 조약요구를 무조건 거부하는 것이 옳지 않음을 주장한다. 특히 이홍장은 여러 서방국가들과는 조약을 이미 맺고서 일본의 요구는 거부하여 적으로 만드는 것보다는, 긍정적으로 대처하여 서방 열강에 대해 공동으로 대응하는 방법을 모색하는 것이 유리할 것이라고 강력하게 건의한다.[24]

결국 총리아문측의 찬성에 따라 조약추진이 결정되는데, 교섭과정에서 일본측은 서구와의 조약례에 따라 일방적 영사재판권과 최혜국대우를 규정한, 불평등한 조약의 초안을 제시한다.[25] 이에 청조측에서는 축조 반박하고, 독자적인 초안을 마련하여 대응한다. 1871년 7월부터 이홍장과 이달종성(伊達宗城)을 양측의 수석대표로 한 회담에서는 주로 중국측의 초안에 의거하여 협상을 진행, 9월에는 양국간 최초의 근대적 조약인 청일수호조규(淸日修好條規)와 통상장정(通商章程)이 체결·조인된다.

상호 외교사절의 교환 및 영사의 주재, 쌍무적 영사재판권, 유사시의 상호원조 등을 규정하는 한편, 중국에서의 내지통상과 최혜국대우는 인정하지 않는 이 조약은 일본의 발의에 의한 것이긴 하지만, 중국에 대한 우위권을 확보하고자 한 일본측의 의도가 충분히 관철된 것은 아니었다. 때문에 논자에 따라서는 이 조약을 오히려 중국의 외교적 승리로 파악하기도 한

---

22) 坂野正高, 1970 참조.
23) 權錫奉, 1984, pp. 186~187.
24) 王璽, 1981, pp. 35~48 및 權錫奉, 1984, pp. 184~203 참조.
25) 이하 상세한 조약교섭과정에 대해서는 王璽, 1981 참조.

다. [26]

그러나 한편 일본이 이젠 중화제국체제와는 무관함을 명백히 함으로써 이후 중화제국체제의 동요·붕괴과정에서 일본이 가장 결정적인 역할을 담당한 세력으로 등장하는 계기를 마련하였다는 점에서 큰 의미를 지닌다. 일본은 이 조약의 체결 및 비준을 위한 교섭과정에서 중국측의 약점을 간파하면서 중국에 대한 외교적 우위권을 장악하려는 노력을 본격화하게 된 것이다.

명치유신 후 일본에서는 증대되는 사족(士族)들의 불만을 해소하는 방안으로 정한론(征韓論)이 좀더 구체적으로 대두되면서,[27] 그 전제로서 조선에 대한 종주권을 주장하고 있는 중국과의 관계에서 동등성 내지 우위권을 확인하려는 욕구가 강하게 나타나고 있었는데, 일단은 그 의도가 최소한이나마 관철됨에 따라 그 위에서 조선문제에 대한 관심을 보다 적극적으로 펼 수 있게 된 것이다. [28] 하지만 이홍장을 비롯한 청조의 일부 양무운동 주도세력들이 일본의 의도를 경계하는 상황에서 아직은 조선문제의 본격적인 제기가 곤란함을 인식, 먼저 청조와의 관계를 신중하게 재정립하면서 방향을 모색하는 중에, 청조측의 외교적 허점을 이용한 공세를 시작하게 된다. [29]

그 첫 귀결이 대만사건(臺灣事件)으로, 그 발단은 1871년말 청일 양국에 조공을 바치고 있던 유구(琉球)의 표류민 54명이 대만의 토착민들에게 살해된 사건에 대해 일본측에서 청조의 책임을 거론하는 데서 시작된다. [30] 즉 1873년 4월 외무대신 부도종신(副島種臣)이 청일수호조규의 비준을 위해 북경을 방문했을 때 관련 토착민의 처벌을 요구하는데, 이에 대해 총리아문측에서 그들을 '화외지민(化外之民)'이라며 적극적인 책임인정을 회피하자, 부도(副島)가 일본측에서 그들을 징벌할 뜻을 표시하면서 사건이 전개되는 것이다.

청조측의 반응이 애매하고 소극적임을 확인한 일본측은 정한론과 관련하여 고조되는 국내의 긴장을 해소하기 위한 돌파구로서 일단 '명분'이 제공

---

26) 藤村道生, 1967 및 坂野正高, 1973, p. 288.
27) 大江志乃夫, 1967, pp. 81~90 ; Kim K. H., 1980, pp. 169~186 참조.
28) 이후 조선을 매개로 한 일본의 팽창주의적 의식의 확대에 대해서는 朴英宰, 1984 참조.
29) Kim K. H., 1980, pp. 187~203.
30) 栗原純, 1978 및 金城正篤, 1972 참조.

된 대만원정을 결행하게 된다.[31] 출병결정을 둘러싼 외국공사들의 항의에
직면, 일본정부는 원정을 연기하기로 결정하지만, 육군중장 서향종도(西鄕
從道)의 명령으로 원정군이 출발하고 정부측에서 이를 추인하는 과정을 거
쳐 1874년 5월에는 원정군의 1진이 대만에 상륙한다.

일본의 출병이 확인된 후에도 총리아문측에서는 완만하게 대응하며 뚜렷
한 방책을 제시하지 못하고 있었는데, 한편 일본과의 조약체결을 주도했던
이홍장은 사전통고나 협의가 없이 진행된 점을 들어 일본의 출병을 비난하
지만, 중국측에서 전력으로 대응한다면 일본의 의도를 좌절시킬 수 있을 것
이라고 낙관적인 태도를 취한다.[32] 이어 사태진전에 따라 반일여론을 조성
하기 위한 외교활동의 강화와 더불어 무력대결을 대비한 군비의 정비가 추
진된다. 선정대신(船政大臣) 심보정(沈葆楨)이 대만 등지의 해방(海防)을 위
한 흠차대신(欽差大臣)으로 임명되어 구체적인 무비(武備)를 점검하게 된다.

그러나 실제의 무력충돌을 전제로 일본측의 전력과 대비하여 청조측의 군
비현황을 분석하는 단계에서 상대적인 열세가 거론되면서 섣부른 강경책에
앞서 우선 군비를 강화하는 데 주력해야 한다는 주장이 전면으로 부각된다.
물론 보다 적극적인 방책으로서 '위위구조(圍魏救趙)'식의 일본 본토에 대한
선제공격을 주장하는 공일론(攻日論)이 제기되기도 하지만, 실제의 대응책
을 확정하는 과정에서 중요하게 고려되지는 않았던 듯하다.[33]

이 사건에 대한 대응과정에서도 종래 새 외교의 구심점이었던 총리아문측
은 두드러지게 소극적인 일면을 드러내고 있다. 사건처리 교섭과정에서 일
본측의 유원전광(柳原前光) 공사는 유구가 일본의 속국임을 전제로 대만 '무
주지(無主地)'의 토착민 정벌의 정당성을 강조하는데, 이에 대한 보균(寶
鋆), 심계분(沈桂芬) 등 총리아문 대신들의 대응은 무기력한 것이었으며, 일
찍부터 총리아문 활동을 주도해 온 문상도 청정내 정책결정의 어려움을 이
유로 적극적인 해결책의 제시를 회피하며 유원(柳原)의 요구에 끌려다녔다
고 지적되기도 한다.[34]

---

31) 石井孝, 1982, pp. 67~71.
32) 이하 청조측의 대응에 대해서는 石井孝, 1982, pp. 87~162 참조.
33) 崔熙在, 1986, pp. 285~293.
34) 石井孝, 1982, pp. 67~68.

이같은 상황에서 섣부른 개전은 피해야 한다고 주장하면서도 일단은 강경한 대응태세를 보이고 있던 이홍장도 결국 중국측의 실책을 인정한 위에서 '무비(武備)의 미집(未集)'을 이유로 양보에 의한 화국(和局)의 유지를 건의하게 된다. 이에 따라 양측의 대립이 해소되는데, 사태수습의 조건은 일본군의 출병을 '보민(保民)의 의거(義擧)'로 인정하고, 피살 난민에 대한 위로보상금[撫恤金] 10만 냥과 일본측이 대만 점령지에 설치한 시설물의 대가 40만 냥을 청조에서 지불하기로 한 것이었다.

일본군 대만출병사건의 이같은 해결은 청조가 사실상 '침략을 당한 데 대한 보상'을 침략자에게 약속한 것으로서 내외에 중국의 무력함을 명확하게 드러내는 계기가 되었다.[35] 이에 따라 대내적으로는 일부에서나마 당시까지 추진되어 온 양무운동의 '무실(無實)'에 대한 반성이 제기되고 이를 근거로 자강운동을 강화하기 위한 방안이 모색되기도 한다.

한편 대외적으로는 청조 '중흥(中興)'의 허상이 분명히 드러나면서, 중화제국체제에 대한 도전이 더욱 강화된다. 특히 대만사건에서 외교적 승리를 거둔 일본은 그 후 유구에 대한 지배권을 더욱 강화하여 결국에는 중국의 동아시아 지배질서에서 유구가 완전히 이탈하게 된다. 대만사건의 타결안이 유구의 귀속문제를 직접 언급하지는 않고 있지만 일본의 출병을 '보민의 의거'로 인정함으로써, 사실상 피살유구민을 일본속민으로 인정하여 중국측의 종주권을 부정한 결과 일본은 1879년 유구번(琉球藩)을 충승현(沖繩懸)으로 개편, 일본영토로 공식 합병하게 된 것이다.

청조의 유구에 대한 종주권상실은 조공관계를 축으로 한 중화제국체제동요의 분명한 한 표징이다. 때문에 청조내에서는 이후 해군건설 작업에 박차가 가해지는 등 대응책이 모색되고, 대외적으로 열강의 도전이 가속화된다.

3. 西北·西南의 回亂과 英·露의 변경압박

대외관계의 호전을 배경으로 1864년에 태평천국운동이 진압되고 이어 염군이 평정되는 등 중국 내지의 안정이 회복되면서 이른바 '중흥'의식이 대두하지만, 내지의 혼란을 틈타 확산된 변경지역의 반란은 여전히 '중흥'의

---

35) H. B. Morse, 1910, p. 275.

완성을 지향하는 청조체제에 대한 강력한 도전으로 남아 있었다. 특히 청조
지배하에서 차별대우를 받았던 서북·서남지역 회민(回民)들의 반란은 청조
의 내륙변경 및 주변의 조공국들에 대한 영향력을 크게 약화시키고, 이에
따라 영국과 러시아의 내륙변경 진출이 본격화된다.

서남회민들의 반란은 1854년 운남(雲南)성에서 순무의 회민탄압을 계기로
운주(雲州), 몽화(蒙化), 대리(大理) 등지의 무장봉기가 발생하면서 두문수
(杜文秀), 마덕신(馬德新) 등의 지도하에 크게 확대되는데, 이에 이족(彝族),
장족(壯族) 등 소수민족도 참여하게 된다.[36] 1862년에는 섬서(陝西) 화주(華
州)에서 한·회족(漢回族)간의 대립이 발단이 되어 위하(渭河) 연안지역의
회민들이 결집, 곧 섬서 각지로 반란이 확대되고 감숙(甘肅)의 고원(固原),
영주(靈州)의 회민들도 이에 호응하여 서북지역의 반란이 전개된다.[37]

따라서 내지의 반란을 평정한 후 청조의 주요과제는 이들 회민반란을 진
압하는 것이었다. 그리하여 1870년대초가 되면 서남 및 서북의 반란세력은
청조의 집중적인 공격에 직면하게 된다.[38] 서남지역에서는 1872년말 '평남
총통병마대원수(平南總統兵馬大元帥)'를 자칭한 두문수가 자살한 뒤 곧바로
두(杜)정권의 거점인 대리가 함락됨에 따라 회민반란이 진정된다. 서북지역
에서는 섬감총독(陝甘總督) 좌종당(左宗棠)과 제독(提督) 유금당(劉錦棠)의 집
요한 작전으로 1873년까지는 섬서·감숙지역의 회민반란세력이 일소된다.

이렇게 하여 1870년대 중반까지는 운남·귀주(貴州) 및 섬서·감숙 지역
의 회민반란이 평정된다. 그러나 이로 인해 그 주변지역에 대한 청조의 영
향력이 바로 회복된 것은 아니었다. 특히 종래 청조와 조공관계를 유지하거
나 토착지배세력인 벽(Beg) 챠사크 등을 통하여 간접적으로 중국의 지배를
받고 있던 중앙아시아 각지에서는 앞서 중국의 지배체제의 동요를 틈타 각
지역 정권들이 청조의 조공체제나 간접지배로부터 이탈하는 경향이 두드러
지고 있었으며, 한편에서는 새로운 지도자가 출현, 이들 세력을 규합하여
청조의 변경지배력 재건에 강한 도전을 제기하기도 하였다.[39]

섬감지역 회민반란의 영향이 동터키스탄지역에까지 파급되면서, 천산북

---

36) 이에 대한 專著로는 王樹塊, 1968이 있다.
37) 中田吉信, 1959 및 Liu & Smith, 1980, pp. 214~221 참조.
38) Liu & Smith, 1980, pp. 211~235 참조.
39) 金浩東, 1986, p. 168.

로(天山北路) 주변에서도 회교도들의 반란이 일어나 1866년에는 이리(伊犁)에 아불 오글란(Abul Oghlan)정권이 수립되어 러시아의 국경무역을 압박하게 된다. 또 천산남로(天山南路)지역에서는 코칸드 호족출신의 야쿱벡(Ya'qūb Beg ; 阿古柏)이 카시가르를 거점으로 하나의 대국가를 건설하여 급격한 세력재편이 이뤄지고 이를 계기로 이 지역에 영국과 러시아가 본격적으로 진출하기 시작한 것이다. [40]

무역로의 위협과 차단에 대응하기 위해 러시아는 남진을 추진, 1871년에 오글란을 굴복시키고 청의 영토였던 이리를 점령하였다. 한편 영국은 러시아의 남진에 대응하기 위해 야쿱벡정권에 접근하는데, 영국측의 선동을 배경으로 1869년에는 야쿱벡이 천산산맥을 넘어 우루무치[烏魯木齊] 부근까지 침입한 뒤, 1871년에는 이리를 제외한 천산북로 일부 및 천산남로 전역에 대한 지배권을 확립하고, 이 지역에서 청조의 세력을 일소하였다. 이에 러시아는 야쿱벡에게 접근하여 1872년에 통상조약을 체결하고, 영국도 남진하는 러시아에 대한 완충지대를 설정하면서 그 일대를 상품시장화하기 위해 1873년에 야쿱벡과 역시 통상조약을 체결하였다. [41]

한편 1873년까지 중국 내지의 주요 반란을 모두 평정한 청조로서는 야쿱벡의 주도하에 신강(新疆)지역에서 확대되는 회란을 진압하는 것이 주요 현안으로 부상하고 신강수복작전이 국가의 제 1 차적인 과제로서 추진되게 된다. 그 결과 1875년에는 천산북로지역, 1877년에는 이리지방을 제외한 신강 전역을 회복하면서 이제 이리를 점령하고 있는 러시아와의 대립이 전면으로 부각된다. [42]

러시아는 애초 이리를 점령하면서 청조에서 질서를 유지할 수 있게 되면 군대를 철수하겠다고 주장하였는데, 청조측에서는 이를 근거로 이리반환을 위한 외교교섭을 전개하면서 신강수복작전을 본격 추진하게 된다. [43] 1879년 초에는 좌도어사(左都御史) 숭후(崇厚)를 전권대사로 러시아에 파견하여 교섭을 벌이도록 한다. 그리하여 8개월간의 협상 후 9월에는 리바디아에서 1) 이리의 반환, 2)점령비 500만 루불의 지불, 3)이리 서부 및 남부 영토의 할

40) Kim Ho-dong, 1986, pp. 209~222.
41) Liu Kwang-ching, 1980, pp. 221~225.
42) Liu Kwang-ching, 1980, pp. 235~243.
43) 崔詔子, 1964, pp. 64~82.

양, 4)무역특권의 보장 등을 내용으로 한 18개조의 조약을 체결하였다.

이 조약은, 명목상으로는 이리의 반환을 규정하고 있지만, 광대한 부근 영토의 할양을 약속하는 등 러시아측의 요구가 대폭 반영된 것으로 그대로 비준되면 러시아의 동방진출을 위한 토대가 강화될 우려가 있었다. 이에 조약비준거부론이 강력하게 대두하는데, 특히 첨사부사경국세마(詹事府司經局洗馬) 장지동(張之洞) 등이 조약의 폐기, 러시아와의 개전(開戰), 숭후의 처형을 강력하게 주장한다.[44] 그 결과 정신회의(廷臣會議)에서 '위훈월권(違訓越權)'을 이유로 숭후의 사형처분[斬監候]을 결정하고, 영토할양불가, 통상특권확대불가 등의 원칙을 확인하면서 병비(兵費)증액을 조건으로 러시아측에 재협상을 요구하기로 하였다.[45]

북경조정에는 이후에도 러시아와의 무력대결을 요구하는 상주들이 계속답지하는 가운데, 한편 러시아측에서는 숭후의 사형결정에 대해 항의를 제기하여 양국간의 긴장이 증대되었다. 그러나 영국공사 웨이드, 프랑스공사 부레(F. A. Bourée) 등의 적극적인 중재로 숭후에 대한 감형·사면이 이뤄짐에 따라 양측간에 조약의 재교섭이 페테르스부르그에서 진행된다. 그리하여 1881년 2월 중국측 대표 증기택(曾紀澤)과 러시아외상 사이에서 리바디아조약에 비해 영토할양의 범위가 대폭 축소된 대신 병비보상을 900만 루불로 증액하기로 한 조약이 체결된다(페테르스부르그조약).[46]

이 조약은 곧 바로 청정(淸廷)의 비준을 받고, 이후 1884년까지 양국간에 7개의 국경조약이 체결되어 종전에 국제적으로 승인되지 않았던 중앙아시아지역에서의 국경의 주요 부분이 명확하게 확정된다. 즉 청조의 지배력이 약화되는 중에 중앙아시아 지역에 혼란이 계속되고 카자흐, 코칸드 등 소국들이 중국에 대한 조공을 중단하는 상황에서, 크리미아전쟁에서 패한 러시아의 서터키스탄지역으로의 진출이 강화되고 있었는데, 이제 이들 조약의 체결로 국경문제를 둘러싼 이 지역에서의 혼란이 해소되게 된 것이다. 이에 청조에서는 1884년 신강성(新疆省)을 설치하고 초대 순무로 유금당을 임명하여 우루무치에 주재하게 하였다.

---

44) 이하 이리사건을 둘러싼 국내외의 반응과 교섭에 대해서는 I. C. Y. Hsü, 1965 참조.
45) 坂野正高, 1973, pp. 327~331.
46) I. C. Y. Hsü, 1965 및 1987, pp. 88~91 참조.

216

한편 서남 변경지역에서는 인도에 진출하고 있던 영국의 접근으로 점차 긴장이 고조되고 있었다. 영국은 인도에 대한 지배를 강화하면서 제1·2차 버마전쟁을 통하여 이미 1850년대 중반까지 아샘, 이라와디강 델타지대 등을 획득, 버마에 대한 영향력을 증대시키고 있었다. 1864년에는 버마와 통상조약을 체결하여 영국상인의 버마 영내에서의 통상을 합법화시키게 된다. 버마는 건륭제(乾隆帝) 때 청조에 복속된 이래 10년 1공(貢)의 조공국으로 청조와의 관계를 유지하여 왔는데, 이제 청의 종주권 주장이 위협을 받게 된 것이다.

영국은 버마에 대한 지배력을 발판으로 더 나아가 중국 서남 내륙지방과의 통상을 본격적으로 모색하기에 이른다.[47] 1868년에는 버마와 운남(雲南)을 잇는 통상로 개발을 위해 영국의 탐험대가 이라와디강 상류의 바모까지 진출하고, 1874~1875년에는 브라운(H. A. Brown) 대령을 단장으로 한 193명의 대탐험대가 다시 파견되었다. 이 때 통역으로서 합류하여 선발대로 출발한 북경 영국공사관의 마가리(A. R. Margary) 등 6명의 일행이 운남성내에서 무장집단에 의해 살해된 사건이 발생한다. 물론 이 사건은 운남무역의 개방에 반대하는 운남성 당국, 버마 국왕 및 국경 토착민 등 여러 세력의 여론을 배경으로 일어난 것인데, 영국측에서는 이 사건을 이용, 이권을 확대하기 위해 청조에 대한 압박을 강화한다.[48]

특히 영국공사 웨이드는 이 사건을 계기로 양국간의 외교적 현안들을 일거에 해결하려고 적극적 공세를 펴, 청조측에서는 이홍장이 대표로 교섭에 응하게 된다. 양측의 교섭은 총세무사 하트와 독일인 해관직원 데트링(G. von Detring)의 중재를 통해 타결되어, 9월 13일 지부조약(芝罘條約; 또는 烟臺條約)이 조인된다. 4일 후 북경정부의 비준을 받은 이 조약은 마가리사건의 해결책으로 사죄포고문의 공포, 사죄사절의 파견, 보상금의 지불, 운남ー버마간 영국탐험대의 안전보장, 대리 등 운남성내 주요 도시에서의 영국관원의 주재권 보장 등을 규정하고 있다.

이 조약은 아울러 영국측이 요구해 온 이권을 대폭적으로 인정하고 있다

坂野正高, 1973, pp. 332~337 참조. 그 과정에서 영국측과 서남 회민반란세력과의 접근이 구체적으로 전개되기도 한다(黃嘉謨, 1976 참조).

이에 대한 專著로 S.T.Wang, 1940이 있다.

는 점에서 주목되고 있는데,[49] 그 주요 내용으로는 의창(宜昌), 안경(安慶), 무호(蕪湖), 온주(溫州), 북해(北海)를 조약항으로 추가 개방하고, 사천(四川)까지의 통상을 위해 중경(重慶)에 영국관리의 주재를 용인하며, 그외 양자강 연안에 6곳의 기항지를 설정하고 전조약항에 조계(租界)를 설치하도록 한 것이다. 뿐만 아니라 관세와 이금(釐金)을 지불하는 조건으로 아편무역을 공인하고, 특별조항에서 다음해로 예정된 영국탐험대의 내지(甘肅, 靑海, 四川, 티벳)에서의 활동을 보장할 것을 약속하고, 별도로 중국의 상주사절의 파견도 규정하고 있다.

아편에 대한 이금(釐金; 내지상품통관세)부과규정 등 일부 조항에 대한 영국상인 및 인도정부의 반대로 영국측은 이 조약에 대한 비준을 미루다, 1887년에야 최종적으로 매듭짓지만, 비준서교환 이전에 조약의 주요 내용은 이미 실시되게 된다.[50] 외교의 측면에서는 곧 상주사절 파견이 결정되어 1876년말에는 곽숭도(郭嵩燾)가 영국주재공사로 파견되어 런던에 공사관이 개설되고 이어 독일, 미국, 일본, 러시아 등지에도 1879년까지는 모두 공사관이 개설된다.

이 조약은 한편으로는 재외상주사절의 파견을 앞당겨 중국인의 전통적 세계관의 조정을 촉진시킨 면도 부정할 수 없지만, 한편으로는 영국측의 이권확대요구 및 변경진출요구를 대폭 수용함으로써 결국 새로운 세계질서 속에서 청조의 위치는 더욱 흔들리게 된다. 영국은 이어 버마에 대한 지배력을 더욱 강화, 1885년부터의 제3차 버마전쟁을 통해 1886년에는 버마를 인도에 병합시킨다. 1886년에는 북경에서 청조와 협정을 체결하여 형식적인 버마의 중국입공(中國入貢)을 인정하는 대신 중국으로 하여금 영국의 버마에 대한 '현재 및 장래의 지배권'을 인정하게 한다. 이로써 청조는 조공국인 버마에 대한 영국의 사실상의 지배를 공인한다.[51]

4. 대응논의의 分岐

중화제국의 변경에서 열강의 압력증대에 따른 위기가 점차 확산되는 한편

---

49) 이 점에서 南京條約과 天津條約에 이은 중국 開國史上 세번째의 불평등조약으로 중시되기도 한다(大谷敏夫, 1972, p.62 참조).
50) 坂野正高, 1973, p.338.
51) 위의 글, pp.332~336(버마의 입공이 공식 폐지된 것은 1895년이다).

으로 청조의 새로운 외교관계는 계속 확대되어 1880년대까지는 중국이 새 세계질서 속에 본격적으로 포섭되기에 이른다.[52] 그 과정에서 전통적 세계 관의 조정과 변용을 둘러싼 대응논의가 전개되어 때로는 중요한 국가적 정 책논의로 발전되기도 하는데, 그 일단을 1874~1875년에 전개된 해방(海防)·새방(塞防; 또는 陸防)논의[53]에서 살필 수 있다.

1874~1875년의 해방·새방논의는 앞서 살핀 변경의 위기가 크게 표출되 기 시작하는 시점에서 제기된 것으로 당시의 상황인식 및 대응방향에 관한 의견의 차이를 뚜렷이 부각시키고 있다.[54] 즉 한편에서는 확대되는 대외관 계와 변경의 위기에 대처하기 위해 좀더 적극적으로 새로운 세계질서를 수 용하고 그에 따른 변화를 추진해야 한다는 주장이 제기되고 다른 한편에서 는 전통적 세계질서와 가치관의 재건을 강하게 요구하는 주장이 아울러 강 화되고 있음을 반영하고 있다는 것이다.

이같은 인식의 분기는 1860년 전후의 심각했던 내외적 위기가 1860년대 중반 이후 두드러지게 완화되고 있다는 사실을 배경으로 하고 있다. 즉 대 외관계의 호전을 배경으로 '심복지해(心腹之害)'였던 태평천국이 진압되고, 이어 염군과 변경의 회민반란이 차례로 진압되면서 당대인(當代人)들 사이 에 미증유의 위기를 딛고 왕조가 다시 일어서게 되었다는 '중흥'의식이 나 타나고, 이를 배경으로 전통적 세계관과 가치의 재건을 강하게 요구하며 새 질서의 확대에 대항하려는 움직임이 강화되게 되었다는 것이다.[55]

물론 '중흥'의식이 양무추진에 비판적인 보수주의자들에게서만 나타난 것이 아니라 적극적으로 양무추진을 주장한 인물들에게서도 확인되고 있으 며, 따라서 위기상황임을 계속 강조하는 이른바 '변국론(變局論)'과 완전히 대립적인 위치에 있는 것이라고 인정하기는 어렵다. 오히려 양무론자들이 '변국적(變局的)' 상황임을 근거로 적극적인 양무추진의 확대를 주장하면서

---

52) Kim K.H., 1980, pp. 328~351 및 I.C.Y. Hsü, 1980, p. 69 참조.
53) 논의의 개관은 I.C.Y. Hsü, 1965 및 劉石吉, 1971 참조.
54) 이 논쟁을 단순하게는 李鴻章과 左宗棠을 중심으로 한 淮軍系세력과 湘軍系세력의 파벌대립 또는 선조의 영토를 지키느냐 포기하느냐는 것과 관련된 '愛國'과 '賣國'의 투쟁이라고 파악하기도 하지만(楊策, 1987, p. 54 참조) 아울러 이러한 측면의 중요성을 간과할 수 없다(I.C.Y. Hsü, 1965 및 崔熙在, 1985 참조).
55) 崔熙在, 1985, pp. 89~95.

도, 한편으로는 '중흥'이 바로 양무활동의 한 결과임을 강조하기도 한다.[56]

그러나 '해우(海宇)에 완토(完土)가 거의 없던' 상태로부터 이전 상태로의 회복이 이뤄졌다는 점에서 출발하고 있는 '중흥'의식은 동치 연간의 업적의 결과로 형성된 것으로서, 그 동인(動因)을 이루는 '변국'인식[57]과는 그 성격이나 지향에서 분명한 차이를 보이고 있음을 간과할 수 없다. 당시의 상황을 역사상의 다른 '중흥'과 대비시켜 이해하고자 하는 '중흥'의식은 전통적 세계관과 가치를 강조하고 있다는 점[58]에서 변혁을 강하게 요구하는 의식과는 거리가 있다는 것이다.

1870년 천진교안(天津敎案) 이후, 특히 동치말(同治末)·광서초(光緒初)부터는 서양과의 적극적인 대결을 요구하는 '청의(淸議)'적 언론[59]이 크게 흥기하고 있는데, 그 원인으로서 양무파를 견제하기 위한 서태후의 정책적 고려에 따른 보수파의 세력강화라는 측면이 지적되지만,[60] 아울러 그럴 수 있었던 상황의 바탕에는 '중흥'의식이 존재하고 있었다는 점을 유의할 필요가 있다. '중흥'의식은 '변국'인식으로 상당히 억제되었던 중국인의 문화적 우월감과 자신감을 다시 고취시킴으로써 보수적인 주장을 강화시키는데 작용했다는 것이다.[61]

그러나 다른 한편에서는 외국과의 접촉과 교류가 확대됨에 따라 보다 적극적이고 능동적인 외교활동에 대한 요구가 증대되고, 일부에서나마 괄목할 만한 대외인식의 확대가 이뤄진다. 앞서 풍계분(馮桂芬) 등 일부 지식인에 의해 제기되었던 깊이 있는 양무론을 배경으로 이홍장을 비롯한 양무파 관료들의 양무추진활동이 강화됨에 따라 대외인식이 증대된다는 것이다.[62]

---

56) Hao & Wang, 1978, pp.156~172.
57) Hao & Wang, 1978, pp. 156~161.
58) M. C. Wright, 1957, p. 48.
59) 일반적으로 御史·言官을 중심으로 한 중하위 관료의 비판적인 시론을 지칭하는 '청의'는 후한 이래의 오랜 역사적 배경을 지니고 있는데(M. B. Rankin, p. 453), 재야 독서인의 여론이나 궁정내의 '가십(gossip)'성 의논까지를 포괄하기도 하는 등 그 개념이 상당히 폭넓게 사용되고 있으며, 그 기능에서도 '현상'으로서의 측면과 하나의 정치적인 운동으로 결집되는 형태 등의 구분이 이뤄지기도 한다(J. Schrecker, 1982, p. 97).
60) L. Eastman, 1965, p. 596.
61) 崔熙在, 1985, pp. 89~95.
62) 예컨대, 후에 李鴻章의 측근으로 대외교섭에서 큰 활약을 하게 되는 馬建忠은 이미 1876년대 후반에 常駐專門外交官制度의 의의와 필요성을 역설하게 된다(坂野正高,

특히 1870년 직예총독(直隷總督) 부임에 이어 곧 종래 3구통상대신(三口通商大臣)이 관장하던 대외교섭업무를 관할하게 된[63] 이홍장은 대외적인 위기를 강조하면서 보다 적극적인 외교를 전개하기도 한다.

이홍장은 1860년대 초반부터 양무추진과 관련, 일본의 '변계(變計)'와 '개철(改轍)'을 높이 평가하고 있었는데, 특히 1870년대초 일본과의 조약교섭에 직접 나서게 되면서 일본에 대한 인식이 증대된다.[64] 그리하여 군주가(양무추진을) 주지(主持)하고 신민(臣民)이 일심병력(一心倂力)한 결과, 재력과 인재가 날로 홍성하여 일본이 이제는 '조그맣고 인재가 없는 나라(小國無人)'가 아닐 뿐 아니라 장차는 중국의 큰 걱정거리(肘腋之患)가 될 것이라고 주장하기에 이른다.[65]

그런데 그로서는 중국의 상황은 대조적으로 '아침저녁으로 변하는(朝議夕遷旱作晩撤)'데다 그것도 한두 명의 '외신(外臣)'이 주지하는 데 불과한 것으로서 매우 우려되는 것이었다. 이에 그는 '유례가 없었던 강적'이 중국의 '변계(邊界)와 복지(腹地)'에 몰려드는, '수천년 동안 없었던 변국'적 상황의 심각성을 강조함으로써 이에 대응하기 위한 양무추진의 적극적인 확대를 강력하게 주장하고 스스로 다른 관료들이 기피하는 외교적 활동을 적극적으로 주도함으로써 세력기반을 강화하고자 한다.[66]

특히 동치 말년(同治末年)이 되면 '중흥'의식의 배경 위에서 1872년 황제의 대혼(大婚), 다음해의 친정(親政) 시작, 1874년의 서태후의 40회 생일(四旬萬壽辰) 행사와 그와 관련된 원명원중수(圓明園重修)의 착수 등이 중첩되면서 조정내에 복고적 분위기가 두드러지게 강화되는데, 이에 대한 비판으로서 한편에서는 이홍장 등에 의한 '변국론'이 강화된 것이다.[67] 그런데 이런 상황에서 1874년에 대만사건이 발생하여, 청조의 외교적 허점이 노출되고, 결국은 '무력의 불비(不備)'를 이유로 일본의 요구에 굴복함으로써 내외적

1985, pp. 28~43 참조).

63) 尹世哲, 1982, pp. 184~185.

64) 崔熙在, 1986, pp. 276~280 및 佐佐木揚, 1985 참조.

65) 崔熙在, 1986, pp. 276~280.

66) 그는 1870년대초 이후 청일전쟁 후까지 直隷總督으로 재임하며, 특히 외교적인 측면에서 막강한 영향력을 행사하게 되지만, 1870년대 그의 실제적인 권력 기반은 아직 취약한 것이었다(S. Spcetor, 1964, p. 195 참조).

67) 崔熙在, 1985, pp. 95~99.

으로 청조의 권위가 크게 실추되기에 이른다.

이에 총리아문은 당시까지의 양무운동에도 불구, '경비의 부족'과 '엇갈린 의견'의 방해 때문에 실제적인 성과가 없었다는 점을 반성하면서 해방강화를 위한 방법을 광범하게 모색할 것을 주장하여 이른바 '해방·새방논의'가 전개된다.[68]

총리아문의 문제제기에 대해 가장 적극적인 반응을 보인 지방관은 앞서 특히 강하게 '변국'적 상황의 심각성을 강조했던 이홍장이었다. 그는 다시 '수천 년간 유례가 없었던 강적'이 '속으로 영토병합의 뜻'을 품고 중국에 몰려드는 '천하위국(天下危局)'의 어려움을 강조하며, 이에 대응하기 위해 '성법(成法)'과 '중의(衆議)'를 타파하고 '변법(變法)'의 계책을 마련해야 한다고 역설한다. 그리고 그 변혁을 위해 필요한 경비의 조달방안으로서, 당시 '중흥'의 완성이라는 차원에서 추진중이던 신강수복작전을 잠시 중지할 것을 제의, 해방우선론을 강력하게 주장한다.[69]

물론 이홍장의 주장의 배후에는 신강수복작전의 총책임을 지고 있던 좌종당과의 세력경쟁에서 우위권을 장악하고자 하는 정치적인 의도가 존재하고 있음[70]도 무시할 수는 없다. 그러나 그 주장이 이전부터 강조된 '변국'적 상황인식 위에서 강력하게 제기되어, 과거제의 개혁, 전선(電線)의 도입 등 보다 포괄적인 개혁의 요구로 발전하고 있다는 점은 충분히 주목되어야 한다.

그러나 해방우선론의 틀 속에서 제기된, 이같이 적극적인 양무확대론은 보수적인 입장에 선 반대론들을 규합시키고 결국에는 양무파관료 내부의 의견의 차도 명확하게 표출시키게 된 바, 그 과정에서 비판의 논리로 강하게 부각된 것이 전통적인 국방관에서 중시된 북방 및 서북지역 방위의 중요성을 강조하는 새방(혹은 陸防)우선론이다.[71] 대만사건에 앞서 1871년 러시아가 이리를 점령한 후 청조 지배층의 서북변경지역에 대한 관심이 증대되면

---

68) 이 논의는 특히 당시의 상황인식의 차이와 그와 관련된 대응방안에서 의견의 차이를 부각시키면서 이후 양무운동의 전개에 적지 않은 영향을 미친 주요한 정책논의로서 주목되는데(I. C. Y. Hsü, 1965, p. 212) 아울러 당시의 파벌대립의 측면을 포함, 여러 가지 각도에서 연구가 늘어나고 있다(劉石吉, 1971；姚欣安, 1981；趙春晨, 1983；楊策, 1987 등).

69) 이하 논의의 구체적 전개과정은 I. C. Y. Hsü, 1965 등 참조.

70) 李恩涵, 1980, p. 325.

71) 이하 塞防論관계는 崔熙在, 1985, pp. 112~123 참조.

서, 신강지역의 수복이 꾸준히 추진되고 있었는데,[72] 연해지역에서의 새로운 사태에 따른 해방강화의 요구에도 불구, 여전히 러시아의 위협과 신강수복문제가 더 긴급을 요한다는 주장이 강력하게 제기된 것이다.

호남순무(湖南巡撫) 왕문소(王文韶)는 러시아가 서방 강국의 하나이기도 함을 강조하며 서북지역 방위의 성패가 바로 해안지역에서의 안위(安危)와 직결된다고 주장, 해방강화를 위해 서북방위가 경시되어서는 안된다고 역설한다. 이같은 주장에 통정사(通政使) 우능진(于凌辰), 대리시소경(大理寺少卿) 왕가벽(王家璧) 등 보수주의자들도 국방의 문제에서 러시아[俄夷]를 예방하기 위한 육전(陸戰)이 중시되어야 한다며 적극 동조한다. 나아가 그들은 전쟁의 승리를 위해 중요한 것은 기기(機器)나 군비보다도 민심의 결속이며 따라서 '이민제이(以民制夷)'의 정책이 긴요하므로 '고성선현(古聖先賢)'의 '하(夏)를 이(夷)로 바꾸는' 양무추진은 배격해야 한다고 주장, 해방강화를 위한 양무 확대 주장을 근본적으로 비판한다.

그리고 이어 신강수복문제에 직접 관계하고 있던 섬감총독(陝甘總督) 좌종당이 면밀하게 이홍장의 해방우선론을 비판한다. 그는 우선 서양 각국이 중국에서 추구하는 것은 경제적 이익으로 영토침략의 의도는 없는 반면, 서북지역의 상황은 바로 영토의 보존문제와 직결되고 있음을 강조한다. 그리고 역대 변경의 문제는 동남지역보다 서북지역에서 치열하였을 뿐 아니라 당시의 연해지역 방위력은 그런대로 의지할 만하므로 서북지역에서의 작전을 중지하는 것은 불가하다고 역설한다.

이전부터 양무운동에서 적극적인 역할을 담당해 온 터이지만 이홍장과 달리 그는 서양 각국과의 관계에 대해 심각한 위기의식보다는 낙관적인 자신감을 보이고 있으며, 그 위에서 전통적으로 중시된 서북지역 방위문제의 긴급성을 강조하는 것이다. 이같은 그의 주장은 "13년 만에 처음으로 (나라가) 안정되어 우방(宇方)이 중흥에 이르기를 기대하고 있다"고 하는 말에서 볼 수 있듯이 '중흥'의식을 배경으로 하고 있는 것으로 보이는데,[73] 여기서 양무파관료로서의 그와 양무추진에 비판적인 보수주의자들 사이의 의견의 접

---

72) 靑淸順, 1986, p. 374.
73) 이런 점에서 '중흥'의식이 일단은 개혁지향적이라기보다는 전통지향적으로 표출되고 있음을 지적할 수 있다(崔熙在, 1985, p. 122 참조).

근이 이뤄진다.

1874년말부터 전개된 해방·새방논의는 1875년초 여러 관료의 의견들을 수합한 위에서 총리아문측에서 신강수복을 중지할 수 없다는 결론을 내림으로써 결국 신강작전을 계속 추진하면서 아울러 해방도 강화하기로 결정된다. 이후에도 물론 해방강화를 위한 논의들이 계속 제기되기는 하지만 대만사건의 충격 속에서 등장했던 의미 있는 중요한 정책논의는 일단 이로써 종결된다. 그 결과 매년 800만 냥 정도가 소요된 신강수복작전이 우선적으로 추진되고, 해방경비는 연간 400만 냥으로 책정되기는 했지만 거의 제대로 조달되지 못해, 1875년 삼양수사(三洋水師)가 창설되었음에도 불구, 해방강화의 측면에서는 괄목할 만한 발전이 이뤄질 수는 없었다.[74]

따라서 이 논의는 양무·해방에 대한 관심을 확대시키고 해군육성을 위한 초보적인 노력을 발족시켰으며, 아울러 강(强)의 기초로서 부(富)를 강조하는 이른바 '제2단계'의 양무운동[75]을 촉진시킨 측면을 지니지만, 해방우선론자들이 주장했던 획기적인 양무운동발전의 계기를 마련하는 데는 실패한다. 그 배경에서 '중흥'의식의 확대 및 명분을 중시하는 전통적 세계관의 재흥을 확인할 수 있는데, 그 결과 이후에도 양무운동은 중앙의 집중적인 지원과 조정이 결여된 한계[76]를 탈피하지 못한 채 계속되게 된다.

Ⅲ. 淸佛戰爭과 그 영향

1. 淸佛對立의 배경

양무운동의 확대추진에도 불구하고 1870년대 중반의 대만사건과 마가리사건으로 청조의 대외적 위신이 더 실추된 가운데, 1880년대에는 월남에 대한 프랑스의 침략활동이 강화되면서[77] 그에 대한 종주권[78]을 고수하려는 청

---

74) I. C. Y. Hsu, 1965, p. 228.
75) 洋務運動의 분기에 대해서는 2단계, 3단계설 등 여러 입장이 있지만, 일반적으로 1870년대 전반기의 발전, 즉 富에 대한 강조를 들어 그 이전의 단계와 구별한다(李喜所·凌東夫, 1983, pp. 685~686 참조).
76) 李恩涵, 1982, pp. 1~31; I. C. Y. Hsu, 1970, p. 348.
77) 이하 佛越關係의 개관은 坂野正高, 1973, pp. 345~350 참조.
78) 월남은 10세기 이래 중국과 긴밀한 조공관계를 유지해 왔으며(劉仁善, 1988) 청조는

조측과 프랑스의 대립이 심화된다. 17세기에 시작된 인도차이나에서의 프랑스의 식민활동은 18세기 후반 이후 표면적으로는 중단되었는데, 19세기 중반 나폴레옹 3세의 통치기에 재개되어, 특히 월남을 중심으로 점차 적극적으로 재개된다. 1840년대 후반부터는 아울러 이 지역에서 천주교의 선교활동도 보다 적극화되면서 한편으로는 월남인들의 저항이 강화되고, 그에 따라 프랑스측의 정치적인 대응도 본격화된다.

프랑스는 중국에서 선교사피살을 구실로 제 2차 중영전쟁(中英戰爭)에 동참한 뒤, 1861년에는 월남에서도 선교사박해를 이유로 사이공[西貢] 등지에서 스페인과 공동작전을 전개하여 1862년 6월에는 월남측과 제 1차 사이공조약을 체결한다. 이 조약으로 프랑스는 코친차이나 동부 3성과 곤륜도(崑崙島)를 획득하고, 1867년에는 코친차이나 서부 3성도 실력으로 병합한다.

이후에도 프랑스는 중국 서남부 운남과의 통상로를 탐색하면서 월남 북부에서 하이퐁으로 흐르는 송코이[紅河]의 효용성에 주목, 통킹[東京]으로부터 강을 거슬러오르는 항행권을 획득하고자 추진한다. 그리하여 1873년에는 월남당국의 프랑스인 밀수혐의자에 대한 추방요구를 기회로 군대를 동원, 하노이[河內]를 포함한 송코이델타지역 일대를 점령하고, 1874년 3월에는 사덕제(嗣德帝)의 강화요청에 따라 제 2차 사이공조약을 체결한다. 이 조약은 코친차이나 6성에 대한 프랑스의 주권을 인정하고, 일체의 외국으로부터 월남이 완전히 독립되어 있음(즉 중국과의 조공관계를 부정)을 전제한 위에서 프랑스가 월남을 사실상의 보호령으로 지배함을 규정한 것이었다.[79]

당시 월남은 이 조약의 진의에 주목하고 있었는데, 1875년 5월 프랑스측으로부터 조약내용을 통고받은 중국의 총리아문에서는 월남이 고래로 중국의 종속국임을 주장, 승인을 거부하였다. 하지만 마가리사건에 따른 영국의 외교적 압박이 증대되는 상황에서 바로 적극적인 항의는 제기하지 못하고, 1880년 사덕제가 중국에 조공사절을 보내고 원조를 요청하자, 대응책이 모색되면서 청정내에 강경파와 온건파의 대립이 크게 부각되게 된다.[80]

서구열강의 변경진출에 대응하여 월남과의 조공관계 유지에 강한 관심을 나타내고 있었다.

79) 坂野正高, 1973, pp. 348~349. 청불전쟁에 대한 최근의 연구동향 설명은 殷常符, 1985 참조.

80) 馬洪林, 1986, pp. 32~35 및 小玉新次部, 1955 참조.

한편 프랑스는 통킹, 하노이 둥지에 수비병을 주둔시키고, 송코이유역 요지에 성채(城寨)를 축조하는 둥 방비를 강화하고 있었지만, 이에 비해 청조는 대만사건 이후 거듭된 외교적 난제로 무력을 동원한, 적극적인 대응을 고려할 여유가 없었다. 때문에 사태가 절박하게 되어도 유영복(劉永福)이 이끄는 흑기군(黑旗軍)과 여타의 중국인 및 월남인 의용군집단을 원조하여 광서(廣西)와 운남(雲南) 경계로부터 통킹에 걸친 지역에서 프랑스군을 견제시키는 정도에 머물렀다.[81]

태평천국이 진압된 후 월남 북부 운남 국경으로 이동하여 정착한 흑기군은 당시 라오카이[老街; 保勝]를 중심으로 일대의 무역로를 장악하고 상세(商稅)를 징수하며 세력을 확대하고 있었다.[82] 1868년부터는 월남당국과 협력하여 '토비(土匪)'의 진압에 나서기도 하고 프랑스인의 진출을 견제하면서, 1873년에는 하노이를 점령하고 송코이의 항행권을 요구하는 프랑스의 해군사령관 고르니에(F. Gornier)를 전몰케 하고, 프랑스점령군을 하노이에서 격퇴하기도 하였다. 1870년 후반부터는 운남성 당국과 월남정부의 후원하에서 프랑스세력과 대치하면서 프랑스인의 운남통상을 방해하고, 1881년에는 하노이 부근으로 이동하여 활동하기 시작하였다.[83]

1880년에 들어 청조측과 프랑스는 월남의 지위에 관한 외교적 공방을 거듭한다.[84] 1880년 1월말 증기택(曾紀澤)이 프랑스 외무장관 프레이시네(C. de Freycinet)를 방문하여 월남문제를 거론하고, 11월에는 페테르스부르그에서 다시 프랑스측에 월남에서의 발병(發兵)여부를 문의하였다. 총리아문에서도 프랑스의 월남 북부 점령계획을 중시하며 대책마련을 요구한다. 이같은 청조측의 움직임에 직면, 프랑스는 처음에는 월남에 대한 영토침략의 의도가 없음을 언명하지만, 1880년 11월에는 중국주재공사인 부레(F. A. Bourée)에 훈령을 내려 중국의 월남에 대한 종주권주장을 승인할 수 없다고 천명케 한

---

81) 馬洪林, 1986, pp. 29~35.
82) 흑기군은 원래 태평천국운동에 가담했던 천지회계통의 비밀결사집단이었는데, 운동이 실패한 후 越南 북부에 정착, 청불대립시기에 두드러진 활약을 하여, 청불전쟁연구에서 하나의 주요 연구주제의 위치를 차지하고 있다(殷常符, 1985 및 牟安世, 1986 둥 참조). 예컨대 《中法戰爭論文集》 1, 1986 의 경우 수록 논문의 반 이상이 흑기군 관계를 다루고 있음을 볼 수 있다.
83) 丁名楠, 1986, pp. 6~10.
84) 李恩涵, 1966, pp. 165~184 참조.

다. 1881년 1월 프랑스 외무부는 러시아주재공사를 통해 증기택에게, 월남은 프랑스의 보호국으로 월남 북부지역의 문제는 중국과 무관함을 강조하였다. 이어 4월에는 사이공총독에게 프랑스의 월남에 대한 보호권을 확정하고, 월남의 중국에 대한 입공(入貢)을 허용하지 말도록 훈령한다.[85]

6월에는 월남의 사신이 북경에서 청조의 원조를 요청하는데, 청조측에서는 9월에 증기택을 통해 프랑스 외무부에 조회를 보내, 1874년의 사이공조약을 부인하고, 프랑스가 통킹지역에서 군사행동을 벌여 중국과 충돌하는 일이 없기를 바란다고 요망하였다. 12월에는 총리아문에서 다시 월남문제논의를 요구하여 이홍장이 부레와 회담을 갖는데, 부레는 월남을 병합할 뜻은 없음을 강조한다.

1882년 3월에는 해군대령 리비에르(H. L. Rivière)가 통킹에 도착하여, 다음 달에는 흑기군이 송코이하류에서 프랑스 광산조사대의 활동을 방해했다는 구실로 하노이를 점령한다. 이에 응하여 청조에서도 북부월남에 운남, 광서지역의 정규군을 파견하고, 광동수사(廣東水師)의 군함 20척도 월남해역으로 이동한다. 아울러 주전론자인 이부후보주사(吏部候補主事) 당경숭(唐景崧)을 파견, 유영복과 접촉하여 협력하도록 하는데, 한편 증기택은 외교 경로를 통해 프랑스측에 거듭 항의하며 프랑스군대의 철수를 요구하였다.[86]

그러나 임오군란(壬午軍亂) 등의 사태로 조선에도 파병해야 하는 상황에서 본격적인 무력 대응은 회피하는 가운데 조심스런 대응책이 모색된다. 프랑스측에서도 뒤크레르크(C. T. E. Duclerc) 내각이 온건정책을 표방하면서 1882년말에는 이홍장과 부레 사이에서 타결책이 마련된다. 즉 쌍방 양보하여 프랑스의 통상을 보장하여 통킹에서의 현상을 유지하며, 중국군이 철병하고 양측 사이에 완충지대를 설정하기로 한 것이다.[87] 조공관계 등 원리적인 문제는 언급을 회피한 이 합의는 청조의 총리아문과 프랑스 외무성의 승인을 받는다.

그러나 1883년 2월 2차 페리(J. F. Ferry)내각이 성립되자 프랑스정부는 부레를 소환하며 이 합의를 파기하고 본격적인 월남침략을 준비한다. 통킹지

---

85) 이하 양측의 대립과정에 대해서는 坂野正高, 1973, pp. 341~371 및 L. Eastman, 1967 참조.
86) 李恩涵, 1966, pp. 184~223 참조.
87) L. Eastman, 1967, pp. 57~66.

역을 관할하기 위한 새 정무판무관(政務辦務官)을 임명하고, 증병을 추진, 하원(下院)에서 550만 프랑의 전비집행을 가결시켰다. 이에 따라 월남 북부의 프랑스군은 3월말 하노이 입구 델타지대의 요충인 남딩[南定]을 점령하고, 이어 수도인 후에[順化]에 대한 압박을 강화한다.

이러한 사태의 급변에 직면, 청조측에서도 프랑스에 대한 불신감이 커지고 강경한 대응을 요구하는 '청의(淸議)'적 언론이 강화되어 긴장이 고조된다. 이에 청정에서는 복상(服喪) 후 귀임중이던 이홍장에게 광동에 부임하여 월남사태를 독판(督辦)토록 명령한다. 당시 통킹지역에서는 운남군(雲南軍)이 손타이[山西]에, 광서군(廣西軍)이 박닝[北寧]에 주둔하고 있었으며, 흑기군은 하노이 서쪽에 주둔하여 프랑스군을 델타지대에 봉쇄한 채 대치하고 있었다. 하지만 당시까지는 주로 흑기군이 적극적인 역할을 담당하고 상호간의 협조관계도 이뤄지지 않았는데, 1883년 5월 리비에르 대령이 흑기군에 포위되어 전사한 후에는 흑기군과 청조 정규군의 공동작전이 점차 추진되게 된다.[88]

한편 그 사이 월남에서는 사덕제가 사망하고 협화제(協和帝)가 즉위하여 8월에는 프랑스와의 사이에 후에[順化]조약이 체결된다. 그 주요 내용은 1) 프랑스가 월남에 대한 보호권을 갖고 중국을 포함한 모든 외국과의 관계도 관장하며, 2) 통킹에 접한 해안의 일개 성[平順省]을 프랑스에 할양하고, 3) 프랑스군이 송코이 유역을 무기한 점령하고 월남군은 통킹서 철수하며, 4) 구완다이[春台] 등 3개항을 개방하고, 5) 프랑스군이 흑기군을 토벌한다는 것이었다.[89]

그런데 배불파(排佛派) 중신(重臣)인 완문상(阮文祥)이 협화제를 폐하고 건복제(建福帝)를 옹립하여 섭정내무대신으로 권력을 행사하면서 의연히 흑기군과 연합하여 프랑스세력을 구축하고자 한다. 아울러 신임공사인 빠뜨노트르(J. Patenotre)와 새 조약을 체결하기 위해 교섭을 추진하지만, 페리내각은 일층 강경하게 대응, 2,000만 프랑의 추가전비를 지출하고 6,000명의 병력을 증원하여 손타이, 박닝을 점령하기에 이른다. 이같은 프랑스측의 강력한 공세는 청조측을 크게 자극하여 주전적인 여론이 널리 확산된다. 이에

---

88) 坂野正高, 1973, p. 352.
89) 坂野正高, 1973, p. 355.

따라 흑기군을 개입시킬 것이 아니라 청조정규군을 전면적으로 투입하여 통킹지역을 점령하자는 주장도 대두되면서 본격적인 무력충돌의 위기가 고조된다.

2 淸佛간의 교섭과 무력충돌

후에조약 후 프랑스의 월남에 대한 침략이 강화되자 중국에서는 반불(反佛)감정이 크게 확산된다. 연해지구, 특히 월남과 가까운 광동 등지에서는 민중들의 배불감정이 고조되면서, 프랑스의 침략활동을 비난하고 흑기군의 저항을 열렬히 지지하는 게첩(揭帖)이 유포되고, 대규모 항의시위가 전개되기도 한다.[90] 관료층내에서도 주전적(主戰的) 여론이 확산되는데, 특히 좌부도어사(左副都御史) 장패륜(張佩倫), 공과급사중(工科給事中) 진종간(秦鍾簡) 등이 월남을 지원하여 항불투쟁을 전개하도록 강하게 요구한다. 진종간 등은 흑기군을 지원하여 소극적으로 저항하는 것보다 '속방(屬邦)'을 구원하기 위해 중국의 정규군을 동원하는 것이 합당하다고 역설한다.[91]

이에 청정(淸廷)에서는 병부상서(兵部尙書) 팽옥린(彭玉麟)을 광동에 파견하고, 양광총독(兩廣總督) 장수성(張樹聲)과 함께 월남 북부를 고수하면서 프랑스군이 공격할 경우에는 적극 대응하도록 지시한다. 그리고 흑기군의 활동을 공식적으로 인정하고 공개적으로 지원하게 된다. 그 결과 1883년 12월부터 송코이 삼각주 일대에서 양측의 1차 충돌이 발생한다. 12월 14일 프랑스군 5,000명이 수륙 양면으로 손타이성을 공격하여, 청군과 흑기군이 저항하지만 3일 만에 성이 함락되어 흑기군과 운남군은 홍호아[興化]로, 광서군은 박닝으로 철수한다. 프랑스군은 곧 병력을 크게 증강한 후, 1884년 3월에는 박닝을 공격·함락시키고 이어 타구엔[太原]을 점령하였다. 이어 4월에는 손타이 방면에서 홍호아를 점령하여 송코이델타지대를 완전히 장악한다.

이에 패전에 대한 책임을 물어 서태후는 4월 8일 화의를 주장했던 공친왕의 모든 권한을 박탈하고 대신 주전론을 지지한 순친왕(醇親王)을 중용하면

---

90) L. Eastman, 1967, pp. 89~91 및 《中國近代史稿》 2, pp. 219~221.
91) 위와 같음.

서 군기대신(軍機大臣)과 총리아문대신을 대폭 교체한다(北京政變). 이로써 군기대신 보균(寶鋆) 등이 축출된 반면, 예친왕(禮親王) 세택(世鐸) 등이 새 군기대신으로 임명되고, 총리아문에는 패륵(貝勒) 혁광(奕劻) 등이 대신으로 새로 임명되었다. [92] 이 정변은 서태후가 패전을 구실로 공친왕세력을 일거에 타도한 것인데, 이후 실권은 순친왕과 손육민(孫毓汶)의 수중으로 넘어간다. [93]

한편 1883년 6월부터 월남문제에 대해 트리쿠(Arthur Tricou)공사와 교섭을 벌이고 있던 이홍장은 10월 들어 총리아문측에 조속한 의화(議和)타결을 강력하게 건의한다. 반면 주불공사인 증기택은 지구전의 각오로 강경하게 저항할 것을 주장하지만, 프랑스 해군중령인 푸르니에(F. E. Fournier)가 천진 해관직원인 데트링을 통해 사견임을 전제로 청불간 문제해결의 조건을 이홍장측에 제시하여 양측의 협상이 진전된다. [94]

푸르니에가 제시한 조건은 청조측에서 강경론자인 증기택을 해임시키고, 통킹을 남북으로 분할하여 프랑스가 점령하고 있는 남부지역에 대한 지배권을 인정하라는 사항을 포함하고 있었는데, 4월말 증기택이 주불공사직에서 면직되면서 이홍장과 푸르니에와의 교섭이 본격화된다. 교섭에 앞서 청정에서는, 1) 월남이 조공국(藩屛)이라는 '성헌(成憲)'을 부정하지 말고, 2) 프랑스인의 운남통상은 월남영토에서만 허용하며, 3) 흑기군의 '구제(驅除)' 요구를 허락하지 말고, 4) 병비(兵費)지불에 동의하지 말 것 등의 원칙을 이홍장에게 지시한다. 이에 따라 천진에서 교섭이 진행되어 5월 11일, 1) 프랑스는 중국과 통킹지역과의 현재의 국경을 존중하여 청의 영토를 침범하지 않으며, 2) 중국은 통킹지역의 군대를 국경까지 즉시 철수하고 프랑스와 월남간의 현재 및 장래의 조약을 존중한다는 것을 포함, 5조로 된 이홍장-푸르니에협정이 조인된다. [95]

청불간의 1단계 충돌을 마감한 이 간명조약(簡明條約)은 프랑스의 월남에 대한 보호권을 규정한 후에조약을 승인한 것으로 청정내에서 많은 관료의

---

92) 寶成關, 1988, pp. 54~59 참조.
93) 丁名楠, 1982 참조.
94) L. Eastman, 1967, pp. 108~136.
95) 坂野正高, 1973, p. 359.

비판에 직면하게 된다. 이홍장을 탄핵하는 상주들이 쏟아지고, 이에 따라 서태후는 조약에 월남과의 조공관계는 구래대로 유지한다〔越南册貢照舊辦〕는 구절을 명기하도록 요구한다. 하지만 6월에 좌종당이 군기대신에 임명되면서 대불항전 요구는 북경정계에서 더욱 강화된다.[96]

그러자 현지에서 협정을 실행하는 단계에서 철병문제를 둘러싸고 양측의 분규가 발생하면서 전투가 재개, 협정이 무위로 돌아간다. 즉 프랑스군이 진출하여 중국군과 만날 경우 24시간의 유예를 두고 중국측의 철수를 기다리기로 합의했으나 그 내용이 양측에 명확히 이해되지 않은 채, 철병이 실행되는 과정에서 6월 23일, 량손〔諒山〕 근처 박레〔北黎〕에 진출한 프랑스군과의 무력충돌이 발생한 것이다. 박레전투 자체는 양측에서 400여 명의 부상자를 낸 소규모의 충돌에 불과했지만, 이후 프랑스가 최후통고를 발하여, 통킹의 청군철수와 이 사건에 대한 배상금 2억 5천만 프랑을 요구하면서 양측의 대립이 첨예화된다.[97]

청조에서는 철병에는 동의했지만 배상금지불은 거부하면서 7월에 양강총독(兩江總督) 증국전(曾國荃)을 전권대신으로 임명, 신임 프랑스공사 빠뜨노트르에게 상해에서 확정조약에 대해 담판하도록 하였다. 그러나 용이하게 절충이 이뤄지지 않자, 페리내각에서는 다시 무력시위를 명령한다. 이에 레스페(S. N. J. Lespes)제독이 이끄는 함대가 8월 5~6일 대만의 기룽포대(基隆砲臺)를 공격·점령한다. 육전대(陸戰隊)는 유명전(劉銘傳)의 군대에 패퇴하지만, 프랑스측은 공세를 강화한다. 8월 23일에는 7월 중순부터 복주(福州) 근처에 접근하고 있던 쿠르베(A. A. P. Courbert)제독의 함대가 마강(馬江)을 기습, 정박중인 복주함대(福州艦隊) 소속 군함 7척을 격침시키고 민강(閩江)을 거슬러올라가 연안의 포대들을 공략한다. 이 복주해전에서 앞서 '청류파(淸流派)'[98]의 일원으로 강경하게 주전론을 주장했던 장패륜은 패주한다.

---

96) 梁小進, 1986, pp. 465~466.
97) 이하 양측의 충돌과정에 대해서는 L. Eastman, 1967, pp.143~173 및 蕭一山, pp. 1068 ~1088 등 참조.
98) 閔斗基, 1985, pp. 111~124 참조. 李鴻藻를 영수로, 張佩倫 외에 張之洞, 寶廷, 黃體芳, 鄧承修 등 소장관료들이 중심이 되어 동치 말년부터 강경한 외교와 명분·원칙을 강조하며, 고식적인 타협책을 강하게 비판하여 프랑스에 대한 청조의 무력대응에 결정적인 작용을 하였다.

이에 청조에서는 8월 26일 대내적인 선전상유(宣戰上諭)[99]를 내리고, 곧 이어 좌종당을 복건지역의 군무를 총괄하는 흠차대신으로 임명한다. 그리하여 청군은 곧 다시 남부 국경을 넘어 월남에 진격하는데, 이에 대응해 프랑스해군은 10월 1일 기륭포대를 재차 공격한다. 이어 담수항(淡水港)을 공격하고, 10월 13일부터 대만을 봉쇄한다고 선언한 후, 작전을 계속한 프랑스해군은 1885년 2월에는 영파(寧波)를 봉쇄하고, 3월말에는 팽호도(澎湖島)를 점령하였다.

한편 통킹지역에서는 청조의 군대가 말라리아 등의 질병으로 고전하면서도 본격적인 전투태세를 강화하여 프랑스군에 저항하여 양측 군대의 진퇴가 거듭된다. 1885년 2월에는 프랑스군이 랑손과 진남관(鎭南關)을 점령하지만 3월말에는 청군이 군비를 강화한 위에 풍자재(馮子材)의 원군(援軍)이 제1선에서 적극 활약한 결과 이들 지역을 탈환한다.[100]

그러나 북경정부내에서는 1884년말부터 점차 강화론이, 총리아문의 수석대신인 경친왕(慶親王)을 중심으로 다시 크게 대두하는 가운데 주전론의 중심인물이었던 순친왕도 화의의 불가피성을 인정하게 됨에 따라 프랑스측과의 타협안이 활발하게 타진되고 있었다. 1884년 11월 이후에는 영국공사 파크스(Harry Parkes)의 중재로 프랑스측과 구체적인 의화조건을 논의하는데, 의화의 방침을 굳힘에 따라 1885년 1월에는 청의(淸議)를 창도한 관인(官人) 3인을 상주문 내용을 구실로 처벌하면서 언로(言路)를 폐쇄하는 조치를 취한다.[101]

파크스 공사와는 별도로 영국인 총세무사 하트가 총리아문측의 양해하에 알선에 나서 중국해관의 런던국장인 캄펠(J.D. Camphell)을 통해 청불간의 비밀교섭을 추진한다. 이에 캄펠이 파리를 방문, 페리와 직접 교섭하여 화약의 조건을 타진한다. 그 과정에서 3월 들어 청조측은 이홍장-푸르니에협

---

99) 이것은 엄밀한 의미에서의 국제법적인 선전포고는 아니었다. 국내의 비등하는 主戰의 興論을 배경으로 이 상유가 내려지긴 했으나, 최고 지배층은 擴戰은 원치 않고 있었음을 보여주고 있다. 프랑스는 특히 최후까지 공식적인 선전포고를 하지 않았는데, 역시 전쟁이 국제적인 문제로 비화되지 않기를 바랐기 때문이다(L. Eastman, 1967, pp. 162~173).
100) 吳國强, 1986, p. 245.
101) L. Eastman, 1967, pp. 190~200.

약을 승인하는 등의 조건을 극비리에 하트를 통해 프랑스측에 제시한다.[102]

프랑스에서는 3월말 페리내각이 클레망소(G.E.B. Clemenseau)에 의해 타도되지만 강화를 향한 대세는 변동이 없이 그레비(J. Grevy) 대통령의 결정으로 프랑스대표 비요(A. Billot)와 하트의 대리인 캄펠간의 파리각서가 4월 4일에 조인된다. 그 내용은, 1) 이전의 이홍장-푸르니에협정을 확인하고, 2) 양국의 전투를 즉시 중지하며, 3) 프랑스는 대만봉쇄를 즉각 해제하고, 4) 이후에 북경 혹은 천진에서 확정조약을 체결한다는 것이었다.

이 각서를 청조는 4월 6일 비준하고 현지 및 중앙정부내에서의 반대 여론에도 불구, 관외(關外) 주둔군에게 정전(停戰)을 명령, 철수하도록 지시하였다. 이에 따라 프랑스측도 4월 16일 대만봉쇄를 해제하여 공식적인 전쟁종결의 길을 열었다.

3. 天津條約(1885)과 그 영향

청불 양측은 파리각서에 따라 확정조약을 추진, 6월 9일에는 천진에서 총리아문 대신 석진(錫珍)과 청류파(淸流派)에 속한 등승수(鄧承修)도 배석한 가운데 이홍장과 빠뜨노트르 사이에 천진조약(天津條約 ; 越南新約)이 조인된다. 이홍장-푸르니에협약에 기초한 전문 10조의 이 조약은 1) 청조는 프랑스와 월남 사이에 현행 및 장래의 조약을 존중하고, 2) 청조는 중월(中越)간 변경무역을 개방하여 운남 국경에 있는 라오카이 이북 지역과 광서 경내(境內)에 있는 랑손 이북 지역에 각각 통상항을 열고 월남과 운남 및 광서 사이의 무역에 대한 특혜관세를 인정하며, 3) 청조측에서 남부의 여러 성에 철도를 부설할 때는 프랑스 업자와 상의하고, 4) 프랑스는 기한을 정하여 대만, 팽호로부터 군대를 철수시킨다는 등의 내용을 포함하고 있다.[103]

이 조약으로 결국 청조가 보호관계를 명시한 기존의 불월(佛越 ; 후에)조약을 공식 승인함으로써 중국의 월남에 대한 종주권주장이 이제 공식 부정되고, 이로 인해 전통적인 중화제국체제의 동요가 일층 가속화된다. 전통적인

---

102) 坂野正高, 1973, pp. 365~366.
103) 이 조약에 따라 프랑스는 곧 基隆에서 병력을 철수하고 1개월 후에는 臺灣과 팽호에서 완전히 철수한 후, 1886년과 1887년에는 양국간에 越南邊界通商條約 및 追加通商條約, 國境確定條約이 체결되어 프랑스의 중국 남부 진출이 가속화된다(孔祥祚, 1986, pp. 272~290 참조).

세계관에 입각해서 본다면 가장 중요한 조공국의 하나가 중화제국체제로부터 이탈하게 되었기 때문이다. 이로써 청조의 국제적인 지위는 더욱 실추되고 그 결과 일본을 비롯한 각국의 중화제국체제에 대한 도전이 강화되게 된다. 이 조약은 중국 남부에서 프랑스의 통상특권뿐 아니라, 철도건설과 관련된 특권에도 언급하고 있다는 점에서 자본주의 열강의 중국에 대한 이권 침탈의 강화를 예고하는 것으로 아울러 주목되기도 하는데[104] 프랑스는 이를 통해 프랑스령 인도차이나 지배를 확립하게 된다.

이같이 중화제국질서의 동요라는 측면에서는 이 조약의 상징적 의미가 크게 부각되지만, 국내적인 반응의 경우 그 실패의 원인이나 그러한 결과에 대한 의미 부여에서 상당한 의견의 차이가 표출된다. 보는 관점에 따라서는 배상금의 지불도 없었고 가시적으로는 그외의 다른 변화도 별로 두드러지지 않았을 뿐 아니라 전쟁 과정 자체에서도 중국측이 고전하긴 했지만, 마미항(馬尾港)의 파괴와 복건해군의 궤멸을 제외하면 그다지 큰 손실이 없었고, 오히려 일부 전투에서 프랑스군을 곤경에 빠뜨리기도 했다는 점이 강조될 수도 있었기 때문이다.[105] 이 경우 '실패'의 책임이 전쟁을 회피하고자 한 화의파에 돌려지면서 이홍장의 무원칙한 타협외교에 대한 강한 비판으로 전개되기도 한다.[106]

그러나 소극적인 저항과 '실패'의 결과를 자인하지 않을 수 없는 상황에서, 공식적인 반응으로서는 그럴 수 밖에 없었던 원인으로서 무력의 열세를 거론하며 해군을 중심으로 한 군사력증강을 적극 추진하게 된다. 해군을 강화하고 선창을 확장하는 문제가 논의되면서, 이홍장이 관할하는 북양(北洋)함대에 대한 지원이 확대되고, 이홍장은 독일인 교습(教習)을 초빙하여 천진에 무비학당(武備學堂)을 개설한다. 10월에는 해군활동을 전담하기 위한 기구로 해군아문(海軍衙門)이 설치되고 대만이 독립성(獨立省)으로 승격되어 연해지역 방위에서의 그 비중이 높아지게 된다.[107]

해군아문은 순친왕이 총리사무(總理事務)로, 경친왕과 이홍장이 회동관리

---

104) 《中國近代史稿》 2, 1984, p. 243.
105) 梁遵道, 1986 참조. 때문에 J. Chesneaux는 청불전쟁의 결과를 청조의 '부분적인 패배(partial defeat)'로 규정하기도 한다(Chesneaux, pp. 247~256).
106) 楊遵道, 1986, p. 3 및 王承仁・劉鐵君, 1986, pp. 258~265.
107) J. L. Rawlinson, 1967 참조.

(會同辦理), 병부시랑(兵部侍郞) 증기택 등이 방동판리(幫同辦理)로 임명되고, 막대한 예산을 할당받아 1888년에는 북양함대를 모태로, 철갑선 4척과 순양함 6척을 포함한 22척의 전력을 갖춘 북양해군(北洋海軍)이 창설된다. 그러나 궁정의 삼해공정(三海工程) 및 이화원(頤和園)의 건축 등에 자금을 전용하는 문제가 발생하고 그 과정에서 관련 관료들의 부패가 깊이 개재된 결과, 고조된 해군에 대한 관심이나 투입된 경비를 고려해 볼 때 그 성과는 후일 청일전쟁에서 드러나듯이 부진한 것이었다. 이같은 결과는 청조 지배충내에서 전쟁패배에 대한 외면적인 충격과 그에 따른 형식적인 조정노력이 나타나고 있음에도 불구, 그것이 심각한 위기의식이나 본격적인 개혁에 대한 관심으로까지 이어지지는 못하고 있음을 반영하고 있다.[108)]

이런 결과는 부분적으로는 서태후를 중심으로 한 최고 지배충이 전쟁의 과정에서 견지해 온 태도의 귀결이기도 하다. 즉, 당시의 국제정세 및 그 속에서의 청조의 위치 등에 관한 인식과 대응방법을 둘러싼 의견의 차이가 확대되는 상태에서, 그들은 사태의 진전을 심각한 국가적 위기로 파악하고 철저하게 대응하려 하기보다는 우선적으로 그들의 권력을 유지 강화하는 데 목표를 두고 주요 정치집단간의 대립을 이용하면서,[109)] 결국은 프랑스와의 철저하고 전면적인 대결을 회피하여 편의적인 타결책을 추구한 결과 종전 후에도 그런 입장이 지속되고 있다는 것이다.

한편 1883~1884년부터 청불간의 무력충돌에 촉발되어 운남 등지에서의 유혈사태가 발생하는 등, 화남 각지에서 반기독교 활동을 중심으로 한 반불・배외운동이 확대된다.[110)] 이와 함께 이같은 배외의식의 고조를 배경으로 명분과 원칙을 강조하는 청의적 여론이 강화된다. 이러한 여론은 청불간의 교섭과 무력충돌이 진행되는 배후에서 강하게 지속되고 있는 주전론의 흐름과 밀접한 관련을 맺고 있는데, 이런 흐름을 대표하고 이끄는 관료집단

---

108) 그러나 청불전쟁에서의 패배 후 이전 시기의 '전기 청류파'의 정치적 영향력이 약화되는 과정에서, 한편 그들중 일부가 양무추진에 적극적인 관심을 나타내면서 張之洞의 경우처럼 양무운동의 지도자로 부상하기도 하고, 한편에서는 여전히 고식적・타협적 외교정책에는 반대하지만 양무론적 사고의 연장상에 위치한 개혁에 점차 호응하는 '후기 청류파'가 등장하여 청일전쟁 후의 개혁운동의 발판이 마련된다는 점도 지적된다 (閔斗基, 1985, pp. 124~144).

109) 查時傑, 1974, pp. 22~23.

110) 李時岳, 1985, pp. 52~55 참조.

으로서 '청류파'의 활동이 크게 부각된다.[111] 1870년대 중반부터 대개 진사 (進士), 한림원(翰林院) 출신의 비교적 젊은 세대로 구성되어 활동하기 시작 한 이들은, 상호 교섭에 의한 합리적인 해결의 가능성을 불신하며 현실적인 상황을 무시하고 무모하게 원칙적인 강경론을 주장하여 청불분쟁의 수습을 오히려 어렵게 한 측면도 있지만,[112] 한편으로는 과도하게 현실주의적인 입 장을 드러내는 화의파의 무원칙성을 비판, 견제하면서 주체적이고 능동으 로 대외위기에 대응할 것을 강조하였다.[113]

이같이 프랑스의 월남침략에 대한 대응방법을 둘러싸고 활발한 논의가 전 개되면서, 조공국의 문제를 중국의 현실적인 이해와 관련하여 파악하려는 입장도 명확하게 제기된다. 증기택을 비롯한 일부 관신(官紳)들은 명분에 입각한 청조의 조공국 보호의무를 강조하고 있으며, ·실제로 청군의 월남파 병도 종속국의 치안유지를 위한 종주국으로서의 의무가 작용한 것이라는 점 을 부정할 수 없지만,[114] 아울러 조공국의 보호문제를 중국본토의 방위를 위 한 현실적인 울타리의 유지라는 실용적인 차원에서 크게 중시하고 있다는 것이다.[115] 예컨대 유곤일(劉坤一)은 유구가 일본에 병합된 후인 1881년 유 구가 비록 중국의 조공국이기는 해도 방위에 긴요하지 않아 보호할 노력의 가치가 없음을 강조하고 있는데, 1884년 5월에는 현재 조공국 보호는 작은 문제이고 중국의 방위를 강화하는 것이 큰 문제라는 점을 강조한다.[116]

논자에 따라서는 이런 측면에 주목, 중국인의 국제관계에 대한 태도에서 '민족주의적(nationalistic)' 또는 '원(原)민족주의적(protonationalistic)'인 성격 또는 '초기적 민족주의의식(incipient nationalism)'이 드러나기 시작한다고 지 적하기도 하는데,[117] 그 개념의 타당성 여부를 차치하고, 적어도 전통적인

111) Yen-p'ing Hao, 1962 참조.
112) L. Eastman, 1965, pp. 28~29.
113) 閔斗基, 1985, pp. 144~147.
114) '청의'를 대변하는 관료는 주로 '천하'관념에서 조공국보호의무를 강조하고 있음도 지적된다(Eugene Cocoran, 1979, p. 508).
115) L. Eastman, 1967, pp. 37~38.
116) 위와 같음.
117) Paul Cohen, 1967, pp. 559~574 및 J. H. Lyon, 1980 참조. L. Eastman은 1880년대에 문화주의적인 세계관이 민족주의적인 세계관으로 대체되었다고 하는 것은 성급한 것 이겠지만, 국제관계에 대한 태도에서 민족주의적인 경향이 강화되어 가고 있음은 분명 하다고 강조한다(L. Eastman, 1967, pp. 37~40).

중화제국체제가 크게 흔들리게 되면서 그것을 현실로서 인정하고 중국 자체의 보존을 문제시하는 상황에 이르게 되었음은 확인할 수 있다.

그 사이 20여 년간 양무운동이 추진되었고 1875년 이래의 해방에 관심의 확대에도 불구 청조가 프랑스측의 요구에 굴복하지 않을 수 없었다는 사실은, 아울러 기왕의 양무활동에 대한 비판을 부각시켜 이른바 '초기적인 변법론'[118]이 점차 활발하게 논의되기 시작한다. 특히 양무운동에서 실무적 역할을 담당하였던 인물들을 중심으로 양무운동의 문제점 및 외국의 압박증대 요인 등에 대한 포괄적인 논의들이 제기되어 보다 폭넓은 개혁을 요구하게 된 것이다.

초창기 인물로는 매판상인 출신인 정관응(鄭觀應), 청불간의 교섭과정에서 이홍장의 측근으로 활약한 프랑스 유학생 출신의 마건충(馬建忠), 영국공사를 지낸 설복성(薛福成) 등을 들 수 있는데, 화교 출신으로 복건해군의 궤멸을 관원(官員)으로서 목격한 하계(何啓)와 호례원(胡禮垣) 등도 특히 1880년대 후반부터 양무파의 활동을 비판하며 보다 포괄적인 개혁을 주장하였다.[119] 이들 변법론자들은 당시 양무파가 추진중인 '부강(富强)'을 위해서는 국내의 정치, 경제, 문화의 조직적인 개혁이 선행되어야 한다는 것을 강조하였다. 그들의 주장은 공론(公論)으로 국가정책을 입안, 수행하기 위한 의회의 설립, 과거제의 폐지, 입헌군주, 책임내각제의 실시 및 민영에 의한 자본주의적 생산확대 요구 등을 포함하는데 그 주장이 바로 정책적으로 수용되지는 못하였지만, 청불전쟁 후의 사상적인 발전을 선도하게 된다.

Ⅳ. 淸日戰爭과 그 결과

1. 朝鮮을 둘러싼 淸・日의 대립

조선은 전통적인 중화제국의 질서에서 매우 중요한 위치를 차지하고 있었

118) L. Eastman, 1968, pp. 695~710 및 《講座中國史》 V, 〈洋務運動의 性格〉과 《講座中國史》 Ⅵ, 〈變法運動과 立憲運動〉편 참조.
119) 《講座中國史》 Ⅵ, 〈變法運動과 立憲運動〉편 참조. 특히 鄭은 李鴻章이 적극 추진한 관독상판기업제도를 비판하며 민영기업의 육성을 적극 주장하고 서구 제도의 폭넓은 수용을 건의하는데, 청불전쟁이 진행되는 상황에서 의회 창설을 포함한 광범한 개혁안

다. 매년 수차 입공(入貢)하는 최대 조공국120)이라는 상징적 의미에서뿐 아니라, 수도인 북경지역의 방위에 중요한 울타리가 된다는 실제적·전략적 의미에서 매우 중요시되고 있었다. 때문에 천진을 근거지로 독자적인 세력 기반을 강화하고 있던 직예총독 이홍장은 특히 조선의 전략적 중요성에 유의하여 대만사건이나 청불전쟁처럼 다른 지역에서 위기가 발생하고 있는 상황에서도 이 지역의 문제를 우선적으로 고려하는 경향을 드러냈었다.121)

일본은 명치유신 후 동아시아 각국의 개항에도 불구, 강고하게 쇄국정책을 고수하고 있던 조선에 접근, 국교수립을 요구하지만 거부되자, 이를 구실로 일본 국내에서는 정한론(征韓論)이 활발하게 논의된다. 한반도에의 출병은 유신 후 증대된 사족불만(士族不滿)으로 인한 일본 국내의 정치적 위기를 해소하고 아울러 해외시장 확대의 길을 모색할 수 있다는 의미에서 깊이 있게 검토하게 된 것인데,122) 결국 대만출병(臺灣出兵)으로 귀결되고 일단락되었지만 이후에도 조선에 대한 진출노력을 계속 강화하고 있었다. 1875년 9월에는 조선측의 무력대응의 가능성이 충분히 예상되는 상황에서 일본해군 측량선 운양호(雲揚號)가 강화도에 접근, 결국 포격을 당하는데 이 사건을 구실로 일본정부는 1876년초 육군중장 참의(參議) 흑전청륭(黑田淸隆)과 참의 정상형(井上馨)을 파견, 군함 2척과 수송선 4척의 무력시위 속에 조약체결을 요구한다. 그 결과 2월 27일 12조의 한일수호조약(韓日修好條約; 강화도조약)이 조인된다.

이 조약은, 1) 조선의 독립주권 인정, 2) 상호 사절의 파견, 3) 부산 등 3항구의 개항 및 일본 영사의 주재 허용 등의 내용을 포함하고 있으며 일방적 영사재판권을 인정한 전형적인 불평등조약이었다. 조약의 부록(附錄)과 통상장정(通商章程) 등 부속문건에서는 일본화폐의 조선내 유통권, 일본 상품의 수출세 면제, 일본인의 조선내 측량 및 지도작성권을 규정하고 조약의 유효기간도 국제법의 상식을 넘어 무기한으로 정하고 있는데, 이는 서구 열강이 일본이나 중국에 요구한 조약보다 더 가혹한 조건의 조약을 조선측에

을 북경정부에 제출하기도 하였다.

120) 張存武, 1978, pp. 43~52 및 全海宗, 1970 참조.
121) Liu Kwang-ching, 1980, pp. 237~255 및 蔣廷黻, 1978, p. 364.
122) 大江志乃夫, 1967, pp. 73~90 ; Hilary Conroy, 1960, pp. 17~77 및 彭澤周, 1969, pp. 13~46 참조.

강요한 것이었다.[123]

이 조약에 따라 일본은 1880년 한성(漢城)에 공사관을 설치하고 조선에서 활동을 본격화한다. 이에 대응해서 청조측에서도 조선문제에 대한 관심을 강화한다. '조선관계(朝鮮關係) 양무긴요(洋務緊要)의 건(件)'을 예부(禮部)의 관할에서 북양대신(北洋大臣)의 소관으로 이전하고 이홍장의 주도하에 조선문제에 대한 적극개입정책을 추진토록 한 것인데,[124] 이에 일본과의 충돌이 표면화된다.

이홍장과 그 측근으로 조선에 파견되어 실무를 총괄한 마건충은, 이제 조선의 개국이 불가피함을 인식하고 조선과 서구 열강과의 조약교섭을 적극 촉구하면서, 그 과정에 깊이 개입함으로써 조선에 대한 영향력을 강화하고 중국의 종주권을 확인하려는 입장을 취하게 된다.[125] 그리하여 조선과 미국의 조약을 체결하고 교섭하는 과정에서 그들이 직접 미국측 대표인 슈펠트(R. W. Shufeldt) 제독과 접촉하여 중국과 조선의 종속관계를 조약규정으로 명문화시키고자 시도하기도 한다.[126] 그 결과 1882년 5월에 조인된 조선과 미국간의 조약은 그 영향이 강하게 반영되어 있다.

조약 본문에서 중국과 조선과의 종속관계를 명시하지는 않았지만 같은 취지의 고종(高宗)의 서한(馬建忠의 기초에 의거한 것)이 교부되고 조약 본문 말미에 광서(光緒) 8년이라고 표시함으로써 사실상 중국의 종주권을 반영시키고 있다. 조약의 주요 내용은 1) 관세율은 최고 30%(중국의 대외조약은 5% 기준), 2) 상호 아편무역 금지, 3) 잠정적인 영사재판권 인정, 4) 조건적인 최혜국대우 등을 규정하고 있는데, 이는 중국측에서 자국의 대외조약을 개정할 때 관철시키고자 하는 방향을 반영한 것으로서 주목되기도 한다.[127]

이런 상황에서 1882년 7월에 발생한 임오군란(壬午軍亂)은 조선의 내정을 둘러싼 청일간의 대립을 본격화시키게 된다.[128] 이 사건은 조선쌀의 일본 수출로 쌀값이 앙등하여 민중의 반일감정이 증대되고 있는 상황을 배경으로

---

123) 坂野正高, 1973, p. 379.
124) 宋丙基, 1985, p. 116.
125) 李陽子, pp. 75~120 참조.
126) 宋丙基, 1985, pp. 222~234.
127) 坂野正高, 1973, p. 388.
128) 이하 壬午事變을 둘러싼 淸日의 대립과 대응은 彭澤周, 1969, pp. 183~274 참조.

봉급지급 등에서 신식 군대에 비해 현저히 차별적 대우를 받고 있던 구식 군대가 미곡창고를 관리하는 선혜청(宣惠廳)의 책임자를 습격하면서 당시 실권을 장악하고 있던 민씨 세력과 일본에 대한 배척폭동으로 확대된 것이었다.

이 사건을 계기로 대일강경노선을 주장하던 대원군이 민씨 세력을 축출한 후 다시 정권을 장악하고 정치개혁을 추진하는데, 일본측에서는 군사적 위협을 배경으로 피해보상과 함께 조선에서 이권의 확대를 요구하게 된다. 군함 4척과 수송선 3척 및 육군의 1개 대대병력이 동원되어 공사관과 영사관 직원의 내륙여행권 보장, 시장개방의 확대 및 기타 통상특권의 확장 등이 요구되는데, 대원군은 이를 거절하면서 청의 원조를 요청하였다. 이에 따라 청조에서는 등주(登州)주둔군 제독 오장경(吳長慶) 휘하의 군함 7척과 2,000명의 병력을 파견하여 일본의 군사적 위협을 견제케 하는 한편, 일본측의 강경태도를 완화시키기 위해 대원군을 천진으로 호송하고 민씨 세력을 복귀시킨다.

그리하여 8월에는 청조와 일본 사이에 1) 사건관련자의 처벌, 2) 피해자와 일본군부대에 대한 보상금과 배상금 55만 원(圓)의 지불, 3) 일본공사관 경호를 위한 병력 '약간 명'의 주둔, 4) 사죄사절의 파견 등을 내용으로 한 제물포조약이 체결되었다. 여기서 특히 일본의 주병권(駐兵權)에 대한 언급은 이후 청일전쟁시 일본군 출병의 근거를 마련한다는 점에서 중요한 의미를 지닌다. [129]

1883년 9월에는 전문(前文)에서 중조(中朝)간의 종속관계를 규정한 한중상민수륙무역장정(韓中商民水陸貿易章程)이 천진에서 체결된다. 이 조약은 조공국과 종주국간의 일종의 행정적 협정의 성격을 띤 것으로 청조의 조선에 대한 지배권강화의 의도를 관철시킨 것이었다. [130] 이후 청조에서는 마건충과 조선해관총세무사(朝鮮海關總稅務使)로 임명된 독일인 뮐렌도르프(P. G. Möllendorf ; 穆麟德)를 통해 조선에서 영향력을 증대시키고 있었다.

한편 청일간의 대립과 관련, 조선정부내에서는 일본과 협력하여 서구적 개혁을 추진하려는 '독립당(獨立黨)'과 청조와의 관계를 강화하려는 '사대

---

129) 坂野正高, 1973, p. 388.
130) 金鍾圓, 1966, p. 167.

당(事大黨)'의 대립이 증대되고 있었다. 1884년 12월에는 김옥균(金玉均), 박 영효(朴泳孝) 등 소장관료가 중심이 된 독립당 세력이 청불전쟁으로 인한 중 국의 혼란과 조선주둔 중국군의 반감을 틈타 수구세력화한 민씨정권과 사대 당을 타도하기 위한 정변을 일으켰다. 일본의 세력만회를 위해 죽첨진일랑 (竹添進一郎) 공사가 적극 지원한 이 갑신정변(甲申政變)은 일본주둔군의 무 력을 배경으로 단행되어 신정부의 수립이 선포되지만, 원세개(袁世凱)가 이 끄는 청군이 출동, 고종(高宗)을 옹립하고 진압에 나서 실패로 끝난다. [131]

죽첨(竹添)은 귀국하고 김옥균과 박영효는 일본에 망명하였으며, 일본공 사관은 소실되고 민씨정권이 재건되었다. 이에 일본에서는 외무경(外務卿) 정상형(井上馨)과 2개 대대의 병력을 파견하여 사건의 처리교섭을 진행케 하였다. 그리하여 1885년 1월에는 조선측에서, 1) 사죄의 국서(國書)를 발송 하고, 2) 배상금 11만 원을 지불하며, 3) 공사관 신축비 2만 원을 지불한다 는 내용의 한성조약(漢城條約)을 체결, 사태를 일단 수습하였다.

1885년 4월에는 참의(參議) 궁내경(宮內卿) 이등박문(伊藤博文), 참의 농무 경(農務卿) 서향종도(西鄕從道)가 천진에 파견되어 이홍장과 회담하는데, 여 기서 이홍장은 종속국의 내란에 청조는 자유로 출병할 권한이 있음을 강조 하였다. 협상 결과 4월 18일, 1) 양국 모두 군대를 4개월 이내에 철수하고, 2) 서로 조선에 군사고문을 파견하지 않으며, 3) 장래 조선에 병력을 파견할 필요가 있을 때는 상대측에 먼저 통고할 것을 내용으로 한 천진조약을 체결 하였다.

이렇게 하여 청일간의 충돌의 위기는 일단 해소되고, 중국이 조선에 대한 정치적·군사적 지배력의 우위를 확인한 위에서 영향력을 증대하여 간다. 대원군의 귀환과 함께 원세개가 '주차조선총리교섭사의(駐劄朝鮮總理交涉事 宜)'라는 직함으로 파견되어 조선의 외교와 내정에 깊이 개입한다. 그는 조 선이 서구 각국과 상주사절을 교환하려는 것을 억제시키며 조선의 전신선 (電信線)을 지배하고 관세행정권을 장악하는 등 경제적 간섭도 강화한다. [132]

한편 일본에서는 헌법반포, 제국의회(帝國議會)의 개회 등 근대국가로서 의 제도가 점차 정비되어가면서도, 국내시장의 취약성, 농업생산의 부진 등

---

131) 이하 甲申政變을 둘러싼 淸日의 대립에 대해서는 林明德, 1970, pp. 36~83 참조.
132) 林明德, 1970, pp. 137~321 참조.

경제적 모순이 중대되고 있었다. 때문에 지리적으로 가까울 뿐 아니라 경제적으로도 밀접한 관계에 있으면서 정치력이 비교적 약한 조선과 청조에 대해 보다 적극적인 접근정책을 취하도록 요구하는 주장이 정부내에서 강화되고 있었다. 야당조차도 정부의 소극적인 조약개정 노력을 비판하며, 더 나아가서는 대외강경책을 주장하기도 하였다.[133]

일본정부는 갑신정변 후 중국과의 충돌에 대비하여 군비의 강화를 추진하려는 움직임을 보이고 있는데, 강경외교를 요구하는 이같은 여론을 배경으로 군비강화에 박차를 가하게 된다. 특히 청불전쟁에서 청조가 굴복하게 됨에 따라 자신감을 갖고 중국에 대한 침략계획을 구체적으로 검토하기에 이른다. 1886년 이후 일련의 병제개혁을 추진하는 가운데, 1887년에는 1878년 이래 청군에 대한 정보수집활동에 종사해 온 소천우차(小川又次) 대령이 중심이 되어 '청국정토대책안(淸國征討對策案)'이 마련되었다. 이에 따라 중국을 가상적으로 하는 전쟁준비가 본격적으로 추진되어 1890년경에는 7개사단의 부대편성이 완료된다.[134]

이같은 내적인 대외팽창요구를 배경으로 한 전쟁준비는 한편에서 청불전쟁 후 제기된 복택유길(福澤諭吉)의 '탈아론(脫亞論)'등의 이론적 뒷받침을 받고[135], 한편으로는 당시의 국제정세의 흐름에도 부합한 결과, 그 현실적 기반이 강화된다. 국제정세의 측면에서는, 1870년대 후반 이후 발칸반도와 중동지역으로의 진출이 좌절된 러시아가 동아시아에서 남진정책을 추진, 만주와 조선에 진출하려는 움직임을 강화시키자, 대립관계에 있던 영국이 러시아의 진출을 저지하기 위해 신흥국 일본의 세력확대를 이용하려는 입장을 취하게 된 것이다.[136] 이에 대항, 러시아는 청조에 접근하여 조선에서의 세력 신장을 추진하는데, 그 과정에서 1885~1887년의 거문도사건이 발생하기도 한다.

청일전쟁의 개전에 앞서 일본정부가 가장 우려한 문제는 열강의 간섭가능성으로서, 특히 동아시아에서 가장 큰 이권을 장악하고 있던 영국측의 간섭

---

133) 藤村道生, 1973, pp. 1~30 참조.
134) 小林一美, 1986, pp. 388~398.
135) 初瀨龍平, 1984, pp. 19~44 및 田中正俊, 1977, pp. 127~138 참조.
136) 崔文衡, 1984 및 植田捷雄, 1966 등 참조.

을 배제하는 것이 개전의 우선적인 조건이었는데,[137] 이러한 영국과 러시아의 대립이 그런 전제조건을 충족시킬 기반을 마련하였다는 것이다.

2. 淸日戰爭의 경과

청일간의 대립이 심화되는 중에, 일본으로의 조선쌀 반출을 금지시킨 방곡령(防穀令)사건이 발생하여 일본의 조선에 대한 간섭이 증대되는 가운데, 1894년 2월 동학당(東學黨)의 기병으로 조선의 내정이 혼들리게 되자, 이를 기화로 양측의 군대가 출동, 무력충돌이 발생한다.[138]

'척왜척양(斥倭斥洋)'과 '제폭구민(除暴救民)'을 표방한 동학군은 1894년 2월 15일 전라남도 고부(古阜)에서 기병한 후, 인근농민들의 호응이 확대되면서 5월에는 전주(全州)를 점거하고 전라도 일원을 거의 석권하기에 이른다. 이에 민씨정권은 일부의 반대론을 누르고 6월 3일 원세개에게 청군의 출병을 요청한 결과, 6월 5일 중국의 순양함 2척이 인천에 도착하고, 6월 12일까지 산서태원진총병(山西太原鎭總兵) 섭사성(攝士成)과 직예제독 섭지초(葉志超)가 이끄는 2,400여 명의 육군 병력이 아산(牙山)에 상륙하고, 이어 6월 25일에는 400명의 증원부대가 도착한다.

조선사태를 주시하고 있던 일본은 조선에서 청의 원병을 정식 요청하기 하루 전인 6월 2일 출병을 결정하고, 의회를 해산하여 곧 임전체제로 돌입한다. 6월 7일 청조의 출병통고를 받자 1885년의 천진조약을 근거로[139] 곧 일본의 출병을 통고한다. 그리하여 인천에 일본군함 12척이 집결한 가운데 6월 10일 해군육전대(海軍陸戰隊) 430명이 한성(漢城)에 입성하고 16일에는 혼성 1여단의 1차 수송부대가 인천에 상륙, 총 4,000여명의 병력이 인천과 한성에 집결하였다.

일본의 출병통고에 대하여 청조에서는 중국의 출병은 조선정부의 요청에 따른 것일 뿐 아니라, 속방(屬邦)을 보호하기 위한 중국의 전례에 따른 것이

---

137) 李兆銘, 1988, p. 85.
138) 청일전쟁에 대한 근년의 연구동향 소개로는 關捷, 1984; 戚其章, 1986이 있으며, 일반 개설 및 연구서로는 信夫淸一郎, 1978; 朴宗根, 1982; 中塚明, 1968 및 藤村道王, 1973 등이 있고, 특히 외교사적인 측면에서의 연구로는 田保橋潔, 1951 및 植田捷雄, 1966; 王忠信, 1964 등이 있다.
139) 출병의 근거에 관한 논의는 朴宗根, 1982, pp. 16~24 참조.

지만 일본의 출병은 조선정부가 요청하지 않은, 자국거류민(自國居留民) 보호를 위한 것이므로 그같은 대병력은 불필요할 것이라고 주장하였다.[140] 한편 일본측에서는 북경주재 대리공사(代理公使) 소촌수태랑(小村壽太郎)을 통해 일본의 출병은 조약상의 권리이고 중국측에 통고할 의무 외에, 병력의 규모나 활동에 대해서는 일본의 자유 재량으로 결정할 수 있다고 반박하면서 조선을 중국의 속국으로 인정할 수 없음을 강조하였다.[141]

하지만 6월 11일 조선정부에서 동학군의 요구를 수용키로 한 전주화약(全州和約)이 성립되어 농민군이 전주에서 철수하게 되었으므로 청일 양국의 출병명분이 퇴색하고 있음을 인식한 일본공사 대조규개(大鳥圭介)는 후속부대의 파견 중지를 요청하며 원세개측과 공동철병문제를 교섭한다. 그러나 일본정부는 14~15일의 임시각의(臨時閣議)에서 청일 양국이 대등한 입장에서 조선의 내정개혁을 수행하자는 안을 중국측에 제안키로 결정하면서, 만일 중국에서 동의하지 않을 경우 일본 단독으로 조선의 내정개혁을 추진하기로 확정하였다. 아울러 현지 일인무관(日人武官)들의 압력도 강화되어 대조(大鳥)는 결국 대청교섭에서 강경자세로 선회하였다.[142]

조선의 내정개혁요구는 사실상 거부를 예상하고 제기된 것으로, 청조측에서는 조선의 개혁은 스스로 해결해야 할 내정문제임을 강조, 먼저 공동철병을 실현하도록 주장하며 그 제의를 거부하였다.[143] 일본은 이에 따라 곧 후속부대를 파견, 총병력을 6,000여 명으로 증원하고 독자적인 행동 준비를 시작하였다.

당시 청정내에서는 광서제(光緒帝)를 중심으로 한 옹동화(翁同龢), 이홍조(李鴻藻), 문정식(文廷式) 등의 황제파 관료집단[帝黨]과 서태후를 중심으로 한 이홍장, 손육민, 서용의(徐用儀) 등의 관료집단[后黨]이 대립하고 있었는데,[144] 특히 소장관료의 지지를 받고 있던 황제파관료들은 조선에서의 병력 증강을 주장하며 강력한 대응책을 요구하였다.[145] 반면 1881년 이래 원세개

---

140) 坂野正高, 1973, p. 398.
141) 위와 같음.
142) 申基碩, 1967, pp. 84~94.
143) 王忠信, 1964, pp. 185~194.
144) 閔斗基, 1985, pp. 111~124.
145) 何若鈞, 1987, p. 7. 이들의 주전론은 원칙과 명분을 내걸고 일관성 있게 주장되긴 했지만, 실제로 어떻게 전쟁을 수행할 것인가에 대한 계획이나 동원할 수 있는 실제적인

를 통해 조선사무를 관장해 왔을 뿐 아니라, 북양군(北洋軍)이라는 실제의 무력을 장악하고 있던 이홍장은 조선출병 자체에 소극적인 반응을 보이며, 양측의 충돌을 회피하기 위한 외교적 타협의 길을 적극 모색하고자 하였다.[146] 그는 앞서 창립 10주년을 기념하여 무력시위를 벌였던 북양해군의 한계를 인식하고 있었기 때문에 애초에 조선출병을 반대하였으나, 옹동화 등의 강력한 주전론의 압력하에서 자신의 관할하에 있던 병력을 출동시키게 된다. 그러나 출병 후에도 그는 본격적인 개전을 피하기 위해 영국과 러시아 등의 조정을 기대하며 활발한 외교적 교섭을 추진하였다.[147]

하지만 일본측에서는 7월 13일 육오종광(陸奧宗光) 외상(外相)이 청일간 충돌을 촉진시킬 수단을 강구하도록 지시하여 7월 20일 대조(大鳥) 공사가 조선에 최후통첩을 제출, 중한종속관계(中韓宗屬關係)를 폐기하고 자주권보호를 위해 청군의 퇴거를 요청하도록 촉구하였다. 이어 23일에는 일본 육군 병력이 경복궁에 침입, 대원군을 축출하고 조선의 내정개혁에 간섭하면서 한중상민수륙무역장정(韓中商民水陸貿易章程)을 폐기시켰다.[148]

한편 이홍장은 현지에서의 증병 요청과 전투를 대비한 부대이동 승인요구를 거부해 왔으나, 7월 19일 외교교섭의 무망함을 인식하고 증병을 승인한다. 그리하여 북양육군(北洋陸軍) 2만 5천 명의 조선 배치가 추진되는데 이는 당시 조선에서 열세에 있던 청조의 군사력을 크게 강화시켜 일본군을 압도할 수 있게 하는 계획이었다.[149]

그러나 일본은 먼저 기선을 제압하기 위해 길야(吉野) 등의 최신예 군함을 급파, 7월 25일에는 이들 군함이 풍도(豊島) 앞바다에서 중국의 증원군을 수송하던 고승호(高陞號)와 그 호위함을 기습·격침시킴으로써 양측의 무력대결이 본격적으로 전개된다. 7월 29일에는 우세한 병력을 갖춘 일본육군의 대도여단(大島旅團)이 열세의 섭사성군을 성환(成歡)의 진지(陣地)전투에서 격파한다. 이후 일본해군의 적극적인 제해권(制海權) 확보작전에 대해 북양해군이 수비위주의 대응을 하는 가운데 산현유붕(山縣有朋)이 이끄는 일본

　　무력의 기반은 없었음이 한계로서 지적된다.
146) 苑書義, 1988, pp. 323~328.
147) 藤村道生, 1973, pp. 142~156 참조.
148) 구체적 과정은 朴宗根, 1982, pp. 44~156 참조.
149) 이하 개별전투의 개관으로는 藤村道生, 1973 등 참조.

군 중원부대가 투입되고 청측 병력도 급속히 증강된다.

8월초 이래 위여귀(衛汝貴), 좌보귀(左寶貴) 등이 이끄는 북양육군 1만 4천여 명이 평양 부근에 집결하고 있었는데 9월 15일 보급사정이 어려워진 야진(野津) 사단장 휘하의 일본군 제5사단 1만 7천 명이 이들에 대해 기습을 감행한다. 이 평양전투에서 청군은 2천 명이 전사하고 6백 명이 포로로 붙잡히는 등의 희생을 내고 퇴각, 9월말을 전후하여 나머지 병력은 압록강 이북으로 철수하였다.

9월 17일에는 세계 역사상 최초의 중기기관 군함에 의한 조직적인 전투인 황해해전(黃海海戰)이 전개된다. 일본은 기함 송도(松島)를 비롯한 12척, 중국은 기함(旗艦) 정원(定遠)을 비롯한 14척의 전력을 갖추고 있었으나 군함의 성능은 대체로 일본측이 우세하였다. 6시간 가량 지속된 이 전투에서 일본 군함은 한 척도 침몰되지 않은 데 비해 중국측은 3분의 1 이상의 전력을 상실, 중국의 결정적인 패배로 종결되고 이후 일본이 제해권을 장악한다.

이후 영국 등의 열강이 강화를 알선하려는 노력을 전개하지만 성과가 없는 가운데, 일본 국내에서는 전승분위기에 고무되어 일부에서의 반전론도 약화되고, 이에 따라 일본군은 전선을 더욱 확대하게 된다. 여순(旅順)·대련(大連)확보작전이 전개되어 11월 21일에는 여순항이 일본군에게 함락된다. 일본군은 이어 다음해 1월 21일 산동(山東)에 상륙하고 2월 1일에는 위해위(威海衛)포대를 점령, 중국 북양함대의 근거지를 해륙(海陸) 양면에서 봉쇄하게 되었다.

마침내는 일본군이 위해위에 집결하여 방위작전에만 집착하던 북양해군을 공격, 2월 4~5일에 내원(來遠)과 위원(威遠)이 격침되고 9일에는 정원(靖遠)도 침몰되었다. 그 결과 함대에 고용되었던 외국인 장교와 중국측 장교 사이에 결탁이 이루어져 전선 이탈의 반란이 일어나는 가운데, 11일 사령관 정여창(丁汝昌) 제독은 자살하고 나머지는 일본군에 투항하여 전투가 종결된다. 이어 일본군은 요서(遼西)지역에 진출, 중국측의 최후 거점인 전장대(田莊臺)도 함락시키고 3월말에는 팽호도를 점령하였다.

한편 평양과 황해의 패전소식이 전해지자 청정에서는 옹동화 등의 주장에 따라 패인으로서 이홍장의 '실기(失機)'를 거론, 그를 견책하고 곧 이어 공친왕(恭親王)에게 외교와 군사 쌍방을 통괄하는 중대한 권한을 부여한다. 그

리고 용동화, 이홍조 등이 군기대신(軍機大臣)으로 복귀한다. 일본에 대항하
는 데 소극적인 태도를 유지하고 있던 이홍장에 대한 탄핵이 계속되면서 서
태후의 지지를 받던 이홍장세력과 대립관계에 있던 광서제 측근세력의 권력
이 증대된 것이다. 150)

그럼에도 불구하고 1870년 이래 청조의 대외교섭 창구로서 가장 중요한
역할을 담당하였을 뿐 아니라, 북양군을 이끌고 있던 그의 실력을 무시할
수 없었으므로 양국간의 무력충돌을 수습하는 단계까지 이홍장은 중요한 역
할을 담당하게 된다. 평양, 황해의 전투 이후 전세의 우열이 명확히 드러나
면서 이홍장은 서태후의 지원하에 러시아의 무력개입을 끌어들여 일본의 침
략활동을 중지시키려는 시도를 본격화한다. 151) 러시아 공사 카시니(A. P.
Cassini)에게 접근, 대상(代償)을 약속하며 무력간섭을 요청하는데 카시니는
이를 거부하고 이홍장에게 일본과의 조속한 강화를 추진하도록 권고한다.
이런 움직임의 한편에서 영국이 민감한 반응을 보이며 전비배상, 열강에 의
한 조선독립의 보장을 조건으로 열강의 연합간섭안을 제기하면서, 독자적
으로 일본측에게 강화조건을 타진하고 청조측에도 중재를 제의하지만 거부
된다. 152)

그러나 일본군의 요동(遼東)작전의 결과, 청조측은 직접 일본정부에 대해
강화의사를 타진하기 시작한다. 먼저 이홍장이 독일인 천진세무사 데트링
을 자신의 대리인으로 일본에 파견, 이등박문과의 접촉을 시도하게 하였다.
그러나 일본측에서 응하지 않아 실패로 끝나지만 곧 미국측에서 주일공사
던(Edwin Dunn)과 주청공사 덴비(Charles Denby)가 중재에 나서 양측 강화교
섭의 창구 역할을 담당, 조선의 독립인정과 배상금지불을 조건으로 중국측
에 접근 동의를 받고 일본의 육오종광(陸奧宗光) 외상에게 강화조건을 제시
하자, 153) 일본측에서 청조 전권위원(全權委員)의 파견을 요구한다.

이에 총리아문대신(總理衙門大臣) 겸 호부좌시랑(戶部左侍郎) 장음환(張蔭
桓)과 서호남순무(署湖南巡撫) 소우렴(邵友濂)이 전(前) 미국 국무장관 포스

---

150) 坂野正高, 1973, p. 404.
151) 이하 이홍장의 외교활동과 국제정세에 대해서는 崔文衡, 1984 ; 中村尙美, 1974 등을
    참조.
152) 藤村道生, 1973, pp. 120~124.
153) 위의 책, pp. 143~148.

터(John W. Foster)를 고문으로 대동하고 1895년 1월 31일 광도(廣島)에 도착, 2월 1~2일 일본대표 이등박문 및 육오종광과 회견을 갖는다. 그러나 일본 측에서 중국대표의 전권위임장 불비(不備)를 이유로 회담진행을 거부하고 실권을 지닌 공친왕이나 이홍장이 전권대표로 임명되기를 기대한다는 뜻을 비공식적으로 시사했다.154) 이에 따라 북양함대가 궤멸된 지 이틀 후인 2월 13일 이홍장이 수석전권대신으로 임명되어 일본과의 강화교섭이 추진되게 된다.

3. 下關條約(1895)과 그 결과

의화방침이 부각되면서 어사(御史)·언관(言官)들의 주전적 여론이 확산 되고 이와 함께 옹동화 등의 황제파 관료와 유곤일, 장지동 등 지방대관(地 方大官)들의 반대의견도 강화되는 가운데,155) 이홍장이 전권대신으로 임명되 자 일본측은 2월 16일, 1) 배상금지불, 2) 조선의 독립인정, 3) 영토할양, 4) 새 통상조약의 체결 등의 강화원칙을 제시한다. 이에 따라 어홍장은 북 경에서 경친왕을 비롯한 총리아문 및 군기처 대신들과 더불어 광서제, 서태 후와 대응책을 협의하면서, 아울러 미국 이외의 열국정부에 대해서도 협조 를 요청한다.156)

하지만 결국 청정에서 영토할양과 전비배상을 조건으로 하는데 동의함으 로써, 이홍장이 하관(下關)에 파견되어 3월 20일부터 일본 수석대표인 이등 박문과 협상을 시작한다. 그러나 양측의 의견차가 쉽게 조정될 전망이 안보 이는 가운데, 세 차례 회동 후인 24일 이홍장에 대한 저격사건이 발생하고 러시아 군대이동의 움직임이 나타나자 일본측에서 조건을 완화, 양측의 협 상이 급진전된다. 그리하여 3월 30일에는 4월 25일까지를 기한으로 팽호(澎 湖), 대만을 제외한 전지역을 대상으로 한 휴전협정이 조인된다.

4월 1일에는 일본측에서, 1) 조선의 독립인정, 2) 요동(遼東)반도, 대만, 팽호의 할양, 3) 3억 냥의 배상금, 4) 새 통상조약의 체결 등을 내용으로 한

---

154) 坂野正高, 1973, p. 409.
155) 佐藤三郎, 1984, pp. 167~172.
156) 이하 條約교섭의 구체적 과정에 대해서는 坂野正高, pp. 406~413 및 藤村道生, 1973, pp. 143~170 참조.

정식 조약안올 제시한다. 4월 3일, 일본측 제안이 보고되자 청정에서는 웅동화 등을 중심으로 특히 영토할양 등에 대한 강경한 반대론이 제기된 결과, 4월 8일에는 이홍장에게 영토할양은 받아들일 수 없다는 뜻이 전달된다. 한편 일본의 여순, 대련 할양요구가 부동항을 추구하는 자국의 동아시아정책에 위협이 된다고 인식한 러시아는 열강의 간섭을 촉구하는데, 이에 따라 이등박문은 요동반도의 분할지역 축소, 배상금 인하 등을 내용으로 한 강화조건의 양보를 제시하면서 한편으로는 직예(直隸)지역 공격을 목표로 한 대규모 수송선단을 13일 출발시켜 배수의 진을 친다.[157]

이홍장은 일본측의 이같은 움직임을 북경에 전하며 일본측 안의 수용을 건의하여 결국 4월 17일, 양측간의 강화조약이 조인된다(下關條約). 그 내용은, 1) 중국은 조선이 완전한 독립 자주국임을 승인(조선의 朝貢典禮 폐지), 2) 요동반도 및 대만과 팽호열도의 할양, 3) 배상금 2억 냥 지불, 4) 일본에 대한 최혜국대우를 인정하는 신통상조약의 체결, 5) 사시(沙市), 중경(重慶), 소주(蘇州), 항주(杭州)의 개항, 6) 중경까지의 내지항행(內地航行)보장, 7) 일본인이 개항장에서 각종 제조업에 종사할 권리의 보장 및 세제상의 특권부여, 8) 위해위(威海衛)에서의 일본군 주둔권 보장 등을 포함한다.

이 조약은 어느 정도 평등한 조약이었던 청일수호조규(淸日修好條規)를 부정하고 중국에서 일본의 위치를 서구 열강의 위치와 같은 차원으로 상승시킴을 공식적으로 인정한 것으로서,[158] 이후 국내외적으로 주목할 만한 반응과 영향들이 나타나게 된다. 먼저 그것은 청조의 조선에 대한 종주권을 공식적으로 명확하게 부정함으로써 전통적인 중화제국체제의 결정적인 붕괴를 상징하고 있는데, 이후 청조의 내외적인 권위가 극도로 실추되면서 특히 승자로서의 일본인들의 중국멸시 풍조가 뚜렷하게 나타나고, 동아시아 각국의 세력관계가 본격적으로 재편되기 시작한다. 특히 연간 세입의 3배 정도가 되는 막대한 배상금의 결과, 청조의 경제는 큰 타격을 받게 된 반면, 그로 인해 일본의 불안정한 경제의 기반이 확립되어 이후의 급속한 발전을 뒷받침함으로써,[159] 동아시아에서의 일본의 역할이 크게 증대되게 된다.

---

157) 藤村道生, 1973, pp. 167~169.
158) 田中正俊, 1984 참조.
159) 이같은 막대한 배상금은 전후 산업발전과 금융제도의 확립을 촉진시키게 되고 일본

한편 이홍장은 조약교섭과정에서도 열강의 간섭을 기대하며 그 경과를 러시아 등에 통보하고 있었는데, 조약체결이 알려지자 러시아의 주도하에 프랑스와 독일이 합세한 이른바 '3국간섭'이 이루어진다. 위 세 나라의 공사들이 4월 23일, 요동반도의 일본영유는 중국의 수도를 위협하고 조선의 독립을 유명무실하게 하여 동아시아의 평화에 항구적인 장애가 된다고 일본측에 강력하게 항의를 제기하면서, 3국의 군함 20척을 동원, 조약의 비준 예정지인 지부에서 무력시위를 벌이도록 한 것이다. 이에 일본이 굴복하여 결국 5월 5일, 요동반도를 포기하고 대신 추가배상금을 요구하기로 선언한다. 이에 따라 5월 8일 하관조약 비준서를 교환한 후, 11월 들어 이홍장과 일본의 임동(林董) 공사가 요동반도 반환교섭을 진행, 배상금 3천만 냥을 조건으로 요동의 반환을 확정하여 11월 21일 요동반도의 반환이 완료된다. 그러나 그 대신 이를 계기로 이들 국가의 중국에 대한 영향력이 강화되면서, 러시아는 결국 여순과 대련, 프랑스는 광주만(廣州灣), 독일은 교주만(膠州灣)을 조차하고, 이에 대항하여 영국은 위해위(威海衛)와 구룡(九龍)을 조차하게 되어 중국은 '과분(瓜分)'의 위기에 직면하게 된다.[160]

하관조약에 의한 청일전쟁의 종결은 국내적으로도 여러 가지 측면에서 중요한 반응과 변화를 불러일으킨다. 먼저 주목되는 점은 민족적 각성이 크게 확산된다는 것이다. 조약의 내용이 알려지면서, 강유위(康有爲)가 기초하고 603명의 거인(擧人)이 서명한 공거상서(公車上書)를 비롯한 수많은 상주가 제출되어 화약을 거부하고 끝까지 항전할 것을 주장하는 강경한 여론이 크게 일어난다. 이러한 여론은 특히 조약의 내용이 알려진 4월 3일부터 비준이 교환된 5월 8일 사이에 치열하게 나타나는데, 그 상주자(上奏者) 중에는 유곤일, 장지동, 왕문소 등의 지방대관(地方大官)들도 포함되어 있다.[161]

이러한 논의들은 대체로 이홍장, 손육민, 서용의 등의 타협정책을 비판·탄핵하고, 영토할양, 통상이권, 배상금지불 등 구체적인 조항의 부당성을

인의 중국내 제조업 종사권의 보장은 열강이 자본 수출을 통해 중국 경제에 보다 강력하게 침투할 수 있는 발판을 제공한다.

160) 藤村道生, 1973, pp. 171~180.

161) 《淸光緖朝中日交涉史料》에 수록된 것으로 그 사이에 황제에게 전달된 상주만도 130건으로 연인원 2,500명이 서명하였으며 그외 강화를 반대하는 여론이 크게 확산되고 있다(佐藤三郎, 1984, pp. 97~133, 및 坂野正高, 1973, pp. 412~413 참조).

지적하면서 전면적인 조약거부를 주장한다. 그런데 주목되는 점은 조선의 독립인정에 대한 반대는 거의 거론되지 않고 있으며 많은 경우 국내 서정쇄신의 요구와 결합되어 전개되고 있다는 점이다. 이러한 점에서 이 시기의 주전론은 제2차 중영전쟁(中英戰爭)시기의 '관념적이고 중화사상적'인 주전론과 그 어조가 상당히 다르다는 점이 지적되는데,[162] 적어도 하나의 국가로서의 중국의 자주, 자립을 우려하는 의식이 주전론을 매개로 확산되고 있음을 확인할 수 있다.

　이러한 새로운 의식을 배경으로 다음 장에서 살피게 될 변법운동(變法運動)이 본격적으로 추진되게 된다. 즉 강학회(强學會)를 비롯, 지식인의 정치적 결사(結社)인 학회가 각지에서 활발하게 설립되고 새로운 신문과 잡지의 간행이 촉진되어 국가적 위기 및 그에 대처하기 위한 방안 등에 관한 정치적 관심을 확산시키게 된다는 것이다.

　한편 하관조약의 결과, 앞서 1886년 독립성으로 승격되고 순무인 유명전(劉銘傳)의 주도하에 활발하게 양무사업이 추진되고 있던 대만은 일본의 식민지로 넘겨지게 되는데, 대만 주민은 이같은 결정에 반발, 5월 24일 청조에서 독립, 대만민주국(臺灣民主國)의 수립을 선언하고 순무 당경숭을 총독으로 추대하였다. 그리하여 대만민주국의 정규군과 민중의 게릴라조직은 5월 29일 일본군이 대만상륙작전을 전개하자 이에 대한 항전을 전개한다. 그러나 청불전쟁에서 흑기군으로 활약했던 유영복(劉永福)의 대만수비대로 가세한 저항운동에도 불구, 결국 대북이 함락되고 이어 일본군의 남진이 계속되면서 9월 7일에는 창화(彰化)가 함락되어 대만민주국은 붕괴, 잔존세력에 의한 '토비'적 저항이 계속되기는 하지만 점차 일본의 지배가 확립된다.

V. 맺음말

　조공관계를 축으로 한 중화제국의 정치질서는 제1·2차 중영전쟁 후 점증하는 도전에 직면하게 되었다. 이에 따라 특히 1860년 영불연합군의 북경점령 후에는 내외적 위기의 중첩에 따른 '변국(變局)'적 상황에 대한 인식이

---

162) 市古宙三, 1971, pp. 212~213.

확대되면서 새로운 국제질서에 대응하기 위한 중국측의 조정노력이 총리아문을 중심으로 전개되고, 이와 함께 서구적인 기술을 도입하여 중국의 부강을 이루고자 하는 양무운동이 활발하게 전개된다.

그 결과 서구의 '협조정책'을 배경으로 대외관계가 안정되고, 1860년대 후반까지는 중국 내지의 주요 반란세력이 진압됨에 따라, 왕조의 재건이 이뤄졌다는 '중흥(中興)'의식이 대두한다. 미증유의 국가적 위기를 극복하고 안정을 다시 회복하게 되었다는 안도감이 널리 나타나게 된 것인데, 이를 배경으로 특히 동치 말년에는 구래의 제도를 복구하고 전통적인 가치를 적극적으로 재건하려는 복고적 흐름이 부각되면서 한편에서는 대외적인 측면에서 강경한 외교를 요구하는 언론들이 두드러지게 강화되기도 한다.

그러나 한편으로는 이미 1860년대말부터 서구의 협조정책의 한계가 드러나면서 서서히 열강의 압박이 다시 강화되기 시작한다. 특히 변경지역의 혼란을 틈타 영국, 러시아 등의 열강이 중국의 주변에 대한 진출을 강화하면서 중국의 주변 조공국들에 대한 영향력이 크게 약화된다. 이에 따라 1870년대 중반부터는 중국과 주변 아시아 각국과의 전통적인 관계가 점차 해체되기 시작한다. 그 과정에서 특히 대만사건을 시발로 한 일본의 진출이 중화제국체제의 동요에 선도적 역할을 담당하여, 결국은 청일전쟁으로 전통적인 중국 중심의 동아시아 정치질서는 결정적으로 붕괴하게 된다.

1870년대 이후 구래의 중화제국질서에 대한 도전이 강화됨에 따라 그에 대한 대응논의가 활발하게 전개되는데, 특히 1874년의 대만사건 후 1875년 초까지 당시까지의 양무운동의 성과에 대해 반성을 제기하는 과정에서 전개된 해방·새방논의(海防·塞防論議)는 당시의 상황인식과 대응방향에 대한 의견의 차이를 뚜렷이 부각시키고 있다. 즉 이홍장을 포함한 일부 관료는 '변국'의 심각성을 강조하면서 해방을 매개로 양무운동의 대폭적인 확대를 주장하지만, 전통적으로 중시된 서북방위를 더 강조하는 입장에서 양무에 비판적인 보수주의자들과 좌종당을 포함한 일부 양무파관료의 반대론이 강하게 제기되어 획기적인 양무추진 확대의 발판을 마련하는 데는 실패한다. 이같은 결정의 배경에는 이른바 '중흥'의식이 중화사상을 기반으로 한 전통적 세계관에의 집착을 강화시켰다는 측면이 존재함을 지적할 수 있을 것이다.

따라서 새로운 세계질서에의 철저한 대응을 위한 본격적인 노력이 회피된 채 강화되는 열강의 도전에 직면하게 되는데, 이에 따라 청불전쟁·청일전쟁을 거쳐서야 전통적인 중화제국체제의 붕괴가 심각하게 의식되고 나아가 중국의 민족적·문화적 위기까지 의식하게 되면서, 좀더 철저한 청조체제의 개혁을 요구하는 흐름들이 전면으로 부각되게 된 것이다.

참고문헌

김영호 편, 《近代동아시아와 日本제국주의》, 한밭, 1983.

金翰奎, 《古代中國的世界秩序》, 일조각, 1983.

閔斗基, 《中國近代改革運動의 硏究──康有爲중심의 1898년 개혁운동》, 일조각, 1985.

宋丙基, 《近代韓中關係史硏究──19세기의 聯美論과 朝淸交涉》, 단대출판부, 1985.

辛勝夏, 《近代中國의 서양인식》, 고려원, 1985.

全海宗, 《韓中關係史硏究》, 일조각, 1970.

全海宗 외, 《中國의 天下思想》, 민음사, 1988.

大谷敏夫, 《中國近代政治經濟史入門》, 八千代出版, 1972.

藤村道生, 《日淸戰爭》, 岩波書店, 1973.

朴宗根, 《日淸戰爭と朝鮮》, 靑木書店, 1982.

信夫淸一郎, 《日淸戰爭》, 南窓社, 1970.

田保橋潔, 《近代日支鮮關係の硏究》, 京城帝國大學, 1930.

──, 《日淸戰役外交史の硏究》, 刀江書苑, 1951.

佐藤三郎, 《近代日中交涉史の硏究》, 吉川弘文館, 1984.

中塚明, 《日淸戰爭の硏究》, 靑木書店, 1968.

坂野正高, 《近代中國政治外交史──ブアスコ·ダ·ガマから五四運動まで──》, 東京大學出版會, 1973.

──, 《中國近代化と馬建忠》, 東京大出版會, 1985.

彭澤周, 《明治初期日韓淸關係の硏究》, 塙書房, 1969.

戴逸君, 《甲午中日戰爭》, 新知識出版社, 1955.

牟安世, 《中法戰爭》, 上海人民出版社, 1955.

蕭一山, 《淸代通史》3, 商務印書館, 1963.

王璽, 《李鴻章與中日訂約(1871)》, 中央硏究院近代史硏究所, 1981.

王樹塊, 《咸同雲南回民事變》, 中央硏究院近代史硏究所, 1968.

王忠信, 《中日甲午戰爭之外交背景》, 文海出版社, 1964.

李時岳, 《近代中國反洋敎運動》, 人民出版社, 1985.

李恩涵, 《曾紀澤的外交》, 中央研究院近代史研究所, 1966.

林明德, 《袁世凱與朝鮮》, 中央研究院近代史研究所, 1970.

蔣廷黻, 《近代中國外交史資料輯要》中, 臺灣, 商務印書館, 1982.

張在武, 《清韓宗藩貿易, 1637~1894》, 中央研究院近代史研究所, 1978.

鄭昌洤, 《中日甲午戰爭》, 中國青年出版社, 1957.

中國社會科學院近代研究所, 《中國近代史稿》2, 人民出版社, 1984.

陳偉芳, 《朝鮮問題與甲午戰爭》, 三聯書店, 1959.

黃嘉謨, 《滇西回民政權的聯英外交, 1868~1874》, 中央研究院近代史研究所, 1976.

Banno, Masataka, *China and the West, 1850~1861 : The Origins of Tsungli Yamen*, Harvard University Press, Cambridge, 1964.

Biggerstaff, Knight, *The Earliest Government Schools in China*, Ithaca, New York, 1961.

Chesneaux, Jean et al., tr. by A. Destenay, *China from the Opium Wars to the 1911 Revolution*, Pantheon Books, N. Y., 1976.

Chu, Wen-Djang, *The Moslem Rebellion in Northwest China, 1862~1878*, Mouton, The Hague and Paris, 1966.

Conroy, Hilary, *The Japanese Seizure of Korea : A Study of Realism and Idealism in International Relations*, University of Pennsylvania Press, Philadelphia, 1960.

Eastman, Lloyd, *Throne and Mandarins : China's Search for a Policy during the Sino-French Controversy, 1880~85*, Harvard University Press, Cambridge, 1967.

Fairbank, John ed., *The Chinese World Order : Traditional China's Foreign Relations*, Harvard University Press, Cambridge, 1968.

Hsü, Immanuel C. Y., *The Rise of Modern China*, Oxford University Press, 1970.

———, *China's Entrance into the Family of Nations : the Diplomatic Phase, 1858~1880*, Harvard University Press, Cambridge, 1960.

———, *The Ili Crisis : A Study of Sino-Russian Diplomacy, 1871~1881*, Oxford University Press, London, 1965.

Kim, Key-Hiuk, *The Last Phase of the East Asian World Order : Korea, Japan, and the Chinese Empire, 1860~1882*, University of California Press, Berkeley, 1980.

Meng, Ssu-ming, *The Tsung-li Yamen : Its Organization and Functions*, Harvard University Press, Cambridge, 1962.

Morse, Hosea B., *The International Relations of the Chinese Empire, vol 2*. Shanghai, 1910, Taipei Reprint, Book of World Co., 1963.

Rawlinson, John L., *China's Struggle for Naval Development, 1839~1895*. Harvard University Press, Cambridge, 1967.

Schrecker, John, *Imperialism and Chinese Nationalism : Germany in Shantung*, Harvard University Press, Cambridge, 1971.

Spector, Stanley, *Li Hung-chang and the Huai Army: A Study in Nineteenth-Century Chinese Regionalism*, University of Washington Press, Seattle, 1964.

Wang, S. T., *The Margary Affair and the Chefoo Convention*, London, 1940.

Wright, Mary C., *The Last Stand of Chinese Conservatism: The Tung-chih Restoration, 1862~1874*, Stanford University Press, Stanford, 1957.

權錫奉, 〈李鴻章의 對朝鮮列國立約勸導策에 대하여〉, 《歷史學報》 21, 1963.

─────, 〈淸同治年代 洋務官僚의 對日觀〉, 歷史學會 편, 《日本의 侵略政策史硏究》, 일 조각, 1984.

金鍾圓, 〈韓中商民水陸貿易章程에 대하여〉, 《歷史學報》 32, 1966.

金浩東, 〈1864 년 신강 무슬림반란의 초기경과〉, 《東洋史學硏究》 24, 1986.

閔斗基, 〈戊戌變法運動의 배경에 대하여──특히 淸流派와 洋務派를 중심으로──〉, 《東洋史學硏究》 5, 1971.

─────, 〈中體西用論考〉, 《東方學志》 18, 1978.

朴英宰, 〈近代日本의 한국인식〉, 歷史學會 편, 《日本의 侵略政策史硏究》, 일조각, 1984.

申基碩, 〈淸日戰爭과 淸韓宗屬關係〉, 《釜山大論文集》 8, 1967.

辛勝夏, 〈淸季中國朝野의 朝鮮問題認識〉, 《史學忠》 7, 1973.

劉仁善, 〈中越關係와 朝貢制度〉, 全海宗 외, 《中國의 天下思想》, 민음사, 1988.

尹世哲, 〈天津敎案과 淸朝外交의 變容──3 口通商大臣專役制의 폐지와 관련하여〉, 《歷史敎育》 30·31 합집, 1982.

李陽子, 〈淸의 對朝鮮政策과 袁世凱〉, 《釜大史學》 5, 1982.

全海宗, 〈淸代韓中朝貢關係考〉, 《韓中關係史硏究》, 일조각, 1970.

崔文衡, 〈국제관계를 통해 본 淸日開戰의 動因과 經緯〉, 《歷史學報》 99·100 합집, 1984.

崔韶子, 〈伊犁사건에 대한 고찰──사건발생과정 전후의 경위 및 新疆出師를 중심으 로〉, 《梨大史苑》 5, 1964.

崔熙在, 〈1874~5 년 海防·陸防論議의 성격〉, 《東洋史學硏究》 22, 1985.

─────, 〈洋務派의 臺灣事件對策論과 '淸議'〉, 《歷史敎育》 39, 1986.

表敎烈, 〈西太后政權의 성립과정에 대하여──辛酉政變의 재검토〉, 《東洋史學硏究》 21, 1985.

田中正俊, 〈馬關조약과 중국경제의 반식민지화구조〉, 《大東文化硏究》 18, 1984.

金城正篤, 〈臺灣事件(1871~74)についての一考察──琉球處分の起點として〉, 新里惠 二 編, 《沖繩文化論叢》 1 歷史篇, 1972.

大江志乃夫, 〈征韓論の成立とその意義〉, 大塚史學會 編, 《東アジア近代史の硏究》, 御 茶の水書房, 1967.

藤村道生, 〈明治初年におけるアジア政策の修正と中國──日淸修好條規草案の檢討〉,

《名古屋大學文學部硏究論集》44, 1967.

北村敬直,〈淸國側からみた日淸戰爭〉,《史林》35-4, 1953.

石井孝,〈日本軍臺灣侵攻をめぐる國際情勢〉,《明治初期の日本と東アジア》, 有隣堂, 1982.

小林一美,〈明治期日本參謀本部の對外諜報活動〉, 勝雛藻外 編,《東アジア世界史探究》, 及古書院, 1986.

小玉新次郎,〈院朝と黑旗軍〉,《東洋史硏究》13-5, 1955.

市古宙三,〈日淸戰爭時中國の主戰論〉,《近代中國の政治と社會》, 東京大出版會, 1972.

植田捷雄,〈日淸戰爭をめぐる國際關係〉,《東洋文化硏究所紀要》41, 1966.

安部健夫,〈淸朝と華夷思想〉,《淸代史の硏究》, 創文社, 1971.

鈴木智夫,〈不平等條約と洋務派〉, 田中正美先生退官紀念論集刊行會 編,《中國近現代史 の諸問題》, 國書刊行會, 1984.

―――,〈中國における國權主義的外交論の成立〉,《歷史學硏究》404, 1974.

遠山茂樹,〈東アジア歷史像の檢討 ―― 近現代史の立場から〉,《歷史學硏究》281, 1963.

栗原純,〈臺灣事件(1871~74) ―― 琉球政策の轉期としての臺灣出兵〉,《史學雜誌》 87-9, 1978.

田中正俊,〈近代世界史のなかのアジア〉,《東アジア近代史への視點》, 筑摩書房, 1977.

佐佐木揚,〈同治年間後期における淸朝洋務派の日本論 ―― 李鴻章の場合を中心とし て〉,《東洋史學硏究》44-3, 1985.

中田吉信,〈同治年間の陝甘の回亂について〉,《近代中國硏究》3, 1959.

中村尙美,〈19世紀後半の極東情勢と日淸戰爭〉,《歷史評論》288, 1974.

芝原拓自,〈19世紀の東アジア世界〉, 勝雛藻外 編,《東アジア世界史探究》, 及古書院, 1986.

初瀨龍平,〈脫亞論再考〉, 平野健一郎 編,《近代日本と東アジア ―― 文化の交流と摩 擦》, 東京大出版會, 1984.

波多野善大,〈李鴻章 ―― 1880年代における對日政策〉,《歷史學硏究》253, 1961.

坂野正高,〈同治年間(1862~1874)の條約論議〉,《近代中國外交史硏究》, 岩波書店, 1970.

孔祥祚,〈中法戰爭前後法國侵略雲南的罪行〉, 中法戰爭史硏究會編,《中法戰爭論文集》, 廣西人民出版社, 1986.

關 捷,〈甲午中日戰爭問題討論綜述〉, 蘇雙璧 主編,《建國以來中國近代史若干問題討論 擧要》, 齊魯書社, 1985.

季元飛,〈試論總理衙門的設立及其在中國近代化中的作用〉,《歷史敎學》1980-8.

馬洪林,〈論中法戰爭前夜淸廷府對西南邊彊危機的態度〉, 中法戰爭史硏究會 編,《中法戰 爭論文集》, 廣西人民出版社, 1986.

牟安世,〈論黑旗軍援越抗法戰爭的歷史功績〉, 中法戰爭史硏究會 編,《中法戰爭論文集》, 廣西人民出版社, 1986.

256

寶成關, 〈略論光緒甲申朝局之變〉, 《史學月刊》 1988-5.

查時傑, 〈清光緒朝前期的幾個政治集團(1875~1884)〉, 《國立臺灣大歷史學系學報》 1, 1974.

梁嘉彬, 〈李鴻章與中日甲午戰爭〉 上・下, 《大陸雜誌》 51-4~51-5, 1975.

梁東梁, 〈試論左宗棠收復新疆〉, 梁愼之 編, 《左宗棠研究論文集》, 岳麓書社, 1986.

梁小進, 〈左宗棠與中法戰爭〉, 梁愼之 編, 《左宗棠研究論文集》, 岳麓書社, 1986.

梁邊道, 〈中法戰爭失敗的原因〉, 中法戰爭史研究會 編, 《中法戰爭論文集》, 廣西人民出版社, 1986.

梁 策, 〈左宗棠與規復新疆〉, 梁愼之 編, 《左宗棠研究論文集》, 岳麓書社, 1986.

────, 〈論所謂海防與塞防之爭〉, 《近代史研究》 1987-4.

梁志明, 〈劉永福黑旗軍與中越人民的戰鬥友宜〉, 中法戰爭史研究會 編, 《中法戰爭論文集》, 廣西人民出版社, 1986.

吳國强, 〈論馮子材〉, 中法戰爭史研究會 編, 《中法戰爭論文集》, 廣西人民出版社, 1986.

王家儉, 〈清季的海防論〉, 《歷史學報》 12期, 國立臺灣師範大學, 臺北, 1967.

王承仁・劉鐵君, 〈李鴻章與中法戰爭〉, 中法戰爭史研究會 編, 《中法戰爭論文集》, 廣西人民出版社, 1986.

王爾敏, 〈19世紀中國士大夫對中西關係之理解及演生之新觀念〉, 《中國近代思想史論》, 臺北, 1974.

────, 〈晚清外交思想的形成〉, 《晚清政治思想史論》, 華世出版社, 臺北, 1976.

────, 〈中國近代之自强與求富〉, 《中央研究院近代史研究所集刊》 9, 臺北, 1970.

姚欣安, 〈海防與塞防的爭論〉 包遵彭外 編, 《自强運動》, 臺北, 1981.

苑書義, 〈戴湘・李鴻章與中日甲午戰爭〉, 《中國近代史論稿》, 河北教育出版社, 1988.

劉石吉, 〈海防與塞防之爭的研究〉, 《故宮文獻》 2-3, 臺北, 1971.

殷常符, 〈中法戰爭史研究概述〉, 蘇雙碧 主編, 《建國以來中國近代史若干問題討論舉要》, 齊魯書社, 1985.

李恩涵, 〈同光自强運動與日本明治維新的比較〉, 《近代中國史研究論集》, 商務印書館, 臺北, 1982.

────, 〈同治・光緒年間(1870~1885)湘・淮軍間的衝突與合作〉, 《中央研究院近代史研究所集刊》 9, 臺北, 1980.

李喜所・凌東夫, 〈建國以來中國近代史問題計論簡介〉, 《中國歷史學年鑑》 1983, 人民出版社, 1983.

李兆銘, 〈陸奧宗光與甲午侵華戰爭〉, 《北方論叢》 1988-5.

丁名楠, 〈關干中法戰爭幾個問題的初步探究〉, 中法戰爭史研究會 叟, 《中法戰爭論文集》, 廣西人民出版社, 1986.

────, 〈19世紀60年代之90年代清朝統治集團最高層內部鬥爭概述〉, 《近代史研究》 1982-1.

齊淸順, 〈關係新疆命運的一場論戰〉, 梁愼之 編, 《左宗棠硏究論文集》, 岳麓書社, 1986.

趙春晨, 〈左宗棠與中俄伊犁交涉〉, 梁愼之 編, 《左宗棠硏究論文集》, 岳麓書社, 1986.

――――, 〈1874~1875年淸政府的"海防議"〉, 《西北大學學報》 1983-2.

戚其章, 〈中日甲午戰爭史硏究述評〉, 近代史硏究編輯部, 《中國近代史專題硏究述評》, 人民出版社, 1986.

何若鈞, 〈甲午戰爭時期的淸議〉, 《歷史敎學》 1987-6.

Cocoran, Eugene John, Hsueh Fu-ch'eng and China's Self-Strengthening Movement, 1865 ~1894, University of Kansas Ph. D Thesis, 1979.

Cohen, Paul, Wang T'ao and Incipient Chinese Nationalism, *Journal of Asian Studies* 26-4, 1967.

Eastman, Lloyd, Ch'ing-i and Chinese Policy Formation during the Nineteenth Century, *Journal of Asian Studies* 24-4, 1965.

――――, Political Reformism in China before the Sino-French War, *Journal of Asian Studies 27-4*, 1968.

Fairbank, John, The Early Treaty System in the Chinese World Order, J. Fairbank ed., The Chinese World Order, Harvard University Press, Cambridge, 1968.

――――, The Creation of the Treaty System, J. Fairbank ed., *The Cambridge History of China 10, Late Ch'ing, 1800~1911, Part 1*, Cambridge University Press, 1978.

Hao, Yen-p'ing and Wang, Erh-min, Changing Views of Western Relations, 1840~95, J. Fairbank et al. eds., *The Cambridge History of China 11, Late Ch'ing, 1800~1911, Part 2*, Cambridge University Press, 1980.

――――, A Study of the Ch'ing-liu Tang: The 'Disinterested' Scholar-Official Group(1875 ~1884), *Papers on China 16*, Harvard University, 1962.

Hsü, Immanuel C.Y., Late Ch'ing Foreign Relations, 1866~1905, J. Fairbank et al. eds., *The Cambridge History of China 11*, Cambridge University Press, 1980.

――――, The Great Policy Debate in China: Maritime Defense vs. Frontier Defense, *Harvard Journal of Asiatic Studies 25*, 1965.

Kim Ho-dong, The Muslim Rebellion and the Kashighar Emirate in Chinese Central Asia, 1864~1877, An Unpublished Thesis Presented to Harvard University, 1986.

Kim, S. S., Burlingame and the Inauguration of the Co-operative Policy, *Modern Asian Studies 5-4*, 1971.

Liu, Kwang-ching, Li Hung-chang in Chihli: The Emergence of a Policy, 1870~1875, A. Feuerwerker et al. eds, *Approaches to Modern Chinese History*, University of California Press, Berkeley, 1967.

――――, The Ch'ing Retoration, J. Fairbank ed., *The Cambridge History of China 10*, Cambridge University Press, 1978.

———— & Smith, R. J., The Military Challenge: The North-West and the Coast, J. Fairbank et al. eds. *The Cambridge History of China 11*, Cambridge University Press, 1980.

Lyon, Judson M., Protonationalism in China, 1874~1890 : The Institutional Reformers, Asian Profile *8-4, Hong Kong*, 1980.

Rankin, Mary B., "Public Opinion" and Political Power: Qingi in Late Nineteenth Century China, *Journal of Asian Studies 41-3*, 1982.

Schrecker, John, The Reform Movement of 1898 and the Meji Restoration as Ch'ingi Movements, Akira Iriye ed., *The Chinese and the Japanese: Essays in Political and Cultural Interaction*, Princeton, 1980.

찾 아 보 기

266